DU MÊME AUTEUR

Aux Éditions Gallimard

SANS MÉMOIRE, LE PRÉSENT SE VIDE, 2010.

MUSIQUE ABSOLUE. UNE RÉPÉTITION AVEC CARLOS KLEIBER, collection L'Infini, 2012.

Aux Éditions Grasset

LE MINISTRE, 2004.

DES HOMMES D'ÉTAT, 2008.

JOURS DE POUVOIR

BRUNO LE MAIRE

JOURS
DE POUVOIR

récit

nrf

GALLIMARD

Pour Pauline
Pour Louis, Adrien, Matthias, Barthélemy

Vous pouvez continuer à écrire, mais je crois que vous devriez savoir ce qui est vrai.

Toni Morrison, *Home*

Un grand homme, une soi-disant personnalité importante, nous ne tolérons pas l'un en tant que grand homme, l'autre en tant que personnalité importante, nous devons les caricaturer. [...] Tout homme peut être ridiculisé et transformé en caricature, si nous le voulons, si nous en avons besoin.

Thomas Bernhard, *Maîtres anciens*

AVANT-PROPOS

La vérité du pouvoir ne se trouve ni dans sa conquête, ni dans son bilan : la vérité du pouvoir est dans son exercice. Si bien que, la plupart du temps, le pouvoir échappe à la connaissance du public, qui le regarde avec un mélange de méfiance, de respect, de fascination et de crainte, sans trop savoir de quoi il retourne. Ce défaut de vérité donne à la pratique politique un aspect flou. Ces notes font office de lentille pour faire le point et redonner une précision au monde politique. Certains jours elles ouvrent grand la focale, pour dessiner comme sur une carte les nouveaux rapports de forces entre les continents, savoir qui dirige le G20, qui décide en dernier ressort, des États ou de la finance. D'autres jours elles la referment, pour détailler les microscopiques singularités de vêtement, de parole, de lieu, de regard qui constituent la réalité du pouvoir. Partout elles prennent le biais de la France, de ses territoires et de sa langue, que je porte en moi moins comme un héritage que comme une promesse : notre histoire commune est encore pour demain. Qui parle ici ? Pas un témoin, mais bien un acteur : un député, qui a grandi dans les couloirs des cabinets, avant de se faire élire, de labourer le terrain, et de se voir accordé pour une période par définition provisoire un bureau de ministre. Engagé dans la vie politique, je ne revendique donc aucune neutralité. Un simple témoin aurait cet avantage d'observer le spectacle depuis son fauteuil. Lui voit les déplacements des acteurs sur la scène, il ne bouge pas, il ne transpire jamais. Lui observe ce carré étroit dans lequel se joue une tragédie ou une comédie, ou rien, la seule mécanique quotidienne du gouvernement, mais jamais il ne met le doigt dans ses rouages. Le témoin ne prend pas de risque. Or on ne peut pas dire la vérité du pouvoir sans prendre de risque, faire un pas de plus. Et ce pas est un saut : on bascule dans une autre vie, avec son anxiété, sa violence. Si la vérité du pouvoir est dans son exercice, alors elle est aussi dans les tripes et dans la rage de ceux qui le détiennent. Tout est faux et de plus en plus faux dans ce que nous regardons de la politique. Les histoires fabriquées de toutes pièces ont remplacé les faits. Colin Powell, 5 février 2003, salle du Conseil de sécurité des Nations unies, cravate rouge, chemise blanche, costume marine, une fiole au bout des doigts : « This is anthrax. » *Nous étions quelques-uns dans la salle à savoir que non. Mais les centaines de millions de téléspectateurs ? Les millions de citoyens américains que G. W. Bush voulait faire entrer en guerre ? Si bien que la réalité ne compte plus, mais la représentation de la réalité. Images, réseaux, rumeurs, courriers électroniques, nouvelles en continu, tout se conjugue pour que le factice tienne lieu de vécu. En définitive, il reste une seule chose de vraie dans le gouvernement des hommes, ce sont les hommes qui font le gouvernement. Leur sincérité est la dernière lanterne avec laquelle se promener dans les souterrains obscurs de la politique, si on veut y voir quelque chose. La raison de ce livre est là : parlant de mon expérience, je parle du pouvoir, et parlant du pouvoir, je donne ma vérité. Ce sont les deux faces de la même médaille. Chacun pourra la prendre dans sa main et la regarder aussi comme un miroir, car le pouvoir est partout. On trouve des petits chefs à tous les étages des sociétés du CAC 40, on rencontre de grands capitaines dans les exploitations agricoles les plus modestes. Chacun a sa conception de la pratique du pouvoir. Celle que je défends dans ce livre est faite de respect, de temps, de volonté ; elle cherche à attribuer à chacun sa juste responsabilité ; elle se résume en un mot : une autorité. Un personnage occupe une place centrale dans ce livre : Nicolas Sarkozy. Nous avons eu des divergences, mais je lui suis reconnaissant de sa confiance, et je ne lui mesure pas mon admiration, qui est née de nos différences de tempérament. Il a été caricaturé, pour des besoins politiques. Il était utile de raconter un autre homme, plus singulier, plus complexe. À mesure que le pouvoir lui échappait, et donc que le mien se réduisait, le moment venait où tout allait finir dans le silence. Rien ne serait conservé. Les approximations reprendraient de plus belle. Alors je me suis dit : tu dois lutter contre ce silence. Et du jour où je me suis remis à écrire, les questions n'ont cessé de se presser en moi : que faut-il garder ? Et abandonner quoi ? La nécessité de sauver du silence ces jours de pouvoir, je la ressentais, mais comment, et pour quelle fin ? Un matin de novembre, en déplacement à Berlin, patientant avant un entretien à la Chancellerie, je suis tombé sur une couverture du magazine* Spiegel. *Elle représentait Helmut Kohl ; Helmut Kohl, le chancelier Kohl, un nouvel Adenauer, un Brandt conservateur, le père de la réunification allemande, assis dans une chaise roulante, le visage figé, son regard autrefois malicieux, froid et vide. Dans les pages intérieures, un journaliste racontait que Helmut Kohl ne parlait plus. Il se contentait de réclamer : «* Zucker[1]. *» On le transportait à une cérémonie, il ne disait rien, il murmurait : «* Zucker. *» Au Bundestag : «* Zucker. *» À la fête des vingt ans de la réunification allemande, devant ses interlocuteurs venus des quatre coins de la planète, qui discutaient politique internationale et avenir du monde, lui balançait la tête et murmurait à travers ses lèvres crispées : «* Zucker. *» Partout il demandait de la douceur, racontait le journaliste. Vrai ou faux ? Impossible de savoir. En tout cas, Helmut Kohl ne parle plus et on*

---

1. « Du sucre. »

parle à sa place. En refermant le magazine, je me suis dit que tout valait mieux que ce silence. Ce livre aura été utile si le lecteur se trouve saisi par la politique. Il aura touché juste si la vérité du pouvoir se laisse entendre et voir par endroits. En refusant tout règlement de comptes, je souhaite que les acteurs en sortent dignes, et la France grandie.

2010

I

Confirmation de François Fillon comme Premier ministre —
Remaniement ministériel — Déplacements agricoles avec le
président de la République

Dimanche 14 novembre – Paris

« Monsieur le Ministre ? Secrétariat particulier du Premier
ministre, ne quittez pas je vous prie, je vous passe le Premier ministre.
— Bruno, avec le Président, nous avons décidé de te confirmer à
l'Agriculture, avec un portefeuille élargi à la Ruralité et à l'Aménagement du territoire. » Silence. Sa voix sourde est marquée par la
lassitude, cet appel doit être le dixième de la soirée, il le passe par
devoir, sans enthousiasme. « Ah, oui, on ne te donne pas de secrétaire d'État. De toi à moi, ça te simplifiera la vie. » Il doit entendre la
déception dans ma voix. Il termine : « Donc tu es ministre de l'Agriculture, de l'Alimentation, de la Pêche, de la Ruralité et de l'Aménagement du territoire. » Il raccroche. Le combiné encore en main, je
décroise les jambes, pousse un soupir, lève les yeux vers mes conseillers qui attendent le verdict devant moi. « Bon, nous sommes
confirmés à l'Agriculture. Ils nous ont donné un sucre pour nous
faire plaisir. Rien de plus. » Dehors il fait nuit. Toutes les lumières
du bureau sont allumées, la petite lampe sur ma table, les colonnes
en verre mat, le grand lustre et ses ampoules à basse consommation,
qui font tomber sur nos visages un éclairage blême. Les vitres des
portes-fenêtres qui ouvrent sur le jardin ont pris une couleur ardoise.
Au-dessus, des pas résonnent : tremblement des chaînes en bronze

du lustre. « Pour le secrétaire d'État, il a raison. En général, un secrétaire d'État, ça ne sert à rien. Il se met en avant, il fait de la presse, il ne règle aucun problème ou il crée des problèmes pour les régler. Un secrétaire d'État. Qu'est-ce que nous aurions fait d'un secrétaire d'État ? Honnêtement ? » Mes conseillers se rapprochent de la table de réunion, une longue table rectangulaire en bois clair. Si on passe la main sous le montant principal du plateau, au centre, les doigts accrochent une petite plaque métallique, avec une gravure : « Sur cette table ont été signés en 1995 les accords de Dayton. » Bertrand Sirven, mon conseiller presse, ne dit rien. Tous, nous pourrions nous réjouir de cette confirmation, si le feuilleton du remaniement ne nous avait pas fait miroiter des postes plus importants, ministre des Affaires étrangères, Premier ministre. « Pour vous, monsieur le Ministre, c'est une excellente chose de rester à l'Agriculture. Vous pourrez laisser votre marque. » Mon chef de cabinet esquisse un sourire timide, fixe le bout de ses chaussures. « Et le Président, demande Bertrand, il t'a appelé, le Président ? — Le Président ? Non. Pourquoi veux-tu que le Président m'appelle ? » Au-dessus de nous les pas redoublent, les chaînes en bronze tremblent de plus belle. « Tu lui avais écrit une note, non ? » Oui, je lui avais écrit une note, encouragé par ses proches, qui voyaient en moi un prétendant crédible pour Matignon. Avec quelle facilité on se glisse dans les ambitions qui vous sont soufflées, comme elles durcissent vite autour de vous, pour devenir une écorce inentamable, presque la réalité. Mes propositions : un gouvernement restreint, des mesures de redressement budgétaire, une réforme en profondeur de notre outil de production et de notre droit du travail. Aucun retour. Uniquement un entretien en septembre, après notre tribune avec François Baroin, Christian Jacob et Jean-François Copé, une convocation pour être tout à fait exact. « Monsieur le Ministre ? Secrétariat particulier du Président. Le Président souhaiterait vous voir demain à 17 heures, avec M. Baroin. — Vous connaissez le sujet de la réunion ? — Non.

Le Président souhaiterait vous voir. » Le ton ne souffre pas la réplique. Le lendemain, à 17 heures, un huissier me conduit avec François Baroin au bout de la terrasse en pierre qui donne sur le parc. Le Président nous attend assis à une table de jardin, en chemise sombre, les manches retroussées, protégé du soleil par un parasol en toile beige. Il travaille sur un dossier avec Claude Guéant. Il nous accueille avec sa cordialité habituelle, tend une main parfumée et nous invite à nous asseoir. Dans son timbre de voix, on peut entendre une gentillesse manifestement travaillée, de la fatigue, une pointe de menace. « Vous avez mis une cravate ? Vraiment il fallait pas ! Vraiment ! Allez, vous buvez quoi ? » Au moment de prendre la parole, il retire ses lunettes noires, plonge son regard clair dans le mien, puis dans celui de mon voisin. « Votre tribune, elle me dérange pas du tout, je vous le dis, elle me dérange pas du tout. Au contraire. Pourquoi elle me dérangerait, puisque vous dites que vous me soutenez ? Vous me soutenez, très bien. Après tout, vous êtes mes ministres, hein ? Contrairement aux deux autres, vous êtes mes ministres. Vous le savez, je vous le rappelle. » Passant à un autre sujet : « Simplement, pour l'UMP, dites-le à Jean-François, il faut pas jouer le rapport de forces, il faut pas me forcer la main, hein ? » À cet instant précis il mime un bras de fer, serre le poing, le baisse, laisse saillir les veines de son avant-bras sous son bracelet tressé : « Pas de bras de fer, d'accord ? Jean-François, je peux lui donner l'UMP, s'il le veut : il a du talent, il est doué, mais pas si on me force, vous comprenez ? Si on me force, je peux pas. Vous lui passez le message ? » Changeant de ton, plus doux, il ajoute en remettant ses lunettes noires : « Vous savez aussi que je compte sur vous, hein ? Moi, je suis président, ma carrière politique elle est derrière moi, je dois faire monter des jeunes. Les jeunes, un jeune, pourquoi pas ? Vous savez, votre nom pour être Premier ministre, il est pas venu par hasard dans la presse, hein ? C'est moi qui l'ai donné. Votre nom, c'est moi qui l'ai donné. C'est une hypothèse. Et c'est pas mauvais pour vous. » Un frémissement dans le feuillage des arbres, le bruit de la circulation rue de Marigny, étouffé par la végétation, et lui qui répète lentement : « C'est pas mauvais pour vous. » Avaient suivi quelques échanges de courtoisie. Il avait pris la peine de nous raccompagner lui-même du fond de la terrasse brûlante de soleil jusque sur le seuil de la porte-fenêtre. Et me serrant la main, tout en prenant appui sur mon épaule : « Allez, merci. Merci pour tout ! » Maintenant la nuit. Encore ces pas et le grand lustre qui tinte. Depuis des semaines et ce silence, nous savions que le Président avait écarté l'idée de mettre un jeune à Matignon. Y avait-il d'ailleurs sérieusement songé ? « Moi, je gouvernerai avec des vieux. Les vieux, ils vous laissent tranquille, ils viennent pas vous mordre les mollets. » Son sourire, quand il avait prononcé ces mots sur le ton de la confidence en 2007 dans les jardins de Matignon, candidat victorieux du premier tour de la présidentielle, pas encore Président, aurait dû me rester comme un avertissement. On oublie ; on se prend au jeu ; on se souvient, trop tard. François Fillon est confirmé comme Premier ministre, après avoir mercredi dernier fait état de sa disponibilité à poursuivre son action. Les derniers espoirs de Jean-Louis Borloo partent en fumée. Baroin au Budget, Chatel à l'Éducation, moi à l'Agriculture : la continuité aura eu raison de nos ambitions. Alain Juppé fait son retour comme ministre de la Défense. « Qui se promène là-haut ? — Des conseillers qui travaillent, monsieur le Ministre. — Un dimanche soir ? — Oui, un dimanche soir, il y a pas mal de problèmes urgents à traiter, on vous en parlera demain. — Oui, on verra demain. »

Lundi 15 novembre – Paris

La passation de pouvoirs avec Michel Mercier, ministre de l'Aménagement du territoire et de la Ruralité promu garde des Sceaux, a lieu à quelques mètres de mon ministère, rue de Varenne.

Avant de rejoindre la presse, nous nous installons dans son bureau pour discuter. Michel insiste sur la mise en place des pôles de compétitivité et sur le développement du très haut débit dans les zones rurales. Il me recommande de prendre deux conseillers de plein exercice pour assurer ce travail. « Matignon refuse de me donner un seul conseiller de plus. — Alors tes conseillers travailleront deux fois plus. » Comme ailleurs dans notre État, beaucoup de pouvoirs sont de pure forme. Les titres les plus longs dissimulent des postes inoccupés, des compétences sans attribution. Pour ne pas dissiper le rêve de notre État souverain, capable de tout, équitable en tout, nous le gonflons avec des nominations sans incidence sur la réalité.

Mardi 16 novembre – Paris

François Fillon entre dans la salle Colbert sous un tonnerre d'applaudissements. Il hoche la tête modestement. Esquisse un sourire. Monte sur la tribune et se glisse à sa place habituelle, à la droite du président du groupe mais une marche plus bas, sous la tapisserie bucolique des années 40 : vignes ployant sous le poids des raisins, treilles, feuillages verts, colombes le bec incliné sur des coupes. Jean-François Copé lui serre la main. Les applaudissements ne cessent pas. Mélange de soutien et de soulagement : une majorité de parlementaires dans la salle aurait considéré la nomination de Jean-Louis Borloo comme une provocation. Dans un renversement des pouvoirs sans précédent, ils ont obtenu que le Président renonce à son choix et, faute de prétendant crédible, garde François Fillon. François Fillon tapote sa montre du bout des doigts comme pour dire : « Mes amis, mes amis, allons, il faudrait nous mettre au travail. » Les applaudissements redoublent. Assis, la moitié du buste dissimulé par les montants de bois de la tribune, il semble petit, un peu écrasé, pourtant son triomphe est complet et personne ne viendrait ici contester son autorité. Alain Juppé lui fait face, assis sur la banquette en velours bleu roi où la plupart des membres du gouvernement s'installent, quand ils ne vont pas se fondre parmi les députés pour prendre le pouls de la majorité, sentir son humeur. Il ne bouge pas un cil. Il regarde droit devant lui. Le soir, sur deux chaînes de télévision, le Président fournit des explications, salue le travail de Fillon, vante le retour de Juppé. À Évreux, les militants sont conquis. Partout, la droite semble soulagée que soit tournée la page de ce remaniement, qui aura duré trois mois, suscité des espoirs de rupture et de renouvellement, et fini par un repli en bon ordre. Aucun nouvel élan pour préparer 2012, comme si les bouleversements de la crise en Europe commandaient la stabilité de la politique en France.

Mercredi 17 novembre – Paris

« Et je tiens à dire à Alain Juppé comme cela fait plaisir de le voir avec nous aujourd'hui. » Le Président sourit, se cale dans son fauteuil et se tourne de trois quarts vers Alain Juppé, assis à sa droite, en blazer bleu marine. Silence autour de la table du Conseil. Le Président ajoute, affectueux et cruel : « Parce que ça nous fait remonter à combien de temps, Alain, hein ? Trente-cinq ? Trente-sept ans ? »

Jeudi 18 novembre – Paris

Au conseil de la FNSEA, dans le VIIIe arrondissement de Paris, je mesure combien ma reconduction a été appréciée par le monde agricole. Une centaine de représentants de toute la France sont là. Chacun, avant de prendre la parole, se dit soulagé du choix du Président et du Premier ministre, parle de bonne nouvelle puis avance ses questions. Ils sont loin les premiers mois de mon mandat, quand les paysans regardaient avec un mélange de méfiance et de consternation la nomination de ce produit de la haute fonction publique, tombé dans la politique par le jeu des circonstances, sans racines agricoles sinon ses liens familiaux dans le Gers. Maintenant je leur appartiens et ma fierté est de leur appartenir. La politique a ce don de vous arracher à votre milieu étroit comme une courette pour vous implanter ailleurs, parmi des visages, des mots, des mémoires et des regards différents, qui peu à peu vous deviennent familiers et vous grandissent. « Pourquoi est-ce que vous n'autorisez pas le Cruiser pour dix ans ? Nous, on a besoin de visibilité. On peut pas se dire, cette année on peut, l'année prochaine on pourra pas, on a besoin de savoir une fois pour toutes. — Dix ans d'autorisation, je ne les donnerai pas. Personne ne peut évaluer sérieusement l'impact de ce pesticide sur la reproduction des abeilles. Je donnerai une autorisation pour un an, en même temps nous ferons une étude sur les populations apicoles. Et si les études montrent une incidence du Cruiser sur la reproduction des abeilles, cette autorisation, je la retirerai. »

En fin de matinée, rendez-vous avec le Président. Depuis trente minutes, je patiente dans le vestibule du premier étage, en feuilletant des journaux et en échangeant quelques mots avec les gardes républicains. Par moments, écartant le rideau de lin blanc cassé, je jette un regard dans la cour : une C6 glisse sur le gravier et amorce un arc de cercle au pied du perron, deux gendarmes marchent le long du bâtiment principal, des touristes prennent des photos derrière la grille, le drapeau tricolore flotte mollement dans le ciel. Des pas sur le marbre du palier, Éric Woerth entre dans le vestibule, amaigri, les traits creusés. Il encaisse mal les accusations sur la cession de l'hippodrome de Compiègne : « Et maintenant l'hippodrome de Compiègne ! Mais ils veulent quoi ? Ils veulent aller chercher quoi ? Qu'est-ce que ça a à voir, l'hippodrome de Compiègne ? À la rigueur, tout le reste, je peux comprendre. Mais l'hippodrome de Compiègne, pourquoi ? » Cette affaire, qui vient après

des mois d'acharnement médiatique, lui apparaît comme le trou
noir où viennent se déverser d'un coup toutes les calomnies dont il
a été la victime. Injustice de la politique : voici un homme droit,
courageux, que des procureurs sans scrupule auront privé de son
statut de premier ministrable, évacué du gouvernement, dépouillé
du bénéfice légitime de la réforme des retraites, sali. Je ne trouve
rien à lui dire, sinon mon soutien, mais il vaut quoi mon soutien,
contre ce déferlement de violence ? « Monsieur le Ministre ? Le Président va vous recevoir. » Un huissier en queue-de-pie, une chaîne
en argent brinquebalante autour du cou, me conduit à travers le
salon vert dans le bureau du Président, dont les ors me semblent
éteints par le gris de novembre. Il se dégage de son bureau plat :
« Pardon, Bruno, je te reçois en retard, vraiment pardon ! » Se tournant vers Claude Guéant, qui me suit : « Vous voyez, Claude, pour
l'agenda il faut vraiment faire autrement, dites-le à Jean-David, il
faut faire autrement : je ne peux pas avoir Angela au téléphone et un
entretien dix minutes après, dites-le à Jean-David, il faut faire autrement. Allez, assieds-toi, Bruno, assieds-toi ! » J'attends qu'il ait pris
place dans le canapé pour m'asseoir sur le fauteuil en face, Claude
à ma droite : « Alors, Bruno, tu voulais me voir, je t'écoute. » Je
commence par lui parler de son émission de la veille, que les militants ont appréciée : « Tu es gentil, Bruno, tu es gentil ! On a quand
même fait quatorze millions de téléspectateurs, hein, c'est pas mal,
quatorze millions ? » Je lui redis ensuite ma loyauté, que certains
dans son entourage, tirant prétexte d'un débat face à Emmanuel
Todd où ma réplique a été jugée trop molle, mettent en doute. « Mais
qui en doute, Bruno ? Pas moi, en tout cas. Je t'ai confirmé à ton
poste, je l'ai même élargi à la Ruralité et à l'Aménagement du territoire. L'Aménagement du territoire, excuse-moi, c'est pas rien,
hein ? C'est un geste de confiance. L'Aménagement du territoire,
moi je l'ai eu, c'est important, je peux te le dire. Mais tu reconnaî-
tras, Bruno, quand un type dit à la télévision que le Président est un

machin, c'est bien ça ? Un machin qui dirige la France, bon, tu com-
prendras, ce qu'on peut attendre d'un ministre, c'est qu'il le défende,
non ? Les ministres, ils défendent le Président, non ? Ou sinon qui le
défend ? » À son regard je vois que toute défense sera vaine, je passe
au sujet principal de notre entretien, le projet UMP. Je lui propose
de le préparer en collaboration avec Jean-François Copé, nouveau
secrétaire général. Il hésite un instant, jette un regard à Claude
Guéant : « C'est intéressant, pas idiot. Tu en parles à Jean-François ? Mais c'est intéressant. » En me raccompagnant, il me demande
des nouvelles de Dominique de Villepin, qui vient de déclarer publiquement que Nicolas Sarkozy était un problème pour la France. Il
me serre le bras : « Ton ami, je vais te dire, il est fou, franchement,
il est fou. Tu sais qu'il m'a envoyé son livre ? Il me crache dessus
pendant dix pages et il m'envoie son livre. Avec amitié, en plus. De
toute façon, il est dans une impasse. Son truc ne mènera nulle part.
République solidaire, c'est ça ? Il se présentera pas. Je te le dis, il se
présentera pas. »

Trois heures plus tard, François Fillon me reçoit à Matignon. Il
tisonne un feu dans la cheminée. Me propose à boire. Enfoncé dans
son fauteuil de cuir grainé, le dos à la fenêtre, il écoute, parle peu.
Calme, serein après sa reconduction. Il se gratte le pouce avec son
index, croise les mains, tire sur son pantalon, découvrant des chaussettes écarlates. À la fin de notre entretien, il me glisse comme se
parlant à lui-même : « La vérité, c'est qu'il m'a toujours dit qu'il me
garderait. Toujours. Je n'arrive pas à savoir si tout cela est de l'extrême habileté de sa part, ou de l'extrême maladresse. Peut-être un
peu des deux. »

Samedi 20 novembre – Paris

Mauvaise nuit. Une souris gratte derrière la plinthe en bois et me réveille. Pauline dort depuis longtemps. Un coup sec du plat de la main contre le plancher, le grattement cesse. Dans mon esprit engourdi, je devine la souris cachée dans la plinthe tête dressée, le museau retroussé sur ses deux incisives, les moustaches frémissantes au milieu de la poussière et du noir, guettant un bruit. Deux ou trois minutes passent. À peine me suis-je rendormi, les grattements reprennent, timides, à peine une griffe qui effleure une écorce, puis les grattements gagnent en puissance et en obstination, ils creusent je ne sais quoi dans le bois, à une cadence de plus en plus rapide, presque frénétique. Exaspéré, je me redresse pour donner un nouveau coup sec contre le plancher. Interruption des grattements. Maintenant je crois entendre le souffle de la souris derrière la plinthe, court, haletant, sorti de sa minuscule cage thoracique qui tiendrait dans la paume de ma main, le souffle tenace de ce petit mineur de nuit qui attend le silence pour reprendre sa besogne. Pauline dort toujours paisiblement. Il est 2 heures du matin, je me penche pour allumer la lampe de chevet. Que faire ? Impossible de se rendormir, impossible de chasser la souris. En désespoir de cause, je saisis un des livres qui traînent sur le plancher. Tandis que Locuste, à la demande de Néron, teste toutes sortes de poisons sur des boucs et des porcelets pour camoufler son crime, la souris se remet à son travail de plus belle, elle gratte, elle creuse, toutes griffes dehors.

Dimanche 21 novembre – Paris – Vienne

Débat sur France 2 avec Benoît Hamon. Il met en pièces le remaniement. En réponse, je lui reproche le silence du PS sur la crise. Le décor est planté pour les mois à venir : la défense de la continuité à droite, la critique du pouvoir en place à gauche. Qui se risquera à examiner les défauts de notre modèle économique et social ? À la sortie du plateau, une attachée de presse nous lance : « Très bon débat ! Vos yeux bleus passent bien tous les deux, vraiment, je vous assure, on ne voyait que vos yeux ! » Départ pour Vienne en fin de journée. Atterrissage à 20 heures. Une pluie fine et souple tombe dans le faisceau des projecteurs, elle mouille la piste, brouille les lignes du bras de verre où notre avion vient lentement se raccrocher, centimètre par centimètre, avant que le pilote coupe les réacteurs et que les passagers, coincés deux heures dans un siège étroit, se lèvent comme un seul homme. Un conseiller de notre ambassade en Autriche nous attend à la sortie. « Vous avez fait bon voyage ? Vous voyez, il ne fait pas très beau, un temps viennois, on est en novembre, vous me direz. » Il nous conduit à travers les couloirs de marbre beige bordés de boutiques de luxe, fermées pour la plupart. « On est dimanche soir, vous me direz. » Il sourit, efface aussitôt son sourire, reprend son sérieux et me propose de porter ma valise, il insiste, je refuse. Trois devantures de boutiques plus loin, il croise mon regard posé sur les panneaux publicitaires à la gloire de Mozart, visage fermé, veste en velours cramoisi, perruque blanche, partition en décor de fond. Timidement il glisse : « On est à Vienne, vous me direz. » Et comme pour se faire pardonner son audace : « Allez ! Laissez-moi porter votre valise ! Laissez, laissez ! Je la porte ! »

Lundi 22 novembre – Vienne

Nikolaus Berlakovich a mille qualités, dont le calme et un caractère affable. Chaque fois, je le retrouve avec plaisir. Il parle allemand avec une lenteur qui me donne le sentiment de me couler dans ma propre langue. Aucune difficulté ne tourne jamais au drame avec lui. Il se mêle de peu de dossiers ; reste le plus souvent en retrait aux réunions de Bruxelles. Avec son air bon enfant, il tient à tout arranger

quand il le peut, sinon il ne prend pas la parole, il sort et laisse le banc
à sa collaboratrice, une jeune femme de trente ans environ à la peau
claire, les cheveux noirs et laqués tirés en arrière. Il est d'ailleurs un
des seuls parmi mes homologues européens à considérer invariablement que son rôle est de faciliter les négociations, pas de les compli-
quer. Les bâtiments de son ministère se trouvent au centre de Vienne,
un peu en retrait du Ring. Malgré le froid, il attend ma voiture dehors,
en blazer bleu, cravate club, la mèche au vent. Une poignée de main,
une tape dans le dos. Nous montons au troisième étage. Il ouvre la
porte de son bureau, fonctionnel et dépouillé, avec au mur une reproduction du *Cheval bleu* de Franz Marc. Il demande à la délégation de
nous laisser seuls, me prend par le bras, ouvre une fenêtre et m'entraîne sur le balcon en rotonde. « Regarde, Bruno : la vue est magnifique ! » Il fait un froid glacial sur son balcon, une pluie neigeuse
commence à tomber. La vue se limite à un encastrement de toits de
plomb, que domine un petit bout du Stephansdom. En se penchant,
on peut voir 10 mètres plus bas un tram se tortiller dans un grincement métallique, les wagons rouge et blanc brinquebalent, une étincelle jaillit des caténaires, le tram poursuit sa route avec pour seuls
passagers deux vieilles femmes assises face à face, un fichu à fleurs
sur la tête. Nikolaus voit que je tremble. « Tu te gèles ! Allez ! On
rentre ! » Il attrape un fauteuil, me propose un café, entame la discussion sur la négociation de la future Politique agricole commune
(PAC). « Moi, votre position franco-allemande, elle me va très bien.
Tout ce qui permet de maintenir le budget de la PAC me va très
bien. » Il se penche en avant, sa cravate club glisse en dehors de son
blazer. « Maintenant il va falloir convaincre la Pologne. On fait
comment pour convaincre la Pologne ? Tu as vu Marek ? Tu en as
parlé avec Ilse ? » Ilse est mon homologue allemande. Après un an
de tractations et une dizaine de déplacements à Berlin, elle vient de
me donner son feu vert au maintien du budget de la PAC. Elle a
outrepassé les réserves du ministre des Finances. Elle a agi sans le

soutien de la Chancellerie. Cet accord est un acquis majeur pour notre agriculture : il peut nous épargner les affrontements traditionnels entre France et Allemagne, qui avaient conduit Chirac et Schröder à adopter un compromis bancal sur le montant du budget. Il est aussi le pilier de ma stratégie diplomatique européenne : un tel accord sur le budget de la PAC, personne ne le contestera, pas même la Commission européenne, qui lorgne pourtant depuis des années sur les aides agricoles. Il est donc hors de question de le fragiliser en demandant à Ilse son aide pour convaincre le ministre polonais, Marek Sawicki, par ailleurs vraie tête de pioche, chaleureux mais buté, qui fait mine de ne pas parler une seule langue étrangère pour mieux dire *niet* à tout. « Marek, il vaut mieux le laisser en dehors de tout cela pour le moment. Il refuse tout. En plus, il est président du Parti agrarien. Il ne bougera pas d'un millimètre avant ses élections législatives. Mieux vaut discuter avec la Hongrie, par exemple. » Il approuve. « Rien d'autre sur la PAC ? — Rien d'autre. Il faut sanctuariser le budget, pour les modalités de répartition on verra plus tard. » En le quittant, je l'interroge sur les résultats du FPÖ aux dernières élections municipales de Vienne, plus de 27 %, mieux que du temps de Jörg Haider. Il lisse sa cravate club du plat de sa main, pousse un soupir. « C'est toujours comme ça. C'est l'immigration : les Yougoslaves, les Turcs. On n'arrive pas à les intégrer. Ils doivent parler la langue, mais en fait ils ne la parlent pas. Alors les gens votent FPÖ. Ils veulent que les autres gouvernent, nous par exemple, mais ils votent quand même FPÖ, histoire de dire : l'immigration, on n'est pas d'accord. Ils protestent et ils nous laissent gouverner. — Et tu n'as pas peur qu'un jour ils arrivent au pouvoir ? — Mais ils ont déjà eu le pouvoir ! Résultat, ils se sont divisés comme jamais. Est-ce qu'ils peuvent avoir le pouvoir seuls ? Maintenant que Haider est mort, tout est possible. Parce que Haider, si on regarde bien, Haider était un clown, un méchant clown mais un clown. En Europe, vous en avez fait un diable, mais Haider était juste un méchant clown. Les autres derrière sont plus dangereux. Beaucoup plus dangereux. »

Mercredi 24 novembre – Paris

Christian Jacob est élu président du groupe UMP à l'Assemblée nationale avec quatre-vingts voix d'avance sur Jean Leonetti. Sa victoire tient à sa personnalité chaleureuse, à sa proximité avec Jacques Chirac, aux équilibres internes du groupe ; elle doit aussi beaucoup à son amitié avec Jean-François Copé, qui sort renforcé de ce vote. Le Président avait refusé de prendre publiquement parti, sans pour autant masquer sa préférence pour Leonetti, qui représentait à ses yeux le double avantage de rassurer les centristes et de contrebalancer la nomination de Copé au parti. En trois ans, Copé aura donc réussi à s'imposer comme le troisième homme fort de la droite, occupant habilement la pointe du triangle du pouvoir dont le Président et le Premier ministre occupent la base institutionnelle, tandis que le sommet en revanche est laissé sans destinataire précis, à la disposition soit du Premier ministre dans sa double fonction de chef du gouvernement et de chef de la majorité, soit du président du parti majoritaire. Copé aura pris la place, profitant de la vacance de la présidence du parti et de l'éclipse du Premier ministre. Qui l'avait vu venir ? Personne. Il aura transformé la fonction de président du groupe, habituellement réservée à des personnages au caractère trempé mais en définitive dociles, pour en faire une fonction de premier plan, dissimulant à peine derrière la défense de la liberté des députés son ambition personnelle. Le voici secrétaire général de l'UMP. Comme quoi les institutions républicaines sont joueuses : elles fixent des principes, mais laissent leur chance aux audacieux. Pour 2012, la nouvelle donne du pouvoir tient en trois noms : Sarkozy, Fillon, Copé. Tous les autres joueront les seconds rôles, avant que les circonstances ne viennent à nouveau chambouler les plans, reléguer les uns, promouvoir les autres, et faire tourner le grand manège du pouvoir.

Au Sénat, Alain Juppé lit le discours de politique générale que François Fillon prononce au même moment à la tribune de l'Assemblée nationale. Très vite il se détend. Il met les intonations nécessaires. Lance une pointe d'humour quand son propre nom vient dans le discours : « Pardonnez-moi de me citer ! » On oublierait presque cette incongruité, un ancien Premier ministre lisant le texte du nouveau Premier ministre, qui fut sous ses ordres et qui est désormais son chef. Dans la soirée, appel de Jean-François Copé : « Tu l'as trouvé bon, toi, Fillon ? Franchement, son discours, ça cassait pas trois pattes à un canard. Il a été très applaudi ? Ne t'y trompe pas : c'est la fonction qu'ils applaudissent, rien d'autre. » Dans le fond, il suffit parfois de déplacer une seule pièce dans un jeu pour faire de deux autres des rivales.

Jeudi 25 novembre – Paris – Clermont-Ferrand – Le Mayet-de-Montagne

Quelques minutes après le décollage d'Orly, le Président fait venir ses conseillers et ses ministres dans la salle de réunion de son avion. Il est détendu, le visage apaisé, les décisions difficiles sont derrière lui, une nouvelle période commence. Nous nous installons dans les sièges en cuir inamovibles, fixés autour de la table vernie, ovale et de taille respectable, couleur coquille d'œuf. Lui prend place au bout. Il ajuste sa ceinture, demande des cafés pour tout le monde, avec cette politesse que beaucoup lui dénient et qui est pourtant une de ses marques de fabrique. Les hublots sont fermés, une lumière crue tombe des ampoules halogènes au plafond. Au fond de la salle, un écran plasma indique sur une carte et par des pointillés blancs la route suivie, donne la distance à parcourir, le

temps de vol restant, les horaires GMT. Personne ne dit rien. Il
lance : « Moi, je trouve que tout cela va pas mal, non ? Demain on
annonce vingt mille chômeurs en moins. Vingt mille ! La croissance se tient. Je vous dis, tout ça, c'est pas mal. » Son pari est
clair : après une crise économique violente, les perspectives sont
désormais meilleures, la croissance peut repartir en 2011, entraînant une baisse du chômage. Dans ces conditions, mieux valait
effectivement ne pas changer de Premier ministre. En revanche, si
la crise reprend, comme le pensent certains économistes, le pari
politique sera perdu, les élections avec. Une hôtesse entre un plateau à la main. Secousse brutale de l'avion, elle manque de trébu-
cher, se raccroche miraculeusement à un dossier de siège et dépose
les cafés comme si de rien n'était. Le Président pousse un soupir
ironique : « Cet avion ! Vous avez vu le court de tennis ? Et la piscine ? Vraiment ! Non mais vraiment ! On a vendu deux avions pour
en acheter un neuf. Même pas neuf ! D'occasion ! Et on critique. On
critique tout. Il vous plaît, l'intérieur ? C'est une petite entreprise de
Bordeaux qui fait ça : elle travaille très bien. » Il avale son café
d'un trait, tend vers ses invités le panier de viennoiseries. « La
vérité, c'est que cet avion, c'est le plus petit du G20. J'ai vu à Lisbonne. Comme ils viennent tous en avion, j'ai vu : Obama, il a
un 747 ; Merkel, un Airbus plus gros que celui-là ; Medvedev aussi.
Et on critique. On a dit qu'il y avait une baignoire. Vous avez vu la
baignoire ? C'est pratique quand il y a des turbulences : tout se renverse. Non, c'est vrai, c'est pratique ! » Il évite les sujets politiques.
Personne de toute façon ne prendra le risque de les soulever à sa
place : sauf exception, le Président est seul à choisir les sujets de
conversation. Une secousse, un tintement de tasses sur la table
ovale, l'avion amorce sa descente sur Clermont-Ferrand. Il vire à
plat, sort les volets de frein, tremble, grince de toutes parts, et se
pose lourdement sur la piste. Avant la fin du roulage, le Président
se lève et rejoint sa cabine : « Allez, encore merci, merci pour

tout ! » Les invités partent récupérer manteaux et dossiers, reviennent ensuite dans la salle de réunion, pour rejoindre le couloir étroit qui donne sur la porte avant de l'appareil. Le Président se tient debout face à la porte, en manteau bleu marine, une écharpe de la même couleur autour du cou, encadré par deux officiers de sécurité, immobile. Il regarde fixement devant lui, perdu dans ses pensées. On ouvre la porte, il se tourne légèrement sur sa gauche : « Viens, Bruno, viens ! » Deux hélicoptères Super Puma nous attendent au pied de la coupée. Les officiers de sécurité orientent les ministres et les conseillers les plus proches dans le n° 1, avec son fanion tricolore planté sur le nez de la carlingue, les autres dans le n° 2. Les pilotent allument les turbines, déclenchent la rotation des pales, qui pendant deux bonnes minutes brassent le ciel comme un vieux ventilateur, ils vérifient le rotor, montent la puissance des pales qui maintenant tournent plus vite, et se confondent dans un vrombissement assourdissant. Le Super Puma fait un petit bond ; il roule doucement sur la piste, accélère, plonge en avant, part subitement dans les airs. Le Président se retourne vers son chef de cabinet et crie pour couvrir le vacarme des turbines : « Dites, on pourrait pas demander aux pilotes de mettre en marche avant mon arrivée, non ? — En fait on ne peut pas, monsieur le Président, pour des raisons de sécurité. — Elle a bon dos, la sécurité ! » Le Super Puma survole à basse altitude les routes départementales et les champs couverts de brume. Après trente minutes de vol, il se pose sur un terrain de foot quadrillé par des gendarmes mobiles, soulevant une tempête de feuilles mortes. À peine descendus, les membres de la délégation traversent à grandes enjambées le terrain boueux pour rejoindre les voitures du cortège, tandis que le Président salue du plat de la main les habitants qui ont bravé le froid pour le voir. Nous arrivons dans l'exploitation. Le Président prend son temps : il marche lentement dans les étables, effleure du bout des doigts le mufle mouillé d'un taureau reproducteur, se tourne vers notre hôte, demande si la bête

est dangereuse. L'exploitant hausse les épaules : « Ah ça dépend !
Il faut pas venir le chatouiller, quoi ! — Il est comme moi, vous
voulez dire ? — Ah je dirais pas, Président ! Je dirais pas ! » Depuis
la défaite aux régionales, sur ma recommandation, le Président
enchaîne les visites d'exploitations agricoles, une par mois environ,
pour reconquérir les agriculteurs qui se sont détournés de lui. Une
victoire en 2012 n'est pas envisageable sans leur soutien. Il aurait
pu considérer que cet électorat lui reviendrait naturellement : au
contraire, il a écouté mon avis et se tient à la discipline des visites
chez les agriculteurs, dont il mesure pourtant les réticences et la
méfiance. Il faut compter parmi les qualités de cet homme son habileté à conquérir le pouvoir et son acharnement à le garder. Au
retour, la tête appuyée contre le hublot du Super Puma, il laisse son
regard traîner sur les collines couvertes de neige et hachurées par
les sapins, il serre son manteau bleu marine contre lui, glisse :
« Vous voyez, c'est la bonne formule, ça : je discute ; je prends mon
temps ; je reste longtemps. Surtout, je reste longtemps. » Il ajoute,
la mâchoire crispée, comme parlant aux journalistes, à ses adversaires, à sa famille politique, à tous ceux qui doutent de sa victoire
et qui ne se privent pas de le dire : « Ah ! Ils ont pas vu encore ! Ils
ont pas vu ! »

Lundi 29 novembre – Bruxelles

Négociation sur les quotas de pêche et sur les totaux autorisés de
capture — TAC — pour 2011. Depuis plus de deux jours, mes
équipes et celles de la représentation permanente à Bruxelles,
emmenées par Philippe Léglise-Costa, se battent pied à pied avec la
Commission pour la faire revenir sur ses propositions, inacceptables
pour les pêcheurs. Dès mon arrivée la veille, j'ai fait part de ma
désapprobation à la commissaire grecque, Maria Damanaki :
« *Maria, your proposals are inacceptable for our delegation. You*

are not taking into account the efforts made by the fishermen to go the way of sustainable fishing. I can't accept any of your quota for 2011. » Elle me répond avec son anglais traînant, le visage comme accablé par les critiques, que ses propositions sont raisonnables, elle ne peut pas faire moins : « *You know, Bruno, it is quite realistic. You have to make an effort if you want to comply with your international obligations. Think about it, Bruno! Think about it! — Maria, I will never let that kind of compromize be adopted by the Council! It is a non starter!* » Nous nous séparons en mauvais termes, comme souvent en début de négociation avec la Commission. À la sortie, Philippe Léglise-Costa me glisse en aparté : « Maria Damanaki fait une fixation sur le requin-taupe. Elle lâchera rien sur le requin-taupe. Du coup, tu dois pouvoir tenir bon sur le reste. Il suffira de lui donner le requin-taupe à la fin de la négociation. » Le lendemain matin, la ministre espagnole, Rosa Aguilar, vient me voir dans le bureau de la délégation française, étage 70, au fond du couloir à gauche. Elle est en retard ; elle a eu du mal à retrouver notre bureau. « Je suis désolée, Bruno, je crois que je me suis trompée de couloir. — On se trompe tous de couloir, ici ! En fait il y a un seul moyen pour se repérer : tu contournes la plante verte sur la droite à la sortie des ascenseurs. » Rosa partage mon jugement sur les propositions de Maria Damanaki, elle me donne son soutien. Suivent différentes réunions de négociations, dans des formats variés, pour tenter de rapprocher les positions des uns et des autres, en vain. Profitant des hésitations des experts, je vais chercher des appuis politiques parmi les autres délégations, pour forcer la main de la commissaire. Les conseillers sillonnent la moquette lie-de-vin des couloirs du Conseil, des papiers techniques à la main. On discute dans toutes les langues. On attend. On téléphone. On échange des informations. On boit des litres de café tiède. Les heures passent. Les représentants des pêcheurs attendent les résultats dans un hôtel à proximité du bâtiment du Conseil. Entre deux discussions, je sors les informer de la tournure des événements. Ils sont une vingtaine. Ils font cercle autour de moi. Prudemment, j'avance quelques chiffres pour tester ce qui est acceptable ou non. Ils écoutent. Prennent des notes. Quand je mentionne une diminution possible de 20 % du quota de langoustines dans le golfe de Gascogne, un murmure de désapprobation monte de la salle. Même réaction sur la sole et sur le cabillaud. Il va falloir néanmoins donner des gages sur une espèce, pour ne pas risquer de se retrouver isolé et de tout perdre en fin de négociation. « Écoutez, je préfère vous dire les choses clairement : la Commission ne veut rien savoir sur le requin-taupe. Elle veut interdire toute capture. Si on cède sur le requin-taupe, on peut obtenir de meilleurs quotas sur les autres espèces. » Le représentant des pêcheurs de l'île d'Yeu s'étrangle : « Le requin-taupe, si vous interdisez la pêche, il y a plus rien à l'île d'Yeu ! Plus rien ! Et on en fait quoi des pêcheurs ? On leur dit quoi ? » Le député de la circonscription, Louis Guédon, qui chaque année fait le déplacement à Bruxelles pour soutenir ses pêcheurs, approuve en hochant la tête. « Moi je veux bien tenir sur le requin-taupe, mais les Espagnols risquent de nous lâcher. Si les Espagnols nous lâchent, on ne tiendra plus sur rien. Toute notre stratégie de négociation se détricote. » La discussion avec les pêcheurs se poursuit jusqu'à 23 heures. À minuit, je retourne au Justus Lipsius poursuivre la négociation. Le projet de compromis final n'est pas encore prêt : un État membre bloque sur la question des transferts de quotas pour la Norvège. Vers 2 heures du matin, la commissaire entre dans la salle du Conseil. Elle a les traits tirés, ses paupières tombent derrière ses épaisses lunettes à la Jackie Onassis, elle lit le nouveau texte de compromis sur un ton amolli par la lassitude, le visage penché en avant, à moitié dissimulé par ses longs cheveux bruns. « *Well, this is the new compromize and I must tell you, there is little room of manœuvre. So please, try to be constructive.* » Elle répète, en faisant légèrement rouler les *r* : « *So please, try to be construc-*

tive. » Quelques États font des observations avant de donner leur accord. De guerre lasse, Maria Damanaki cède sur les principaux points. Le texte est adopté à 4 heures du matin. Nous avons eu gain de cause sur toutes les espèces, mais il a fallu sacrifier la pêche au requin-taupe à l'île d'Yeu. Je retourne annoncer la nouvelle aux pêcheurs, qui boivent des bières dans le hall désert de leur hôtel. Tous cachent leur soulagement : debout dans un coin, la tête entre les mains, le représentant des pêcheurs de l'île d'Yeu pleure comme un gamin. Il est près de 5 heures quand je retrouve ma chambre. Incapable de trouver le sommeil, je tourne et retourne dans ma tête les différentes étapes de la négociation, qui a pourtant fini au mieux, grâce à la qualité des équipes du ministère et de la représentation permanente. Aurions-nous pu faire mieux ? Aurions-nous pu obtenir une autorisation de pêche pour quelques tonnes de requin-taupe ? Des dessins de Hergé sont accrochés au mur : Tintin me tient compagnie dans mon insomnie, mais tous ses exploits ne me sont d'aucun secours. Une nouvelle fois, les négociations dites « TAC et quotas » me sont apparues comme la caricature des procédures européennes, à la fois inefficaces et injustes, hors de tout contrôle démocratique, où les arguments scientifiques ne pèsent rien, parce que la difficulté de la négociation fait des ministres des marchands de tapis.

Mardi 30 novembre – Paris

Retour de Bruxelles par le Thalys. Un brouillard épais dissimule les plaines et les champs qui défilent habituellement à plus de 300 kilomètres-heure, bétail, fermes, pylônes, routes et voitures avalées par la vitesse. Ce matin : rien. Seulement un gris épais. Des plaques de glace se détachent parfois du toit dans un bruit sourd. Je parcours les quotidiens, qui pour la plupart font leur une sur les fuites du site WikiLeaks. Le monde selon les diplomates américains a quelque chose de tristement convenu : Poutine, mâle dominant, Sarkozy, autoritaire et susceptible, Merkel, dépourvue d'imagination, Karzaï, peu fiable, Mugabe, fou. Ces télégrammes ne nous apprennent rien, sinon sur l'Amérique : grande puissance surprise dans une attitude de petite vieille atrabilaire, l'œil collé à la serrure, amère et suspicieuse, qui craint plus que tout les étrangers et ne leur accorde aucune confiance. Dans le ton de certains télégrammes, on sent le souci de plaire aux puissants lecteurs de Washington, ou de les émoustiller, en allant partout déceler des intentions malfaisantes ou supposer le mal. Je repose les journaux, prends dans ma mallette le *Journal de galère* d'Imre Kertész. Chaque fois que je lis un de ses ouvrages, je le vois qui s'assied avec une légère hésitation dans le fauteuil de Dominique de Villepin, à Matignon, pour lui dédicacer un de ses ouvrages. Sa femme est avec lui. Il lui demande de prendre une photo. Il a obtenu le prix Nobel de littérature mais il se comporte comme un simple retraité ravi de pouvoir visiter le bureau du Premier ministre de la France. Tous les deux se confondent en remerciements. Dans son *Journal de galère* donc, il écrit à destination des Européens : « La générosité n'est pas de mise, or sans générosité nul peuple ne saurait en comprendre un autre ni se comprendre lui-même. » Relevant les yeux pour confronter la phrase au gris glacé de la vitre, je constate que mon voisin dodeline de la tête, elle penche dangereusement sur mon épaule, quand une nouvelle plaque de glace tombée du toit sur le ballast le fait sursauter. Il ouvre des paupières méfiantes, se rencogne dans son manteau, pousse un grognement, retombe dans un sommeil profond. Je reprends ma lecture, en me calant dans le coin contre la fenêtre. Imre Kertész a une manière bien à lui de provoquer les politiques qui le lisent, sans doute peu nombreux heureusement : « Quoi que vous croyiez, si un jour vous prenez le pouvoir, vous aurez à décider de la vie et de la mort ; et quoi que vous ayez cru, vous vouliez prendre le pouvoir pour pouvoir décider de la vie et de la mort. »

À mon arrivée gare du Nord, appel de Jean-François Copé :
« Bon, j'ai vu le Président. La réunion a été très bonne. Il est très
favorable à ton idée sur le projet. Seulement il ne veut pas plus de
deux secrétaires généraux adjoints, pour ne pas affaiblir Novelli et
Daubresse. En fait tu serais délégué général, chargé du projet. »

II

Négociations sur la PAC — Premiers déplacements pour le G20 agricole — Préparation du projet 2012

Mercredi 1ᵉʳ décembre – Paris

Ma place a changé au Conseil des ministres : je suis désormais sur la rangée qui fait face au Président, sur la droite du Premier ministre, si bien que je n'ai plus besoin de me pencher pour voir son visage et donc son humeur, ou pour approuver ses propos. Tout ministre honnête reconnaîtra que la seule activité du Conseil, hormis les communications, qui sont rares, est de hocher gravement la tête pour approuver les propos du Président ; Pompidou le disait, avant de devenir à son tour président. Sur la fresque murale qui surplombe les ministres et le Président, une calèche tirée par quatre chevaux fait le tour de je ne sais quel lac, dont la surface polie comme un miroir reflète le petit cube Empire de la propriété blottie dans le fond du parc, sous des arbres immenses. Dans le landau de la calèche se trouvent une femme en robe à froufrous blancs et deux enfants. Mais ni la femme, ni les enfants, ni le petit cube Empire ne semblent avoir beaucoup occupé le peintre, qui a consacré tout son talent à brosser les branches des arbres, le froissement des feuillages, les nervures des troncs et la douce inclinaison des herbes folles, comme si ne comptait que la nature. Le salon Murat, où se prennent en principe les décisions les plus importantes de la République, est donc un salon dédié à une nature sans doute artificielle, mais la nature malgré tout. Le Président est d'humeur joueuse. Il prolonge le Conseil en s'adressant à la fin à son Premier ministre : « Nous devrions proposer des sujets aux parlementaires, François. Cet agenda vide, c'est idiot. Je suis sûr que les parlementaires seraient très heureux si on leur proposait des idées, non ? Des textes. Ce serait bien, des textes, non ? » Pour la première fois depuis des mois, François Fillon lui répond avec le sourire, sur le ton de celui dont la place a été définitivement confortée, et qui ne risque rien : « L'idée que la majorité serait très heureuse, je la conteste. Chaque fois qu'on leur a proposé un texte, ils ont refusé. Ils tiennent à leur liberté. — Oui, tu as raison, François, moi je dis ça, c'est pour être gentil, après ils en font bien ce qu'ils veulent, hein ? Et le Conseil des ministres franco-allemand, il est où ? — À Fribourg. — À Fribourg ? — Oui, Fribourg, et pas Fribourg en Suisse, comme le dit un journaliste, mais Fribourg en Allemagne. » Le Président pousse un long soupir, il jette un regard circulaire sur son public conquis. Et lentement, la voix sourde, comme un homme affligé : « Les journalistes. Tu sais, les journalistes. Au moins ton journaliste, il connaît Fribourg en Suisse. Non, mais, c'est vrai ! C'est déjà pas mal ! Si, si, je t'assure, c'est déjà pas mal ! Je suis pas sûr que tous les journalistes : Fribourg en Suisse ? Vous êtes sûr ? Fribourg en Suisse ? Pas sûr que tous les journalistes, hein ? Vous voyez ce que je veux dire. »

Déjeuner avec Alain Juppé à l'hôtel de Brienne. Le jugement de sa femme Isabelle le conforte dans son choix de retourner au gouvernement : « Isabelle trouve que je n'ai jamais été aussi détendu, donc c'est que ça doit être bien. » Lui qui passe pour un homme froid et cassant, je le vois surtout simple, direct dans ses jugements, sans double fond, soucieux avant tout de la France. On le dit sec, il est pudique. On le croit vaniteux, il a cet orgueil des personnes qui refusent les humiliations. Blessé à vif par une condamnation injuste, il en garde une méfiance instinctive du risque politique, de ces coups de poker qui permettent de prétendre à la première place. Nicolas Sarkozy dit cruellement de lui : il est un second. Il est un premier que la médiocrité des uns et la lâcheté des autres ont forcé à rétrograder de place. Pour le sens de l'État, je ne lui connais aucun rival à droite. Sa principale faiblesse est ailleurs : lucide sur lui, il reste aveugle à ses alliés comme à ses adversaires. Il mésestime leurs ambitions. Il fait peu de cas de leurs qualités, quand elles ne sont pas intellectuelles. En fait il ne les jauge pas, il les distingue à peine, il les prend tous en bloc, comme une seule et même personne. Pendant le déjeuner perce dans sa voix une certaine lassitude. A-t-il déjà compris que ce poste, aucun poste ne lui apporterait ce qu'il cherche ? Et que si le pouvoir donne un peu de vie immédiatement, une vie plus dense, plus trépidante, il ne donne pas un souffle de plus devant soi ? Il sait aussi qu'il joue son va-tout : une réélection de Nicolas Sarkozy en 2012 pourrait lui ouvrir les portes de Matignon ; une défaite en revanche signerait la fin de ses ambitions nationales. Après le déjeuner, il me fait visiter le bureau du général de Gaulle et me remet un ouvrage sur l'hôtel de Brienne, comme à un électeur de sa circonscription qui voudrait garder un souvenir des splendeurs de Paris.

Jeudi 2 décembre – Bordeaux

Congrès des producteurs de légumes à Bordeaux. Notre avion a cinquante minutes de retard en raison de la neige. Un soleil pâle baigne le hall de l'aérogare où nous attend le préfet en grand uniforme : manteau en laine bleu marine, galons dorés, casquette brodée de feuilles de chêne, chaussures vernies. Les passagers le regardent de travers, lui et les policiers qui font escorte. Pas certain que tout cet appareil nous ramène des voix, encore moins la sympathie des habitants, qui se plaignent régulièrement du désordre provoqué par les visites ministérielles ou présidentielles. Le préfet me glisse dans la voiture : « Ne vous inquiétez pas, monsieur le Ministre, ils sont calmes, tout devrait bien se passer. » Formule rituelle qui dissimule mal la hantise de tous les préfets, dont la compétence et le dévouement ne sont pas en question, que les choses se passent mal : un incident, une remarque contre le ministre, pire, une agression, avec des conséquences en cascade pour les services déconcentrés. « Ne vous inquiétez pas, monsieur le Préfet, je ne me fais aucun souci. Et si cela se passe mal, cela se passera mal, point final. » Je me suis fait une philosophie sur le sujet depuis les premiers mois de ma prise de fonctions. De septembre à décembre 2009, chacun de mes déplacements en province, en Bretagne notamment, se soldait par une ou plusieurs manifestations de grande ampleur, des violences, des agressions verbales, des charges de tracteurs ou des jets de projectiles, tomates, canettes, bouteilles de lait, cailloux plus ou moins volumineux, dont un fit éclater un jour la lunette arrière de ma voiture. Au début, je ne comprenais pas. Pourquoi ces manifestations ? À quoi bon ? Les agriculteurs ne manifestent pas par plaisir, encore moins par provocation. Ils manifestent parce que les choses vont mal, que les cours sont bas, que le ministre ne répond pas à leurs attentes, que certains vont crever, véritablement crever, ou parce que les élections de leurs représentants approchent. Toutes ces raisons de manifester, la dernière mise à part, sont plus que légitimes. Il m'aura fallu plusieurs mois pour le comprendre ; et me mettre dans la tête que la seule réponse efficace est de se battre pour faire remonter les cours et améliorer les revenus, qui restent modestes, voire dérisoires dans beaucoup de filières agricoles. Ici, à Bordeaux, le préfet a vu juste, les producteurs me réservent un accueil chaleureux : les cours remontent, les mesures adoptées dans la loi de modernisation agricole commencent à faire leur effet, les pouvoirs se rééquilibrent dans la chaîne de commercialisation, la baisse du coût du travail saisonnier à compter du 1er janvier est vécue comme un vrai soulagement. Pour combien de temps ? De toutes les filières agricoles, celle des fruits me préoccupe le plus, avec la filière des légumes et le maraîchage : les producteurs vivent mal, les revenus restent bas, les aléas saisonniers sont importants, les risques de délocalisation élevés.

Vendredi 3 décembre – Paris

Déjeuner à Matignon avec François Fillon et Dacian Ciolos. Depuis sa nomination comme commissaire européen, que le Président a obtenue de haute lutte à Bruxelles et dans une indifférence générale à Paris, je parviens enfin à faire progresser nos idées de régulation des marchés agricoles, en dépit des réticences idéologiques des services de la Commission. Son prédécesseur, la Danoise Mariann Fischer Boel, affichait un libéralisme sans complexe : elle refusait toute intervention sur les marchés ; freinait le mouvement de régulation ; estimait que les crises conjoncturelles avaient au moins le mérite de faire le tri entre les exploitations compétitives et les autres ; vitupérait contre notre gouvernement à longueur de journée ; et citait sans cesse en exemple le modèle des coopératives danoises installées dans les grandes plaines, suggérant que les petites exploitations de montagne avaient du souci à se faire. Ses services la soutenaient sans réserve et de bonne foi. Pour eux, la défense du consommateur est la priorité de court et de long terme. Seul compte le prix du produit alimentaire, peu importent son origine ou ses conditions de fabrication. La sécurité alimentaire sonne à leurs oreilles comme un concept inventé par la France pour défendre ses intérêts hexagonaux : je caricature à peine. Si bien que l'arrivée de Dacian Ciolos, ancien ministre roumain, connu à Bruxelles pour sa francophilie, dut leur apparaître comme un coup monté. Au passage, on regrettera que la France se donne tant de mal à obtenir les postes les plus visibles à Bruxelles, en négligeant les fonctions secondaires ou techniques, où se préparent pourtant les décisions les plus importantes, au nom de principes que nous ne partageons plus. Dacian Ciolos ne cache pas à François Fillon les difficultés de la régulation des marchés en Europe : « Le problème, monsieur le Premier ministre, c'est qu'il est plus difficile de mettre en place de nouveaux instruments que de modifier des instruments existants. On a tout libéralisé dans la PAC. Tout. » Il ajoute malicieusement : « Le plus souvent avec l'assentiment du gouvernement français. » Il reprend : « Alors maintenant que vous voulez avec Bruno remettre de la régulation, forcément c'est compliqué. Par exemple Almunia. Almunia, ça ne lui pose pas de problème de voir des cartels dans le secteur du lait, parce que les cartels industriels existent déjà. Mais quand vous demandez que les producteurs puissent mieux s'organiser pour rééquilibrer les rapports de forces, ça lui pose un problème ; un sérieux problème. Il refuse. Il dit que c'est une entente illégale. » François Fillon lui répond : « C'est surtout du dogmatisme, non ? — Peut-être, mais ce dogmatisme est largement partagé dans le collège des commissaires. — Et les Allemands ? On peut s'appuyer sur les Allemands ? » Dacian Ciolos sourit : « Les Allemands, ils veulent avoir une agriculture aussi puissante que la vôtre, monsieur le Premier ministre ; et ils s'en donnent les moyens. Donc chaque fois que je vais en France, ils comptent. Ils comptent toutes mes visites pour vérifier que je garde le bon équilibre. Comme ma belle-famille se trouve à Dijon, c'est compliqué ! » Après le déjeuner, François Fillon me prend à part dans le petit salon rouge qui donne sur le parc : « Le gouvernement marche mieux, non, tu ne trouves pas ? Avec le Président en tout cas, tu ne peux pas savoir : tout est différent. On verra combien de temps ça durera. »

Samedi 4 décembre – Paris

Il neige. Matthias a mis son bonnet en laine gris avec un pompon bleu. Il me serre la main. À chaque coin de rue, il bascule la tête en arrière, ouvre grand la bouche et avale un ou deux flocons, qui fondent instantanément sur sa langue. Il regarde ensuite droit devant lui, sans dire un mot, le regard concentré sous son bonnet, il marche à petits pas et au coin de rue suivant, quand nous nous arrêtons, bascule à nouveau la tête en arrière. Il sourit. Toute la douceur angélique de Pauline est passée en lui, comme par transfusion. Sa main tiède blottie dans la mienne, il marche avec confiance et seuls lui importent les flocons qui se bousculent en tourbillons autour de lui, insouciant du reste, passants, voitures, camions de livraison, vitrines et même le scintillement des premières décorations de Noël.

Dimanche 5 décembre – Paris – New Delhi

En raison des mauvaises conditions météorologiques, le vol pour Delhi a pris deux heures de retard. Nathalie Kosciusko-Morizet fait partie de la délégation, comme moi elle rejoint le Président parti la veille. Alain Juppé en revanche a dû annuler sa participation à la suite des événements en Côte d'Ivoire. Mon hublot encadre un ciel bleu dur, dont le léger scintillement sur les bords laisse deviner un froid polaire. Une fois mes dossiers parcourus et le dîner avalé, je me plonge dans un texte de Günter Grass, *D'une Allemagne à l'autre*, dont je me suis dit qu'il appuierait efficacement les effets du Stilnox fourni avant le décollage par mon officier de sécurité. Au passage : hommage aux officiers de sécurité, qui en plus de protéger des personnalités souvent exigeantes car sous pression, leur facilitent la vie quotidienne en tenant lieu tour à tour de confident, de secrétaire, de chauffeur et de partenaire de footing. Grass a deux obsessions. La première : Helmut Kohl. « Kohl était ici et il a interrogé les masses, dans un style Palais des Sports : "Voulez-vous l'unité de l'Allemagne ? Voulez-vous notre prospérité ?" On ne fait pas plus vulgaire. » Sa seconde obsession : le mark. On dit souvent que le taux de change du mark a été au cœur de la réunification allemande. Pour Günter Grass, le taux de change du mark compte assez peu, seul compte le mark, le mark comme monnaie allemande, parce que le mark et la réunification sont une seule et même chose : pas de réunification sans mark fort, pas de mark fort sans la réunification. Si bien que, selon Grass, le mark ne fait pas que protéger les intérêts allemands, il résume à lui seul cette Allemagne réunifiée, qui a fait de sa monnaie son identité. On peut être d'accord, ou non. À 10 000 pieds d'altitude, alors que le Stilnox commence à me plonger dans la torpeur et que le bleu dur du ciel a viré au mauve profond, mes capacités de jugement se sont un peu émoussées. Mais on ne peut pas comprendre les réactions allemandes à la crise de l'euro si on oublie à quoi les Allemands ont renoncé en abandonnant le mark : à une part de leur identité. On me dira : comme les Français, comme les Italiens, comme les Espagnols ou les Belges. Mais aucun de ces États ne venait de retrouver son unité et son identité, comme le peuple allemand, avec une facilité apparente qui dissimulait en réalité, des deux côtés de la vieille frontière entre la RFA et la RDA, des incompréhensions et pas mal de mépris. Quand une hôtesse vient me réveiller six heures plus tard, l'avion a commencé son approche vers Delhi. À quelques centaines de mètres en dessous de nous se déroule une longue plaine de poussière brune, trouée de halos orange et vacillants. Encore assoupi, je descends de l'avion avec le reste de la délégation, monte dans le véhicule que me désigne un conseiller et me laisse conduire au Taj Hotel. Delhi la nuit : recouverte par une membrane de pollution épaisse et poisseuse, couleur cendre, qui donne aux murs de torchis des maisons, aux mendiants sur la route, aux animaux difformes, aux cartons des bidonvilles, aux enceintes de brique des demeures et au tronc lisse des palmiers, aux eucalyptus dont les longues feuilles ruissellent jusque sur la chaussée, aux voitures déglinguées, au visage barbu des conducteurs, au sourire des enfants égarés à minuit dans la rue quelque chose de vague, de sale, de doux et de merveilleux. Delhi la nuit : ville ancestrale et sur le point de naître. À quelques mètres de notre hôtel, un camion brûle un stop et manque de couper notre voiture en deux.

Lundi 6 décembre – New Delhi

Les épais rideaux de coton marron filtrent une lumière limoneuse dans ma chambre, au dixième étage du Taj Hotel. Il est 8 heures du matin, heure locale, largement temps de retrouver la délégation pour les entretiens du Président avec le Premier ministre indien. Un saut hors de mon lit, je fais trois pas pour ouvrir les rideaux, appuie sur le bouton qui commande un volet électrique, un soleil brûlant commence à grossir dans le ciel de Delhi. Il tremble au milieu du nuage de pollution, dont les particules en suspension brouillent la vue sur la pelouse en contrebas, le sommet des arbres, un long mur blanchi à la chaux, deux ou trois chiens qui ont bravé la chaleur et errent la queue basse. Des corneilles fendent la grisaille en criant. Elles se posent sur le mur, poussent de nouveaux cris stridents. La presse indienne fait des pleines pages sur la visite de Carla Bruni à Fatehpur Sikri. Succès total : la visite précédente de Michelle Obama est éclipsée. Partout le même cliché, la femme du Président enveloppée dans un sari mauve, la main posée sur la haut de sa poitrine, comme pour retenir une exclamation. Les entretiens officiels ont lieu dans la résidence du Premier ministre, Hyderabad House, une grande bâtisse coloniale au milieu de Delhi, avec ses pelouses taillées comme du gazon anglais, ses massifs de fleurs fraîchement arrosés, ses palmiers en quinconce, son gravier ratissé sur lequel les voitures de la délégation écrasent mollement la gomme de leurs pneus. Manmohan Singh attend le Président au pied des marches du perron : raide comme la justice, le regard immobile sous ses épais sourcils blancs, le haut de la tête enfoncé dans un turban bleu azur. Aux quatre coins de la résidence, des militaires en uniforme montent la garde, tandis que des policiers en civil patrouillent, la main collée contre leur oreillette. Le Président serre la main de son homologue, adresse un salut de la main aux photographes parqués derrière un cordon, présente sa délégation et rejoint la salle de réunion. Manmohan Singh pose ses longues mains craquelées sur le vernis acajou de la table. À sa droite, son ministre des Finances en tunique crème ajuste les trois stylos bille accrochés à sa poche de poitrine. À sa gauche, son ministre de la Défense se gratte le coin de la bouche avec son auriculaire, tire le châle de laine blanche dont il a recouvert ses épaules, le regard rond, les omoplates saillantes, tel un pélican immobile. Son voisin porte un costume occidental en laine bleue et des lunettes en écaille, dont les branches disparaissent derrière des oreilles charnues. Manmohan Singh laisse chacun prendre place sans dire un mot. Malgré la climatisation et les ventilateurs, il fait une chaleur étouffante dans la pièce. Le Président se retourne et glisse un mot à son aide de camp. Manmohan Singh saisit un classeur devant lui, tourne silencieusement les pages, on dirait un prêtre cherchant la liturgie du jour, puis il entame son discours de bienvenue sur un ton monocorde et conclut : « *On every topic you will have the full support of India. We look forward to working closely with France.* » À son tour, le Président se lance dans un long monologue en suivant attentivement les fiches étalées devant lui. Il parle avec conviction. Essaie de capter le regard de son hôte, qui ne cille à aucun moment. Pendant une heure et demie, je le vois mettre autant de passion à défendre les dossiers nucléaires ou du Rafale que celui de la race charolaise lors de notre dernier déplacement. « Monsieur le Premier ministre, je voudrais vous dire mon admiration pour votre réussite et pour la réussite de l'Inde. Vous développez ce continent avec la démocratie. Certains pensent que c'est une faiblesse. La France pense que c'est une force. Et nous vous en admirons d'autant plus. La France a choisi l'Inde : c'est un choix réfléchi, c'est un choix définitif, c'est un choix sans limite. Nous ne vous considérons pas comme un client ou comme un fournisseur. Nous venons voir un partenaire. Nous vous proposons un accord réciproque. Nous voulons la durée. L'Inde est déjà un grand de ce monde. Vous serez dans vingt ou trente ans le pays le plus peuplé du monde. Votre population est intelligente, travailleuse. La France croit en vous. Y compris pour le nucléaire. » À ce mot de nucléaire, le ministre de la Défense rajuste son châle de laine blanche, soulève une omoplate, la rabaisse. Il croise le regard du Président, qui poursuit son monologue en le fixant : « Je veux vous dire un mot sur le Rafale : nous avons le meilleur avion du monde. Qui le conteste ? Personne. Si le moment venu vous faites le choix du Rafale, nous le développerons ici. Et nous le ferons avec vous. » Il se penche en avant, le doigt pointé sur le ministre de la Défense : « Croyez-moi, quand on est trop dépendant d'un seul pays, on n'est plus indépendant. Parfois il faut savoir choisir des amis à taille humaine, parce qu'ils sont plus raisonnables. Fabriquons ensemble. Développons ensemble. » Un silence. Le ministre de la Défense se gratte à nouveau le coin de la bouche du bout de ses doigts maigres, le Président recule un peu sur sa chaise. Maintenant il regarde Manmohan Singh, dont le visage ne trahit aucun sentiment sinon la dignité, une dignité impassible, qui hésite entre la bienveillance et le mépris, pas un poil de ses sourcils épais ne bouge, pas une ride sous son turban bleu azur : « Monsieur le Premier ministre, vous connaissez aussi ma position sur le Conseil de sécurité des Nations unies : c'est un scandale qu'un pays de plus d'un milliard d'habitants ne soit pas membre permanent du Conseil de sécurité. Un scandale ! Profitez de la présidence française pour exiger que cela avance. Je n'accepterai pas l'immobilisme, ni sur ce sujet ni sur un autre. » Il se tait. Il essuie une rigole de sueur qui commence à couler de son front. Un avocat après sa plaidoirie ne doit pas se sentir plus vidé. Lui pourtant ne montre aucun signe de fatigue, il regarde sur sa droite, sur sa gauche, demande à Christine Lagarde si elle veut ajouter quelque chose, à Nathalie Kosciusko-Morizet, écarte les bras et fait une moue de la bouche pour inciter son hôte à reprendre la parole. Pourquoi la sincérité dont il fait preuve dans les négociations, ce désir de convaincre et de faire tomber les résistances les plus dures, comme si un peu plus de passion pouvait ébranler un Premier ministre qui gouverne un milliard de personnes, laisse désormais indifférents ou rend hostiles une majorité de ses compatriotes ? Quel ressort a cassé dans la mécanique ? Quelle erreur a fait que ce Président qui se bat à des milliers de kilomètres pour la France, la France le rejette ? Manmohan Singh consulte son classeur comme pour trouver une réponse aux amabilités du Président. Il le referme. Il plisse les yeux, un sourire fin fait remonter les pointes de sa moustache. « *Spring is in the air, mister President!* » La réunion est levée dans un grand tumulte de chaises, de dossiers qui se referment, de sonneries de portables et de discussions qui se prolongent entre ministres, tandis que les officiers de sécurité extraient de la pièce les deux chefs d'État. La conférence de presse se tient dans le parc, sous un dais blanc où se pressent déjà plus de deux cents journalistes et photographes. Les membres des délégations s'installent sur des chaises latérales. On discute avec son voisin. On échange des impressions. Le dais se gonfle sous le poids de la brise, claque, retombe mollement. Entrent le Président et le Premier ministre. Des huissiers en sari mauve les guident sur une estrade longue de plusieurs mètres, fabuleusement distants, minuscules, deux petites pointes brune et bleu azur dont la tête dodeline doucement. Un bruit incessant de klaxons et de moteurs à deux temps monte de la rue, malgré la végétation épaisse, le mur de briques rouges, les paravents de tissu disposés un peu partout dans le parc pour dissimuler la cérémonie. Des gardes, le pas lent, mitraillette en bandoulière, se découpent en ombre chinoise derrière les paravents. Un à un, les huissiers en sari mauve gravissent les marches, munis de parapheurs dont ils déplient la couverture au dernier moment dans un geste théâtral, index tendu sur la page à signer. Frédéric Mitterrand se penche vers moi : « C'est très cinématographique tout ça ! Regarde ! On dirait un plan de cinéma ! » La cérémonie terminée, nous partons en procession rejoindre le déjeuner au premier étage de la résidence. La salle à manger tout en longueur est éclairée par une batterie de lustres en cristal, équipés de petites ampoules à basse consommation qui jettent une lumière crue sur les colonnes en marbre, les glaces piquées de noir, les pointes de diamant des verres, la bordure dorée des assiettes. La trentaine de convives tirent leur chaise. Derrière eux se tiennent les serveurs, un par convive, les bras croisés dans le dos, en tenue blanche, la tête enfoncée dans un bonnet de tissu avec à la pointe une aigrette argentée, qui tremble. En face de moi est assis un homme qui demain sera un vieillard : le visage émacié, une étrange toque verte sur la tête, les tempes parsemés de quelques cheveux rares mais noir de jais, qui rebiquent dans le cou comme du crin de buffle, le regard absent, où luit encore un éclat sourd, des lèvres fines, qui se plissent lorsque les premiers mots sortent de sa bouche : « *Nice to meet you, mister Minister !* » Il me tend une main décharnée, poursuit avec un accent prononcé : « *I am the maharaja of Cashmere. I am glad to have the honor to have this lunch with you.* » Sur un claquement de mains, les serveurs se mettent en branle, apportent des plats par dizaines, sans interruption, boulettes de viande, riz, galettes de pain, poulet épicé, toute aigrette argentée dehors. Le maharadjah pique une boulette de viande sur le bout de sa fourchette à trois dents et la glisse dans sa bouche. Il mâche consciencieusement. « *You know, your Excellency, I was born in France. In Cannes. Every summer my father rent many rooms in the hôtel Martinez. You know the hôtel Martinez ? It is quite a good hôtel, the hôtel Martinez. So I know your country very well. I know Paris !* » Il ajoute avec gourmandise : « *Plunier ! La Toul d'Algent ! Le gland*

Vefoul ! » À la fin du repas, il pose sur la table une petite boîte en argent incrustée de diamants, dernier reliquat de la splendeur des maharadjahs du Cachemire, il en sort deux pilules, les pose dans le creux de sa main et les gobe en renversant la tête en arrière, comme un automate. Il a été professeur de philosophie, me dit mon voisin de droite : spécialiste de Tagore.

Après le déjeuner, entretien avec mon homologue indien dans son ministère, un vieux bâtiment des années 70 qui tombe en ruine, façade lépreuse, éclairage au néon, ventilateurs cassés, canaux de climatisation qui serpentent sur les murs, enduit terne. Des employés traînent dans les couloirs. Ils me saluent en joignant les mains quand je passe devant eux. Mon homologue réserve un bon accueil à nos propositions de régulation des marchés mondiaux de matières pre- mières agricoles, dans le cadre du G20. Sa seule préoccupation : éviter que la transparence sur les stocks ne conduise à donner des informations confidentielles sur les réserves alimentaires indiennes. Derrière ses réticences, je comprends aussi que le gouvernement indien ne dispose pas des outils statistiques pour recueillir ces infor- mations. Il me propose de mettre en place un groupe de travail tech- nique et de poursuivre la discussion début 2011.

Dîner le soir dans un hôtel de Delhi, avec le ministre des Finances, qui ne reste que quelques instants accompagné de Christine Lagarde, et plusieurs autres ministres du gouvernement indien. Un ministre dont je ne connais pas le portefeuille préside le dîner. Une mèche noire rabattue sur son front dissimule sa calvitie naissante. Il a le teint mat, le visage épais, un collier de barbe trace comme un chemin de broussailles au milieu de son double menton, il parle avec une voix traînante, très grave. Il me demande ce que je fais. Ma réponse le surprend : « *You don't look like a Minister of Agriculture !* » Il commande un whisky glace, le boit d'un trait, fait un signe pour en avoir un autre, le sirote rapidement, en commande un troisième. Son œil s'allume. Il se tourne sur sa gauche, adresse la parole à Nathalie Kosciusko-Morizet, lui demande depuis combien de temps elle est au gouvernement, si elle se plaît : « *Happiness ! It is a great question, happiness ! Do you think you are happy ? Really happy ?* » Il pose la main sur la sienne ; elle la retire avec un sourire, lui répond tranquillement en anglais. Il se tourne à nouveau vers moi, parle de politique étrangère. Il en est maintenant à son quatrième whisky, sa mèche trempée de sueur pend lamentablement, sa voix devient pâteuse. Mon admiration pour Barack Obama le laisse de marbre : « *Obama ! Obama is overrated. He is only thinking about himself. He wants to be popular and to be a historic figure. He is not popular anymore and he won't be a historic figure !* » Comme je conteste son jugement, il tape du plat de la main sur la table, la glace tinte dans son verre vide, il repose sa main, écarte ses doigts couverts de bagues multicolores. « *Obama ! Listen to me my good friend : Obama is nothing ! Nothing !* » Au bout de la table, Anne Lauvergeon vante les mérites de son réacteur EPR à un industriel indien. « *Nothing ! — I'm afraid I don't share your point of view. To me and for many reasons, Obama is a historic figure.* » Il me regarde interloqué et éclate de rire.

Avant de reprendre l'avion pour Paris, je bois un verre avec Julien Steimer, mon directeur adjoint de cabinet, sur la terrasse du bar de notre hôtel. Il fait nuit. Un vent froid coule sur les dalles en pierre de la terrasse. Inclinées comme des lanciers, des torchères en bronze illuminent le fond du jardin. Nous faisons le point sur le G20 : il reste un travail de négociation considérable pour amener les États membres à adopter en juin prochain, au niveau des ministres, des conclusions opérationnelles sur la volatilité du prix des matières premières. Le Président a eu la bonne intuition : il est essentiel de lutter contre la spéculation sur les matières agricoles. Partout dans le monde, les variations erratiques des prix des céréales provoquent la ruine des petits agriculteurs, une raréfaction des ressources, des famines. Mais pour la grande majorité des États, la question alimentaire représente un enjeu trop stratégique pour accepter la mise en place de nouveaux instruments de contrôle internationaux. Chacun pour soi et que le plus faible se débrouille. Toute initiative multilatérale se heurtera au principe intangible de souveraineté. Nous avons moins de six mois pour convaincre. Une bourrasque de vent aplatit le feu des torchères, soulève les nappes sur les tables rondes. Julien avale sa bière. La responsabilité de ce G20 agricole ne semble pas lui peser, du moins il ne le montre pas. Après les Affaires européennes, il est un des seuls à avoir eu le courage de quitter le confort de la carrière diplomatique pour me suivre dans mon nouveau ministère, prendre en main le G20, laisser passer des postes confortables pour mener une négociation passionnante, mais hasardeuse. À 23 heures nous repartons pour Paris. Le vol AF est plein. À peine assis à ma place, je prends un nouveau Stilnox. Cherche Günter Grass dans le fond de mon cartable. À côté de moi, Frédéric Mitterrand se plonge dans la biographie de Keith Richards : « Tu devrais la lire, tu sais. Tu trouveras beaucoup de choses intéressantes. Et toi ? Tu lis quoi ? Günter Grass : tu es motivé. » Le temps de lire deux pages sur les Allemands de RDA et sur leur résistance au matérialisme ambiant, mes yeux se ferment. Dans une certaine confusion, je vois Günter Grass, sa pipe courbe et ses moustaches énormes défendre la plume à la main ce régime communiste qui a fait de la délation le principe de son maintien au pouvoir. Il ne veut rien savoir des exactions de Honecker et de ses sbires. Il ne veut rien entendre de la soif de liberté des Allemands. Günter Grass veut être du côté des perdants. Du côté des perdants, on peut écrire. Du côté des perdants, on échappe au règne impérialiste du mark. Nuit complète. Ronronnement des réacteurs. Frédéric Mitterrand dort, Keith Richards sur ses genoux. Une hôtesse se penche vers moi : « Tout

va bien, monsieur le Ministre? Vous n'avez besoin de rien? —
Non, rien, absolument rien. »

Mardi 7 décembre – Paris

Arrivée ce matin à Paris CDG aérogare 2E : une nouvelle aérogare qui oblige le passager épuisé par une nuit dans l'avion à descendre au sous-sol, emprunter une navette ferroviaire, faire des
kilomètres à pied avant de retrouver le tapis des bagages et la sortie.
Footing dans les allées gelées du bois de Boulogne pour me réveiller.
Le soir, entretien avec Jean-Pierre Grand, le député le plus proche
de Dominique de Villepin, qui vient de déclarer que Nicolas Sarkozy
était un des problèmes de la France. Il me reproche de ne pas avoir
soutenu Villepin, et même de le critiquer. « Depuis trois ans, je ne
le critique jamais, sauf quand il dépasse certaines limites. Il a
dépassé les limites. — Tu sais, après sa déclaration, il y a eu des
députés qui sont venus me voir. Ils soutiennent Dominique. Eux
aussi ils pensent que Sarkozy est le problème de la France. » Le
croit-il vraiment? Son ambition se borne à voir Sarkozy battu. Tout
le reste et la vérité et même la candidature éventuelle de Dominique
de Villepin à la présidence de la République lui importent peu.
Malgré tout je garde un contact avec lui, au nom des liens que nous
avons noués quand je travaillais à Matignon. Nous nous séparons
rapidement, soulagés que cet entretien ne se prolonge pas.

Mercredi 8 décembre – Paris – Moscou

Mauvaise nuit encore. La souris est revenue. Pas une souris, mais
une colonie de souris, qui grattent de concert derrière la plinthe en
bois. Dans mon sommeil je les vois affairées à gratter et à creuser.
Leur dos courbé est coupé au milieu par une colonne vertébrale dont
on distingue les côtes, aussi fines que des arêtes de poisson. Un

grattement plus fort. La porte de la chambre grince : un Matthias somnolent entre et se glisse dans notre lit. Il a fait un cauchemar. Est-il possible que les mêmes rêves traversent les pièces de notre appartement ? Au Conseil des ministres, le Président intervient longuement sur les affaires internationales. Il se dit convaincu du départ de Gbagbo en Côte d'Ivoire. Nous informe du dispositif de protection mis en place autour du nouveau président élu, Alassane Ouattara. Il nous annonce que Bachar al-Assad viendra déjeuner le lendemain avec lui : « Les critiques, je les entends. Mais je vais vous dire : on ne réglera pas autrement le problème libanais. Si on veut régler le problème libanais, il faut discuter avec Bachar al-Assad. » Il évoque également le cas de Julian Assange, le fondateur du site WikiLeaks, qui vient de se livrer à la police britannique : « C'est l'arroseur arrosé : il a voulu la transparence, il l'a. » Dans un entretien au *Times*, Julian Assange défend les pratiques de son site : « *We are an organization that tries to make the world more civil and act against abusive organizations that are pushing it in the opposite direction.* » Étrange conception de la morale publique, qui serait une fonction inverse du secret. Il rejoint les tenants de la théorie du complot, qui voient partout une main cachée, des manipulations ourdies par des forces obscures, liées à des intérêts communautaristes ou financiers. Mais qui arme la main cachée ? Tout pouvoir procède des calculs, des doutes, des hésitations, des décisions et des paris de ceux qui le détiennent. Il se confond avec son exercice. On peut pousser la puissance du microscope, on ne découvrira derrière le pouvoir aucune vie latente, aucun bouillonnement étrange de microbes ou de bactéries : seulement des notes, des mots, des chiffres et des statistiques. Julian Assange a essayé de faire croire au monde que la transparence le rendrait meilleur : mais sa transparence ne produit que de la déception. Finalement ce ne sont pas les images ou les informations nues qui menacent le plus le pouvoir, mais la connaissance et le savoir de chacun de nous, qui en sommes les dépositaires.

Une tempête empêche notre avion de décoller. Par le hublot, je regarde les bourrasques de neige qui viennent frapper la carlingue, le ciel qui se déchire brutalement, les nuages gris pâles filant sur les baies vitrées des bâtiments des années 60, poussés par le vent, emportant avec eux de nouvelles rafales de neige. Frédéric Mitterrand poursuit sa lecture de Keith Richards. Il voit que je sors à nouveau Günter Grass de mon cartable : « Encore Günter Grass ! Mais tu n'en as pas marre de Günter Grass ? » Non, parce que sa position singulière ouvre des points de vue intéressants sur des sujets qui me travaillent depuis des années, la construction européenne, la place des Allemands, Mitterrand et Kohl, la France. Cette question du rang par exemple, que les gouvernements des deux côtés du Rhin évacuent en général en deux mots — amitié franco-allemande — alors qu'elle se trouve au cœur des stratégies diplomatiques en Europe : qui de la France ou de l'Allemagne occupe le premier rang ? Une machine de dégivrage interrompt ma lecture. Un grondement secoue toute la carlingue ; le hublot ruisselle de liquide dégivrant. La réponse de Günter Grass : « Je n'aurais pas pensé que tant de Français se considèrent comme au deuxième rang derrière les Allemands, et l'acceptent d'ailleurs fièrement : aucune raison pourtant de craindre ces Allemands qui peuvent leur en remontrer en matière économique. » Lui fait comme si la puissance économique ne pesait rien face à la puissance politique, quand tous les changements dans le monde montrent le contraire. Et encore les plus récents, quand les peuples européens voient leur avenir suspendu aux décisions financières de la Chancelière ou de la Banque centrale européenne, dont les orientations sont elles aussi fixées, en grande partie, par le représentant allemand de la Bundesbank. Günter Grass a raison de se demander combien de temps encore les peuples européens supporteront ce traitement, qui peu à peu fait resurgir des réflexes germanophobes en Europe. Il a tort de penser que la puissance reste indexée sur le prestige politique, quand elle se mesure principalement aux résultats de la balance commerciale extérieure. Deuxième passage de la machine à dégivrer. Toujours pas de décollage en vue. Au troisième dégivrage, François Fillon nous fait venir à l'avant de l'appareil immobilisé pour partager un déjeuner avec lui. Avec quatre heures de retard, nous partons finalement pour Moscou. Je demande à Frédéric Mitterrand : « Frédéric, tu me passerais ton Keith Richards par hasard ? » Le soir, promenade sur la place Rouge. Il fait moins 10 degrés. À la sortie du passage souterrain qui se trouve sous la place du Manège, le M du métro brille avec plus de force que les étoiles plantées au sommet des tours du Kremlin, ces étoiles rouges comme des charbons, tressées de verre et de métal, qui font des décorations de Noël païennes et brutales dans la nuit russe. La première fois que je suis venu à Moscou, nous étions en 1990. Si je dois dire quelle est pour moi la figure du pouvoir, ou ma première figure du pouvoir, celle qui reste gravée dans ma mémoire, sans hésitation je réponds : la place Rouge en 1990, son pavement bombé, les créneaux bicornes du Kremlin, le marbre lisse des gradins où les dignitaires soviétiques engoncés dans leurs manteaux saluent la procession des missiles, le tombeau de Lénine, la relève de la garde, ce soldat à qui un coup de vent fait perdre sa casquette, le claquement des crosses contre les dalles, et la carrosserie noire des Zil filant à vive allure rideaux arrière tirés, comme un convoi funèbre. Une patinoire a été installée au milieu de la place, devant le Goum. Malgré le froid, des enfants patinent en poussant des hurlements. Derrière Saint-Basile, l'ancien hôtel Roccia disparaît sous une bâche publicitaire de plus de 100 mètres de long, frappée du logo Pepsi-Cola.

Jeudi 9 décembre – Moscou

Hôtel National, 8 heures : départ dans une BMW noire aux vitres teintées, conduite par un molosse plus grand que moi, les épaules deux fois plus larges, la nuque rasée, qui conduit en empoignant le volant à pleines mains, comme un bûcheron sa cognée. Premier entretien de la matinée avec le sherpa G20 de Medvedev, un jeune technocrate de trente-huit ans. Il parle un anglais impeccable. Notre proposition de régulation des marchés agricoles le laisse sceptique, en particulier la possibilité de contrôler les restrictions des exportations des pays producteurs, indispensable pourtant pour protéger les pays les plus pauvres des variations de prix excessives. « Vous comprenez, monsieur le Ministre, nous voulons garder la possibilité de réduire nos exportations de blé si jamais une sécheresse touche la Russie. Notre priorité est de nourrir la Russie. Le reste, vous savez… Vous avez bien vu les conséquences de la dernière sécheresse en Russie, non ? — Précisément : vous avez fermé vos frontières, le prix du blé a été multiplié par deux, le programme alimentaire mondial a été incapable de fournir les quantités de blé suffisantes en Afrique. » La discussion se poursuit. Une évolution de la position russe est possible. « Je parlerai de tout cela avec Poutine et Medvedev. Nous vous tiendrons au courant. » Les discussions avec mon homologue russe sont plus difficiles. Cette femme a un âge indéfinissable ; elle pourrait aussi bien avoir trente ans que la cinquantaine. Elle impressionne par sa taille et ses rondeurs, dissimulées dans des tenues amples et colorées. Elle a les cheveux teints couleur acajou. Son visage poupin, que des couches de maquillage ont rendu plus lisse que le bois laqué des matriochkas, ne trahit aucun sentiment, seule une lueur dans son regard vert sapin laisse comprendre que oui, notre proposition est recevable, ou non, il est hors de question de suivre la France sur ce sujet. Pour le moment, nous sommes plutôt dans le second cas de figure. Comme le G20 restera piloté de bout en bout par le Kremlin seul, je préfère aborder la question de l'embargo russe sur la viande bovine française. « Irina, cet embargo n'a aucun sens. Vos raisons sanitaires ne sont que des prétextes, tu le sais aussi bien que moi. Cela dure depuis des années et nuit à la qualité de notre coopération agricole. » Elle baisse la tête. Pose sur la table un sac à main en crocodile rose. Elle en sort un mouchoir en papier ; se mouche bruyamment. Sa voix rauque exprime une lassitude un peu forcée, quelque chose comme un regret de ne pouvoir répondre favorablement : « Je comprends très bien, Bruno, mais les autorités sanitaires sont formelles : il y a un risque pour le consommateur russe, et nous ne pouvons prendre aucun risque. Je te propose de mettre en place un groupe de travail technique pour trouver des solutions. » Mon sang ne fait qu'un tour : c'est la troisième fois en un an qu'elle me propose un groupe de travail technique. Mon portable vibre dans ma veste. Je glisse ma main dans la poche intérieure, jette un œil sur le message en lettres noires sur fond bleu : « 1 appel en absence, Labro Philippe ». Irina tousse, je relève les yeux vers elle : « Écoute, Irina, tu me proposes ce groupe de travail technique pour la troisième fois. Je t'en suis très reconnaissant, mais nous ne pouvons pas continuer comme ça. Le travail technique, il a été fait par nos services vétérinaires. Le problème n'est plus technique, il est politique. Et comme il est politique, je te dis les choses très directement : soit tu me donnes une réponse positive sur la levée de l'embargo russe sur la viande bovine, soit je ne signe pas notre projet d'accord agricole franco-russe. » Et pour bien me faire comprendre : « Si nous ne trouvons pas un terrain d'entente, nous n'aurons qu'à faire état de nos difficultés en séance plénière, devant Vladimir Poutine. » À ce mot magique, elle referme son sac en crocodile rose, le pose par terre contre sa chaise, me regarde fixement. « Nous allons voir, Bruno. Accorde-moi quelques minutes. » Elle se penche vers son voisin, le directeur des services vétérinaires russes, qui depuis le début des négociations bloque toute avancée. Il lisse sa mèche blanche du plat de la main. La triture nerveusement. La discussion est animée, mais je ne saisis pas un mot de leur échange. Le directeur hoche la tête, pousse un soupir. Irina a fini sa discussion. Elle repose son sac sur la table dans un geste de triomphe, sur ses services, sur son administration vétérinaire, sans doute aussi sur des intérêts particuliers que je ne connais pas. « C'est bon, Bruno. Nous allons proposer à Vladimir Poutine une levée de l'embargo sur la viande bovine française. » Un sourire froisse légèrement son maquillage. Elle me fixe longuement sans bouger un cil. Ensuite, elle reprend notre échange sur des sujets mineurs, pour meubler le temps. La levée de cet embargo est une décision majeure pour notre filière bovine : elle va ouvrir les exportations vers la Russie et soutenir les prix des producteurs. Elle valide aussi la stratégie de développement sur les marchés étrangers, qui me semble la seule à même de promouvoir notre agriculture et surtout, dans des conditions économiques difficiles, de faire monter les revenus des éleveurs. En descendant les marches du ministère, au milieu de la petite cohue des délégations, je consulte mon portable, trouve un ou deux SMS sans importance, le message vocal de Philippe Labro : « Jean-Marie Lefebvre est mort. » Le coup est si brutal que je sens les larmes me monter aux yeux ; je m'engouffre dans la BMW noire, rappelle immédiatement Philippe Labro, qui me confirme la nouvelle et me donne des précisions sur les circonstances. Jean-Marie était journaliste à RTL et surtout un ami. À plus de soixante ans, il en paraissait quarante. Il appelait à toute heure pour un renseignement ou une information, proposait un déjeuner, un café, adorait présenter les uns aux autres, partait ensuite sur la pointe des pieds par souci de discrétion, il redoutait de déranger, connaissait tout le monde et ne dépendait de personne. Il parlait sans cesse, sans jamais rien dire de ses craintes sur sa santé et de la solitude que sa famille seule avait le pouvoir de distraire. Il était inquiet, généreux, incapable de séparation, volubile par tempérament et taiseux par nature. Il avait le cœur sur la main. Lui, mort ? La BMW noire roule dans la boue neigeuse de Moscou. Lui, mort ? Lui, avec sa silhouette de grand oiseau échassier, ses cheveux noirs plaqués en arrière, son nez saillant, ses lunettes en écaille et sa voix grave, mort ?

La séance plénière présidée par François Fillon et Vladimir Poutine doit se tenir dans l'hôtel particulier du ministère des Affaires étrangères russe, une ancienne maison de marchand avec sa salle de bal en marbre blanc, ses rideaux bouillonnés, des escaliers à grandes volées de bois, des drapeaux russes aux murs. On nous annonce que les deux Premiers ministres auront un peu de retard. Un déjeuner est improvisé autour d'une vaste table circulaire. Nous avalons rapidement un morceau de viande dure comme de la semelle de botte, une gelée aux fruits jaune fluo. Dans le hall, les conseillers discutent, les diplomates se regardent, les officiers de sécurité font les cent pas. À mesure que le temps passe, le désordre gagne la maison de marchand. On passe des appels. On trépigne. Avec trois heures de retard sur le programme, le chef du protocole nous demande de monter au premier étage. « Les Premiers ministres vont arriver dans quelques instant, merci de prendre place. » Nous montons les escaliers de bois, patientons encore une bonne heure, debout, les mains dans les poches. Un bruit de tumulte dans les escaliers. Les photographes entrent en deux grappes successives, se positionnent sur le côté. Suit François Fillon, qui salue ses ministres. Deux ou trois bonnes minutes plus tard, dans le halo aveuglant des flashes, Vladimir Poutine, un sourire de renard aux lèvres, le pas décidé, la main ouverte et tendue vers le bas pour nous faire signe de nous asseoir. « Monsieur le Premier ministre, mesdames et messieurs les ministres, je vous souhaite la bienvenue à Moscou, je suis certain que vos entretiens ont été fructueux. Vous nous le direz tout à l'heure, rapidement. » Il parle doucement, par moments sa voix est presque inaudible. Sa tête reste légèrement penchée en avant, ses fins cheveux blonds impeccablement peignés sur le sommet de son crâne. Les pommettes de son visage lui donnent un air caucasien, tandis que ses yeux rapprochés suivent une ligne horizontale, lentement, comme pour scruter ses interlocuteurs. Si un propos lui déplaît, son regard part à la verticale, ses lèvres se pincent, il pose ses deux mains à plat sur la table et les ramène vers lui. Il menace, charme, menace à nouveau, toujours sur le même ton impassible. Frédéric Mitterrand évoque le bicentenaire de la bataille de Borodino. Il sourit. Un interprète traduit en simultané dans nos casques de traduction : « Si vous voulez fêter la victoire russe de Borodino, excellente idée. Napoléon, pour nous, c'est quelque chose de positif. Dans la conscience des Russes, c'est quelque chose de positif : une grande victoire sur un grand homme. » Il sourit encore ; redonne la parole à Frédéric Mitterrand. Lorsque François Fillon aborde des sujets plus sensibles, dont la Tchétchénie, sa mâchoire se crispe, il fait glisser ses deux mains à plat vers lui, serre les poings. « Il y a un proverbe russe : frappe les tiens pour que les autres aient peur de toi. » Homme tout entier de pouvoir, de ce pouvoir qui se gagne par tous les moyens, y compris la violence, qui ne se partage pas, qui se prolonge indéfiniment, tant que le peuple et lui seul ne sonne pas la fin de partie, et dont la durée fait la force.

Vendredi 10 décembre – Fribourg

Christine Lagarde est la seule à ne porter aucune trace de fatigue sur son visage. Valérie Pécresse, Frédéric Mitterrand et moi, nous avons chacun une mine pâlichonne et ce troisième déplacement de la semaine nous enchante à moitié. Nous discutons en attendant le Président. Les réacteurs sont déjà allumés. Les feux de piste clignotent. À 8 h 30 précises, le cortège vient s'immobiliser au pied de l'avion.

Un de ses officiers de sécurité ouvre la porte de la Vel Satis blindée que le Président a conservée depuis la Place Beauvau, il descend, salue les mécaniciens et les agents de piste, monte à bord. Quelques minutes à peine après le décollage, il nous invite à l'avant de l'appareil à prendre le petit déjeuner avec lui. Il avale un café et une assiette de fromage blanc, pousse devant nous la corbeille de croissants : « Allez, Christine, un petit croissant ! Valérie ! » Devant nous, il s'interroge sur la stratégie à suivre pour mettre en place un gouvernement économique en Europe. « La vérité, c'est que l'Allemagne suit pas. C'est vrai, Christine, elle suit pas, l'Allemagne, non ? Tu es d'accord ? Bon. La vérité aussi, c'est que nous ne sommes pas à la hauteur des enjeux. Nous mettons de l'argent, il faudrait des structures. On peut toujours mettre plus d'argent. On peut mettre des milliards ; des centaines de milliards. Ce sera jamais assez pour les marchés. Donc on ira vers de nouvelles difficultés, encore plus graves. » En quelques phrases il a résumé le choix qui se présente aux États européens : soit une intégration plus poussée, soit la disparition de notre monnaie commune. Tout le reste ne nous permettra que de gagner un peu de temps. Mais ce choix, comment le faire ? Bridés par leurs contraintes de politique intérieure et dépourvus des instruments européens de décision efficaces et légitimes, les gouvernements en place temporisent, au lieu de trancher. La France est seule à disposer des institutions nécessaires pour décider. Nicolas Sarkozy a compris que parmi les rares avantages dont il bénéficie sur les Allemands, ce dernier est le plus précieux : comme Président, il a les mains libres, il peut agir rapidement et fort, quand la Chancelière doit consulter, construire brique par brique des compromis avec sa coalition, obtenir en aval un feu vert du Bundestag, tout en restant sous la surveillance scrupuleuse de la Cour constitutionnelle de Karlsruhe. Le plus souverainiste de nos présidents est en train de forger sa stature européenne. Sa réussite dépendra de sa capacité à entraîner la Chancelière avec lui, en soupesant les contraintes de politique intérieure allemandes, les réactions hostiles des autres États membres, les réserves de la Commission, la rigidité de la Banque centrale européenne. En France en revanche, il sait que les membres de sa majorité le suivront comme un seul homme sur ce terrain : la plupart par conviction, les autres par prudence. Après la prise d'armes sur la place principale de Fribourg, la Chancelière et le Président regagnent l'hôtel de ville à pied, sous une neige fine, au milieu des chalets en bois du marché de Noël. Quelques sifflets montent de la foule clairsemée. Les commerçants nous regardent d'un air goguenard. Des dizaines de policiers ont été postés tout au long du parcours ; ils redoutent une démonstration de force des opposants à la gare de Stuttgart. Au déjeuner, Nicolas Sarkozy réaffirme sa volonté d'avancer main dans la main avec la Chancelière : « Il n'y a pas d'alternative au choix stratégique de l'amitié franco-allemande. Au plus fort de la crise, s'il n'y avait pas eu une union totale entre la France et l'Allemagne, c'est l'ensemble qui aurait explosé. Nous voulons converger avec vous. Nous voulons bâtir l'avenir de l'Europe avec vous. » Lui qui doutait en 2007 de la pertinence du choix franco-allemand, souhaitant contrebalancer l'influence allemande avec les Britanniques et les Espagnols, le voici converti à cette amitié, que je n'ai cessé de défendre depuis des années. Au lendemain de ma nomination comme secrétaire d'État aux Affaires européennes, un de ses conseillers avait cru bon de m'avertir : « Nous connaissons tous ici tes bonnes relations avec l'Allemagne ; mais tu n'as pas été nommé pour ça. Alors il serait bon que tu mettes un bémol sur le sujet. » En réalité, ce bémol, ce sont les Allemands qui le mettent. Pour beaucoup, la France représente un partenaire de moindre importance. Ils doutent de nos capacités économiques, redoutent nos prises de position diplomatiques, connaissent mal notre culture, qui les attire moins. Sans compter leur langue, que nous sommes très peu à pratiquer, et qui les isole en Europe, comme dans le reste du monde. Cette amitié est à reconsidérer dans ses objectifs comme dans ses pratiques, si nous voulons que la crise actuelle ne lui soit pas fatale. En face du Président, la Chancelière répond par un « *So !* » fataliste, en inclinant la tête vers ses notes. Les protestations de bonne entente n'ont jamais été son fort, encore moins aujourd'hui à Fribourg, où la lumière grise qui tombe des fenêtres à croisillons accuse la fatigue de son visage, alourdit ses cernes, creuse les deux sillons à la commissure de ses lèvres. Elle se contente d'une remarque laconique : « *Das wichtigste ist dass der Euro überlebt*[1] », puis demande à Wolfgang Schäuble d'intervenir. Lui tient un discours francophile, mais il apparaît physiquement diminué : recroquevillé dans son fauteuil roulant, il cherche une position confortable, se redresse, bascule son corps en avant, agrippe un accoudoir avec une main, avec l'autre façonne quelque chose dans le vide devant lui. Sans le micro, sa voix serait inaudible. Christine Lagarde prend la parole après lui. Elle présente les avancées du G20 finances et mentionne la taxe sur les transactions financières. Le Président insiste après elle, en fixant Angela Merkel : « Je sais que c'est difficile. Je sais que nous allons être critiqués. Mais les sujets les plus dangereux, Angela, ce sont les sujets qui font l'unanimité : parce que ce ne sont pas des sujets. Quand on est tous d'accord, ce n'est pas bon signe, c'est signe que nous n'avons pas fait notre travail. On attend autre chose de nous. Vraiment on attend autre chose. » La Chancelière acquiesce. Dehors, il continue de neiger. Une pellicule blanche recouvre les toits pentus de la cathédrale de Fribourg.

Samedi 11 décembre – Paris

Je cours une quarantaine de minutes autour de l'hippodrome de Longchamp. Un peloton de cyclistes déboule d'un virage de l'anneau, insulte une jeune fille en jogging qui a commis l'erreur impar-

---

1. « Le plus important, c'est que l'euro survive. »

donnable de traverser sur leur passage, la dépasse dans un sifflement
de roues huilées et de moyeux, ramassé en un seul bloc, muré dans
son silence et son effort. Des chiens jouent sur les plaques de neige.
Un coureur manque de glisser sur du verglas, opère un rétablisse-
ment acrobatique, souffle, reprend sa course à petites foulées. À
mon retour, je trouve mon fils aîné Louis qui m'attend dans la cuisine. « La raquette de ping-pong, on va l'acheter quand, la raquette
de ping-pong ? » Je me frappe le front du plat de la main : la raquette
de ping-pong ! Il est midi ; il me reste à peine une heure pour aller
acheter la raquette de ping-pong au Decathlon de la Madeleine,
avant de filer au Conseil national de l'UMP. Nous partons en voiture, la course est faite en dix minutes : « Rouge, la raquette,
Loulou ? Ou bleue ? — Bleue. — Alors bleue. » Dans le parking,
son sac en plastique Décathlon à la main, j'entends Louis me dire,
d'une voix douce et détachée : « Merci pour la raquette de ping-
pong, elle est très belle. On a bien fait de la prendre bleue. » Il ne se
formalise pas plus que cela de voir son père lui consacrer si peu de
temps : il a l'habitude, il serre son sac contre lui comme un trésor.
Porte de Versailles, le moral des cadres UMP est morose. Est-ce la
salle trop grande ? Le froid ? La conviction que la crise continue de
frapper une majorité de gens ? Dans les sondages le FN, réduit à rien
en 2007, revient en force, dopé par nos résultats économiques déce-
vants, le maintien du chômage à un niveau élevé, les problèmes de
sécurité, ce sentiment indéfinissable que tout en France fout le
camp. À Évreux, les remarques de mes électeurs de droite deviennent
de plus en plus sévères. Notre ligne politique manque de clarté. Un
militant m'apostrophe : « Vous êtes bien gentils, mais avec tout ça
on ne sait pas où vous nous emmenez ! On ne voit pas ! On ne voit
pas du tout ! » Le discours de François Fillon ramène un peu de
sérénité. Sans forcer son talent, il joue de cette corde qui fonctionne
toujours dans notre famille politique : le président de la République

m'a confirmé dans mes fonctions, la droite a un chef, nous sommes en ordre de bataille, rien ne nous détournera de notre devoir.

Dimanche 12 décembre – Paris

Cinéma avec Louis et Adrien au MK2 Grande Bibliothèque. Ils se sont ligués tous les deux pour refuser catégoriquement mes propositions de film. Nous irons donc voir *Le Monde de Narnia.* Je dors pendant une bonne moitié de la séance, ce qui ne veut rien dire sur la qualité du film, mais tout sur l'état d'épuisement dans lequel m'a laissé cette semaine de déplacement. Quand nous sortons du MK2, une lumière rasante vient cogner contre les coins des tours, ricoche, glisse sur les lattes de bois de la dalle, donnant à ce quartier de Paris des airs de Manhattan. Adrien me lance : « C'était cool ce film, non ? — Cool, oui, très cool. » Le soir, Pauline annonce au reste de la famille que nous attendons un quatrième enfant.

Lundi 13 décembre – Bruxelles

Départ à 6 h 45 pour Bruxelles. Nous entamons au Conseil des ministres la négociation sur la régulation du marché du lait. La proposition mise sur la table par la Commission, avec le soutien déterminant de Dacian Ciolos, marque la victoire des thèses de la France : la régulation des marchés est mise en avant, des instruments concrets comme les contrats entre industriels et producteurs sont proposés, le rôle des interprofessions est souligné, une transparence sur les prix est jugée nécessaire. Rien n'avait été prévu pour remplacer les quotas laitiers en 2015, sinon le libre jeu du marché ; désormais une véritable politique se met en place. Elle doit tout à la mobilisation que la France a organisée en novembre et décembre 2009, au plus fort de la crise du lait. Une tournée des capitales m'avait alors permis de gagner, dans la douleur, le soutien de vingt États membres pour contraindre la commissaire Mariann Fischer Boel à intervenir sur les marchés et faire remonter les prix. Nous avions ensuite demandé, et obtenu, la formation d'un groupe à haut niveau chargé de réfléchir à la politique laitière européenne après 2015 ; demandé, et obtenu, un renforcement du poids des producteurs dans la négociation des prix ; demandé, et obtenu, une modification du droit de la concurrence européen pour permettre aux producteurs de se regrouper. En définitive l'Europe se construit moins à Bruxelles qu'on le prétend. Son avenir dépend avant tout de l'implication des États membres et de leurs représentants élus. On peut gémir ; on peut se plaindre de Bruxelles et de ses technocrates ; on peut pointer du doigt les erreurs de la Commission et des directions générales. Il est infiniment plus utile de s'impliquer avec les autres ministres dans la définition de politiques nouvelles, adaptées aux réalités économiques du moment. Notre Europe est le produit de nos expériences et de notre volonté. Il est trop facile de la présenter comme étrangère aux nations, alors que les nations, et avec elles les peuples, en restent le moteur, la raison de vivre. À la fin du Conseil, Dacian Ciolos vient me voir discrètement : « On a pas mal avancé, non ? Au moins il y aura quelque chose après les quotas. Mais je peux te dire que ce n'est pas facile. Le collège des commissaires est très divisé. Il faut continuer à se battre, et moi je ne peux pas trop me mettre en avant. »

Mardi 14 décembre – Bruxelles – Paris – Vernon

Dans le Thalys de 7 h 13 pour Paris, j'apprends la mort du diplomate américain Richard Holbrooke. Ma première rencontre avec lui avait eu lieu dans un camp de réfugiés, en Croatie, début 1996. Disons que j'avais eu le privilège de lui serrer la main, au milieu de la foule de responsables humanitaires, de représentants de l'ONU, de casques bleus et de journalistes qui le suivait en permanence comme une petite troupe armée, mobile, toujours aux aguets. « *Nice meeting you! You're french? Good!* » Et il avait poursuivi sa route. Il avait une conception généreuse de la diplomatie. Il regardait chacun droit dans les yeux, en remontant ses lunettes en métal, comme un professeur jauge son étudiant. Chaussé de Timberland, sa chemise à carreaux dépassant de son gilet pare-balles, les poches de son pantalon beige bourrées de toutes sortes de machines de communication, il ne se résignait jamais, convaincu que les États-Unis avaient vocation à apporter la paix, partout, par tous les moyens, y compris les armes. Et peu lui importaient les réticences des uns ou les doutes des autres. Il rayonnait sur son passage. De la gare du Nord une voiture me conduit directement à l'École militaire, où deux hélicoptères prêts à décoller attendent le Président, qui doit visiter le site Snecma de Vernon. La table ronde sur l'industrie spatiale et aéronautique se déroule sans anicroches, sans passion non plus. Dans la salle, je reconnais les élus du département de l'Eure, qui depuis mon élection comme député en 2007 m'apportent un soutien sans faille : Gérard Volpatti, Frank Gilard, Ladislas Poniatowski, Joël Bourdin, Françoise Charpentier, Pascal Lehongre, et tant d'autres, maires, conseillers généraux ou conseillers municipaux, sans lesquels aucune aventure politique ne serait possible. Au retour, dans le bourdonnement de l'appareil, le Président se dit satisfait de son déplacement, il demande un café, regarde par le hublot puis tire le rideau de tissu beige : « C'est bien ces petites réunions, non? Ni vu ni connu, comme ça, on fait un petit meeting à chaque fois. » Il ajoute : « Il faut insister sur la réforme des retraites. C'est maintenant que les gens comprennent. Avant, ils pouvaient pas. Maintenant, ils comprennent ce que ça représente. On a sauvé le système par répartition : voilà ce qu'il faut leur dire. Et les 35 heures, hein? À chaque fois, vous avez vu, un petit coup sur les 35 heures, discrètement. Ils ont perdu cette bataille, les socialistes; définitivement. » Comme toujours, il lui semble que les ministres et les parlementaires, la majorité en général, ne défendent pas assez les décisions de son mandat, et versent trop dans la critique. Après plus de trente ans de vie politique, lui qui connaît le métier mieux que personne, ses travers, ses faiblesses, auxquelles il lui est arrivé de céder pour mieux se distinguer de Jacques Chirac, il fait mine encore de s'étonner qu'on puisse préférer les attaques aux propositions, les commentaires désabusés à la reconnaissance. « La reconnaissance, on peut pas dire que ça les étouffe, nos parlementaires, la reconnaissance. » L'hélicoptère amorce un arc de cercle autour de la tour Eiffel, à hauteur du deuxième étage. Des touristes prennent des photos. Dans la cour de l'École militaire, un cortège de voitures attend le Président et sa délégation. En moins de vingt minutes, je rejoins la gare du Nord. À 18 heures, je suis de retour à la table de négociation à Bruxelles, pour le volet pêche.

Mercredi 15 décembre – Paris

À la commission des Affaires économiques de l'Assemblée, je présente notre projet de réforme des installations classées. Mon objectif est simple : faciliter le regroupement des exploitations d'élevage, pour leur permettre de gagner en compétitivité et de continuer à faire jeu égal avec les Allemands. Pour certains députés, la partie est déjà perdue : le coût du travail, la taille des exploitations dans l'ancienne RDA, les méthodes de production d'énergie mises en place, en particulier la méthanisation, auraient déjà donné un avantage décisif à l'Allemagne. Un avantage, oui ; décisif, non. La France garde une maîtrise de la génétique animale et des techniques d'élevage qui lui permet de garder le premier rang en Europe. Il lui reste à accepter les efforts de modernisation nécessaires, dans le cadre de nos exploitations de taille raisonnable, loin des batteries industrielles qui fleurissent un peu partout dans le monde, où les animaux ont le sort des objets. Il entre toujours dans nos choix économiques quelque chose de notre modération naturelle, que certains voient comme un défaut, et que je considère comme un atout.

Jeudi 16 décembre – Clermont-Ferrand

Si je devais trouver une raison à mon acharnement à défendre les éleveurs, je la trouverais dans cette ferme auvergnate, posée sur un plateau couvert de neige, dont la blancheur est déchirée sur les flancs par les griffes des haies et des buissons. Une herbe rase entoure les murs de la maison. Parmi la dizaine de paysans qui me saluent à l'entrée, un petit homme de soixante ans, les joues rougies par le froid, une veste en velours côtelé qui lui serre le torse, les cheveux blancs coupés en brosse, me tend la main en soignant sa formule : « Monsieur le Ministre, vous êtes chez moi, vous êtes chez vous. » Son étable a été soigneusement nettoyée avant mon arrivée. Les croupes de la dizaine de vaches alignées le long de la mangeoire ont été rasées, les queues brossées, les cornes polies brillent doucement à la lumière des ampoules couvertes de poussière. Une odeur de foin monte de la mangeoire. Un beuglement, suivi de plusieurs autres, couvre un moment nos conversations, qui reprennent devant un buffet de fromages installé sur une table à tréteaux. Mon hôte se plante devant moi, les pieds campés dans la sciure : « Monsieur le Ministre, vous nous faites un honneur en venant chez nous. Mais quand même, je dois vous dire, ici, on a beau dire, on a beau faire, on s'en sort pas. Y a pas d'herbe. Le peu qui reste dans les prairies, les rats taupiers le foutent en l'air. Et les prix ! Vous avez vu les prix ? C'est pas des prix, ça, on couvre rien, c'est l'aumône. Si c'est comme ça que ça continue, on va pas aller loin ! Je dois vous dire, on va pas aller loin ! Des éleveurs, y en aura pus. Voilà : y en aura pus. » Il se tait. Les autres paysans hochent gravement la tête autour de lui. En sortant, je me cogne contre une poutre : « Eh ! Monsieur le Ministre ! Vous êtes trop grand ! Y faudrait voir à pas démolir l'étable, quand même ! » Sur la route qui nous conduit à notre hôtel, en pleine nuit, les phares de la voiture balaient la plaque réfléchissante de ce panneau indicateur, planté à un croisement en pleine campagne : « Chamalières, 17 km. » Le panneau est dépassé depuis longtemps que je vois encore un président au coin du feu, le sourcil relevé, la mâchoire bloquée et la bouche comme encombrée de coton, expliquant posément à ses chers compatriotes la situation économique, et des centaines de ces images de la vie politique des années 70 et 80, désuètes, passées, démodées comme un vieux vêtement, reviennent à la surface, par la seule force de ce nom, « Chamalières », inscrit sur un panneau de route départementale, qui indique au voyageur une direction à suivre, moins pour retrouver un lieu que pour remonter le temps.

Vendredi 17 décembre – Clermont-Ferrand – Agen

Visite de Limagrain, une entreprise de semences de réputation mondiale. Pris par le temps, je passe dans les laboratoires au pas de course, écoute distraitement les explications qui me sont données, je serre des mains sans engager la discussion, enfile machinalement une blouse blanche, la retire, salue le directeur et repars. Au total mon passage aura duré moins de quarante-cinq minutes. Mieux vaut dans ce cas annuler la visite, et éviter les commentaires des uns et des autres sur le mépris du ministre. À 11 heures je décolle de Clermont-Ferrand. Atterrissage à Agen. Un saut de puce au congrès de la ruralité, où une assistance clairsemée applaudit mollement mon discours, quelques photos avec les participants, puis je prends la route pour aller voir mon oncle Henri, à une vingtaine de kilomètres, en direction de Condom. Avec un plaisir fou je retrouve les lacets de la départementale entre Agen et Condom, les alignements de platanes dans les lignes droites, la longue côte en courbe qui

brutalement tombe sur la succession de collines du Gers, les tours
en ruine, les bâtisses abritées sous les cèdres, le routier, les cafés, les
pavillons modernes qui poussent un peu partout, avec ou sans
colonnes, dalles lisses, jardin tondu, barbecue rangé dans un coin.
Seulement le ciel est mouillé, les tracteurs pataugent dans la boue
et soulèvent dans leurs roues de 2 mètres des mottes de terre molle.
Toute la force des étés a disparu, quand le soleil grille les cultures,
lève une poussière étouffante sur les bords de route, tremble, vacille,
vire au bleu comme une flamme de gaz, plaque des ombres rectan-
gulaires sous les auvents et, plus tard dans la journée, effleure la
nuque piquante et rêche des tournesols, abattus par le soir. Ce garage
près de Laplume, carré de béton blanc, gueule ouverte sur les ateliers, deux ou trois voitures en épi devant : la lumière éclatante de
juillet cogne contre le carré ; on pénètre à l'aveugle dans une ombre
fraîche, sur un sol lisse, glissant, qui sent l'huile de vidange et l'essence. Aujourd'hui le volet est baissé, gris ferraille, le blanc du
béton se noie dans l'air humide. Mon oncle Henri m'accueille dans
son exploitation avec sa femme Sophie et ses enfants. Il évoque les
difficultés des petites fermes, rachetées par les grandes coopératives. Il parle doucement, hésite, cherche le mot juste, se reprend.
Quand j'évoque la politique nationale, il secoue la tête. « Je crois
que vous essayez de faire bien. C'est sûr. Mais le Président, bon. On
est de droite, nous, tu sais, on a toujours été de droite dans la famille.
Mais le Président, il passe pas trop. Je sais pas ; c'est le style. Les
Ray-Ban. Tu vois, ici, ça passe pas trop, ça fait un peu riche. Et puis
on sent pas qu'il aime les Français. Peut-être qu'il les aime, je sais
pas. Peut-être. Mais on sent pas trop qu'il les aime. »

Samedi 18 décembre – Évreux

« Nicolas Sarkozy ? Ah oui ! Il a ses défauts ! Je vais pas te dire le
contraire, pour sûr il a ses défauts : il est un peu agité. Tu trouves

pas ? Mais bon, on peut pas dire qu'il fait pas le travail. Les retraites, par exemple, il a fait les retraites : ça fait dix ans qu'on fait un pas en avant, deux pas en arrière, lui, au moins, il l'a fait. » Jean-Claude Bellois, charcutier à Évreux, me parle avec son sourire habituel, sa voix légèrement traînante, assis dans son petit bureau au premier étage de sa boutique. Les murs sont encombrés de diplômes de charcutier. Il a gardé sa blouse, il doit redescendre dans ses ateliers. « Mais il va être réélu, non ? Qu'est-ce que tu en penses ? Il va être réélu ? » Il me regarde, je ne sais pas quoi lui répondre. Du style de Nicolas Sarkozy, de ses réformes courageuses ou de ses échecs économiques, je suis incapable de dire ce qui pèsera le plus lourd dans le choix des électeurs. Hier, mon oncle Henri butait sur le style, qui occultait tout, y compris les changements dans ce style, tant les images imprimées en négatif s'effacent lentement en politique, quand elles s'effacent. On dit que tout passe en politique, que tout est oublié le lendemain ; l'inverse est aussi vrai, que tout reste, que rien ne disparaît, et que les accusations les plus injustes formulées contre un homme innocent rejaillissent des années plus tard, avec la violence de ces volcans longtemps silencieux, qui subitement crachent des kilomètres de lave et de cendres. Ce matin Jean-Claude Bellois reconnaît que la réforme des retraites est une avancée. Oncle Henri et Jean-Claude Bellois sont les deux faces de la même médaille de la droite, qui hésite à condamner, hésite à pardonner, et joue son avenir à pile ou face.

Dimanche 19 décembre – Paris

Dans le magasin de figurines de la rue Hautefeuille, un jeune vendeur en sweat-shirt à capuche gris s'approche de moi d'une démarche nonchalante : « Vous cherchez quelque chose de particulier, Monsieur ? » Il enfonce les deux mains dans les poches de son jean taille basse, se gratte le nez. « Oui ! Attendez ! » Je sors un papier froissé de ma veste : « Le Codex. Je cherche le Codex. » Il lève les yeux au ciel, balance ses épaules de droite à gauche, soupire en jetant sur moi un regard affligé. « Quel Codex ? Le Codex Space Marines ? Le Codex Empire Tau ? Ou l'extension Guerres Urbaines ? — Alors là ! Je n'en sais rien, moi ! Mon fils aîné m'a demandé le Codex pour Noël. — Il a quel âge, votre fils ? — Dix ans. — Alors prenez-lui le Codex Space Marines, du Chaos. — Ah, très bien. — Ou sinon le Codex Blood Angels, il est bien, le Codex Blood Angels. — Vous croyez que ça lui plaira, le Codex Blood Angels ? » Il écarquille les yeux. « Le Codex Blood Angels ? Mais ça plaît à tout le monde, le Codex Blood Angels ! » Par miracle, pas un appel téléphonique de l'après-midi. Pendant une heure, je lis quelques pages de la biographie de Himmler, par Peter Longerich. On peut comprendre cette imbécillité de la nature, qui conduit les hommes les plus retors, tenaillés par des complexes incurables, souvent affligés de défauts physiques — impuissance, voix de fausset, ou le menton fuyant de Himmler —, à prétendre aux postes de pouvoir les plus élevés, à les obtenir et à en faire un usage qui leur ressemble, immonde. On comprend moins bien que jamais aucun obstacle sérieux ne se dresse devant eux ; il semble que l'immense majorité de la population que ces malades soumettent peu à peu ne parvienne jamais à imaginer où ils l'entraînent, ferme les yeux, se bouche les oreilles, trouve un moment du charme à leur tyrannie et, quand il est trop tard, surestime leur puissance et redoute leurs coups. Dans l'histoire, la lâcheté politique commence par un manque d'imagination et finit par un excès de crainte.

Lundi 20 décembre – Paris

Première réunion sur le projet 2012 dans le bureau de Claude Guéant. Les masques africains de Dominique de Villepin qui escaladaient le linteau de la cheminée ont disparu ; la table de travail en verre et acier de Frédéric Salat-Baroux également. Ne restent que la soie vieux rose sur les murs et la toile de Nicolas de Staël, accrochée au fond de la pièce, en regard du portrait de Nicolas Sarkozy. Claude Guéant a convié quelques conseillers du Président, dont Jean-Baptiste de Froment, qui doit recueillir les avis des uns et des autres et faire le travail de synthèse. J'insiste sur deux points : la nécessité de consulter le plus largement possible, des parlementaires aux ministres, en passant par les experts, les intellectuels, les chefs d'entreprise, les professions libérales ; le souci de rester ouvert, pour trouver des idées nouvelles et éviter de plaquer sur la campagne des a priori qui ne correspondraient plus aux attentes des Français. Claude Guéant approuve les deux points. Il demande à être systématiquement associé aux réunions du groupe. Une ambiguïté n'a pas été levée : ces propositions doivent-elles servir exclusivement à l'UMP, ou seront-elles mises à la disposition du candidat ?

Mardi 21 décembre – Paris

Xavier Beulin est élu président du syndicat agricole le plus puissant en France, la FNSEA. Depuis des années, la fonction était occupée par un producteur laitier ou un éleveur, tout sauf un céréalier, pour ne pas provoquer de réaction des autres paysans. Par principe, le céréalier est riche et la richesse se porte mal, chez les agriculteurs comme ailleurs. Elle éveille les jalousies ; elle fait pousser des soupirs entendus. Je connais des céréaliers qui ne gagnent pas de quoi finir correctement le mois, mais les fables sont plus fortes que les réalités, et personne ne les croit. Donc si les céréaliers sont riches, ils ne vont pas en plus détenir le pouvoir, ils le laissent aux autres, au moins en apparence. Cette fois la FNSEA a enfreint ce principe. Elle y a été encouragée par les qualités de Xavier Beulin, sa réussite, son contact aisé avec les gens, sa vision claire de l'avenir de l'agriculture. Sans surprise, sa première déclaration publique comprend une critique en règle des dernières déclarations du ministre de l'Agriculture sur le revenu agricole : « Ce que dit le ministre est inacceptable, les paysans ne voient aucune amélioration dans leur revenu. Tous ces chiffres ne veulent rien dire. Je lui recommande de mieux étudier ses statistiques. » Il y a un an, j'aurais décroché mon téléphone pour me plaindre ; aujourd'hui, je ne bouge pas un cil. Le jeu de rôles veut que le nouveau président affirme son autonomie en critiquant les pouvoirs publics, et le ministre fait une cible facile. Dans un ou deux jours, il viendra me voir pour me dire que nous nous sommes mal compris, et chacun repartira satisfait. De toute façon j'ai de l'estime pour lui. Seul m'importe le travail que nous pourrons faire en commun. À 17 heures, entretien avec le président de la Banque mondiale, Bob Zoellick, un ancien membre de l'administration républicaine. Il descend de sa voiture avec sur les épaules un long manteau de cachemire beige ; il frissonne, frotte ses longues mains pâles, lève une tête fine et anguleuse vers le fronton de l'hôtel particulier, monte les marches du perron à grandes enjambées. Dans les premières minutes de notre entretien, il glisse les noms de ministres étrangers, Premiers ministres, hauts fonctionnaires internationaux, experts, en fixant un regard interrogateur sur moi. Parfois il pose encore plus directement la question, comme pour être certain de la qualité de son interlocuteur, et que son déplacement dans ce ministère en vaut la peine : « *Do you know him ? Have you ever met him ? He's a nice guy, isn't he ?* » Il écoute ensuite attentivement mes propositions de régulation des marchés agricoles dans le cadre du G20 et me donne des conseils précieux : « *You should never forget the international organizations, I mean, the United Nations, the OECD... They could be of great help if you include them in the preparation of your G20.* » Une heure plus tard, il déplie sa grande carcasse hors de son fauteuil, jette un regard circulaire sur mon bureau, hoche la tête, me serre chaleureusement la main. « *I wish you a great success, Bruno. — Thank you, mister President. — Call me Bob.* »

Mercredi 22 décembre – Paris

Le Président a le teint cireux de ses jours de grande fatigue. Il reste immobile pendant une grande partie du Conseil des ministres, donnant machinalement la parole à ses ministres. Un propos déplacé, ses lèvres se pincent, le bas de sa mâchoire se contracte, rien de plus. Il tient néanmoins à marteler quelques remarques sur l'euro : « La sortie de l'euro n'est pas une option, c'est une impasse. Elle signifie la fin de l'Europe. Et donc la résurgence de conflits séculaires en Europe. » Il termine par une formule grammaticalement hasardeuse, politiquement forte : « Exploser l'euro, c'est exploser l'Europe. » Déjeuner avec Éric Woerth. Il revient à nouveau sur l'affaire de l'hippodrome de Compiègne : « Le reste, je veux bien comprendre. Mais l'hippodrome ? Tout a été fait dans les règles. Bercy voulait vendre, vous ne vouliez pas. Nous avons échangé, nous avons trouvé un terrain d'entente, les Domaines ont donné leur accord, où est le problème ? Où est le problème ? Je t'assure, il y a un moment, on ne comprend plus, on ne comprend plus rien. Et pourquoi personne ne prend ma défense ? Pourquoi ? » Une nouvelle fois je lui promets de lui apporter mon soutien. Le ton de sa voix trahit un désarroi réel, celui des responsables politiques qui sont tombés dans la mécanique de la justice, et qui, coupables ou innocents, font tous les frais de ses rouages infiniment lents, de ses procédures complexes, de ses enquêtes dont la rigueur tranche avec les contraintes et les hasards de la décision politique. Sans compter ce qui suinte comme une huile de graissage de cette machine et qui goutte et qui vous tache : le soupçon. En privé, on vous soutient ; on vous apporte des paroles de réconfort. Mais qui parle en public ? Personne. Qui prend votre défense ? Personne. Trop heureux de pouvoir vivre au rythme de la vie politique, qui ne connaît aucune pause, les autres responsables se tiennent à bonne distance, dans la crainte se faire happer à leur tour dans cet engrenage dont ils ne connaissent pas les ressorts. Chaque univers a sa vitesse de rotation ; chaque monde a son langage ; chaque vérité a ses pratiques et ses mots : aucune n'est moins conciliable que la vérité politique et la vérité de la justice.

Jeudi 23 décembre – Saint-Pée-sur-Nivelle

Lorsque je descends en voiture, le Pays basque commence pour moi quand l'autoroute A10 commence à se faire plus sinueuse, que la végétation devient plus verte, que les premières collines marquent la frontière avec la pinède et les étendues de sable des Landes, et que du pont Hubert-Touya, dont les jointures mal ajustées mettent à rude épreuve les suspensions, on voit Bayonne, les quais, les maisons blanches aux volets rouges, les deux flèches de la cathédrale. Alors on entre dans un autre territoire. Un air différent souffle de l'océan, qui vient frapper le bas des montagnes. Des nuages laiteux balaient le ciel. Au bord des plages, même quand le soleil est absent, les vagues brutales qui cassent contre la grève soulèvent par milliers des particules argentées, eau et sel confondus en une brise humide, poisseuse, aérienne et glacée qui enveloppe la ligne côtière dans un poudroiement bleu. On se baigne. On est emporté. Le nez plein de mer et les yeux brûlants, on se relève. On repart contre les vagues. Le soir, on retrouve la paix des villages et les fougères odorantes de la montagne. Ici je tombe la politique, comme on tombe sa veste. À mon arrivée, Matthias se lance dans mes jambes. Il me regarde du haut de ses deux ans et demi, sans rien dire, en me tendant les bras ; je le prends, je caresse ses cheveux, trouve son crâne sous mes doigts, comme le squelette des petits animaux qui perce sous leur peau. Lecture du journal d'Ernst Jünger. 1er janvier 1937 : « Aujourd'hui, à quarante et un ans, j'ai l'impression d'être encore dans une situation très enfantine, la cristallisation ne s'est nullement produite. Dans mon déplacement à travers le temps, j'ai au jour le jour l'impression étrange de glisser dans le brouillard. En revanche, quand je considère dans son ensemble le chemin parcouru, il m'apparaît comme un trajet chargé de sens — presque comme si je m'orientais magnétiquement vers un point qui me reste encore invisible. » À quelques décennies de distance, je pourrais dire la même chose de ma carrière politique et de mes livres : je ne sais pas où ils me mènent, je sais que la carrière politique correspond à mon tempérament et à une certaine conception de la liberté, et que mes livres, ils ont été écrits chacun au moment où je les sentais grandir en moi. Un peu plus loin dans son journal, Jünger raconte comment la simple mention du psaume LXXIII dans un de ses livres — « Mais enfin, Dieu est bon pour Israël » — lui attire les foudres de la censure. Goebbels en personne appelle le supérieur hiérarchique de Jünger pour lui demander sa tête. Réponse du supérieur : « Mon général, sachez que je ne commande pas à l'esprit de mes officiers. » Aux heures les plus lâches du nazisme, il restait donc dans le cœur de certains officiers allemands un peu de ce courage qui un jour conduira un des leurs à placer une mallette piégée sous la table à cartes du Führer, mais trop peu, infiniment trop peu, pour faire ne serait-ce que vaciller les piliers du régime hitlérien. Plus que la peur, la nonchalance des habitudes et le goût de servir auront servi le crime de masse.

Lundi 27 décembre – Saint-Jean-de-Luz

Au bar de la Marine, place Louis-XIV, je prends un café en lisant la presse. Un vent doux souffle du port, portant des effluves de gasoil, de sel et de poisson ; le damier en Inox des tables étincelle au soleil. Assis à côté de moi, Matthias boit son chocolat, les deux mains serrées autour de la tasse, les boucles de ses cheveux accrochent les reflets des tables, se soulèvent doucement, moussent dans la lumière. Dans *Le Figaro*, Laurent Gbagbo explique sa position, se présente comme le seul chef légitime de la Côte d'Ivoire, ruse, gagne du temps : « C'est moi qui suis élu président de la République de Côte d'Ivoire. C'est tout, et c'est simple. » Il se dit confiant dans sa victoire, mais il emploie déjà les arguments des vaincus, qui derrière leurs difficultés voient toujours la main des puissances étrangères : « À partir de là, Français et Américains disent que c'est Alassane Ouattara. C'est tout ça que l'on appelle un complot. » Cet homme, qui tire encore les quelques ficelles médiatiques qui lui restent, demain sera soit un dictateur toujours plus sanglant, pour sécuriser son pouvoir, soit un dictateur déchu. Pour le moment, son renversement, qui aurait dû être une affaire de jours, traîne en longueur. Son maintien serait un échec retentissant pour le droit international, mais sa déposition par la force fait courir des risques de guerre civile. Matthias a disparu. Sa tasse vide traîne sur la table, barbouillée de sucre et de chocolat. Inquiet, je jette un regard circulaire sur la place : accroupi au pied d'un platane, Matthias dépiaute méticuleusement un mégot, et rien ne saurait le distraire de son activité, ni la fanfare sous le kiosque à musique, ni le petit chien qui le renifle. Encore moins le drame qui se joue à des milliers de kilomètres de là.

Mardi 28 décembre – Saint-Pée-sur-Nivelle

Je progresse dans le journal de Jünger, avec un peu de peine. Des pages entières sur une herbe folle, les nervures d'un tronc, les pattes velues d'un insecte, le regard affolé du chevreuil pris au piège dans des chevaux de frise, et en arrière-fond, presque inaudible, la guerre ; la guerre et ses atrocités, qui se retirent comme une mer sale au fil de son journal. Les combats sont pour lui des incidents lointains. Il fait la guerre que la Wehrmacht lui demande de faire, avec obéissance et une bonne dose de mépris ; elle ne le détournera pas de son devoir à lui, qui est d'écrire et de comprendre le monde qui l'entoure, dans lequel il lui a été donné de vivre à un moment particulier, qui aurait pu être un autre. Quand tombent, la nuit, les bombes et les fusées éclairantes, lui regarde l'ordre des étoiles. Par bien des aspects Ernst Jünger est un disciple de Goethe, qui vouait à la minéralogie et aux changements de climat une passion dévorante le détournant de ses fonctions de ministre. Les écrivains allemands mettent un soin maniaque à décrire la nature ; dans sa permanence elle les protège des exactions des hommes, qui ne durent pas. Pas une seconde ils n'imaginent que quelqu'un, un jour, puisse leur demander de rendre des comptes sur leur silence. La correspondance entre Virginia Woolf et son amie Vita Sackville-West : on ne parvient pas à déceler jusqu'où la passion les a conduites, ce qui gêne un lecteur contemporain, habitué aux détails les plus scabreux et à tout savoir sur tout. À en croire la mère de Vita, leur relation n'aura malgré tout duré que trop longtemps. Au dos d'une photo de Virginia Woolf, Lady Sackville écrit ces mots, qui se veulent une accusation et qui sont aussi un hommage : « Le terrible visage d'une femme dont le vœu insensé, qui malheureusement a abouti, est de séparer les gens qui s'aiment. Je hais cette femme qui a transformé ma Vita et l'a éloignée de moi. »

Jeudi 30 décembre – Saint-Pée-sur-Nivelle

Sous un ciel gris, nous escaladons avec Adrien et Louis une montagne près de Bidarray. Le soleil ne parvient pas à percer la taie épaisse et uniforme, mais il donne aux nuages une luminosité particulière, étouffée, comme une lanterne enfouie sous une couverture de laine. Au début de la marche, nous progressons à découvert. Parfois nous faisons rouler des pierres, dans un bruit sec qui résonne contre les parois des vallées, puis le silence revient, troublé seulement par le sifflement du vent. Nous faisons une pause en nous adossant au mur d'une bergerie vide ; les enfants soufflent, ne disent pas un mot, regardent le cirque des collines, et au loin la ligne en scie des montagnes. Quand ils se relèvent, ils voient les vautours, de simples petits points noirs qui tournoient au-dessus de nos têtes. Nous reprenons l'escalade, traversons une forêt de pins ; à la sortie du bois, je bifurque sur un sentier au milieu des fougères. « On continue encore ? » Adrien est fatigué. Il voudrait faire demi-tour. « On continue jusqu'au rocher en haut, et après on retourne à la voiture. » La pente devient de plus en plus raide. Nous glissons sur le tapis de fougères. Rien à quoi se raccrocher, sinon ces tiges rêches, jaunies par le froid, et parfois un ou deux arbres isolés. Parvenus au piton rocheux, Louis et Adrien s'allongent sur le ventre, la tête suspendue au-dessus du vide, les cheveux rabattus par le vent. Maintenant on distingue précisément les vautours. Ils se multiplient, grossissent, piquent sur un cadavre de mouton, remontent, le cou décharné enfoncé dans leurs omoplates saillantes, les ailes couleur de rouille. On dirait une colonie de vieillards affamés en quête de nourriture. Les enfants sont à moitié rassurés. « On redescend ? — On redescend. »

Vendredi 31 décembre – Saint-Pée-sur-Nivelle

Pour le dîner du réveillon, j'achète au marché de Saint-Jean-de-Luz un saint-pierre à la peau huileuse, vert-de-gris, l'arête dorsale aussi piquante qu'un épineux. Dernier dîner en famille avant le retour à Paris. Il faut bien la paix de ces jours de vacances pour supporter sereinement la violence du combat politique, qui en 2011 reprendra de plus belle. Dans une lettre du 7 septembre 1925, Virginia Woolf donne incidemment la clé des rapports politiques, qui ne sont en fait que des rapports humains placés sous la lentille d'un microscope : « Combien nous nous connaissons mal les uns les autres : seulement des mouvements et des gestes, rien de véritablement lié, profond et continu. »

2011

I

Déplacements agricoles avec le président de la République —
Projet 2012 — Crise du porc — Salon de l'agriculture —
Négociations G20

Lundi 3 janvier – Paris

Sur mon bureau se sont accumulés des parapheurs par dizaines, des cartes de vœux, des mots personnels, des articles de presse signalés, des centaines de pages de lecture à écluser avant la rentrée politique. Au pouvoir, le papier prend le dessus sur la vie. Les rencontres humaines sont plus rares, moins franches et moins disponibles, on pare au plus pressé. Les notes remplacent les discussions, les arbitrages se rendent dans la solitude. En peu de temps on perd une certaine candeur, on se durcit, une part de soi se décolore, comme une pellicule brutalement exposée à la lumière. Après deux heures de lecture, première réunion technique sur le projet 2012 avec les conseillers du Président : nous définissons les sujets prioritaires, établissons une liste de rapporteurs. En plus de leur intelligence, ces conseillers ont le mérite de la franchise. Ils avouent ce qui a moins bien marché depuis quatre ans : « La carte scolaire, moi je veux bien, on peut en parler, mais la suppression de la carte scolaire a eu des effets négatifs : elle a accéléré la ghettoïsation dans certains collèges. Si on en parle, il vaudrait mieux revenir dessus. — Et tu l'as dit au Président ? — Aussi clairement ? — Oui, aussi clairement. — Aussi clairement, non. » Le soir, je regarde un concert que donne Claudio Abbado à Lucerne. Il a le visage émacié, lisse, finement nervuré comme une feuille de tilleul, que donne la maladie. Son sourire, qui découvre ses canines, est celui de Mitterrand ; mais un Mitterrand que la musique aurait allégé de toute anxiété du pouvoir. La musique exige un abandon de soi que le pouvoir ne peut pas envisager un instant : il veille, il craint le coup de couteau dans le dos. Il suffit de plonger dans le regard du musicien : concentré et perdu à la fois, il frôle le ravissement. Alors que dans le regard du politique, toujours mobile, on devine la suspicion, comme une interrogation constante, et la peur.

Mardi 4 janvier – Paris

Xavier Beulin me demande un délai pour les contrats dans la filière laitière. Après un long échange entre nous, je refuse : si les contrats laitiers ne sont pas mis en place pour avril prochain, ils ne verront jamais le jour et les producteurs seront à nouveau exposés à une chute brutale des cours. Les contrats ne sont pas une solution miracle ; mais ils permettront au moins de donner une visibilité sur les revenus. À défaut de contrats, ce sera le retour de la volatilité et des incertitudes, alors que la fin des quotas laitiers approche. Certains producteurs, qui me reprochaient de ne pas intervenir assez vite pour réguler le marché en 2009, me demandent, maintenant que les cours remontent, de mettre la pédale douce sur la régulation. Difficiles à décider, les réformes le sont encore plus à maintenir. Le soir, des sondeurs viennent me donner leur analyse de la situation politique : jamais un président de la République sous la V⁰ n'a été aussi impopulaire à cinq cents jours du scrutin. À gauche, il ne recueille plus que 5 % d'opinions favorables. Dans certaines catégories de droite, en particulier les actifs, les résultats ont fondu comme neige au soleil, il recueille moins de 30 % d'opinions favorables. Entre les divisions des socialistes, la ténacité du Président, les soubresauts sur la scène internationale et les premiers signes d'amélioration de la situation économique, je continue néanmoins de croire une réélection possible. Pour moi, les résultats économiques resteront le juge de paix de 2012 : de bons résultats effaceront les travers de caractère du Président et le conduiront à la victoire ; le contraire nous mènera droit à la défaite. Rien, aucune ruse, aucune proposition dans aucun autre domaine ne pourra alors inverser la tendance.

Mercredi 5 janvier – Paris

Petit déjeuner traditionnel de rentrée au ministère de l'Intérieur. Comme dans une réunion de famille, on tombe dans les bras des plus proches, on évite les autres, ou on les salue poliment, on se raconte ses vacances, on discute en avalant un café et des croissants. Au Conseil des ministres, le Président martèle une nouvelle fois sa position sur la Côte d'Ivoire : « On ne cède pas. On ne cède rien. Ouattara a été élu, il ne doit pas discuter avec Gbagbo. Gbagbo doit partir. » Il recule dans son fauteuil, fait un vague geste du bras. « Par charité, je préfère ne rien dire sur la visite de MM. Vergès et Dumas à Abidjan. C'est un spectacle consternant. Franchement consternant. Qu'est-ce qu'on aurait dit si M. Dumas n'avait pas été un ancien ministre des Affaires étrangères de François Mitterrand ? Hein ? Qu'est-ce qu'on aurait dit ? » Il rappelle sa préoccupation, à la suite de l'attentat qui a provoqué la mort d'une vingtaine de chrétiens maronites à Alexandrie : « Cette affaire est un scandale. La défense des chrétiens d'Orient doit être un axe fort de la diplomatie française. Vous avez compris ? Un axe fort. » Le même jour, un sondage paru dans *La Croix* indique que les Français ne croient plus à l'intégration des musulmans en France. Le choc des civilisations revient de manière sournoise, sous la forme du doute envers la communauté musulmane, et de la suspicion. Dans mon champ de compétence, je vois monter les critiques sur les conditions de l'abattage rituel en

France. Soit nous prenons rapidement des mesures pour encadrer de manière plus stricte cet abattage, soit nous irons vers une polémique dont les musulmans seront la première cible. En rentrant du Conseil des ministres, je demande à mon directeur de cabinet, Jean-Marc Bournigal, de lancer une enquête précise sur les abattoirs rituels en France, les règles de formation des sacrificateurs, les volumes de viande concernés, le matériel utilisé. « Très bien, pas de problème, on peut demander un rapport au Conseil général de l'agriculture. Mais Beauvau freine des quatre fers sur le sujet. — Ils peuvent freiner, si nous ne traitons pas le problème, il va exploser en pleine campagne électorale. Le FN ne nous fera aucun cadeau sur ce sujet. — Il y a aussi la communauté juive : elle est particulièrement sensible sur le sujet. — On commande le rapport d'abord, on recevra toutes les communautés ensuite : c'est leur intérêt que l'abattage rituel soit mieux encadré. »

Vendredi 7 janvier – Le François – Martinique

Dans l'avion pour la Martinique, le Président convie Jean-François Copé, Brice Hortefeux, Frédéric Lefebvre et moi à déjeuner. Carla est présente. Des conseillers complètent la table. Il se cale à sa place habituelle, fait un signe de la main en se retournant vers une jeune femme en uniforme bleu : « Mademoiselle, vous voulez être gentille de nous apporter les plats ? Voilà. Vous nous apportez les plats. » Au fond de la salle, l'écran plat indique la distance restant à parcourir : 5 670 kilomètres. Le Président parle de cinéma. Écoute ma proposition de déplacement chez les éleveurs et répond distraitement : « Oui, je suis d'accord, c'est très bien, je suis d'accord. Tu me montes ça avec Guillaume, hein ? Tu me montes ça. » Son regard se perd dans le vague. On entend juste le léger vrombissement des réacteurs et le cliquètement des couverts sur les assiettes. La conversation hésite, tombe je ne sais comment, à 10 kilomètres d'altitude,

autour de la table couleur coquille d'œuf où nous avons été conviés
à déjeuner, sur le général de Gaulle. Assis à la gauche du Président,
je le vois se redresser, son œil brille, il avance sa main puissante,
courte, légèrement tavelée et aux ongles impeccables, sous le rond
de lumière des spots halogènes ; il se racle la gorge. « Vous savez
quel a été le dernier déplacement du général de Gaulle ? Le dernier,
en 1970 ? Il est allé en Espagne voir Franco. Vous vous imaginez ?
Huit jours en Espagne chez un dictateur vieillissant. On a complètement oublié. » Un silence. « La vérité, c'est qu'il voulait rencontrer
Mao. La rencontre des deux Timoniers. C'est ça qu'il voulait. Et
puis la mort est venue. La sienne, sa mort. Avec sa femme malade.
Parce que Yvonne était malade, un cancer je crois. C'est ça ? Un
cancer ? Oui, un cancer. Il se faisait du souci pour elle, pas pour lui.
Et c'est lui qui est mort le premier. » Il revient sur Yvonne, apporte
des précisions, la maladie, la nature de la maladie, la voiture du
général en Espagne, la chaleur. Il ne raconte pas le voyage du
général de Gaulle en Espagne : il veut savoir ce que son prédécesseur est allé faire en Espagne, chez Franco. Ce que lui aurait fait à
sa place. Il veut connaître les conditions du voyage ; il se met dans
la peau du Général, assis dans la DS noire qui file sur les plaines de
Castille, comme un héritier qui se demande pourquoi son ancêtre,
pourtant si glorieux, un jour a commis pareille erreur. À moins que
cela ne lui semble étrange de pouvoir se poser cette question. Distance à parcourir : 5 250 kilomètres. On sert les plats chauds. « Ce
qui est formidable dans cet avion, c'est qu'il ne fait aucun bruit.
Vous entendez ? Aucun bruit. Au moins on peut avoir une conversation. » Il fixe l'écran de navigation de l'autre côté de la table :
notre avion, une petite silhouette blanche, à peine une croix, se pro-
pulse de l'autre côté de l'Atlantique suivant une courbe matérialisée
par des traits en pointillé. Le Président ne dit rien. Il avance à nouveau sa main sous la lumière, lâche : « De Gaulle détestait Pompidou. » Il insiste : « Il faut le savoir : de Gaulle détestait Pompidou.

Philippe de Gaulle m'a raconté ce que lui avait dit son père : "Pompidou, il ne me reverra que sur mon lit de mort, peut-être." » Il écarte ses mains, répète lentement : « Vous entendez ça ? Peut-être ! » Il laisse résonner le mot comme une sanction définitive, pleine de morgue et prophétique, puis reprend : « Vraiment, il avait de la haine pour Pompidou. Comme quoi les grands hommes peuvent avoir de petits sentiments. Mais c'est fou ! C'est fou ! Je suis le sixième président ; le sixième en cinquante ans. Cette haine des présidents pour leur Premier ministre, une folie ! De Gaulle avec Pompidou, Giscard avec Chirac, Mitterrand avec Rocard ; Rocard ! Qui peut être méchant avec Rocard, hein ? Dès qu'on le voit, on n'a plus envie d'être méchant : on dirait qu'il part chasser le lion avec un filet à papillons. Vraiment c'est fou ! Du coup il le remplace par Cresson. Belle affaire ! Vraiment, belle affaire ! » Un trou d'air, une légère secousse dans la carlingue, il boucle sa ceinture de sécurité, la resserre. « Et Chirac ! En 2002, il nomme Raffarin. C'est pas pour Raffarin que je dis ça, hein ? Rien contre Raffarin ! Enfin, il nomme Raffarin ; mais moi, non, jamais. Jamais. Il me le dit, Chirac : "Nicolas, je ne peux pas te nommer Premier ministre. Prends ce que tu veux, mais Premier ministre, non, je ne peux pas." En 2005, même chose : "Nicolas, prends ce que tu veux, mais je ne peux pas te nommer Premier ministre, je nomme Villepin." Il a tout perdu ; je suis populaire, il me nomme pas, il devient impopulaire. Et voilà : il a tout perdu. » Son regard se perd au-dessus de ses invités ; il semble revoir tous les obstacles qui ont été mis sur le chemin de son ascension, et qu'il a surmontés, un à un, pour devenir le sixième président de la République française et avoir le droit de s'asseoir dans le seul fauteuil de cet avion, au bout de la table coquille d'œuf, en héritier légitime du général de Gaulle. Au dessert, il raconte des anecdotes sur un de ses déplacements à la Martinique avec Édouard Balladur, il imite sa voix, ses expressions. Il nous quitte après deux heures de discussion. Chacun reprend sa place à l'arrière de l'appareil. On lit

des revues. On bavarde. On dort. Quelques minutes avant l'atterrissage, le Président nous fait revenir pour prendre un café avec lui. Il
a posé devant lui un livre : *Hammerstein*. Il me dit son admiration
pour ce texte, le plus formidable qu'il ait lu depuis plusieurs
semaines, avec les Mémoires de captivité d'Ingrid Betancourt. Nous
parlons de l'Allemagne ; Jean-François Copé l'interroge sur Angela
Merkel. Il prend une mine concentrée : « Mamie, elle a du mal en ce
moment. Mais il faut reconnaître, elle fait le travail. Elle suit. Elle
dit non, elle réfléchit, et puis elle suit, à sa manière. — Elle pourrait
suivre plus vite, non ? — D'accord, Jean-François, d'accord, mais si
tu vas plus vite, avec l'Allemagne, tu casses tout. Je vais plus loin,
elle me lâche ; elle me lâche, tu perds tout. Il faut y aller doucement. » Son œil brille encore, sa voix devient suave, il se délecte à
l'avance de son histoire, mais avant, il demande un café : « Dites,
mademoiselle, vous pourriez nous apporter un autre café ? » L'écran
indique : 150 kilomètres. Il reprend : « Angela, elle est drôle. À
l'hôtel, elle refuse de prendre ses petits déjeuners dans sa chambre.
Elle descend au buffet. Elle emmène ses quatre conseillers, elle leur
laisse pas le choix, allez, hop ! Au buffet ! Moi je lui dis : "Pourquoi
tu t'emmerdes à descendre au buffet ?" Elle me répond, vous savez
ce qu'elle me répond ? "Parce que c'est meilleur !" » Il éclate de
rire. « À Deauville, en tout cas, elle a aimé l'hôtel : le soir, elle est
allée au bar avec Medvedev. » Il éclate encore de rire, en gardant les
mâchoires serrées. « Angela, un jour, je lui ai dit que j'aimais les
asperges et l'escalope milanaise. Qu'est-ce que j'ai pas dit ! Maintenant, chaque fois que je la vois, j'ai droit à des asperges et à une
escalope milanaise. La dernière fois, elle me dit : "Tu sais, Nicolas,
j'ai une surprise pour toi ! — Des asperges et une escalope milanaise ? — Comment tu as fait pour trouver ? — Je sais pas, comme
ça…" » L'avion bascule sur l'aile. Les hublots sont fermés, si bien
que pas un convive ne peut voir à quelle hauteur nous nous trouvons, sans doute en phase d'approche, à quelques mètres du sol.

Jean-François Copé lance la discussion sur la politique intérieure, lui demande de faire des choix radicaux sur la compétitivité des entreprises, la fin des 35 heures, les retraites. Le Président le coupe, sur un ton paternaliste mais qui ne souffre pas la réplique : « Je vais te dire, mon Jean-François, tu sais bien que c'est mon choix, ce que tu dis, hein ? Tu le sais ? Mais regarde ce qu'on a fait : on a pas rien fait quand même. Non ? On a pas rien fait. Mais attention ! Je te dis : il faut pas caricaturer l'UMP. On peut jouer un jeu de rôle tous les deux, très bien, mais il faut pas caricaturer l'UMP. Il y a des choses, je te dis, c'est de la dynamite. Regarde les retraites : on me disait, soixante-deux ans c'est pas assez, soixante-deux ans, ça va pas assez loin. Eh bien, où on en serait si j'avais fait soixante-trois ans, hein ? Où on en serait ? On en serait nulle part. Il y aurait pas de réforme des retraites. C'est les mêmes qui me disent que je suis pas allé assez loin qui me reprocheraient d'avoir échoué. Les mêmes, Jean-François ! » L'avion se pose brutalement, roule à grande vitesse sur la piste, un premier coup de frein, un second. « Je les connais. C'est comme Séguin : une grande envolée et ensuite plus personne. » L'avion s'est immobilisé ; le moteur de refroidissement des réacteurs souffle à plein régime. Dans la coursive, les officiers de sécurité commencent à transporter les bagages. Le Président ne se lève toujours pas de table, il évoque affectueusement la mémoire de Philippe Séguin et raconte une dernière anecdote : « Un jour, Séguin, il m'a planté, mais bien. On devait aller déjeuner tous les deux avec Chirac. Je passe le prendre rue de Lille. Chirac était président, déjà. Il descend, il me dit : "Je viens pas. — Comment ça, tu viens pas ? Tu es invité à déjeuner par le président de la République et tu viens pas ? — Non, ça m'emmerde, je viens pas. — Et tu as prévenu que tu avais un empêchement ? — Non. J'y vais pas, c'est tout." Et moi je me retrouve à aller déjeuner en tête à tête avec Chirac. Vous imaginez son plaisir. Et le mien. »

Le soir, mon premier soir en Martinique, je sors sur la terrasse de ma chambre, ouverte sur une anse où brinquebalent de petits bateaux. Des scooters de la gendarmerie patrouillent en dessinant des S dans la mer. Planté sur le talus, un buisson de cactus égratigne les derniers lambeaux de nuages orangés ; minute après minute, comme si un metteur en scène réglait la lumière, le ciel devient plus sombre, vire au mauve, bascule brutalement dans le noir. Ne sont plus visibles que les maisons de bois blanches suspendues dans les collines. Et un ou deux nuages, pâles, phosphorescents, comme des traînées de plancton dans une mer sombre. Une voix me fait sursauter : « Monsieur, vous ne pouvez pas rester là ! Vous ne pouvez pas rester là, monsieur ! » Le temps de me retourner, on braque une lampe torche sur moi. Un petit cri étouffé. « Pardon, monsieur le Ministre ! Je ne vous avais pas reconnu ! Vous êtes juste à côté de la chambre du Président, vous comprenez. » Le gendarme me salue et poursuit sa ronde.

Samedi 8 janvier – Le François – Martinique

Il fait encore presque nuit quand je pars courir sur la route goudronnée du François. L'air est moite, épais, à peine rafraîchi par un peu de brise qui fait claquer les branches des palmiers et froisse les tiges sèches des cannes. On se sent enveloppé par la chaleur comme dans un bain. La route grimpe le long d'une côte où foisonnent les herbes hautes ; des troncs épais se tordent au milieu des lianes, de minuscules oiseaux, gros comme un pouce, plongent leur bec verni dans des buissons de fleurs rouges. Ensuite la route redescend à pic sur une anse déserte. Des nuages bariolent le ciel ; les uns montent vite, prennent des couleurs de plus en plus vives, les autres blanchissent, gonflent comme des baudruches, avant de diminuer et de venir se poser, distendus, molletonnés et compacts, sur la ligne qui sépare le ciel de la mer. Une patrouille de gendarmes me salue du haut de son 4 × 4. Lorsque je rentre dans ma chambre, je trouve sur la table basse un pigeon de couleur rousse, le poitrail flamboyant, la queue et le bout des ailes tachés de noir et de blanc, qui roule un œil torve vers moi. Il reste un instant dans cette position de défi, marche en bombant le poitrail, sa tête bascule comme un Culbuto, il ébroue ses ailes dans un bruit de papier sec, et part. Dans la petite anse, les deux scooters continuent à sillonner inlassablement la mer. Avec mon portable, je prends une ou deux photos. Une voix féminine, qui vient de la terrasse de la chambre voisine, me lance : « Alors, Bruno, on prend des photos ? » Carla, en peignoir de bain blanc, encadrée par deux officiers de sécurité qui essaient de se faire le plus discrets possible, me fait un petit signe de la main. « Tu es allé te baigner ? Tu as vu comme c'est beau ? » À 10 heures, nous partons pour le marché de Fort-de-France. Dans une cohue indescriptible, au milieu des visages ruisselant de sueur, des mains qui se tendent et les agrippent, le Président et Carla essaient de se frayer un passage. À chaque stand, le Président appelle sa femme qui reste un ou deux mètres en retrait : « Carla ! Tu as vu, Carla, ce que nous offre Madame ! Carla ! Viens ! Viens voir ce que nous offre Madame ! » Après un déjeuner de travail sur la politique du tourisme, nous réembarquons pour la Guadeloupe. Le Président invite sa délégation à déjeuner. Son visage est soucieux. Il a reçu les dernières informations sur les otages du Niger, qui sont mauvaises. Tassé dans son fauteuil, en bras de chemise, il regarde ses ministres, interroge ses conseillers, donne des informations. « On a retrouvé deux corps européens dans un pick-up. Deux corps. Un totalement brûlé. » Il livre encore une ou deux informations, avec ce goût du détail que je lui connais, qui semble à la fois le fasciner, le rebuter et lui livrer des clés de décision. Il réfléchit à voix haute : « Maintenant il faut que ce soit Alain qui communique. Ou François. Ce n'est pas à moi de donner les précisions. Mais de toute façon, hein ? Qu'est-ce qu'on pouvait faire ? » Dans le ciel des Caraïbes, notre

avion est secoué dans tous les sens par des turbulences. Un trans-
metteur passe la tête dans la salle de réunion : « Monsieur le Président, vous avez Alain Juppé en ligne. » Il se lève, disparaît une
dizaine de minutes, revient, explique la situation : « On a donné un
appui technique aux forces nigériennes pour stopper le pick-up.
Surtout, il faut pas le cacher. Transparence totale. On assume. On a
aussi un soldat blessé, on va pas le cacher. Je connais trop la
musique : un petit mensonge, qui devient un gros mensonge, qui
devient une affaire d'État. Il faut assumer. » Sa voix baisse encore,
devient presque rauque : « Il faut assumer. » Personne ne dit mot.
Assis à la table de réunion, il est entouré de cinq conseillers et de
trois ministres, sa femme est également présente, mais il est seul, il
a pris une décision qui vaut vie ou mort à des milliers de kilomètres,
et il le sait. Dans moins de trente minutes, il faudra visiter une
exploitation agricole, recevoir les professionnels du tourisme, serrer
les mains des quelques vacanciers qui se trouveront sur place et
voudront être pris en photo avec lui, discuter avec le gérant, passer
des coups de fil, le tout avec le sourire et un visage détendu. Le soir,
il nous invite tous à prendre un verre dans un bungalow de son hôtel,
en bois sombre, allongé comme un hangar à bateaux. À travers les
claies on entend le clapot de la mer. Un peu plus bas, encastrée dans
un rocher de lave, la piscine illuminée fait une tache fluorescente au
milieu de la nuit. Chacun prend place dans les canapés de cuir blanc.
On nous apporte des boissons, des accras. Le Président entre en
chemise bleu marine, les deux boutons du haut ouverts, la main
dans celle de Carla. À peine assis, il revient sur la mort des otages :
« Le plus jeune était né en 1986, je crois. Vingt-cinq ans. Il était
arrivé le matin même. Le matin. » Tous ces détails, en fait il y voit
aussi comme le relevé cartographique de la violence humaine et de
son caractère absurde, ce sont ses mots pour dire ce que personne ne
peut comprendre. Le Président nous quitte vers 21 heures. Incapable de dormir, je vais me promener dans le parc du Club Med où

nous logeons. Des couples dansent sur une piste en plein air. On joue à la pétanque. Un homme torse nu, un chapeau de paille planté sur la tête, me dévisage, me reconnaît : « Allez, monsieur le Ministre ! Venez jouer ! Venez, pour vous détendre ! »

Dimanche 9 janvier – Sainte-Anne – Guadeloupe

Départ en hélicoptère en fin de matinée pour Petit-Bourg. Deux appareils ont été mobilisés pour transporter le Président et sa délégation. Ils décollent à quelques minutes d'intervalle, puis volent en parallèle, chacun à une altitude légèrement différente ; nous sommes assis dans le sens de la longueur, face à la porte coulissante que le militaire de service laisse ouverte, séparés du vide par une simple bande de tissu. Nous survolons une mosaïque de toits de zinc rouges, verts, gris, blancs ; on distingue des habitants qui lèvent la tête, mettent leur main en visière et nous font de grands signes des bras. Des enfants agitent frénétiquement des drapeaux tricolores. Puis des marais étincelants, qui font comme des taches de plomb fondu au milieu des herbages. Enfin, la mer : bordée par des falaises noires, sur lesquelles les vagues viennent se briser en laissant derrière elles une traînée de salive blanche. À l'atterrissage, le Président salue de loin la petite centaine de personnes qui l'attend de pied ferme, sans doute depuis des heures, en compagnie des CRS et des pompiers. Très vite, le cortège nous emmène à la salle où il doit prononcer ses vœux à l'outre-mer. Avant son discours, dans la loge de fortune qui lui a été aménagée, il demande à Brice Hortefeux, Marie-Luce Penchard et moi de le rejoindre. Il est torse nu. Il enfile une nouvelle chemise. « Vous m'excusez, hein ? Avec cette chaleur. » Régulièrement, on entend monter les clameurs de la salle où se pressent plus de trois mille personnes. Il parle à voix haute : « Pour les deux otages, Juppé fera le 20 Heures. Il donnera toutes les explications. Je veux une transparence totale. Pas d'embrouille : une transparence totale. On a rien à cacher. » Il ferme un à un les boutons de sa chemise blanche : « Apparemment, ils auraient été abattus de sang-froid. Ce sont des sauvages. Ce sont de vrais sauvages. » Un silence. « Allez, on y va. » Il se jette dans la foule, tend les bras, progresse avec l'aide de ses officiers de sécurité ; il monte à la tribune, se fait applaudir à plusieurs reprises. Ce déplacement en outre-mer est un succès populaire pour le Président. Sur le volet agricole en revanche, je reste dubitatif : l'autonomie alimentaire que nous voulons mettre en place se heurte à des problèmes de prix et de concurrence majeurs. Il faudra des années pour atteindre nos objectifs. Et la petite heure que nous avons passée sur une exploitation en Martinique, à nous extasier devant deux vaches étiques et des fruits sous Cellophane vendus à des tarifs prohibitifs, souvent hors des DOM, n'est pas pour me rassurer. Une visite ne suffira pas non plus à inverser la tendance politique en Martinique comme en Guadeloupe : l'UMP perd des positions depuis des années, nos troupes sont faibles ou divisées, et le peu qui subsiste souffre du soutien apporté parfois ostensiblement à nos adversaires politiques. Dans le reste du monde, la violence poursuit son cours : outre nos deux otages exécutés au Niger, des émeutes ont éclaté en Algérie et en Tunisie, un parlementaire américain a été grièvement blessé par balle, une bombe a fait deux morts en Inde. En politique, on plonge dans cette violence qui coule dans les veines du monde depuis la nuit des temps. Et pourquoi ? Avec quelle chance de la réduire ?

Lundi 10 janvier – Paris

Après le dîner, assis sur le tapis du salon, je joue avec Adrien à un jeu de lettres, sorte de Scrabble simplifié. Il réfléchit intensément, et pose ensuite des mots qui sortent de son imagination enfantine comme un conte ou une berceuse : ourson, pain, *do*, *mi*, lapin.

Mardi 11 janvier – Paris

Invité sur la matinale de Canal +, je déclare que si le prix des céréales continue de grimper, le gouvernement prendra des mesures pour limiter les exportations de blé. La réaction des marchés est immédiate : le prix de la tonne de blé passe de 245 à 260 euros. Elle m'oblige à corriger mes propos en fin de matinée. Inutile de croire que la parole des politiques est libre, au moins la parole des politiques au pouvoir : elle avance sous la pression de forces contraires, avec lesquelles il ne peut rivaliser que par la ruse, par la détermination et par le temps. Autre erreur sur Canal + : surpris par une dernière question sur la Tunisie, je défends Ben Ali, répétant mot pour mot la *doxa* de notre diplomatie depuis des années, qui préfère une tyrannie au désordre. Une émission est comme un match de boxe : on sautille, on évite les coups, on se cache dans ses gants, on lâche quelques uppercuts soigneusement préparés, un moment on se découvre et on se laisse surprendre ; alors on paie, et on paie longtemps. Dans dix ans les fous de politique, qui heureusement ne sont pas légion, me rappelleront encore que ministre de l'Agriculture, toujours sur Canal +, je n'avais pas su donner en mètres carrés la surface d'un hectare.

Réunion de groupe à l'Assemblée : le Premier ministre commence par évoquer les otages du Niger ; il explique ensuite que les débats sont légitimes dans la majorité, du moment qu'ils n'affaiblissent pas le travail du gouvernement. Chacun comprend que, l'année 2011 avançant, la parole des députés deviendra de plus en plus libre : toutes les réformes qui auront été accomplies sembleront peu de choses au regard de la déception des uns et des attentes des autres. C'est le mouvement naturel de la politique, et le mouvement naturel de la vie, que de croire à ce qui arrive devant soi en tirant un trait, souvent de manière injuste, sur ce qui a été accompli avant. Après les questions d'actualité, François Fillon me reçoit dans son bureau pour discuter de sa participation au projet 2012 ; je m'engage à le tenir régulièrement informé de l'avancement des travaux. Sur le pas de la porte, il me raconte ce que lui a dit le pilote blessé au Niger : « À la fin de la poursuite, lorsqu'ils ont atterri, il y a eu un nuage de poussière effrayant et, quand le nuage est retombé, ils se sont retrouvés nez à nez avec les ravisseurs. »

Mercredi 12 janvier – Paris

Le Président enfonce la tête dans ses épaules, il lui fait accomplir un mouvement de rotation, regarde le Premier ministre devant lui, écoute la présentation de son ministre des Affaires étrangères sur la situation au Niger, sans ciller. Quand la présentation est terminée, il lève ses deux mains devant lui : « Quelqu'un veut la parole ? » Silence de mort autour de la table du Conseil des ministres. « Bien. Je remercie Alain Juppé. Et le ministre de la Défense. C'était une décision grave ; mais il fallait la prendre. Nous l'avons prise tous ensemble, avec le Premier ministre aussi, que je remercie. Les autorités nigériennes nous avaient demandé un soutien : il fallait le donner. Vous imaginez si nous avions refusé notre soutien militaire à une action pour récupérer nos otages ? Vous imaginez ? » Il se rencogne dans son fauteuil, serre dans ses poings les deux extrémités des accoudoirs. Il pousse un soupir : « Nous avions une interception des services. Un échange téléphonique entre les ravisseurs et un des chefs de l'AQMI : "On est poursuivis par l'armée, il faut se débarrasser de ces chiens." » Il insiste, en martelant chaque mot : « Il faut se débarrasser de ces chiens. *Expressis verbis*. »

Jeudi 13 janvier – Paris

Déjeuner à la questure avec Jean-François Copé, Christian Jacob, Valérie Pécresse et Luc Chatel. Seul manque à l'appel François Baroin, retenu par les vœux du Président à Toulouse. De vrais liens amicaux nous unissent. Pour combien de temps ? Le pouvoir et les ambitions nouent et dénouent les alliances aussi vite que les vents en altitude rassemblent les nuages, les dispersent, laissent place au soleil ou à la pluie. Des frictions sont apparues entre Christian Jacob et le Premier ministre : elles ne sont que le paravent de la lutte sourde qui oppose désormais Copé et Fillon. Le soir, entretien entre le Président et Xavier Beulin. Contrairement à son habitude, le Président nous reçoit avec quarante-cinq minutes de retard. Il présente ses excuses, nous demande de prendre place autour de la table rectangulaire du salon vert. Six colonnes de lumière en plastique transparent, disposées le long des murs peints, ont remplacé les lampes bouillottes Empire, qui pendant le précédent quinquennat diffusaient une clarté crépusculaire dans la pièce. Xavier Beulin parle le premier : il insiste sur le G20, le budget de la PAC, la nécessité de respecter les engagements pris par le Président sur la pause environnementale. Nicolas Sarkozy le coupe : « Monsieur le président de la FNSEA, j'ai dit qu'il y aurait un moratoire, il y aura un moratoire. Tout ce que j'ai dit au Salon de l'agriculture, je le ferai. C'est clair ? Tout. Pas la moitié : tout. Pas le tiers, pas la moitié, tout. Parce que je vais vous dire, monsieur le président : le Salon de l'agriculture, c'est pas du folklore. Ça se compte pas en nombre d'heures passées sur place. Et au nombre de coudes levés. Vous me comprenez ? » Il reprend son souffle, poursuit : « Je vais vous dire ce que je pense : cette façon de faire, c'est même un peu humiliant pour les agriculteurs. Le folklore. Le côté franchouillard. C'est pas honnête. Vous me comprenez ? Bien. Je sais que vous me comprenez. » Xavier Beulin et sa délégation écoutent sans rien rétorquer. « Qui a proposé de mettre la volatilité des prix à l'ordre du jour du G20, hein ? Qui ? Il y a six mois, personne en parlait. Personne. On trouvait que c'était une drôle d'idée. Maintenant tout le monde trouve que c'est une bonne idée. Tout le monde. Il y a plus personne contre. » Il pose sa main sur mon avant-bras, la tient serrée : « J'ai gardé Bruno comme ministre de l'Agriculture. C'était pas une décision facile. Il aurait pu faire autre chose. Mais je l'ai fait parce que j'ai pensé que c'était mieux. Mieux pour vous. Quelqu'un qui connaît bien l'Europe. Et qui vous connaît bien. » Il lâche mon avant-bras, recule son fauteuil, croise ses jambes, prend un ton plus détendu : « Mais je m'engagerai. Vous pouvez compter sur moi. Vous savez, je connais beaucoup mieux le sujet qu'on le dit. Beaucoup mieux. Évidemment, l'agriculture est un secteur clé de l'économie française. Mais il y a aussi une question existentielle derrière. Et une question existentielle, le Président de la République doit s'en occuper. » Nous échangeons encore deux ou trois mots sur des sujets techniques, qui lui permettent de faire état de sa connaissance réelle des dossiers ; l'entretien se termine. Il raccompagne Xavier Beulin à la porte du salon vert. « Allez, Xavier, on va faire du bon travail ensemble. »

Vendredi 14 janvier – Bouafle

Frank Gilard m'accueille en voisin pour les vœux de sa circonscription, près des Andelys. Ici et à Évreux, les visages sont les mêmes, ils me sont familiers et je ressens pour eux une affection spontanée, comme instinctive : je suis chez moi, ces gens me connaissent, ils comptent sur moi et me font confiance. Trois cents personnes environ ont fait le déplacement dans la salle des fêtes de Bouafle. Une petite vieille à qui je demande de ses nouvelles fait la moue : « Ah je suis pas bien ! Je vous le dis, je suis pas bien ! Que j'ai dû avaler quelque chose qui me tord l'estomac, mais je sais pas, je suis pas bien. » Une autre me poursuit en brandissant son appareil photo. « Monsieur le Ministre ! Monsieur le Ministre ! Une photo ! Juste une ! » Un jeune élu des Andelys se précipite vers moi, me donne du Bruno long comme le bras à chacune de ses phrases : « Ah, mon Bruno, si tu savais quel plaisir ! Quel plaisir vraiment ! Mon Bruno ! » Hélas je suis incapable de me souvenir de son prénom. Mettons Pierre. Frédéric. Ou alors Serge. Serge, il a une tête de Serge. « Mais moi aussi, Serge, moi aussi ! — Serge ? Tu reconnais pas ton Paul ! — Paul ! Pardon ! Paul ! » Et par la magie du prénom Paul, son visage, qui pendant notre conversation était resté dans une sorte de flou, devient net, comme si mon esprit avait eu besoin de ce prénom pour réaliser les réglages nécessaires ; je me rappelle une réunion publique que nous avions organisée ensemble, les bières que nous avions bues ensuite dans un routier sinistre, la table poisseuse, toutes ces images qui redessinent ses traits, ouvrent son regard. Lui rigole : « Serge ! Est-ce que j'ai une tête à m'appeler Serge ! » Il est bien le seul à rigoler. La plupart des invités avec qui je discute, agriculteurs, commerçants, retraités, médecins, la plupart âgés, et qui tous ont voté pour Nicolas Sarkozy en 2007, expriment ouvertement leur mécontentement. Un agriculteur, la casquette à la main, grommelle : « C'est pas qu'il y en a trop, on dirait pas ça, mais c'est que quand même il y en aurait beaucoup. » Sa voisine renchérit : « Et même qu'il y en aurait moins, que ça irait mieux. » Une femme qui vient de se rapprocher, la cinquantaine, un carré de soie noué autour du cou, me regarde attentivement, et comme si je ne comprenais pas, précise en tortillant son collier du bout des doigts : « Y travaillent pas, vous comprenez, monsieur le Ministre ? Y travaillent pas ! Ce qui nous fiche en l'air, c'est qu'y travaillent pas. C'est toujours les mêmes qui paient. — Ah ben ça, c'est la faute aux 35 heures aussi ! Y fallait les supprimer, les 35 heures ! » Dans mon discours, il suffit que je cite le calendrier européen qui oublie de mentionner les fêtes religieuses chrétiennes, les flux migratoires incontrôlés ou les prestations sociales délivrées sans contrôle, pour recueillir des applaudissements nourris. Une exaspération est en train de monter dans notre électorat le plus acquis, qui risque de faire la fortune du FN.

Lundi 17 janvier – Paris

Ben Ali a été chassé du pouvoir. Tous au gouvernement, sans exception, nous serons restés sourds aux cris de liberté des Tunisiens. Quelles que soient nos craintes — mise en place d'un régime islamiste, troubles de rues, déstabilisation à plus grande échelle du Proche-Orient —, elles nous ont occulté ce qui ce passait réellement sur place. En politique internationale comme ailleurs la peur est mauvaise conseillère. Elle interdit de regarder devant soi. Elle racornit le jugement. En fin de journée, je retrouve Alain Juppé dans son bureau du ministère de la Défense pour lui proposer de participer directement à la réflexion sur le projet 2012. Il accepte. Il me met aussi en garde contre un ou deux projets de réforme, trop audacieux selon lui : « La TVA sociale, je suis pour, mais ça ne passe pas. Je suis payé pour le savoir. En 2007, avant les législatives, quand on a évoqué le projet, Fillon m'a appelé : "On va perdre trois points dans les sondages avec cette histoire de TVA sociale." » Il se racle la gorge, continue avec une voix cependant toujours étouffée : « Effectivement, j'étais à 51, je suis passé à 49, et finalement j'ai été battu. » Le soir, dîner avec le directeur de cabinet de François Fillon, Jean-Paul Faugère. On lui reproche souvent sa raideur, son austérité, on méconnaît son humour froid, on oublie sons sens aigu de l'État. Il porte en permanence un pull en laine sous sa veste, se tient légèrement voûté, parle à voix basse, comme animé par un souci constant de discrétion. Ses colères, il les réserve aux projets des ministres qui lui paraissent les plus farfelus, ou les plus dépensiers. Lui est économe jusque dans ses gestes. Il me confirme que la tâche du projet 2012 ne sera pas facile : « En réalité, tout ce qui serait nécessaire pour le pays nous rend inéligibles, et tout le reste tue notre crédibilité. »

Mardi 18 janvier – Truchtersheim

Les sondages continuent de baisser pour Nicolas Sarkozy, mais lui, dans son avion aux couleurs de la République qui le conduit en Alsace, fait mine de les ignorer. Il regarde attentivement les morceaux de pain devant lui, les petits pots de confiture, le beurrier, il ne touche à rien, il réfléchit à voix haute, une main posée sur la table de réunion, une autre sur son accoudoir. « Tout ça va pas si mal. Tout ça avance bien. » Il relève la tête, observe ses convives : Philippe Richert, ministre des Collectivités locales, Michel Raison, député de Haute-Saône, Gérard César, sénateur de la Gironde. « Et toi, Michel ? Tout va bien ? » Michel Raison adresse au Président un sourire madré, il plisse les yeux, gratte sa tignasse gris paille de fer, et lui répond avec une voix sonore, qui pour digérer chaque *r* lui ajoute une liquide : « *On peut pas dirle que ça aille mal, mais il y a quand même des endrloits où l'agrliculture souffrle encorle. Je dirlais même qu'il y a des gens qui sont frlanchement pas contents.* — Dis donc, Michel, tu vas pas continuer à nous emmerder à 10 kilomètres d'altitude, hein ? Hein, Michel ? — *Je dis pas ça pourl t'emmerlder, Nicolas, je dis ça parcle que c'est la vérlité !* — La vérité, Michel, c'est que tout ça va pas si mal. » Il se tourne ensuite vers Philippe Richert, qui dévore une tartine de pain beurrée. « Ah ben toi, Philippe, on peut dire que tu es un vrai Alsacien ! Du beurre, de la confiture, et encore de la confiture ! » Il incline la tête, relève un œil en direction de son conseiller presse : « Rien de nouveau, Franck ? — Non, non, rien de nouveau. — Bon. » Personne ne dit plus rien, on entend à peine le ronronnement des réacteurs. Michel Raison cligne des yeux, il va prendre la parole et rompre le silence dans la salle de réunion. « *En tout cas, Nicolas, c'est pas parlce qu'il est là que je dis ça, mais le ministrle, il passe drlôlement bien dans les campagnes ! Les paysans l'apprlécient !* » Le Président le regarde, pose ses deux mains à plat sur la table, il hésite entre stupéfaction et agacement. Il répond posément : « C'est vrai que Bruno est un bon ministre de l'Agriculture. » Le silence est revenu quand nous atterrissons à Strasbourg. Maintenant la route traverse des villages pressés en grappe autour de leur église ; des habitants se penchent sur le bord des trottoirs pour regarder le cortège, certains agitent la main, poussent des petits cris de surprise étouffés, on les voit ensuite dans le rétroviseur qui se congratulent, avant de disparaître. À la sortie du dernier village avant l'exploitation, le cortège s'arrête ; un policier descend de sa moto banalisée, prend le fanion tricolore que lui tend un collègue installé dans une Renault Espace banalisée, court en direction de la C6 présidentielle bleu nuit, et visse le fanion sur son aile avant droite. Le cortège redémarre. Sur les collines, les plants de houblon dégringolent des pieux plantés comme des herses ; des vergers en contrebas alignent leurs arbres nus. Le Président prend son temps dans la salle de traite. Il se fait expliquer par l'exploitante le fonctionnement des machines, avance prudemment ses questions, en articulant chaque mot, comme pour éviter une erreur grossière que la presse, massée à la sortie, ne manquerait pas de relever : « Et vous les trayez tous les jours, les vaches ? — Tous les jours, deux fois. — En deux fois vous les trayez ? — Eh ben, c'est que chaque vache il faut la traire deux fois, le matin et le soir. — Ah ! Deux fois par jour ? — C'est ça, deux fois par jour. Et puis il faut attendre, parce qu'une vache, elle donne pas de lait tant qu'elle a pas de veau. — Elle donne pas de lait tant qu'elle a pas de veau ? C'est bien, ça, c'est bien. » À la sortie, il discute avec un groupe de jeunes agriculteurs qui font cercle autour de lui. Comme souvent, il donne un coup de griffe à son prédécesseur, incapable de ne pas chercher en tout la différence, la singularité, ou la provocation : « C'est sérieux, votre activité. C'est stratégique. Je vais vous dire, on peut pas vous traiter comme ça, bonjour, bonsoir, je tape le cul des vaches et je m'en vais. C'est humiliant. C'est pas le passé, l'agriculture de la France, c'est l'avenir. » Un des jeunes le coupe : « Et les éleveurs, vous allez les soutenir, les éleveurs ? Parce que c'est la misère, les éleveurs, je vous le dis, c'est la misère ! » Le Président avance le bras, le pose sur son épaule : « Et on a rien fait sur les éleveurs peut-être ? 2 milliards d'euros on a redistribué, hein ? 2 milliards ! Moi je peux pas me prendre les céréaliers, qui me disent qu'on les vole, et les éleveurs, qui sont pas contents, hein ? Alors après, s'il faut redistribuer encore, moi je dis pas non, je dis pas non, on peut regarder. Mais y faut pas non plus me dire qu'on a rien fait, d'accord ? »

Mercredi 19 janvier – Paris – Marseille

Le commissaire autrichien Johannes Hahn connaît mes positions sur le maintien du budget de la PAC. Mais il veut savoir si la France pourrait envisager une diminution de ce budget au profit des politiques de cohésion entre les territoires. Il admire la tapisserie dans mon bureau ; jette un œil sur le parc. Comme Nikolaus Berlakovich, il parle un allemand parfaitement fluide, sans les roulements qui empêchent parfois de le comprendre, où chaque mot se détache le long de sa phrase comme des cailloux dans une rivière. « Vous êtes un admirateur de Thomas Bernhard, n'est-ce pas ? — Vous êtes bien renseigné, monsieur le Commissaire. En fait, je suis un admirateur de toute la littérature autrichienne. » Il sourit. « C'est vrai que pour un petit pays nous nous débrouillons pas mal. » Il reste debout, croise les mains dans son dos. « Sur le budget de la PAC, je sais que vous vous battez pour son maintien. En même temps, il y a les politiques de cohésion, qui sont utiles pour la France. Ce que vous perdez du côté PAC, vous pouvez le gagner du côté cohésion. — Nous ne bougerons pas sur le budget de la PAC. Pas d'un millimètre. Tout simplement parce que le jour où nous acceptons de considérer une diminution de ce budget, c'est fini : tous les États qui sont hostiles à la PAC vont s'engouffrer dans la brèche et demander des diminutions toujours plus importantes. — Et sur les régions intermédiaires ? — Sur les régions intermédiaires, en revanche, je trouve votre idée intéressante. Il faut étudier techniquement les incidences budgétaires et le taux de retour pour la France. Mais sur le principe, oui : c'est une bonne idée de créer un palier entre les régions qui bénéficient de la politique de cohésion et celles qui en sortent, pour éviter les ruptures trop brutales. » Il se frotte les mains. « Bien, très bien. Alors oublions la PAC pour le moment et travaillons sur les régions intermédiaires. » En sortant dans la cour, juste avant de monter dans sa voiture, il se retourne, lève la tête en mettant un doigt sous son menton, me regarde : « *Gel*. Vous avez lu *Gel* ? Personne ne lit plus *Gel*. Pourtant c'est un des meilleurs textes de Bernhard. » Au Conseil des ministres, le Président défend la mise en place d'une politique économique commune entre les dix-sept États membres de la zone euro : « C'est maintenant ou jamais. Nous avons besoin de ce gouvernement économique. Il faut le faire. Le débat fédéral, national, c'est dépassé. La vérité, c'est que sur certains points il faut être fédéral, et sur certains points, national. » Depuis trois ans que je suis membre de son gouvernement, il prononce pour la première le mot : « fédéral ». Il ne le fera pas publiquement. Mais visiblement il a saisi mieux que personne la nécessité de faire un saut européen, quelles que soient les réticences de son opinion publique. Il mesure aussi que le saut pose moins problème que la direction dans laquelle il se fait : une union politique ne sert à rien si elle ne défend pas les intérêts des emplois européens, si elle reste inflexible sur le droit de la concurrence, si elle renonce à imposer la réciprocité à ses concurrents indiens, chinois, brésiliens ou coréens, ou si elle continue de vénérer les statuts de la BCE comme les tables de la loi. La volonté de se rassembler manque moins en Europe que la réflexion sur les modalités et les buts de ce rassemblement. Après le Conseil, départ pour le congrès des céréaliers au palais du Faro, à Marseille. Leur président, Philippe Pinta, un homme calme et posé, le regard voilé par des lunettes aux verres épais, me prend à part dans le hall : « Bon, ils sont pas très contents. Ils ont compris qu'en Alsace le Président avait promis de rouvrir l'article 68 pour redistribuer les aides. Alors ils sont pas contents. » Effectivement je me fais siffler en montant à la tribune. Impossible de retourner la salle. Malgré les assurances que je leur donne sur la redistribution des aides et sur la politique environnementale, ils restent méfiants. De mon pupitre, je vois aux premiers rangs les délégués enfoncés dans leur fauteuil de salle de cinéma, qui me regardent avec un air distrait, applaudissent mollement, les seuls qui écoutent sont au fond de la salle et lancent des sifflets. À la sortie, des céréaliers me prennent à partie : « Dites, monsieur le Ministre, il faudrait que le Président arrête de croire que les céréaliers ils sont tous riches. Il y en a des riches et il y en a des pauvres. Il y a des petits céréaliers. — Je le sais bien, je connais la situation dans le sud de mon département. — Eh ben, si vous la connaissez, la situation, il faudrait voir à pas redistribuer encore les aides. Sinon ça va mal tourner, cette affaire. »

Jeudi 20 janvier – Paris

Le cours du porc s'effondre en raison de la crise de la dioxine en Allemagne. Il atteint désormais un seuil critique. Des exploitations ferment. Des manifestations éclatent dans le Finistère. Sans compter ces hommes à bout qui se donnent la mort en se pendant à une poutre de leur ferme, plutôt que de solliciter une aide. Avec mon cabinet, je regarde les instruments à notre disposition : il faudra reporter les échéances de prêts, supprimer ou alléger des cotisations à la MSA, renforcer les soutiens pour la mise aux normes. Mais toutes ces mesures ont un coût budgétaire prohibitif et ne règlent pas les problèmes de long terme. En réalité, le modèle sur lequel la filière porcine vit depuis des décennies est désormais obsolète et il faut en changer. Chacun en convient, seulement le courage manque pour faire évoluer ce modèle en profondeur, qui garde ses bénéficiaires et continue de nourrir des intérêts particuliers. Pendant la réunion de crise avec les professionnels, j'avance un certain nombre de propositions : mise en place du label national, développement de la méthanisation par une augmentation du tarif de rachat du biogaz, aides à la modernisation des bâtiments, audit des abattoirs, réforme de la cotation. Le président de la Fédération nationale porcine, qui a parfaitement conscience des réformes à engager, me soutient tout en demandant une compensation financière, que réclament les agriculteurs sur le terrain : « Monsieur le Ministre, nous, on est prêts à vous suivre sur cette ligne, mais il faut des mesures immédiates pour soulager les trésoreries. Sinon, on passe pas. Autant que je vous le dise, si on sort de la réunion sans monnaie, on passe pas. — La monnaie, il n'y en a plus dans les caisses. — Il en reste toujours un peu, monsieur le Ministre. — Un peu, mais pas beaucoup. — Eh bien, on va utiliser le pas beaucoup et on verra ensuite. » Dans la filière porcine comme ailleurs, les réformes structurelles se sont fait attendre. Elles auraient été simples à prendre quelques années plus tôt, elles sont douloureuses désormais, contraintes par le temps, et réalisées sous la pression de la concurrence allemande ou internationale. La France avance en cahotant. Elle butine. Elle vaque à ses occupations. Elle emprunte des chemins escarpés, dont elle vante la singularité au reste du monde, mais qui sont des détours. Puis elle se réveille, voit son erreur, et change brutalement de cap, pour un petit nombre de mois qui la laissent épuisée. Pas certain cependant que le peuple embarqué dans ces aventures tolère encore longtemps ces cahots et ne se lasse pas du charme des aventures. Il veut savoir où il va. Il demande des comptes. Il réclame un peu de constance.

Vendredi 21 janvier – Paris – Évreux – Berlin

Tôt le matin, Xavier Beulin cherche à me joindre. « Bruno, il faut absolument faire quelque chose pour les céréaliers. Ils ne sont pas du tout convaincus par ce que tu as dit à Marseille. Il faut un engagement ferme du gouvernement qu'il n'y aura pas de nouveau partage des aides avant la réforme de la PAC. — Je vais voir, Xavier. » Poids de la parole présidentielle : deux mots prononcés en marge d'un déplacement en Alsace sèment la tempête dans toutes les exploitations céréalières de France. Je demande à mon secrétariat de joindre le Président, qui rappelle dix minutes plus tard. « Je sais, Bruno, je sais, Xavier Beulin m'a appelé. Écoute, tu fais pour le mieux. Tu vois si on peut pas faire un partage limité pour aider les éleveurs, et puis, tu fais au mieux, tu regardes, de toute façon je suis d'accord avec toi. Rien d'autre, sinon ? » Après le déjeuner, je pars avec ma voiture personnelle pour Évreux, appréciant le bonheur de conduire, seul, sans chauffeur ni officier de sécurité. Ma cérémonie de vœux se tient dans la salle des expositions, où m'attendent près de six cents militants : ils étaient une poignée en 2007, pour ma première réunion après mon élection, et rien ne me fait plus plaisir que de les retrouver ce soir aussi nombreux, formant une foule compacte dont je connais pourtant chaque visage. Le directeur du magasin de meubles Crozatier me serre chaleureusement la main ; il avait pourtant été le premier à prendre la parole en janvier 2007, dans une salle annexe où nous étions une vingtaine tout au plus, pour contester mon arrivée dans la circonscription : « On a rien de personnel contre vous, notez bien ; vous avez l'air plutôt sympathique. Mais quand même, y faut nous comprendre : vous êtes énarque, vous êtes pas de la région, et puis quoi encore ? Directeur de cabinet de Dominique de Villepin ! Alors ça ! ça, vraiment, c'est fort ! Parce que Dominique de Villepin, on peut pas dire que ce soit kif-kif avec Nicolas Sarkozy, non ? » Il faut en politique une capacité à persister contre les évidences, et même contre soi : cette qualité de volonté dépasse toutes les autres. En fin de soirée, je repars pour Villacoublay. Décollage à 22 heures, atterrissage deux heures plus tard à Berlin. L'ambassadeur m'attend sur le tarmac de la base militaire : « Faites attention, le sol est extrêmement glissant ! » Tout est noir alentour. On distingue à peine les baraquements militaires, tapis derrière les barbelés dans des bois. Au milieu de la piste, notre avion, pris dans le faisceau des projecteurs, fait une tache immaculée. Nous roulons lentement jusque dans le centre de Berlin. De la fenêtre de ma chambre, je vois la porte de Brandebourg imposer sa silhouette immobile à des passants pressés par le froid.

Samedi 22 janvier – Berlin

La ville est transie. Perron des hôtels, rues, trottoirs, coupoles des églises, colonnes, statues des parcs sont découpés comme au ciseau par une lumière tranchante et grise. Au sommet de la Siegesaüle, un ange doré bénit de sa palme les longues avenues noires qui partent en étoile. Les voitures roulent à petite vitesse, dégagent derrière elles des fumées brèves, dansantes, transparentes et légères, qui font aux feux rouges comme des cohortes de petits fantômes. Une dernière fois je relis mon discours. Il me faut un jour au moins pour endosser la langue allemande, et retrouver les tournures, le vocabulaire, le son, les nuances, tout le costume singulier qui habille le cerveau et fait une langue étrangère. Nos propositions sur le G20 sont bien accueillies par les deux mille congressistes qui participent au forum sur la sécurité alimentaire organisé par Ilse Aigner. Ils partagent notre diagnostic sur la gravité de la situation agricole mondiale. Ils approuvent les solutions. Après mon discours, Pascal Lamy me donne des conseils sur les propositions à avancer. Il me fixe avec son regard bleu-gris, modèle ses idées avec ses longues mains, parle posément, d'une voix sourde : « Tu devrais insister plus sur la limitation des restrictions à l'exportation. Regarde la Russie : ils ferment leurs frontières parce qu'ils ont une sécheresse, les prix flambent. Le sujet principal est là. Il y a des limitations des restrictions à l'importation, c'est même le rôle de l'OMC ; il doit y avoir la même chose pour les exportations. Si tu veux, je te passe une proposition juridique qui tient la route, ça te fera une base de travail. » Je le remercie, lui demande une ou deux autres précisions et le quitte pour retrouver Dacian Ciolos, que je vois assis dans un fauteuil, en discussion avec Ilse. « Dacian, je suis désolé de te déranger, mais je voudrais te dire un mot sur la crise du porc. — Tu sais, on en parlait avec Ilse, on ne peut pas faire grand-chose. — Il faut quand même intervenir. Ne fais pas la même erreur que Mariann : elle avait mis trois mois pour intervenir, tout le monde lui était tombé dessus, et elle a cédé à la fin. Interviens tout de suite. Donne un signal aux marchés. » Ilse me soutient. Depuis des jours, la presse allemande dénonce les travers de la production industrielle, déplore la faiblesse des contrôles sanitaires et interroge un modèle de consommation alimentaire de masse, qui fait courir des risques à la population. Ilse aussi doit impérativement obtenir un redressement des prix, pour calmer les éleveurs. Dacian soupire. « Écoutez, je vais regarder, mais je vous garantis rien, on va de crise en crise et on peut pas intervenir sur tout. » Les discussions plénières ont lieu à l'Auswärtiges Amt, dans une salle en bois blond, vaste comme une cathédrale, éclairée par une dizaine de lustres années 30 en verre soufflé. Ici — je me dis en fixant les lustres — se tenaient les réceptions des délégations étrangères, qui venaient soutenir une RDA pas encore moribonde, au faîte de sa puissance, allié docile et reconnaissant de la voisine Union soviétique. Ici — je me dis en regardant le parquet verni — des milliers et des milliers de dignitaires de la RDA ont fait le pied de grue en échangeant des informations sur la politique étrangère, convaincus au début de se trouver dans le bon camp, puis que même affaiblie, la RDA résisterait à tout, puis que la RDA ne pouvait pas disparaître, puis que la chute de la RDA n'était pas une si mauvaise chose, à laquelle, à leur faible mesure, certainement, mais quand même en bravant les ordres, ils avaient contribué. Ici Honecker a posé ses lèvres sur les lèvres de Brejnev. Ici Honecker a vu Castro déplier une carte des Caraïbes et lui dire en pointant le doigt sur un confetti : « Cette île est à vous. » Ici et maintenant — je me dis en reprenant le casque de traduction qui traîne sur mes genoux — des ministres discutent de sécurité alimentaire et de gouvernance mondiale, sans prêter la moindre attention à une histoire qui reste pourtant tapie dans les murs, dans les placages de bois blond, dans le verre soufflé des lustres, mais qui a passé. Avec quelle voracité le temps engloutit tout. Avec quelle efficacité il délave tout. Et les monuments, les palais, les ministères, les bureaux font de formidables écrins vides pour les maîtres nouveaux et précaires que nous sommes.

Ernst Jünger, le 16 juillet 1940, alors que la Wehrmacht avance à pas de géant vers Paris, entre dans une auberge à Neuville-les-Vaucouleurs, ne dit pas un mot de la progression des colonnes militaires, mais note la cruauté du cuisinier qui lui prépare son lapin à la moutarde : « À propos de la préparation du malheureux lapin qui devait me servir de déjeuner : "Je leur arrache les yeux pour mieux les faires saigner." » On dirait la Françoise de Proust, qui jure en fendant le cou de son poulet : « Sale bête ! Sale bête ! » Comme la vie domestique, la grande Histoire a ses arrière-cuisines.

Dimanche 23 janvier – Berlin

Dès que je peux courir, je le fais, de préférence le matin, pour trouver cet équilibre intérieur que la vie politique ronge quotidiennement. Et de toutes les capitales européennes, Berlin est celle qui se prête le mieux à la course à pied, avec son parc en centre-ville, ses avenues dégagées, ses étendues vides, les berges de ses canaux ; même si ce matin, avec mes officiers de sécurité et mon conseiller diplomatique, Augustin Favereau, nous glissons tous les dix mètres dans les allées du Tiergarten, recouvertes de neige. Au niveau de la Siegesäule, nous revenons sur nos pas et obliquons en direction du Landwehrkanal. Les pieux de bois qui délimitent le chenal sont pris dans la glace. Aucune péniche. Aucune embarcation. Seulement une surface épaisse et grise, recouverte de poussière de neige. Des corbeaux prennent leur envol en poussant de longs croassements, qui laissent indifférents les rapaces du zoo, immobiles dans les cages à croisillons, la tête enfouie sous leur aile. À quelques mètres en aval du Landwehrkanal, une écluse, dont les deux battants mal ajustés semblent prêts à céder sous le poids de la glace, sert de pont entre les deux rives. Rosa Luxemburg et Karl Liebknecht ont été assassinés à cet endroit et leurs corps jetés dans le canal.

Lundi 24 janvier – Paris – Bruxelles

Réunion sur le projet 2012 avec Claude Guéant. Je lui présente les grandes lignes de notre organisation, les noms des rapporteurs, les thèmes principaux : emploi, éducation, sécurité, Europe, immigration, rien de très nouveau. Ma conviction est que nous devrons présenter des mesures radicales et audacieuses sur des sujets classiques. La campagne ne se prêtera pas au rêve ; elle accusera nécessairement nos échecs et exigera donc de notre part un discours de vérité. Claude Guéant et moi rejoignons ensuite le Président, qui présente dans les salons du rez-de-chaussée les objectifs du G20. Il insiste sur la maîtrise de la volatilité des prix agricoles, prend fait et cause pour la régulation du marché, condamne les spéculateurs : « Quand le prix du blé, je parle sous le contrôle du ministre de l'Agriculture, quand le prix du blé double, il y a de la spéculation, personne peut dire le contraire, personne. Donc la spéculation, on va la combattre. » Redescendu de son estrade, il nous prend en aparté avec ses conseillers, le visage ruisselant de sueur, les lèvres humides : « C'était pas mal, non ? » Il souffle un peu : « Moi sur le G20, je veux qu'on sorte du commun. Mon idée, je vais vous dire, ce serait de mettre un droit de vote. Pour que nous puissions prendre des décisions plus vite. Oh je sais ! Je sais ! C'est pas simple. Mais il faut des droits de vote. Regardez notre agenda : les taux de change, les matières premières. Qui peut dire que c'est pas le bon agenda ? Hein ? Qui peut dire ? Je l'ai dit à Barack : tu es pas d'accord avec cet agenda ? Eh bien, on va l'expliquer à ton opinion publique, que tu veux pas traiter des matières premières ! On va l'expliquer ! » À ce mot de Barack, chacun sourit et se tait, comme si le Président avait voulu couper court à nos critiques et nous rappeler, incidemment, que lui peut appeler Barack Obama par son prénom, et le tutoyer. Pascal disait : « Il a quatre laquais. » Le Président dit : « Barack. » Nos esprits se figent de respect. Dans l'après-midi, je fais un aller et retour à Bruxelles pour convaincre Dacian Ciolos d'intervenir sur le marché du porc. « Tu ne peux pas repousser la décision à plus tard, Dacian. La décision politique doit être prise aujourd'hui. Pour les modalités, on peut renvoyer au comité de gestion. Mais la décision politique, c'est aujourd'hui qu'il faut la prendre. Elle relève du Conseil. — Tous les États du Conseil ne sont pas d'accord, Bruno. — Non, mais nous avons la majorité. Et les Pays-Bas nous ont rejoints. Tu ne prends aucun risque. » Dacian se laisse convaincre : la Commission interviendra sur le marché pour redresser les cours du porc.

Mardi 25 janvier – Paris

Jean-Louis Borloo me reçoit dans son bureau de l'Assemblée. Affable, comme toujours, quoique devenu plus méfiant après sa déconvenue sur Matignon, même envers des ministres qui ne lui sont pas hostiles. Lui est libre désormais, moi non. Il a tout à construire hors du cadre du gouvernement. Il ne croit pas à une double victoire de la droite à la présidentielle et aux législatives. « Nicolas sera peut-être réélu, avec lui on sait jamais. Mais dans ce cas les Français ne lui redonneront pas les pleins pouvoirs : ils feront perdre la droite aux législatives. Donc dans tous les cas de figure, nous perdons les élections législatives : il est pas réélu, mécaniquement nous perdons les législatives ; il est réélu, les Français rééquilibreront en mettant une majorité de gauche. » Il tire sur sa cigarette, se gratte les cheveux. « Du coup l'essentiel, c'est de constituer une force complémentaire de l'UMP à l'Assemblée. Il me faut un groupe parlementaire solide. Après, l'élection présidentielle, est-ce que j'y vais, est-ce que j'y vais pas, c'est une autre question. Mais c'est pas la question la plus importante. La question la plus importante, c'est le groupe. » Il rit, se penche en avant, tout son visage se plisse d'un coup, comme une feuille de papier qu'on froisse dans sa main. « Le groupe ! Ah c'est sûr, ça va pas plaire ! Mais il faudra un groupe centriste à côté du groupe UMP ! » Il se lève, tourne dans son petit bureau en réfléchissant. « Alors évidemment, il y a Bayrou. Bayrou, il a un passé. Mais admettons, il fait un score, et ensuite ? Ensuite, rien. Parce qu'il a pas de force parlementaire. » La stratégie de Jean-Louis Borloo est claire : il veut imposer par son propre groupe parlementaire ce qui lui a été refusé en novembre par le groupe UMP, et faire de ce qui a été un obstacle un tremplin. Désormais toutes les stratégies politiques de la droite tournent autour du seul homme qui en tire les ficelles, Nicolas Sarkozy. Notre faiblesse est là, que pas un seul astre ne se détache de son orbite. Si lui vient à disparaître, comme un soleil qui s'éteint, notre constellation politique gèle subitement, et meurt, au moins pour plusieurs années. On peut aimer Nicolas Sarkozy, ou le détester, le vouer aux gémonies, lui tresser des louanges, éprouver pour lui des sentiments intérieurs ou aucun, le vomir, tout continue de se presser et de grouiller autour de lui, comme le seul centre, le seul pôle, le seul pouvoir, le seul monarque fragile et absolu. Le trouble où sont plongés certains responsables de droite vient de la dépendance dans laquelle ils sont envers lui ; les pincements de la jalousie, aussi. Et lui joue de cette amertume, au point de ne plus accepter ni reconnaître qui que ce soit qui ne dépende de son autorité. Ainsi la droite se prive de grandir, tandis que lui, faute de lieutenants solides et suffisamment libres, ne parvient plus à se protéger des coups. Chacun hésite à savoir ce qui garantira sa liberté future : la défaite et le retrait de Nicolas Sarkozy, la victoire et les postes qui vont avec. Saint-Simon disait de Louis XIV : « Il ne voulait de grandeur que par émanation de la sienne. Toute autre lui était devenue odieuse. »

Mercredi 26 janvier – Paris

Devant la commission des Affaires économiques, présidée par Patrick Ollier, les parlementaires de droite comme de gauche tiennent des propos constructifs et entendent mes arguments sur la crise du porc : oui, nous allons réguler le marché, oui, nous nous battons pour que la Commission européenne intervienne, mais non, la suspension pour un an de tous les remboursements de prêts est impossible, non, un étiquetage obligatoire ne peut pas être mis en place sans contrevenir aux règles européennes. Des députés socialistes comme Jean Gaubert, Germinal Peiro ou Marylise Lebranchu se signalent par leur connaissance des dossiers. À droite, Marc Le Fur, député des Côtes-d'Armor, défend ses producteurs avec acharnement. Image de cette démocratie qui débat avec intelligence et que les débats publics ne renvoient jamais. En fin de journée, je reçois Jean-Paul Bigard, l'industriel le plus important de la filière bovine, pour lui parler de mon projet de décret sur les conditions de l'abattage rituel en France. Il se montre réservé : « Faites l'étiquetage, et vous ruinez la filière ! Qui va payer les quartiers arrière ? Il y a pas un distributeur qui acceptera de mettre de la viande en rayon avec l'étiquetage : "Tué sans étourdissement préalable". Pas un ! Vous vous rendez compte ? — Jean-Paul, je comprends parfaitement votre position. Mais je vous le redis : ce problème va nous tomber dessus au pire moment, pendant les élections. Cela fait des années que rien n'a été fait pour encadrer l'abattage rituel. Il y a des dérives, vous le savez aussi bien que moi. Il faut des règles ; le plus vite sera le mieux. »

Vendredi 28 janvier – Saint-Jean-de-Luz

Le sentier du littoral démarre du rocher de Sainte-Barbe. Il commence par faire des S sur le flanc de la petite côte que ponctue une chapelle blanche, il longe les blocs de béton des anciens blockhaus, traverse des haies de buis, laisse un hôtel sur sa gauche, trois ou quatre villas dissimulées aux regards par des portails en bois verni, puis reprend au milieu des pins et des buissons tordus par le vent, qui souffle de la mer. En contrebas, un roulement incessant de vagues vient lécher les dalles des rochers. Elles gonflent, blanchissent, viennent se répandre sur les plaques grises et lisses, chuintent en se retirant. Au loin, le faisceau du phare de Biarritz balaie le vide. Dans le ciel bleu dur, lisse et briqué comme un carreau de faïence, un avion tire deux lignes parallèles, miroite, tire encore ses lignes, lentement, sans dévier de sa trajectoire. Avec Xavier Pelletier, nous courons une dizaine de kilomètres. Nous reprenons notre souffle sur le promontoire qui domine toute la côte, de la montagne des Trois Couronnes en Espagne à Hossegor, dans un chaos de terre et de mer qui par endroits se confondent, par endroits se séparent nettement, suivant le béton rugueux des digues, les ardoises des falaises, la ligne pâle des plages de sable. Marie-Jeanne, que notre famille connaît depuis notre arrivée à Saint-Pée-sur-Nivelle, personne modérée, bienveillante, me met en garde au moment de mon départ : « Moi, je n'ai rien contre eux. Seulement il faut qu'ils vivent comme nous. Eh quoi ? Chez eux, ils nous demandent de vivre comme eux. Eh bien chez nous, ils vivent comme nous. » En Égypte, le règne de Moubarak tire à sa fin. Mohamed el-Baradei est rentré au Caire et appelle à un gouvernement de transition. Les manifestations ont fait sept nouveaux morts à Suez. La poussière que soulèvent ces événements est si épaisse qu'elle empêche les diplomaties occidentales de distinguer quoi que ce soit. Et elles avancent à tâtons, déchirées entre leur attachement à l'ordre ancien et le souci de trouver leur place dans l'ordre nouveau.

Samedi 29 janvier – Évreux

Aux assises de l'opposition régionale à Évreux, les questions des militants UMP et Nouveau Centre portent moins sur la situation économique ou sociale que sur le calendrier européen, la délinquance, l'immigration. Partout le même raidissement, le sentiment que quelque chose se perd de notre identité nationale, et ne reviendra pas. Par un renversement historique inattendu, le peuple de droite, qui en 1905 avait majoritairement défendu l'Église catholique contre la République, voit désormais dans la République et la laïcité le dernier rempart contre une religion qui n'est pas la sienne. Quand après la réunion je demande à Hervé Morin si François Bayrou pourrait soutenir Nicolas Sarkozy au second tour de l'élection présidentielle, la réponse tombe, lapidaire : « Bayrou ne fera jamais alliance avec Nicolas Sarkozy. Jamais. Je le connais par cœur. Il ne fera jamais alliance avec Nicolas Sarkozy parce qu'il le hait au plus profond de lui-même. Et il le méprise. Ce n'est pas le même monde. » Le soir, je retrouve Pauline, Louis et Matthias. Adrien est parti chez un ami en Charente. Au téléphone, il me répond avec une voix menue : « Je suis bien arrivé. Mais quand même, il fait froid. » Profitant de mon inattention, Matthias joue avec les pommes de terre écrasées dans son assiette. Il les malaxe entre ses doigts, en étale un peu sur ses joues, jette des morceaux par-dessus sa chaise haute, en se penchant pour observer le résultat.

Dimanche 30 janvier – Paris

Nouveaux affrontements et nouveaux morts en Égypte. Moubarak nomme un vice-président issu des rangs de l'armée. Son fils Gamal, auquel le peuple égyptien vouait une haine tenace, mais que les diplomates et les responsables des partis politiques recevaient avec déférence en Europe, avec ce mélange de fascination et de mépris que les élus éprouvent envers les héritiers, ne lui succédera pas. Merkel, Sarkozy et Cameron publient une déclaration commune : « Nous sommes vivement préoccupés par les événements que nous observons en Égypte. Nous appelons M. Moubarak à engager un processus de changement qui se traduise à travers un gouvernement à représentation large et des élections libres et justes. » Barack Obama publie un communiqué sur la même tonalité. Lâché par ses alliés, menacé par son armée qui redoute la disparition de ses privilèges, haï par son peuple, Moubarak devra partir. Fin de son règne. Et quoi après ? Ne rien avoir vu de ce qui allait venir ne nous donne pas de crédit pour imaginer la suite. Il entre de la paresse dans la difficulté des démocraties à envisager la chute des dictatures. De la prudence aussi, et du calcul. Mais plus que tout, une étroitesse de vision, qui nous prive du champ nécessaire pour voir sur les marges du pouvoir, dans les cafés, sur les places, dans les habitations et sur les réseaux sociaux, le peuple qui avance. Imre Kertész le résume en une formule : « On ne peut être intelligent qu'à l'intérieur de ses propres limites. »

Lundi 31 janvier – Montpellier

Dans la petite cour gravillonnée, le vigneron a rassemblé sa famille, les viticulteurs du coin, le maire avec son écharpe tricolore en bandoulière, des amis, la presse. Il me fait goûter un rouge du pic Saint-Loup. « Alors ? Il vous plaît ? » Il repose la bouteille sur une table placée sous un châtaignier. « Il me plaît tellement que je vais en reprendre un verre ! — Eh bien, ça fait plaisir que ça vous plaise ! » On m'avait prédit un déplacement tendu en Languedoc-Roussillon. La journée aura passé dans une atmosphère de fête, de cave en cave, avec un arrêt dans une coopérative vaste comme une usine, sans une plainte du monde viticole. Les deux députés qui ont organisé le déplacement, Robert Lecou et Élie Aboud, sont satisfaits, les professionnels également. La conjoncture économique reste difficile : mais les efforts de restructuration donnent des résultats et la région, qui a tant souffert des arrachages de vigne, de la surproduction, de la concurrence des vins du Nouveau Monde, commence à voir le bout du tunnel.

Mardi 1er février – Châteauroux – Saint-Amand-Montrond

Sur chaque machine de la petite usine de céramique, le Président marque un arrêt. Il regarde attentivement les composants, les soupèse, prend un air entendu ou admiratif, écoute les explications que lui donne un contremaître. Quand il passe devant le laboratoire, il salue de la main les femmes en blouse blanche qui se pressent derrière la vitre, un salut un peu raide, la paume ouverte à hauteur de sa poitrine, les doigts joints, qui balaient le vide de droite à gauche. À l'issue de la visite, il prend la parole devant tous les salariés rassemblés devant lui ; il défend la réforme des retraites, parle de compétitivité, de la suppression de la taxe professionnelle, des 35 heures. Il est à son aise dans ce monde industriel, qui lui est plus familier que le monde agricole. Il est longuement applaudi. Dans la salle des fêtes de Saint-Amand-Montrond, il explique ensuite sa réforme territoriale. Il parle sans notes, assis à la tribune derrière une longue table rectangulaire, avec face à lui, alignés sur des chaises en plastique rouge, trois cents maires du département. Il ralentit son débit, évite les formules qui pourraient blesser, se présente en président rassembleur, si bien que chacun de ses mots fait comme un feutre qui émousse par anticipation le tranchant des questions. Du coup la séance des échanges avec la salle se déroule sans encombre. Un seul maire ose une critique, il se dresse, empoigne le micro, son visage devient écarlate quand il parle : « Monsieur le Président, c'est bien beau tout ça, mais avec vos fermetures de bureaux de poste, moi, j'ai posté une lettre il y a huit jours pour quelqu'un à 2 kilomètres de chez moi, et elle est toujours pas arrivée ! — Eh bien, la prochaine fois, monsieur le Maire, faites les 2 kilomètres à pied, ça ira plus vite ! » Toute la salle s'esclaffe ; il a mis les rieurs de son côté, et définitivement gagné la partie. Au retour, un conseiller complimente le Président, mais glisse un reproche sur sa sortie, qui aurait froissé. Le Président sourit mécaniquement. Il ne répond rien, laissant couler son regard sur les autres conseillers et les ministres assis à la table de son avion, il sourit encore, de la bouche, du regard, des rides de son front, de tout ce visage plastique et mobile qui peut exprimer en un instant la satisfaction, le désagrément, la brutalité, la colère, et sur un ton ironique : « C'est vrai que c'était pas gentil. Je

regrette ; vraiment je regrette ; mais c'est parti comme ça. Franchement, c'est parti comme ça ! » Il lève les yeux au ciel, comme cherchant un souvenir : « Ça me rappelle une partie de tennis avec
Richard Gasquet, il y a bien quinze ans. À Roland-Garros. On tape
des balles, tu vois ? Gentiment ; on fait des échanges. » Il tutoie je ne
sais quel public imaginaire, chacun de nous, personne. Il éclate de
rire : « Et puis tout d'un coup, tout d'un coup le boulet de canon, tu
vois ? Le missile, vraiment le missile ! » Il mime du plat de la main
la balle qui lui file sous le nez. « Vraiment la balle que tu chopes
pas ! Le revers totalement lâché, tu sais ? Le revers qu'il fait, Gasquet, totalement lâché ! Là je lui dis : "Eh ! Richard ! Je suis pas
champion de tennis, moi ! On fait des balles, hein ? Rien que des
balles !" Et tu sais pas ce qu'il me répond, Gasquet ? Tu sais pas ?
"Je suis désolé, Nicolas, c'est parti tout seul !" » Nouvel éclat de
rire, aussitôt réprimé : « Je dois dire, j'ai trouvé ça plutôt sympathique. » Dans la voiture entre Orly et le ministère, je lis l'interview
de Jean-François Copé dans *Le Parisien* : il assume désormais
presque ouvertement la rivalité, pour ne pas dire la guerre, avec
François Fillon.

Vita Sackville-West a voyagé en Inde, en Russie, elle a habité en
Perse. Elle raconte ses anecdotes à Virginia Woolf : « Tant
d'étranges faces ont flotté devant mes yeux depuis la dernière lettre
que je t'ai écrite, faces d'animaux et d'hommes ; de buffles et d'Hin-
dous, avec leurs cornes ou leurs turbans ; faces d'Eurasiens, bizarre-
ment en marge ; faces de jeunes soldats » (20 février 1926). En dix
ans elle a vu le monde, quand Virginia a tout juste quitté quatre ou
cinq fois sa maison. Et Virginia parle littérature, roman en cours,
soucis domestiques, migraine, côte de veau aux choux, mais avec
une telle force d'évocation, une telle minutie, et ce glissement si
particulier de la phrase, que sa vie morne semble plus dense. Quand
Vita lui fait le reproche de sa froideur, Virginia lui répond : « Mes

lettres ne sont pas muettes, mais vociférantes : c'est toi qui ne sais pas lire » (11 janvier 1926).

Mercredi 2 février – Paris

Au Conseil des ministres, le Président défend les choix de la France sur les événements en Égypte : « La position de la France est claire : nous demandons que la transition s'engage sans tarder. Nous demandons la transition démocratique tout de suite. Après, c'est l'affaire des quatre-vingt-trois millions d'Égyptiens ; pas l'affaire des soixante-quatre millions de Français. » Il martèle : « Une transition, tout de suite. J'écarte l'immobilisme ; l'immobilisme est impossible. De toute façon, Moubarak partira. » Il ne voudrait surtout pas laisser croire que la France, en matière démocratique, pourrait être à la remorque des États-Unis, qui viennent de demander le départ immédiat de Moubarak. Il pousse un soupir, glisse en arrière de son fauteuil, et hochant la tête, sur un ton ironique et accablé : « La position d'Obama, bon, je vais vous dire, il vaut mieux pas être un allié des États-Unis, hein ? Il vaut mieux pas. On voit comment ils vous traitent, les États-Unis, hein ? On vous écrase sous la semelle de la chaussure et on discute ensuite. » En fin de Conseil, Frédéric Mitterrand fait une communication sur le futur musée de l'histoire de France. Le Président reprend la parole après lui : « Vraiment, il y a qu'en France que ça fait des drames pareils. Qu'en France ! Regardez en Allemagne, il y a pas eu ces drames. Même chose pour l'hôtel de la Marine : on a trois amiraux assoupis, on ferme l'hôtel, ça fait un drame. » Alain Juppé le coupe : « Ce sont pas les amiraux qui font un drame, si je peux me permettre. — D'accord, mais ça fait un drame quand même. » Il tourne son regard vers Frédéric Mitterrand : « Et la série sur Proust, Frédéric ? Tu as regardé la série sur Proust hier soir ? Une belle série, hein ? Deux épisodes, sur France 2, en prime time : je vais vous dire, Proust deux soirs de suite en prime time sur France 2, au moins on a compris à quoi il sert, le service public. »

Jeudi 3 février – Paris – Autun – Rome

Dans le TGV pour Le Creusot, le président de la Fédération nationale bovine, Pierre Chevalier, m'avertit au téléphone : « Le congrès, c'est tendu, je préfère te le dire, c'est tendu. » Il ajoute quelques mots qui se perdent dans un grésillement, le portable coupe. Il sonne à nouveau : « Oui, Bruno, je te disais, c'est tendu, prépare-toi à être un peu chahuté, je préfère te prévenir. » Le TGV file à travers une campagne accidentée, qui garde dans le creux de ses vallons des lambeaux de brume. Des haies brunes et ébouriffées entourent les prairies. Passent une église romane, des maisons à crépi beige, des toits en tuiles plates, des petits jardins et leurs serres recouvertes de bâches en plastique, un abreuvoir en zinc, une gare de campagne. Une pluie fine pleure le long des vitres du TGV. Une forêt de pins tire un rideau vert foncé sur le spectacle. Au Creusot, le préfet, le visage en lame de couteau, la peau gris cendre, me tend la main avec un sourire crispé : « Monsieur le Ministre, autant vous dire, je ne vous garantis pas le calme pendant la réunion, autant vous dire. » Une trentaine de minutes plus tard, lorsque Pierre Chevalier annonce mon arrivée aux éleveurs réunis dans la salle des congrès d'Autun, des sifflets montent de la salle, une ou deux injures bien senties. Pendant son discours, assis à la tribune, je relis les notes préparées par mes conseillers : elles annoncent un relèvement des cours de la viande, une conjoncture plus favorable, malgré les difficultés, des revenus qui pourraient augmenter en 2011 ; autant de données statistiques qui ne correspondent en rien à ce que vivent les exploitants devant moi. En politique, comme en littérature, on ne construit rien sur la réalité, mais sur des représentations de la réalité. Elles sont le point de départ de tout. Il faut entrer dans les représentations de chacun, qui sont la seule vérité tangible, tout le reste, chiffres, statistiques, ne donne que la mesure de la réalité, pas son expérience. Si bien que la politique, comme la littérature, vous obligeant à vous couler dans des représentations qui ne sont pas les vôtres, est un dépaysement. Et même un dépaysement radical, qui vous force non seulement à quitter un territoire, une langue, mais à vous défaire de vos habitudes, de vos comportements, de vos préjugés, de vos certitudes. Pierre Chevalier a fini son discours ; il me laisse le pupitre. Dans un silence glacial, je salue le préfet, le président de la région Bourgogne, François Patriat, qui m'a accueilli avec chaleur, les parlementaires ; puis je tombe sur un ou deux visages d'éleveurs ; je vois leurs lèvres closes, les joues rêches, le regard tourné vers moi, attentif et pas malveillant ; je parle des revenus qui sont trop faibles ; des marges insuffisantes ; de la pression de la grande distribution et des industriels. Leurs visages se détendent, ils sont sur le point d'applaudir. Encouragé, je continue en abandonnant mes notes, en leur parlant de mon attachement à leur métier, de la nécessité de les aider. Une voix crie au fond de la salle : « Des sous ! Des sous ! On veut des sous ! » Je continue. Lorsque je parle de faire une transparence totale sur les marges de la grande distribution, des applaudissements éclatent. À la fin de mon discours, les applaudissements l'emportent sur les sifflets : c'est le mieux que je pouvais espérer. Au dernier Salon de l'élevage, à Cournon, trois cents éleveurs déchaînés avaient fondu sur moi à l'entrée du hall d'exposition, et je n'avais pas eu d'autre choix que de battre en retraite, sous les boucliers en Kevlar de mes officiers de sécurité, tandis que les CRS, empêtrés dans leur carapace articulée de samouraï, déguerpissaient au plus vite ; on veut bien protéger le ministre, mais quand même. Pierre Chevalier me glisse en descendant de la tribune : « Bon, tu t'es bien débrouillé, il faut dire, tu t'es bien débrouillé. »

Du froid du Creusot à Roissy, de Roissy à Fiumicino, de Fiumicino au centre de Rome, suivant cette autoroute compliquée qui longe les immeubles fatigués des années 60, traverse les terrains vagues, les collines pelées, donne soudainement sur les arcades immaculées des bâtiments fascistes. Un placard publicitaire illuminé vante les bienfaits d'un shampoing. Après une dizaine de kilomètres, nous roulons sur une avenue à quatre voies bordée de pins parasols ; un édifice de brique ouvre sa gueule immense dans la nuit tiède ; le cortège hoquette sur les pavés, laisse sur sa gauche un petit temple rond, une suite de larges colonnes parallèles, des palais, passe au pied de cet escalier raide comme une piste de ski qui monte au Capitole, contourne le Parlement, débouche sur la place qui fait la jonction entre la Rome antique et la Rome moderne. Maintenant nous nous engouffrons à vive allure dans les ruelles qui montent au Pincio. La voiture de police qui nous précède lance des petits coups de sirène pour dégager le passage, un policier penché à la portière avant agite un bâton blanc avec un disque rouge, crie parfois un ou deux mots incompréhensibles, agite encore plus vite son bâton. Au pied de notre hôtel, la voiture stoppe dans un crissement de pneus ; les deux policiers descendent, en bottes et pantalon bouffant, chaussent leurs lunettes de soleil et scrutent, en pleine nuit, qui pourrait menacer le ministre de l'Agriculture français ; lui arrive du Creusot et voudrait surtout se coucher.

Vendredi 4 février – Rome

Ce sont les échos des cris dans les rues vides, le roulement des taxis matinaux, une benne à ordures et le grincement de ses vérins, les conversations italiennes dont le murmure rampe le long des murs, un « *Ciao !* » masculin et sonore, tous ces bruits qui tombent dans ma chambre et aussi le coin de soleil sur ma couverture, encore vacillant, pâle, qui me réveillent et me rappellent Rome. Sur les étagères de sa bibliothèque, le directeur général de la FAO, Jacques Diouf, a aligné les photos de ses rencontres avec tout ce que la planète compte de chefs d'État et de Premiers ministres depuis dix-huit ans, date de son entrée en fonctions. Il sort de son bureau avec un large sourire, me donne une accolade : « Entre, Bruno, entre ! » Il me fait asseoir dans des canapés en vachette beige : « Alors ! On en est où sur le G20 ? — Les choses avancent. Il y a des réticences, mais tout le monde au moins a conscience du problème. Donc on peut espérer des mesures concrètes en juin prochain, à la réunion des ministres de l'Agriculture. C'est difficile, mais jouable. » Il écoute avec attention, puis chausse des lunettes en métal argenté, aussi rondes que son visage, il sort ses notes, les repose sur ses genoux : « Tout cela c'est de la folie, Bruno : depuis quinze ans on n'arrête pas de réduire la part de l'agriculture dans l'aide au développement. C'est de la folie. L'agriculture, tout le monde s'en moque. Moyennant quoi, les peuples ont faim. En Afrique, les peuples ont faim. » Il ajoute, utilisant au lieu de « vaciller » un verbe plus imagé, comme beaucoup de Sénégalais qui ont de notre langue une connaissance parfois plus approfondie que nous, plus vivante et plus juste : « Après, il ne faut pas s'étonner quand les gouvernements titubent. » Pendant la conférence de presse, il défend sans aucune réserve les propositions de la France pour le G20. Une heure plus tard, le ministre des Affaires étrangères, Franco Frattini, disserte devant moi dans sa grande salle de réunion en marbre blanc et gris. Il passe rapidement sur le G20 : « Vous avez notre soutien total. Dites-le au président de la République ! Total ! Silvio Berlusconi partage les idées de Nicolas Sarkozy. » Il se pince les lèvres, hoche gravement la tête, remet sa mèche en place, me regarde fixement, avec dans son regard un léger strabisme qui empêche de plonger son regard dans le sien : « Non mais c'est difficile, ce qui se passe en Égypte ; c'est difficile. Le risque, c'est les Frères musulmans, évidemment. Le plus on critique Moubarak, le plus les Frères musulmans ils sont forts. Les Américains, ils font comme avec Carter et le Shah. Et pourquoi ? Pourquoi ? Pour la presse. Pour l'opinion publique et la presse. Les Frères musulmans ils disent rien. Ils se cachent. Et alors voilà ! Ils gagneront le pouvoir ! » À la sortie, un photographe nous saisit tout sourire, dans une longue poignée de main, avant que deux *carabinieri* en grand uniforme, la poitrine ceinturée de blanc, la cartouchière vernie, raccompagnent notre délégation au pied des escaliers, où nous attend non pas la Maserati *quattroporte* rutilante de Franco Frattini, mais une Peugeot. La directrice du Programme alimentaire mondial (PAM), Josette Sheeran, apporte elle aussi un soutien déterminé à nos propositions pour le G20. Elle me tend un bol rempli de blé : « Voilà ce que le PAM peut offrir aux pays en voie de développement quand le cours du blé est normal. » Elle le vide de moitié : « Et voilà ce que le PAM peut offrir quand les cours flambent. »

Samedi 5 février – Rome

Avant de partir pour Fiumicino, footing avec Xavier, Augustin et mon officier de sécurité Wilfrid dans les rues de Rome désertes. Nous dévalons les marches qui tombent en cascade du haut de la Sainte-Trinité-des-Monts, manquant à chacun des degrés de glisser avec nos semelles en silicone sur le marbre poli par les siècles et piqué par endroits de taches noires ; nous empruntons une ruelle, slalomons entre les voitures, une place, une autre ruelle, nous voici au bord du Tibre, obligés de nous courber pour éviter les branches des platanes, qui reposent, osseuses et nues, sur la balustrade du quai ; pont Saint-Ange ; via della Conciliazione ; place Saint-Pierre ; nous contournons la colonnade par la gauche, à contresens de la foule de pèlerins, de curés en soutane, de bonnes sœurs, de marchands de médailles qui afflue vers la basilique et se retourne sur le passage de je ne sais quel cardinal, tout en pourpre, la silhouette droite, barrée au milieu par un bandeau de satin, et qui distribue dans le vide, tout en marchant à grands pas et presque flottant sur le pavé, de minuscules signes de croix. Nous peinons dans la montée du Janicule. À bout de souffle, nous nous arrêtons dans un jardin public qui surplombe Rome. Deux chiens se battent : ils se mordillent en tournant sur eux-mêmes, se séparent, retroussent leurs babines, se jettent l'un sur l'autre, puis reculent et se jaugent en grognant. Wilfrid les écarte. Rome est devant nous une longue étendue de pierre ocre, de ruines et de toits, un fouillis de siècles et aucun qui domine. Au milieu, métallique et arrondie, la coupole du Panthéon fait comme un boulon de fer, qui visse le tout. En Égypte, Moubarak résiste ; ses partisans s'organisent. Les avertissements américains et européens restent pour le moment sans effet.

Lundi 7 février – Paris

Claude Allègre est un esprit ouvert et curieux, dissimulé derrière la falaise de son visage, abrupte, broussailleuse, pleine de ces anfractuosités qui empêchent de distinguer exactement ses traits ; son regard demeure enfoui sous des sourcils épais, mais il brille, comme deux petits morceaux de braise oubliés derrière un buisson. Il a conseillé François Mitterrand pour le programme de son second mandat. Il me conseille en dépiautant son croissant : « Mitterrand me disait : "Quand tu as une bonne idée, Claude, tu la gardes et tu me la donnes, et les autres, tu en parles à tout le monde." Je pense que c'est à peu près ce que va vous demander Nicolas Sarkozy. » Il exprime ses doutes sur la candidature de Dominique Strauss-Kahn : « Il n'ira pas ; ou il ne pourra pas y aller ; l'un ou l'autre. De toute façon, le Parti socialiste n'est pas en mesure de gagner. Vous pouvez perdre, mais le Parti socialiste ne peut pas gagner. Le problème, en France, en Allemagne, partout en Europe, c'est que la social-démocratie a gagné. Elle a imposé sa vision des choses, y compris à vous.

Comme vous êtes devenus des sociaux-démocrates, le Parti socialiste n'a rien à apporter. » Je l'interroge sur le candidat socialiste le plus dangereux pour nous en cas de retrait de Dominique Strauss-Kahn. Il réfléchit, avale une bouchée de croissant, cligne des yeux, répond sèchement : « Hollande. » Il ajoute : « Hollande, et méfiez-vous de Royal, elle s'accrochera. Donc vous voyez, vous pouvez gagner. Seulement Nicolas fait des erreurs. Beaucoup d'erreurs, des dérapages inutiles. Et vous savez pourquoi ? Parce qu'il n'a pas confiance en lui ; tout ça parce qu'il n'a pas confiance en lui, c'est dommage. »

Débat le soir au théâtre du Rond-Point avec Jean-Luc Mélenchon, Daniel Cohn-Bendit, Gilles Finchelstein et Caroline Fourest devant une salle tout acquise à la gauche. Par souci de défendre le gouvernement, je multiplie les maladresses, me fais siffler à une ou deux reprises, tandis que Daniel Cohn-Bendit soulève les applaudissements. Jean-Luc Mélenchon joue avec habileté sur le registre de la provocation. La cohérence de notre action échappe au public, qui ne retient que les écarts, les promesses non tenues, les maladresses, tout ce que l'exercice du pouvoir charrie comme alluvions et qui brouille la limpidité de notre discours. Je ne vois de plan fixe et net en politique que dans les discours ; dans la pratique du pouvoir, les décisions se superposent, les images se succèdent, et la cohérence se brouille. La réalité se charge vite de démentir les visions les plus claires.

Mardi 8 février – Paris

Avec la révélation sur les vacances de Michèle Alliot-Marie en Tunisie, les troubles au Maghreb rattrapent le gouvernement. Le Président hésite à trancher immédiatement. Il soutient Michèle Alliot-Marie. Pour combien de temps ? Le Premier ministre pourrait aussi être inquiété en raison de son déplacement en Égypte. Ces affaires auraient eu un impact négligeable un an plus tôt, elles sont graves dans les circonstances actuelles. On perd pied en politique quand les événements se précipitent, que le climat change, et que les comportements perdurent. Pour la première fois de cette rentrée, je doute de la capacité du Président à se faire réélire.

Mercredi 9 février – Paris

Au Conseil des ministres, le Président arbore sa mine des plus mauvais jours. Des cernes profonds creusent son visage, ses maxillaires, vus de profil, avancent et reculent comme les cartilages des joues sur les poissons des profondeurs. Des mouvements de rotation soulèvent son épaule droite. Il jette un regard noir sur sa ministre des Affaires étrangères pendant sa communication, dissimule à peine son exaspération. À la fin, par habitude, mais sur un ton qui n'invite pas à prendre la parole, il demande si quelqu'un souhaite intervenir. « Personne ? Bien. » Il ajoute, glacial : « Pour vos vacances, je vous recommande de privilégier la France. Vous avez entendu ? La France. Il s'agit d'être à la fois transparent et digne. Transparent. Je dis pas exemplaire, parce que exemplaire, hein ? On sait bien, on est jamais assez exemplaire, je dis transparent. L'exigence de transparence n'a jamais été aussi forte ; jamais. Voilà : transparent. À l'Élysée, les comptes sont contrôlés par la Cour des comptes : c'est la première fois. Je suis pas sûr que nos augustes prédécesseurs auraient fait la même chose. Moi, je le fais. Et j'ai fait voter ma rémunération par le Parlement. Par le Parlement. J'ajoute qu'elle a été alignée sur celle du Premier ministre. Au centime d'euro près. » Il conclut : « Des leçons de transparence, je n'en ai à recevoir de personne. » Après le Conseil, je pars pour Cambrai avec Alain Juppé signer un contrat de revitalisation d'un site de défense. La base aérienne a été fermée en début de mandat. Le maire nous dit sans ambages dans son discours : « Pour nous, cette fermeture a été vécue comme un drame. » Alain Juppé défend la décision, annonce le montant des aides publiques qui permettront de lancer de nouvelles activités. Devant les militants UMP réunis en fin de journée, il appelle à la mobilisation et insiste sur le rassemblement de la majorité, qui commence à montrer des signes de nervosité, ou à exprimer des doutes sur la victoire en 2012. « Il faut rester unis. Je vous parle en connaissance de cause, je me rappelle 1997. » Il regarde la petite assemblée de militants, qui ne réagit pas : « Bon, je vous parle de 1997, j'ai l'impression que personne ne s'en souvient. »

Dîner du CRIF au pavillon d'Ermenonville. Le Grand Rabbin de France me parle de ses inquiétudes sur le projet de décret encadrant l'abattage rituel. Je lui confirme ma détermination à faire adopter ce texte : « Nous n'avons pas le choix. Nous veillerons au respect des convictions de chacun, mais il faut avancer : c'est votre intérêt. »

Jeudi 10 février – Paris

Moubarak a parlé et refuse de partir. Sur la place Tahrir, des centaines de milliers de manifestants réclament son départ. La nuit, les néons, les ampoules nues, les écrans des portables et les flammes des bougies font une seule lumière vacillante et têtue. Dans les sentiments de la foule, personne ne saurait faire la part entre la haine du régime, une exaspération face à des conditions de vie de plus en plus dures, le sentiment de révolte et le désir de liberté. Partout la foule exprime des émotions qui tournent rapidement ; mais ici, elle communie dans sa volonté de forcer le départ de Moubarak. Quand le soir Adrien me récite sa poésie : « Mignonne, allons si la rose… », je ne sais pas ce qui a le plus de grâce, de son regard qui se lève pour trouver les mots, de sa voix appliquée, ou de sa remarque quand il se reprend : « Non ! C'est pas ça. »

Vendredi 11 février – Milan

Un SMS de Thomas Fené, adjoint de mon conseiller presse Bertrand Sirven, m'apprend le départ de Moubarak et son remplacement provisoire par un Conseil militaire supérieur. Ici, sur la piazza del Duomo, des touristes brandissent leur portable pour prendre en photo la cathédrale de Milan, quand, place Tahrir, des dizaines de milliers d'Égyptiens brandissent leurs chaussures pour insulter Moubarak ; les histoires des nations ont chacune leur temps propre, et c'est une bizarrerie du monde actuel que de mettre au présent des événements qui pour les uns durent en se produisant, pour les autres disparaissent. Il faudrait pouvoir raconter les choses en distinguant le présent qui se prolonge de celui qui ne donne rien, comme le fait la langue anglaise. Et devant nos écrans, la force des images et des réseaux réduit les distances, écrase les singularités, confond les acteurs, ramène à la même dimension le géant et le nain. Tout se retrouve à plat, sans perspective.

Samedi 12 février – Milan – Bellagio

La Cène de Léonard de Vinci : elle surgit au fond du réfectoire, sur un fond pâle et gris, dans un encombrement de bras qui se penchent, de bouches surprises, de visages accablés, de bustes qui reculent ou plongent vers le centre. Et toutes les figures, comme le drap de la table ou le ciel, baignent dans un halo lumineux, qui pourrait étouffer les couleurs, mais qui au contraire leur donne encore plus de caractère. On fixe les orbites vides et floues : elles donnent au regard des apôtres une intensité que ne rendrait pas la photo la plus nette. Napoléon a logé dans ce réfectoire les chevaux de sa cavalerie.

Le bruit des sabots contre les dalles devait surprendre les visages de la fresque ; et les haleines de bêtes fourbues mouillèrent la pierre peinte. Nous prenons la route avec Pauline pour Côme ; de Côme, la départementale qui longe la rive du lac. Sur notre versant, la montagne est encore plongée dans l'ombre ; en face, un soleil rasant commence à frapper les petites maisons dispersées sur les collines comme des chalets suisses ; chaque virage découvre un nouveau point de vue sur le lac, hachuré par la pointe des ifs noirs. À proximité de Bellagio, nous nous arrêtons dans un port miniature, dessiné par une digue étroite, deux pieux, un anneau et une chaîne ; une barque sommeille sur une eau huileuse. Nous rejoignons un parc fermé par une grille en fer forgé, dont les deux battants ont été juste rabattus, sans serrure ni cadenas ; il suffit de pousser un peu la grille pour entrer. Dans les herbes trempées par la pluie de la veille, Pauline découvre une petite couleuvre saisie par le froid ; je la pose sur ma paume ouverte ; elle remue à peine ; mais son œil vert a gardé sa froideur et son éclat. Nous atteignons Bellagio, désert en cette saison. Pas un promeneur sur les allées de graviers qui dominent le lac, pas un passant accoudé aux balustrades peintes en blanc ; le silence. Puis un hydravion bourdonne et se rapproche, fendant le ciel avec les deux flèches étincelantes de ses flotteurs. Des ouvriers déchargent des gravas d'un camion ; ils raclent avec leurs pelles le fond de la benne levée, poussent des jurons lorsque le conducteur secoue trop violemment la benne, les vérins se coincent, jurons, cris, grande agitation, le conducteur se penche à la portière, les ouvriers s'affairent sur les vérins ; enfin la benne s'abaisse ; le camion repart ; les ouvriers s'évanouissent pour le déjeuner. À nouveau le silence, qui se resserre sur nous. Tous les hôtels sont fermés, palmiers sous bâche, bancs vides, volets clos. Sur l'autre rive, le soleil maintenant haut déborde la crête ébréchée des montagnes, il tape notre rive, et verse sur le lac une coulée lumineuse et brûlante.

Dimanche 13 février – Milan – Paris

Matthias court dans les couloirs de la Pinacoteca Ambrosiana. Il passe sous un cordon de sécurité et tend le doigt vers une série de Bruegel ; il se met sur la pointe des pieds, il veut absolument toucher le cadre doré de la main. Par miracle, ou par défaut du système de surveillance, rien ne sonne ; je le prends dans mes bras et, pour le distraire, lui montre un tableau de petit format qui représente une souris, une rose, une chenille, un papillon. La chenille grimpe sur la tige, tandis que le papillon pose ses pattes délicates sur le bouton de rose. La souris tourne le dos au spectacle ; sa condition de mammifère la rend indifférente aux insectes et aux végétaux ; chacun son monde. Matthias a vu. Il en a assez. Il se tortille dans mes bras, arrive à se glisser à terre et se remet à courir en poussant des cris.

Lundi 14 février – Helsinki

Avant que nous descendions du Falcon 900 qui vient d'atterrir à Helsinki, l'hôtesse se faufile à l'arrière de l'appareil et se penche vers moi : « Le pilote tient à vous prévenir qu'il fait moins 22 à Helsinki, monsieur le Ministre. » Quand elle ouvre la porte, un vent glacé s'engouffre dans la cabine ; quelques pas sur le tarmac suffisent pour que mon nez se mette à geler. Nous roulons à vivre allure sur la route enneigée qui conduit à Helsinki, traversons une banlieue composée de bâtiments à quatre étages tous identiques, perdus au milieu des bouleaux, atteignons enfin la baie, prise dans les glaces. Un remorqueur orange crache sa fumée dans un ciel limpide, progresse doucement et ouvre un chenal au milieu de la baie, soulevant mètre par mètre des mottes de glace grise ; parfois il bute contre une couche trop épaisse, ses deux moteurs arrière bouillonnent, on entend un craquement, et les plaques cèdent ; partout ailleurs, où que le regard porte, les coques des autres navires sont prises dans un étau. Sur le quai, de rares piétons avancent avec précaution, en équilibre précaire, le visage à moitié enfoncé dans des bonnets de laine à pompons. Mon homologue finlandaise, Sirkka Liisa, se réjouit de ma visite à Helsinki. Immédiatement, elle me confirme son soutien aux propositions françaises sur la PAC. La Finlande ne compte que cinq millions d'habitants ; elle ne pèse que sept voix au Conseil ; mais elle a toujours soutenu nos positions dans le domaine agricole. Une partie importante du travail diplomatique en Europe consiste désormais à arrimer ces États à la France : car nous ne ferons pas entendre notre voix en tablant exclusivement sur le dialogue avec les grands États ; les gouvernements plus modestes attendent de notre part une considération, un respect, une disponibilité que nous ne sommes pas habitués à leur accorder, moitié par habitude, moitié par mauvais calcul. En Europe, le poids politique ne résulte pas de la somme des voix du Conseil : la vision idéologique compte autant, sinon davantage, pour imposer ses choix.

La résidence du Premier ministre finlandais se trouve en dehors de Helsinki, une villa en bois, posée sur un monticule de neige au milieu des pins ; on y entre en franchissant un portail électrique gardé par un seul policier. Au bout de l'allée, je descends de voiture avec ma délégation, monte une volée de marches et ouvre la porte, comme dans une maison de campagne. Le parquet blond est inondé de soleil. Une jeune femme avec un haut noir et un pantalon blanc me tend la main. On me souffle à l'oreille : « Madame le Premier ministre. » Nous entrons dans une salle à manger dont la baie vitrée donne sur un lac, les rideaux de coton à moitié tirés, pour nous protéger de la lumière crue ; nous prenons place à une table recouverte de napperons brodés de motifs lapons, rennes, étoiles de neige, traîneaux, bûches. Assise à côté de moi, une jeune femme rondelette aux cheveux fins tirés en arrière, un carnet de sténo sur ses genoux, commence chacune de ses phrases par : « Mme le Premier ministre dit », comme dans le film de Godard une interprète italienne à jupe droite explique laconiquement à Michel Piccoli : « M. Prokosh dit. » Donc : « Mme le Premier ministre dit que vous avez raison sur la PAC, il faut continuer à la défendre. Elle dit que l'Europe doit faire la preuve de son utilité dans un cadre budgétaire contraint. Elle dit que la Finlande compte sur la France. » La pièce dégage une impression de propreté méticuleuse ; chaque objet a été épousseté, guéridon, table basse, cendriers de verre, animaux en porcelaine ; même la toile vernie des tableaux accrochés au mur semble avoir reçu un coup de chiffon. Dans le rai de soleil qui filtre entre les deux pans des rideaux de coton, pas une particule de poussière ne flotte. La jeune femme tourne une page de son carnet à spirale : « Mme le Premier ministre dit que si l'Europe ne change pas, les partis extrêmes vont faire des scores de plus en plus élevés. En Finlande, le mouvement *True Finns* risque de faire un très bon score aux prochaines élections. Mme le Premier ministre compte sur la France pour réagir et faire des propositions. » Une pendule sonne 3 heures. L'entretien se termine. Mme le Premier ministre de Finlande me raccompagne à la porte, elle me serre la main avec un grand sourire, et je pense que si je n'avais pas décroché mon manteau de la patère en corne de renne, elle l'aurait fait elle-même.

Mardi 15 février – Helsinki – Strasbourg – Paris

Malgré le départ matinal, Sirkka Liisa a tenu à me raccompagner à l'aéroport. Du fond du hall, derrière la porte vitrée, je la vois sur le trottoir, emmitouflée dans un manteau de ragondin qui donne à sa corpulence naturelle quelque chose d'impérial et de sauvage. Lorsque je sors, elle me sourit et me lance dans un halo d'haleine glacée : « *Hi, Bruno ! How are you today ? It's so cold !* » Nous montons dans la voiture, le chauffeur démarre, braque son volant, les pneus crissent sur la neige. Assise à l'arrière, elle retire ses moufles de laine bouillie et sort un miroir de poche ; ajuste son maquillage ; referme le miroir avec un petit clap. Elle regarde avec attention le thermomètre à cristaux liquides : « *Minus 27 ! And we will have minus 30. Look at the fog : it means that it will be cold. Very, very cold !* » Elle serre contre elle son manteau de ragondin, laisse un long soupir passer entre ses lèvres brillantes : « *Minus 27 ! I told you ! It will be very cold today.* » Pendant tout le trajet, elle multiplie les considérations météorologiques, me laissant penser que je fais bien de quitter la Finlande, qui bientôt sera tout entière prise dans une tempête de grésil. Elle fait à pied avec moi les derniers mètres entre les bâtiments de l'aéroport et le Falcon 900, qui nous attend immobile, réacteurs éteints, la carlingue luisante comme de la neige verglacée. Au moment de nous séparer, elle m'embrasse avec ses joues froides : « *Come back very soon ! Next time it won't be so cold ! I promise. Because today it will be very cold !* » Le commandant abrège notre séparation : « Si nous ne décollons pas tout de suite, monsieur le Ministre, il faudra faire un deuxième dégivrage. » Dans un long hurlement, le Falcon s'arrache du sol et file vers Strasbourg.

Entretien avec le président du groupe socialiste au Parlement européen, Martin Schulz, un des observateurs européens les plus avisés. Il s'exprime dans un français parfait, en grattant son collier de barbe et en ajustant ses lunettes aux verres fumés. La dérive institutionnelle de l'Europe le préoccupe au plus haut point : « Il n'y a plus que la France et l'Allemagne ; Sarkozy et Merkel ; mais l'Europe ne peut pas être gouvernée uniquement par la France et par l'Allemagne, ça ne marchera pas. Disons que ça tiendra quelques mois, mais pas plus. La Commission ne joue pas son rôle ; les autres États sont marginalisés. » Quand je l'interroge sur les intentions allemandes, il me répond : « Tous les chanceliers allemands ont affirmé la fierté allemande par l'Europe ; Merkel, elle est la première à affirmer la puissance de l'Allemagne par l'Allemagne ; voilà le vrai changement. Vous avez vu ce changement ? C'est dangereux. L'Allemagne revient à un rôle de précepteur européen. » En me quittant, il se dit certain de la réélection de Nicolas Sarkozy : « La gauche n'est pas prête. C'est dommage, mais elle n'est pas encore prête. Comme le SPD en Allemagne. Si elle arrive malgré tout au pouvoir, qu'est-ce qu'elle fera ? Elle ne sait pas. » Un déjeuner a ensuite été organisé avec la commission agricole du Parlement et son président, Paolo Di Castro. Une nouvelle fois, je martèle notre opposition à toute diminution du budget de la PAC. Le rapporteur Albert Dess apporte des précisions sur le rapport qu'il doit remettre dans une dizaine de jours : « Nous envisageons un transfert des aides du premier pilier au second pilier. — Nous refuserons ce transfert. Si vous transférez ces aides, vous renationalisez la PAC. Qui pourra payer ? Dans le contexte budgétaire actuel, aucun État. Donc vous affaiblissez la PAC, c'est-à-dire la seule politique communautaire qui fonctionne. » Dans ces négociations européennes, il ne faut manquer aucune étape : car la décision ne tombe jamais brutalement ; elle résulte d'un long travail de négociation souterrain, dans lequel chaque paragraphe, chaque mot reste malléable jusqu'au dernier moment, puis se fige dans un projet auquel il sera difficile de retirer une seule virgule.

Retour à Paris, pour participer à une réunion à l'Élysée avec l'African Group Panel, dirigé par Kofi Annan. Le Président entre dans le salon du rez-de-chaussée accompagné de Kofi Annan, toujours aussi digne, droit, la petite colombe en argent du prix Nobel de la Paix accrochée au revers de son costume sur mesure. Il salue les membres du Panel en faisant le tour de la table puis, contrairement à ses habitudes, se cale dans son fauteuil sans jeter un regard à Michèle Alliot-Marie, assise à sa droite. À la sortie de la réunion,

Bertrand Sirven m'apprend que *Le Canard enchaîné* apporte de nouvelles révélations sur le déplacement de Michèle Alliot-Marie en Tunisie.

Mercredi 16 février – Paris – New York

Dans sa campagne de presse, l'association France Nature Environnement, d'ordinaire modérée et ouverte au dialogue, a choisi des visuels qui prennent directement à partie le monde agricole : une affiche notamment représente un paysan qui fait mine de se tirer une balle dans la tête avec un épi de maïs. La FNSEA dénonce une agression gratuite et injuste ; les radios se mettent à diffuser des réactions d'agriculteurs en colère ; le ton monte ; mon intervention aux questions d'actualité est applaudie par les députés de la majorité, qui attendent de ma part une condamnation sans réserve de cette campagne de presse. Sur le banc des ministres, en revanche, Nathalie Kosciusko-Morizet fait grise mine. Une heure plus tard, alors que j'attends mon avion pour New York dans le hall 2F de Roissy, Bertrand Sirven me tend son iPhone ; une dépêche AFP s'affiche avec en *lead* : « NKM défend la liberté d'expression des ONG. » Je prends mon portable, appelle Nathalie, et les passagers en attente pour le vol Paris-New York de 17 h 10 garderont sans doute en mémoire, pour le peu qui m'auront reconnu, un ministre éructant derrière les baies vitrées, faisant de grands moulinets des bras, contre une autre ministre tout aussi énervée à l'autre bout du fil. Ainsi vont les relations entre les ministres de l'Agriculture et de l'Environnement : rarement confiantes, pleines de heurts, bancales, comme les deux pieds d'une même table qui seraient posés sur des sols différents ; et pourtant, elles tournent.

New York la nuit : je me laisse bercer par les suspensions de la limousine américaine qui roule en direction de Manhattan. Assis à côté de moi, notre représentant permanent aux Nations unies, Gérard Araud, avec lequel j'ai travaillé pendant quatre ans au ministère des Affaires étrangères, me donne des éléments d'appréciation sur notre G20 agricole. « Tu verras Ban Ki-moon demain : il est constructif. En revanche, tu auras du mal avec les émergents. Ils sont très réservés sur la régulation des marchés. » Les phares orange du péage urbain glissent comme une pluie huileuse sur les vitres fumées ; la limousine déboîte pour doubler un camion, qui lance un coup de sirène strident, allume les rangées de projecteurs sur sa calandre et le sommet de sa cabine, vomissant sur la route un flot de lumière éblouissante ; nous manquons de prendre la glissière de sécurité ; le conducteur redresse, ses deux mains noires et parcheminées posées sur le cuir du volant. « Évite de parler de la question des prix, c'est la question qui fâche : les émergents ne veulent pas entendre parler de réduction de la volatilité des prix, ils ont peur que nous voulions les contrôler. Eux, plus les prix sont hauts, mieux ils se portent. » Les ampoules blanches se balancent sur les arches des ponts ; derrière se dessine la ligne de Manhattan, irrégulière, en dents de scie, scintillante, métallique et fragile, fine comme une maquette ; nous franchissons le pont, roulons sous un tunnel de brique, abrutis par le bruit de roulement des voitures, et nous voici à un feu, immobiles, au milieu des bouches fumantes, du concert de klaxons, des vitrines encore éclairées et des murs de verre dont on ne voit pas le sommet. « Le chauffeur va te déposer à ton hôtel. Demain départ 8 heures ? — Départ 8 heures. » Il est 5 heures du matin heure de Paris quand je me couche. Avec mon équipe, nous avons ajusté le discours que je dois prononcer le lendemain pour tenir compte des remarques de Gérard Araud. Du haut du trente-troisième étage, le front appuyé contre la vitre, je regarde le rectangle sombre de Central Park, dessiné par les avenues encore éclairées, le grouillement de *Columbus Circle*, le bandeau de néon bleu des nouvelles qui défilent.

Jeudi 17 février – New York

Comme prévu, les États émergents se montrent les plus réticents après mon discours devant l'Assemblée générale des Nations unies. Le représentant de l'Argentine exprime ouvertement ses critiques. Le représentant du Brésil demande également la parole : « Si vous souhaitez contrôler les prix dans le cadre du G20, cela nous posera de sérieuses difficultés. Commencez par supprimer les aides européennes à l'agriculture, nous en reparlerons ensuite. » La Chine ne se montre pas plus enthousiaste ; la Russie rappelle son opposition à tout contrôle de ses exportations. Tout ce qui semblait accessible capitale par capitale semble hors de portée dans le barnum diplomatique de New York ; je ne trouve un encouragement qu'auprès du secrétaire général, Ban Ki-moon, qui insiste sur l'importance de parvenir à une régulation du marché des matières premières agricoles. « *It will be hard. But you will have the full support of the United Nations. We cannot accept the consequences of prices volatility on the poorest countries in the world.* » Il me signifie la fin de notre entretien en glissant avec ce sourire en permanence imprimé sur son visage : « *Send my best regards to your President.* » Dehors, un soleil printanier fait rutiler les chromes des voitures, souffle entre les branches des arbres nus ; le fleuve étincelle ; des enfants dans un square, caché par des immeubles en brique, jouent au ballon. En remontant la 42e Rue, je me rappelle les remarques du Brésil, de l'Argentine, de la Chine, leurs réserves, et je mesure le chemin à parcourir pour parvenir à un résultat concret sur le G20 agricole.

Vendredi 18 février – Paris

La démarche de Jacques Chirac est hésitante, ses mocassins glissent sur le parquet de ses bureaux de la rue de Lille, les traits de

son visage se sont creusés, mais les expressions restent les mêmes :
le sourire figé, les yeux en meurtrière, rieurs, quoique perdus par
moments, et vides, les doigts des mains qui s'ouvrent en éventail
quand il entame une phrase. Il me fait signe de m'asseoir dans un
canapé, à côté de ma conseillère parlementaire Camille Tubiana ; lui
prend place dans un petit fauteuil tapissé. Il se penche en avant, me
regarde, écarte les deux bras, et les deux lèvres étirées comme un
élastique : « Alors ? Qu'est-ce que vous prenez ? — Un café, monsieur le Président. — Un café ? Fichtre ! Un café ! » Il fait une moue
dubitative : « Pour moi, ce sera la même chose que d'habitude. » Un
silence. Il regarde Camille : « Et elle ? C'est qui ? — Ma conseillère
parlementaire, monsieur le Président. — Ta conseillère parlementaire ? Eh bien, on peut dire que tu ne te mouches pas du coude ! »
Bertrand Landrieu entre ; Jacques Chirac lui jette un regard distrait :
« Bon, je m'arrête là, sinon on va encore dire que je raconte des
bêtises. » Il ajoute, employant cet adjectif que je lui ai entendu prononcer des dizaines de fois, quand il voulait marquer, mais sans
blesser, un désaccord définitif avec la proposition d'un conseiller,
d'un ministre, ou de Dominique de Villepin : « Ce ne serait pas
convenable. » On apporte les cafés et son verre, où tintent des gla-
çons ; il boit à petites gorgées, repose le verre ; il entame une phrase,
mais il trébuche sur un mot, ses yeux se perdent dans le vague ; il se
penche vers la table basse, prend une chemise en plastique transparent et en sort une fiche surlignée au Stabilo jaune. Ses mains
tremblent un peu. Il lit la fiche ; la repose : « Donc je vais mardi au
Salon de l'agriculture. Mardi, c'est ça, mardi. Et comment ça va,
l'agriculture ? » Je lui fais un point détaillé filière par filière. Il
écoute attentivement, tout en jetant régulièrement des regards sur
Camille. Il me coupe : « Le lait. Ce qui est important, c'est le lait.
Quand le lait va, tout va. » Je continue mon exposé ; il continue de
regarder Camille : « Et donc vous êtes la conseillère parlementaire ?
— C'est une fille formidable. Elle est très compétente, monsieur le

Président. — Oui, oui, elle n'est pas que très compétente, hein ? » Il me lance un sourire entendu, se tait. Après un long silence, il reprend : « Donc je vais au Salon de l'agriculture. » Il se tourne vers Bertrand Landrieu : « Quand est-ce que j'y vais, au Salon de l'agriculture ? — Mardi, monsieur le Président. — Ah oui, mardi, c'est ça, mardi. » Il ajoute : « Je viendrai avec Christian Jacob. Et François Pinault. Tu connais François Pinault ? — Oui, monsieur le Président. — Et un professeur de médecine aussi. Il faut l'appeler docteur. Ou monsieur le professeur si tu veux. Il préfère. » Nous parlons un peu de politique. De François Baroin, qui est comme son fils. De Dominique de Villepin, qui ne se présentera pas selon lui. Pendant quelques minutes, il a retrouvé un débit de parole plus rapide et ses phrases, au lieu de revenir sans cesse sur leurs pas, comme un promeneur égaré dans la forêt, tracent tout droit. À la fin il pousse un soupir : « Donc je vais mardi au Salon de l'agriculture, c'est ça ? Avec Pinault. Tu connais Pinault ? — Oui, monsieur le Président. — Il y aura aussi un professeur de médecine. J'ai oublié son nom. » Bertrand Landrieu détourne la conversation, vante mon action comme ministre de l'Agriculture. Jacques Chirac hoche la tête : « Alors ça, c'est vrai ! Tu es un excellent ministre de l'Agriculture ! Tout le monde le dit ! » Il ajoute : « Et je m'y connais. » Il hoche à nouveau la tête, comme un peu désemparé : « C'est mardi que je vais au Salon de l'agriculture ? Avec Jacob ? Avec Pinault ? » Après une trentaine de minutes, je fais mine de me lever : « Je vais vous laisser, monsieur le Président, je ne voudrais pas vous déranger. — Mais tu ne me déranges pas du tout ! Pas du tout ! » En même temps il se lève, légèrement voûté, et me montre le chemin de sa main grande ouverte. Il marche avec précaution, pose sa main sur mon épaule : « Eh bien, il est grand, lui ! Je ne me souvenais pas que tu étais aussi grand ! » Il insiste pour ouvrir lui-même la porte d'entrée, farfouille derrière le rideau pour trouver la clenche : « Voilà ! ça m'a fait très plaisir de te voir ! Très plaisir ! » Il embrasse Camille sur le palier, fait un dernier petit salut de la main ; la porte se referme ; se rouvre sur un Jacques Chirac tonnant, qui brandit mon manteau comme une dépouille : « Eh ministre ! ministre ! Tu as oublié ton manteau ! »

Samedi 19 février – Paris

Le Président prend son temps dans les allées du Salon de l'agriculture. Entouré par une forêt de caméras, de perches, de micros, de photographes qui le mitraillent au moindre de ses gestes, guettent le faux pas, le mot malheureux, il serre les mains, arbore un sourire fatigué, lance des « Merci ! merci ! » aux visiteurs qui se pressent sur son passage ; il avale un morceau de munster, en prend un deuxième : « Il a du goût votre fromage, hein ? » ; un éleveur au physique de bûcheron le prend à partie : « On s'en sort pas, Président ! On s'en sort pas ! Croyez pas que ça aille bien, ça va pas bien ! ça va pas bien ! » Nicolas Sarkozy le regarde sans ciller, lève la main et la pose sur son épaule, comme pour le calmer, ou trouver une prise pour escalader son torse rebondi, qui craque sous une chemise à carreaux : « Est-ce que je le sais pas que c'est difficile, hein ? Est-ce que je le sais pas ? Que ça aille pas, bon ; mais ça va mieux quand même dans l'agriculture française, non ? Après, l'élevage, bon ; l'élevage, ça va pas, je le dis, ça va pas ; mais qui a redistribué les aides ? Qui ? 2 milliards quand même pour les éleveurs, hein ? » Un petit grognement de désapprobation sort de la bouche de l'éleveur, rien de plus, sinon il reste silencieux, les deux bras croisés, le menton enfoncé dans son cou, et le Président poursuit : « Alors ? 2 milliards ? Si on les avait pas redistribués, vous seriez même pas là pour vous plaindre. » Il pivote, repart dans une cohue indescriptible, lance encore des « Merci ! merci ! », pose avec des visiteurs, effleure une corne, avale un verre de lait, interrompt un moment sa marche ; soupir, exaspération feinte ou colère rentrée, il demande aux photographes, qui mitraillent la scène, de s'écarter pour ne pas bousculer une jeune femme avec sa poussette : « Excusez-les, madame ! Vraiment, excusez-les, ce sont des mal élevés ! » ; le long des stabulations provisoires, il se retourne sur une vache qui pousse un meuglement, observe la meute de journalistes qui piétine les plates-bandes, interrompt une deuxième fois sa marche, et sur le même ton : « Dites ! Vous pourriez pas faire attention, non ? Vous saccagez le travail de ces messieurs ! Franchement ! Vous saccagez leur beau travail ! » En haut de l'escalator qui conduit au hall 2, il se retourne : ovation de la foule massée en bas. Le malentendu du Salon de 2010 est dissipé, mais il reste encore du travail pour réconcilier définitivement le monde agricole avec la majorité. Le Président a la force de ne rien lâcher dans ses échanges avec les éleveurs ou les producteurs de lait, assumant ses choix, défendant sa politique, mais il prend le risque de se montrer sourd à leurs inquiétudes, qui tiennent à leur place dans la société, au respect qui leur manque, et seulement après au niveau très bas de leurs revenus. De manière plus générale, je me demande si sa position, qui lui donne toutes les informations mais le coupe des contacts directs avec la population, lui permet de mesurer encore ce désarroi national, ce sentiment que rien ne va plus, que le futur est sombre, que la France coule et notre histoire si singulière avec. Le soir, un bref appel de remerciement : « Merci, franchement, merci. » Un vrai professionnel de la politique, qui ne laisse rien au hasard et soigne le plus modeste de ses lieutenants.

Dimanche 20 février – Paris

Dominique Strauss-Kahn sur France 2 : il montre une habileté certaine dans la présentation de son rôle à la tête du FMI, un art consommé de l'esquive politique, mais je doute que sa manière de considérer la situation de la France, avec condescendance, en passant, parmi les mille autres préoccupations de la planète, plaise longtemps. Il y a dans toute son attitude une nonchalance de félin fatigué, qui le dessert.

Mardi 22 février – Paris

Jacques Chirac progresse coincé entre Christian Jacob et moi ; il prend appui sur mon épaule ; son regard un peu vide, un peu inquiet, part à gauche, à droite, mécaniquement, puis se fixe sur le mur de photographes devant lui ; il se pince les lèvres, fait une moue sceptique, glisse un pied en avant, un autre, mais cette fois il ne peut vraiment plus avancer, la foule se resserre autour de nous. Un agent de sécurité crie : « On desserre ! On desserre ! » Une femme hurle ; une perche tombe sur le nez de Jacques Chirac ; un cameraman bascule en arrière dans la paille. « Allez on desserre, là ! On desserre ! » Tous les agents de sécurité font cercle autour de nous, croisent les bras, se plient en deux, et repoussent pas à pas les curieux, les photographes, les journalistes radio, les élus parisiens, les responsables professionnels, les femmes, les vieux, les enfants, tassés en un groupe compact qui lentement reflue. « On avance maintenant ! On avance ! » Jacques Chirac se pince encore les lèvres, avance la jambe droite, la jambe gauche, lève le bras, ses maxillaires dessinent un sourire crispé. Un journaliste de France Info parvient à franchir le cordon de sécurité et brandit son micro : « Monsieur le Président, c'est quoi pour vous, cette visite ? » Jacques Chirac le regarde, ne répond rien, fait deux ou trois pas supplémentaires, mais le journaliste lui tend encore le micro comme un cornet de glace : « Monsieur le Président ! Cette visite, c'est quoi pour vous ? » Jacques Chirac s'arrête, il penche la tête, et de sa voix grave et éraillée, en détachant chaque syllabe : « Cette visite, c'est la vie ; l'agriculture, c'est la vie. » Un mouvement de foule nous pousse en avant. « Et les vaches ? Elles sont où les vaches ? » Christian Jacob lui explique que les vaches, ce sera compliqué, il y a trop de monde, les stands sont inaccessibles. Mine courroucée de Jacques Chirac : « Mais je veux voir les vaches, moi ! » Christian Jacob repère les deux cornes de je ne sais quelle vache à quelques mètres de nous, fait signe aux agents de sécurité, qui une nouvelle fois croisent les bras, se plient en deux et nous fraient un passage ; deux éleveurs tiennent sagement une salers par le licol ; un essaim de flashes fond sur eux ; ils restent imperturbables, échangent quelques mots avec leur illustre visiteur, tout en grattant le pelage de la salers avec une brosse à pointes de fer. « Et elle pèse combien votre vache ? — Oh, pas plus de 400 kilos, monsieur le Président ! Elle est petite encore ! — Petite ? Elle est grande pour une petite ! » Il avance une main un peu tremblante, couverte de taches de vieillesse, vers le mufle baveux, qui souffle. « Elle vous aime bien, monsieur le Président ! » Il regarde les deux éleveurs, interloqué : « Vous croyez ? — Ah oui ! Elle vous aime bien. — Alors, si vous le dites… » Pas un sifflet tout au long de sa visite. Et une reconnaissance qui se lit dans les regards de tous les agriculteurs, qui tient de la nostalgie, du respect, de la plus sincère affection, de la tradition.

Vendredi 25 février – Paris – Ankara

Après une heure de vol, le Président me fait venir dans son bureau à l'avant de l'appareil. Il est assis derrière une table en bois clair ; sur la poitrine de sa chemise blanche on peut lire, brodées en bleu, les lettres NS ; il a retiré son pantalon de costume et porte un bas de jogging bleu marine. « Installe-toi, Bruno, installe-toi ! Tu veux quelque chose à boire ? » Il parle posément, avec un timbre de voix un peu plus haut placé, comme souvent quand il cherche à séduire son interlocuteur, ou à le mettre en confiance. « C'est bien, ce bureau, hein ? C'est un vrai outil de travail ; c'est sobre. » Il se penche en avant. « Voilà, je voulais discuter avec toi. » Il croise les

mains. « Je vais te dire, tout va pas si mal. Tout va pas si mal. »
Depuis deux jours il a décidé de se séparer de Michèle Alliot-Marie.
Deux noms circulent pour la remplacer : Alain Juppé, le plus souvent, et moi ; plus la cohorte de prétendants qui toquent à la porte à
chaque remaniement, en se disant, non sans raison, que le poste
pourrait leur échoir, si d'aventure les prétendants se déchiraient
entre eux. Mais le Président ne va pas droit au but. Il parle emploi ;
situation politique ; fiscalité. « Il faut faire une vraie réforme de la
fiscalité, sinon on prend des deux côtés : ceux qui sont pas contents
parce qu'on réforme ; et ceux qui sont pas contents parce qu'on
réforme pas assez. Je l'ai dit à François, qui fait un travail remarquable. » Il prend une feuille de papier vierge sur la table, note des
chiffres, tire une ligne : « Voilà, avec cette réforme, je gagne près de
3 milliards ; il me reste encore quelques centaines de millions à
trouver. » Il se tait, dans le bureau calfeutré on entend à peine le
bourdonnement des réacteurs. Puis se calant en arrière dans son fauteuil : « Pour le Quai, je vais changer ; je peux pas faire autrement.
Je sais que c'est dur, mais je peux pas faire autrement. » Il me fixe
de ses yeux bleu liquide, qui virent parfois au gris, ou au vert, suivant ses humeurs, et qui ont quelque chose, dans leurs changements
permanents, de la surface brillante d'un lac que le passage des
nuages fait tourner au noir. « Tu ferais très bien le job, je le sais. »
Un silence, il cherche les arguments les plus habiles, les trouve facilement dans la besace de la flatterie, qui est sans fond : « Mais tu
réussis très bien à l'Agriculture. Et je peux pas me permettre de
perdre des points sur l'agriculture ; pour l'élection, c'est impossible.
Donc je vais mettre Alain. Il fera ça parfaitement. Et toi, je te ferai
monter politiquement. On va travailler ensemble. » Il me fixe
encore, attend mon acquiescement, qui est immédiat ; ses arguments
sont imparables, et personne ne peut contester le choix d'Alain
Juppé. Il soupire : « Il faudra que je fasse d'autres changements,
mais plus tard. Je vais pas tout changer maintenant ; j'aurai une

autre fenêtre dans quelques semaines. » Il se tourne sur sa droite, relève le volet en plastique du hublot, qui donne sur un ciel chargé, le referme : « DSK. DSK est le meilleur candidat pour moi. Prétentieux, lointain. Tu as vu les photos de *Match*? Tu as vu? » Il hoche la tête en signe de consternation, fait glisser la feuille couverte de chiffres devant lui et inscrit au crayon des noms en les énumérant l'un après l'autre : « Borloo, Villepin, Morin, Boutin, Dupont-Aignan, Bayrou : voilà, ils s'agitent. Très bien. Ils disent tous qu'ils vont y aller. On peut pas vivre sans espoir, hein? Mais pourquoi j'interviendrais, moi? Hein? Pourquoi? Je les laisse faire. Ils vont se bouffer entre eux. Et plus on approchera de l'élection, moins les électeurs apprécieront les divisions. Le Président sortant, qui va contester sa légitimité à se présenter? Qui? Excuse-moi, mais qui? » Il repose son crayon. « Je laisse faire le bal des nains. Pardonne-moi l'expression. » Il dresse ses deux mains paumes ouvertes devant moi, pour que je comprenne bien, il ne parle pas pour blesser, non, ce sont juste des évidences politiques, des faits : « Pardonne-moi, hein? Quand même, un bal de nains! » Et je me dis que même au plus haut du pouvoir, on vit encore dans une incertitude, qui oblige à combattre, à convaincre, à courber l'échine pour durer. On entend sous la carlingue un bruit sec, un officier de sécurité passe la tête par la porte coulissante : « Monsieur le Président, nous allons bientôt atterrir. »

Déjeuner avec le président Gül dans le palais qui surplombe Ankara. La délégation entre dans un hall de marbre glacial, monte un escalier à double révolution éclairé par des lustres en cristal, puis patiente dans salle à manger dont le parquet ciré brille comme une piste de bowling. Aux quatre coins, des officiers de sécurité en costume noir susurrent des messages en approchant la manche de leur bouche, tandis que des serveurs glissent, un plateau en argent à la main, une serviette amidonnée pliée sur leur avant-bras. Le déjeuner démarre avec trente minutes de retard, et il suffit de voir la mine crispée de Nicolas Sarkozy pour comprendre que son entretien avec son homologue turc a été difficile, ou franc, comme disent les diplomates. On déplie les serviettes, on lève un verre, on avale une bouchée de pain, et Abdullah Gül attaque bille en tête : « Vous bloquez les négociations avec nous. Vous nous laissez de côté. Chez nous, la population ne comprend pas. Et chez vous, cela fait monter le racisme. Tout cela est une mauvaise solution pour nous tous. » Nicolas Sarkozy écoute, les doigts croisés sous son menton, le regard impassible, tout son corps tendu et immobile, quoique incapable de réprimer par moments un mouvement de rotation de son épaule, ou une crispation de sa mâchoire ; il note des mots sur le dos de son menu ; il observe Abdullah Gül, qui poursuit dans la même veine et enfin se tait. Nicolas Sarkozy se penche en avant, et sur un ton métallique, avec des mots choisis pour frapper : « Monsieur le Président, vous m'avez parlé avec franchise, je vous parlerai avec la même franchise. » Silence. « Il n'y a pas de racisme en France ; il n'y en a pas et il n'y en aura jamais. Il y a deux mille quatre cents lieux de culte musulmans en France. Deux mille quatre cents. Je serais heureux que les pays musulmans construisent de leur côté autant d'églises ou de synagogues que nous construisons de mosquées. » Silence. Abdullah Gül encaisse en gardant un sourire énigmatique sur son visage. « Vous avez une population ; j'en ai une aussi. Vous devez en tenir compte ; je dois en tenir compte aussi. » Une armée de serveurs dépose sur chacune de nos assiettes une cloche surmontée d'un croissant en argent ; en un seul geste, ils soulèvent les cloches et les font disparaître dans leur dos. « Vous êtes près de quatre-vingts millions, monsieur le Président. Si vous entrez dans l'Union européenne, vous serez le pays le plus peuplé. On ne peut pas comparer votre entrée à celle de la Slovénie ou de la Croatie. Cela n'a rien à voir. » Abdullah Gül pique une boulette de viande dans son assiette, la mâche lentement en lançant des regards de droite à gauche à ses conseillers et à ses ministres. « Autre point de désaccord : la France ne bloque pas les chapitres de négociation. Pendant la présidence française, nous avons ouvert deux chapitres. Deux. Et je vais même vous dire : nous sommes prêts à ouvrir un autre chapitre. Vous voulez ouvrir le dossier énergie ? Nous sommes prêts. On l'ouvre quand vous voulez. » À son tour, il pique une boulette de viande dans son assiette. On entend résonner contre les murs de marbre le cliquètement des couverts contre les assiettes en porcelaine. Une fourchette tombe en bout de table ; un serveur se précipite pour la ramasser. Nicolas Sarkozy se penche sur son papier : « Chypre. » Silence. « Chypre : on ne peut pas dire que la France vous dérange sur Chypre. Moi, je regarde : mon amie Angela Merkel a fait des déclarations sur Chypre, non ? Je n'ai fait aucune déclaration. Et je n'y suis jamais allé. » Abdullah Gül reprend la parole, se défend mollement, sans rien lâcher sur le fond, avec une obstination un peu amoindrie. Nicolas Sarkozy repousse son fauteuil en arrière, se détend, passe à la deuxième phase de son offensive, la séduction. « Monsieur le Président, je vais vous dire le fond de ma pensée : nous serons obligés de faire un compromis. Tous les deux. Nous ne pourrons pas dire non sèchement à la Turquie. La Turquie est un grand pays ; un pays que j'aime. Dans le fond, je suis un peu turc. Mon grand-père est né dans la même ville qu'Atatürk : Salonique. Mais vous ne pouvez pas non plus considérer que l'adhésion de la Turquie, c'est une évidence. Non, ce n'est pas possible. Il faudra trouver une autre voie. Il faudra trouver un compromis. Alors vous n'irez pas plus loin aujourd'hui, je le sais bien. Et je n'irai pas plus loin non plus. Mais réfléchissez : un compromis. C'est la seule solution à la hauteur des deux hommes d'État que nous sommes, vous et moi. » Abdullah Gül sourit franchement.

Une heure avant notre départ, entretien avec Recep Tayyip Erdoğan, dans un petit bureau étroit et confiné. Tout à la fin, je glisse un mot au Président sur la question des exportations de viande bovine à destination de la Turquie. Il me donne la parole, et insiste ensuite : « Faites un geste : vous levez cet embargo qui ne rime à rien, vous aidez nos producteurs, la France vous en sera reconnaissante. » Erdoğan prend note.

II

Remaniement ministériel — Poursuite des négociations G20 —
Fukushima — Déplacements agricoles avec le président de la
République — Crise libyenne —
Élections cantonales

Dimanche 27 février – Paris

Le grand manège du remaniement se remet en branle. Chacun
suppute, téléphone, échange des informations périmées, croit savoir
ce que les hommes en place ne savent pas, tranche, quand le Président hésite encore. Le souffle des révolutions arabes aura donc
emporté Michèle Alliot-Marie. Elle est remplacée par Alain Juppé.
Son retour au premier plan tient du triomphe et de la revanche.
Tous ses défauts, dénoncés pendant des années, sont devenus des
qualités : il était raide, il devient sérieux ; il était cassant, il a une
autorité rassurante ; il était trop vieux, il est sage. Le voici chargé
de redorer le blason de notre diplomatie, qui a vu tomber un à un
les leaders arabes sur lesquels elle avait tout misé. Dans la cour
de Beauvau, Claude Guéant avance engoncé dans un loden bleu
foncé, une écharpe grise autour du cou, des cernes marqués sous
ses lunettes ; Brice Hortefeux lui serre la main sur le perron avec
un sourire triste ; dans son blazer bleu à boutons dorés il fait
presque jeune homme. Xavier Musca remplace Claude Guéant au
poste stratégique de secrétaire général : il a la rigueur des inspec-
teurs des Finances, le caractère volcanique des insulaires, et un
humour noir qui lui fait voir la situation comme désespérée, mais
gérable ; au total, un homme avec lequel il est facile de tra-

vailler, généreux de son temps, disponible, éloigné des intérêts obliques.

Mercredi 2 mars – Paris

Le jeune ministre de la Défense allemand, Karl-Theodor von und zu Guttenberg, a démissionné de ses fonctions, après avoir été accusé de plagiat pour sa thèse. Il était un des espoirs de la droite allemande, il chute : trop haut, trop vite, trop en lumière. Sympathique pourtant, bourreau de travail, aidé par une femme qui ajoutait à sa beauté le nom de Bismarck, il représentait une Allemagne de la tradition et du monde moderne : peu encline à transiger avec ses valeurs, respectueuse de la fortune et du nom, fascinée par les États-Unis et indifférente à la France, ou presque. Il donne une explication à son départ : « *Ich war immer bereit zu kämpfen, aber ich habe die Grenzen meiner Kräfte erreicht* [1]. » La presse et la transparence usent les héros de notre temps et les épuisent. Le *Frankfurter Allgemeine Zeitung*, qui n'a pas été le dernier à vanter les mérites de Guttenberg, et à lui prédire un destin de chancelier, est le plus sévère : « *Auch in der Stratosphäre gelten noch die Gesetze der Schwerkraft* [2]. »

Après le dîner d'État avec le président d'Afrique du Sud, Nicolas Sarkozy prolonge la soirée avec quelques-uns de ses ministres, Luc Chatel, Valérie Pécresse, Nathalie Kosciusko-Morizet et moi. Il est à peine 22 heures, le dîner a été servi en quarante-cinq minutes. Il est assis dans un canapé recouvert de soie bleu et or ; Carla fume une cigarette fine à côté de lui ; il retire sa veste pendant que des serveurs passent avec les infusions et les cafés. « C'est bien, non, ces dîners ? Court, rapide. Angela, elle, elle aime pas ça. Elle aime

---

1. « J'étais prêt à poursuivre le combat, mais j'ai atteint les limites de mes forces. »
2. « Même dans la stratosphère les lois de l'apesanteur s'appliquent encore. »

bien manger, Angela. Si ça va trop vite, elle dit : "Ah, non ! Attendez !
J'ai pas fini, moi ! Et elle mange son fromage." »

Jeudi 3 mars – Paris

Malgré les pressions des tribus et des puissances occidentales,
Kadhafi reste en place. La semaine dernière, une caméra a saisi une
de ses sorties : assis à l'avant d'un pick-up, enroulé dans une tunique
blanc cassé, il tenait à la main un parapluie blanc, et ânonnait des
menaces contre son peuple. Spectacle absurde. Et pourtant cet
homme prisonnier de la drogue et de ses pulsions, dévoré par le
pouvoir, qui maltraite son peuple et soumet les opposants, qui tor-
ture et qui tue, le regard vitreux, égaré derrière les verres fumés de
ses lunettes, la communauté internationale aura accepté de jouer
avec lui le jeu de la respectabilité. Il avait porte ouverte partout ; on
cédait à ses caprices ; certains trouvaient amusantes ses frasques,
exotiques sa tente, ses braseros en pleine capitale, ses amazones
capturées à seize ans et violées ; il se promenait dans la galerie des
Glaces de Versailles avec une chapska et des Moonboots, on sou-
riait ; il roulait dans une limousine blanche de 12 mètres de long,
bloquait la circulation, modifiait les programmes, insultait les policiers chargés de sa sécurité, on fermait les yeux en enrageant contre
lui. Kadhafi aura été à la mode dans le monde occidental, qui aime
plus que tout le spectacle et donne parfois le sentiment de regretter
les tyrans, quand ils sévissent ailleurs. La communauté internationale avait fait un pari sur Kadhafi et il était trop tard pour retirer sa
mise ; elle a perdu.

Vendredi 4 mars – Paris

Au moment où le gouvernement multiplie les mesures pour
réduire les pesticides dans l'agriculture, des études avertissent sur

les conséquences de leur utilisation : maladies professionnelles, affections pulmonaires, produits alimentaires à risque. En politique les temps se télescopent. Les décisions viennent trop tard, les événements surgissent au mauvais moment, on croit avoir une éternité devant soi et il faut agir immédiatement, sous la pression médiatique. Certaines décisions permettent un recalage de ces temps. Un jour, une majorité nouvelle supprimera le cumul des mandats. Chacun verra que cette pratique avait trop duré et que sa suppression était une mesure de salut public. Pour beaucoup ce sera une délivrance.

Dimanche 6 mars – Paris

La Côte d'Ivoire est au bord de la guerre civile, mais personne ne dit rien ; tous les regards sont désormais tournés vers les révolutions arabes. Gbagbo veut profiter de cette éclipse pour décourager son adversaire, retranché dans un hôtel d'Abidjan. Pourtant le feuilleton de la démocratie malmenée risque de lasser ; et les soulèvements populaires quelques centaines de kilomètres plus au nord devraient rappeler à Gbagbo que les dictatures sont passées de mode.

Céline dans une interview télévisée. Il dit en substance, mais ce ne sont pas ses termes exacts : le style, il n'y a que le style qui compte ; les histoires, on se moque des histoires, les histoires, il y en a dans le journal, partout ; tout est une histoire.

Lundi 7 mars – Paris

Marine Le Pen en tête dans les intentions de vote à la présidentielle, devant Nicolas Sarkozy et Martine Aubry. Elle sort à 23 %, les deux autres dans un mouchoir à 21 %. Sur le terrain, la radicalisation des électeurs de droite est une évidence. Les immigrés sont tenus pour responsables de nos difficultés ; les bénéficiaires des prestations sociales, pointés du doigt : la construction européenne et la monnaie commune, rejetées comme une invention de technocrates. Une majorité de la population souffre et cherche des mobiles à sa souffrance. Elle se replie. Elle se rétracte. Si la droite républicaine ne prend pas des mesures plus fortes pour maîtriser réellement les flux migratoires, inverser le cours de la construction européenne dans un sens favorable à nos intérêts économiques, redresser la compétitivité en berne de nos entreprises et créer des emplois, elle sera battue. Mais peut-elle le faire en quelques mois ? Ce redressement nécessaire et radical, Marine Le Pen veut le porter. Et faire de son parti, qui a toujours été du côté du renoncement et de la capitulation, le parti de la résistance. À droite, nous devrions nous méfier de ce tour de passe-passe, auquel les circonstances peuvent donner du crédit.

Mardi 8 mars – Josselin

Philippe Richert est assis à la gauche du Président dans le Falcon 7X qui nous emmène dans le Morbihan. André Rossinot lui fait face. Le Président déplie la table du carré, pose ses dossiers dessus, ajuste son écharpe bleu nuit autour du cou, dit quelques mots d'une voix enrouée. Philippe Richert prend un air inquiet : « Tu as attrapé froid, Président ? — Non, rien. Rien. C'est le matin. » Une hôtesse nous apporte des cafés, une assiette de chouquettes, des viennoiseries et un bol de fromage blanc. « Tu as vu les sondages, Président ? Marine Le Pen ? » Le Président cale sa tête sur l'accoudoir en cuir beige. « Les sondages. » Il soupire, lève les yeux : « Les sondages, je les trouve formidables. Il y a deux mois, ils mettaient DSK à 64 % au second tour. 64 %, hein ? Maintenant, il fait 21 au premier. Il les prend comment, ses 43 points en deux tours ? Comment ? Vous pouvez me dire comment il les prend ? Ce sont les mêmes, exactement les mêmes, qui avaient mis Bayrou à 26 % à trois semaines du premier tour en 2007. Les mêmes ! Et on les écoute encore ! » Il s'éclaircit la voix et fait glisser l'assiette de chouquettes vers André Rossinot : « Allez, André, une chouquette ! » Il sourit. L'avion bascule légèrement sur son aile droite, une lumière vive emplit l'habitacle. « Moi je préfère ça. Giscard, à trois mois de la présidentielle, c'était gagné. On a vu comment ça a fini, hein ? On a vu. Moi je me tiens ; modeste ; petit ; je laboure. » Il lisse le plat de son écharpe. « C'est une longue route, la présidentielle. Une longue route. Qu'ils s'agitent tous ! Qu'ils s'agitent ! Moi je sais que c'est une longue route. On verra à la fin. » Il se retourne, demande une pastille pour la gorge ; le médecin qui voyage avec nous, assis dans le compartiment arrière de l'appareil, fouille dans sa sacoche et lui apporte une dosette rempli d'un liquide brun. « Vous avalez la dosette, monsieur le Président, une seule, normalement votre voix devrait aller mieux. » Le Président prend la dosette, grimace : « Je connais votre truc de militaire qui marche pas. » Il avale néanmoins la dosette et se penche pour prendre les journaux, soigneusement triés et rangés dans un compartiment. Il parcourt *L'Équipe*, jette un œil sur *Le Figaro* et tombe sur une photo du Pape en déplacement. Il replie le journal. « Le Pape, je dois dire, je l'aime bien, c'est un homme que j'aime bien. La dernière fois, on a discuté dans son bureau tous les deux une heure, une heure avec le Pape. » Il insiste, comme un gamin qui a croisé son idole : « Une heure avec le Pape. On a parlé de la foi. Je lui ai demandé pourquoi il croyait. Vous savez ce qu'il m'a répondu, hein ? Il m'a répondu : "Parce que c'est raisonnable." Il m'a répondu ça : "Parce que c'est raisonnable." » Il poursuit : « Donc on peut mettre de la raison dans la foi. Moi, je dois dire, c'est un sujet qui me passionne, la raison dans la foi. — Le pari pascalien en somme ? » Il me regarde, fait une moue dubitative : « Oui, le pari de Pascal, enfin, le pari de Pascal, si tu veux ; Pascal, c'est surtout le divertissement : l'homme est malheureux parce qu'il ne pense pas à l'essentiel. La vie. La mort. » Il jette un regard amusé sur André Rossinot, qui caresse sa barbe blanche taillée ras : « C'est l'essentiel, non, André, la vie, la mort ? — Oui. » Un petit temps. André Rossinot continue : « Tu sais qu'à Paimpol il y a un très bon maire radical ? — Alors là, André, je sens qu'on atterrit. On atterrit vite, même. »

Mercredi 9 mars – Paris

Au Conseil des ministres, le Président demande à Alain Juppé de prendre une initiative européenne sur la Libye. « L'Union européenne doit faire des propositions. Vendredi, c'est bien ça, Alain ? » Il tourne la tête sur sa droite : « Vendredi ? — Oui, vendredi, Nicolas. » Il regarde à nouveau droit devant lui. « Donc vendredi, nous allons mettre des choses sur la table. Et puis les Européens suivront, ou ils ne suivront pas. S'ils suivent, nous aurons pris le leadership. La France aura pris le leadership sur le sujet. S'ils suivent pas, nous aurons pris date. Voilà, on prend le leadership, sinon on prend date. » Il se tait, croise les mains sous son menton et, esquissant un sourire : « J'ai vu BHL ; on peut en penser ce qu'on veut, moi je l'apprécie. » Voix blanche de son voisin de droite : « Moi pas. » Le Président, innocemment : « Ah ? Tu l'aimes pas, Alain ? — Disons que j'ai la rancune tenace. — Bon, ça, c'est un point de différence entre nous. Enfin, donc, BHL, que j'ai reçu hier, me disait... » Il lève les yeux, se tourne encore vers Alain Juppé : « Tu sais, Alain, j'ai fait pire. » Il hoche la tête. « Bien pire. » S'il le pouvait, il raconterait une ou deux anecdotes, mais nous sommes en Conseil des ministres, tout sera répété à la sortie aux journalistes, donc il se pince les lèvres et se tait, assez satisfait de son petit échange avec Alain Juppé, où chacun a joué son rôle : Alain Juppé qui veille au strict respect des règles de gouvernement, lui qui les transgresse, l'un ministre, l'autre président.

Jeudi 10 mars – Paris

Déjeuner avec le Président et l'équipe dirigeante de l'UMP à l'Élysée, dans un salon du rez-de-chaussée. La discussion s'engage sur la stratégie à adopter face au FN. Jean-François Copé parle en premier et défend une ligne sans aucun compromis avec le FN : « Sinon je vous le dis, ce sera ingérable dans quelques mois. Il faut un cordon sanitaire. » Tous les participants s'expriment dans le même sens. Aucun ne suggère des négociations, encore moins un accord. En revanche, une large majorité refuse le principe du front républicain. Le Président écoute les uns et les autres, sans rien dire. Il a pris sa fourchette en vermeil, il joue avec les pointes, la fait pivoter dans sa main, la regarde. Il ne mange rien. « Évidemment, c'est facile de donner des leçons de vertu. Vous connaissez Saint-Just : "Prouvez-moi votre vertu, ou bien…" C'est formidable, les leçons de vertu. Mais sur le FN, personne ne peut nous reprocher quoi que ce soit : personne. Donc aucune compromission. Aucun accord. S'il y a un accord, on exclut. Et on exclut immédiatement. » Il repose sa fourchette : « Mais c'est peut-être pas la peine de se précipiter pour dire qu'on votera socialiste, hein ? » Comme son prédécesseur, le Président doit faire face à la montée du FN, comme lui, il refuse tout accord. Le reste est question de stratégie : quand Jacques Chirac avait renoncé à séduire cet électorat, au moins dans les dernières années de son mandat, Nicolas Sarkozy pense encore pouvoir en ramener une partie à lui, condition de son élection en 2007, condition de sa réélection en 2012. Mais, en 2012, il devra fournir des résultats, la magie du verbe de 2007 ne suffira plus. Elle pourrait même se retourner contre lui en faisant apparaître ses défaillances et ses échecs. Les électeurs, qui sont seuls juges, ne se contenteront pas de mots, ils voudront des faits, et rendront en 2012 le verdict de la plaidoirie de 2007. Vient la question désormais rituelle sur son entrée en campagne. Il fait une mine étonnée : « Je sais pas. » Il reprend sa fourchette en vermeil, pique les pointes contre son pouce : « Enfin, si, je sais. Ce sera tard. On verra quand exactement. L'exemple le plus intéressant, c'est Mitterrand. Mitterrand, le père de la Nation, conciliateur, matois — gentil, quoi. » Il sourit, et son sourire dégage la rangée de ses dents du bas, impeccablement alignées, féroces : « Et puis deux ou trois mois avant l'élection de 1988, il va à une émission de télévision, chez Paul Amar je crois, c'est ça ? Paul Amar ; et là, il change, méchant, il cogne, il mord : les bandes, les classes, vous connaissez. » Il se tait, élabore un argument qui pourrait lui être opposé. « Alors vous me direz : il était en cohabitation. » Son regard glisse sur les convives. « Mais moi aussi je suis en cohabitation. Pas avec ma famille politique, bien sûr : avec la presse. Je suis en cohabitation avec la presse. C'est pour ça que le seul exemple pertinent, c'est Mitterrand. Et puis il faut bien voir, on a tout essayé dans les stratégies, hein ? Chirac, il s'y est pris à trois fois quand même. Parce que Chirac, ce qu'il aime, c'est pas exercer le pouvoir. Il a été traumatisé par sa première expérience comme Premier ministre. Il aime… Il aime, je sais pas, enfin, je me tais. » Sourires entendus sur tous les visages autour de la table, que le Président fait disparaître en un tournemain, comme un magicien un œuf dans sa manche. « Chirac, il a une empathie formidable, que moi j'ai pas. Et puis c'est un physique, un physique hors norme. » Murmure d'approbation générale. « Voilà. On n'est pas pareils. Nous, il faut qu'on se concentre sur le travail. Pas rester immobiles. Immobile, c'est pas moi. C'est pas ce que j'aime faire. Moi, ce que j'aime faire, c'est réformer, changer la France, la faire évoluer, ça, j'aime. » On sert le plat principal. On passe au débat sur la laïcité et à la question de l'islam. « Moi, j'approuve tous les débats à l'UMP. Je soutiens à fond Jean-François. Quand même, il faudrait pas se faire enfoncer sur l'islam. Qui a fait le CFCM, hein ? Qui ? Je les ai enfermés à Rambouillet, je leur ai dit : "Il fait froid, la bouffe est pas bonne, eh bien vous restez là, et vous sortirez quand vous aurez fait le CFCM." Voilà! Voilà comment on y est arrivé! Je les connais, les musulmans. Et je vais vous dire : je les apprécie. Moi je suis allé au congrès de l'UOIF. Je suis intervenu devant l'UOIF. Parce que les musulmans, c'est pas que Dalil Boubakeur. » Échange de mines surprises. « Attendez! Je l'adore, Dalil. Il est formidable! Mais il représente les musulmans comme moi les moines trappistes, hein? »

Samedi 12 mars – Paris

La réunion informelle du Conseil européen, dont on attendait peu, a finalement accouché de décisions majeures : renforcement du fonds de soutien aux pays en difficulté, possibilité pour le fonds d'acheter de la dette publique, amélioration de la coordination politique en matière de compétitivité, amorce d'un gouvernement économique européen. C'est un des mystères de l'Europe : elle progresse au moment où on désespère de sa capacité à décider, toujours dos au mur, quand les circonstances ne lui laissent plus le choix, et que les États ont plus à perdre à rester immobiles qu'à avancer. Les reproches qui sont faits à la construction européenne, sa technocratie, sa complexité, sont le paravent commode des hésitations des ministres et des chefs de gouvernement : on ne peut pas dire qu'elle avance seule et sans contrôle démocratique et se plaindre quand elle fait du surplace. Chaque État, à la mesure de sa puissance économique, a les moyens de faire avancer la construction européenne ; chaque État, à la mesure de son opinion, hésite à le faire. La Grèce souffre? Merkel prévient : « Le pacte de compétitivité n'est pas négociable. » Il manque moins de démocratie que de volonté politique en Europe : nous ne savons plus où nous allons. Et même : nous divergeons sur la direction à suivre, si bien que l'attelage tire à hue et à dia, et fait quelques mètres dans la douleur, quand il devrait cavaler au sommet.

Dimanche 13 mars – Paris

Assis dans le canapé du salon avec Matthias et Adrien, je regarde les images de la catastrophe de Fukushima. Les nouvelles qui se succèdent depuis des heures sont de plus en plus alarmistes. Les chaînes d'info passent en boucle les mêmes scènes : les linéaires d'un supermarché se mettent à trembler, des bouteilles de vin vacillent, tombent, se fracassent en milliers de bouts de verre sur le carrelage, un pont se brise en deux sous la force des flots, une vague de plusieurs mètres de haut submerge une digue, envahit les rues, les places, les immeubles, emportant dans un torrent de boue visqueuse une ville entière, réduite en ruine. Un chalutier est venu se coucher de travers sur un toit. La carte du Japon apparaît en incrustation : petit hippocampe au dos dentelé, qui flotte au large de la Chine. Un cercle rouge clignote autour de la zone de Fukushima. Les informations sont délivrées au compte-gouttes, personne ne sait définir exactement la gravité de l'accident nucléaire : on parle de niveau 4 sur une échelle qui comprend 7 degrés ; on parle de risque de fusion des cœurs nucléaires ; on parle de risques mortels. Des scientifiques en tenue de cosmonaute vont mesurer le degré de radioactivité à proximité de la centrale : le ciel est clair, la nature semble intacte, une brise de mer souffle dans le feuillage des arbres, fait onduler les herbes hautes. Où est le danger ? On voit au loin une explosion, qui dégage un nuage de vapeur gris ; rien de très impressionnant en somme. Et pourtant ce qui arrive au Japon, à des milliers de kilomètres de nous, dans un des pays les plus éloignés géographiquement du nôtre, nous tombe dessus comme un accident proche.

Mardi 15 mars – Paris – Lauzerte

Les mauvaises nouvelles affluent du Japon. Dans le salon d'attente de Villacoublay, je regarde un consultant scientifique expliquer au téléspectateur de BFM que les conséquences pourraient être plus graves que prévu. Il y a un sang nouveau qui coule dans les veines de la politique, qui est cette information en continu : elle bat dans nos tempes, elle résonne, elle donne la pulsation cardiaque de la vie publique, au détriment de ce qui se passe dans la réalité ordinaire, moins spectaculaire et plus lente. « Monsieur le Ministre ? On me signale une arrivée imminente du Président. » Dehors, des nuages bas pèsent sur la piste détrempée. Le Président descend de voiture en bras de chemise, sa veste sous le bras. « Tu vas bien, mon Bruno ? » Il monte rapidement, prend place, confie sa veste à un officier de sécurité, pose des dossiers et des livres sur la table, boucle sa ceinture. « Assieds-toi ! Assieds-toi en face de moi ! » Il desserre à peine les mâchoires pour lâcher, au moment du décollage : « C'est terrible, le Japon, terrible ; j'ai essayé de joindre le Premier ministre, impossible. » L'appareil se cabre, pique vers les nuages dans un tremblement de bouteilles ; les journaux glissent ; le Président retient ses dossiers de la main. Une dizaine de minutes plus tard, l'appareil se stabilise et file silencieusement dans un ciel vide. « Monsieur le Président, le maire d'Agen, Jean Dionis du Séjour, va sûrement vous parler de sa proposition de loi sur la réduction du coût du travail dans l'agriculture. Son dispositif n'est pas le bon, mais il a raison sur le fond : il faut absolument baisser le coût du travail, sinon les exploitations de fruits et légumes vont mettre la clé sous la porte. — Et ça coûte combien ? — Plus d'un milliard d'euros. — Plus d'un milliard, on peut pas. Mais si tu me dis qu'il faut baisser le coût du travail, fais-moi une autre proposition. » Il se penche sur le côté, cherche Franck Louvrier du regard : « Tout va bien, Franck ? — Tout va bien. Il y a juste les élections cantonales, les sondages sont pas très bons. — Ah oui ? » Il ne cherche même pas à masquer son indifférence, comme si dans son esprit les échéances électorales locales et nationales appartenaient à deux univers différents, tournant sur des orbites éloignées, où des

cantonales ratées ne peuvent en aucun cas venir percuter la trajectoire de la présidentielle. « Franck a raison, monsieur le Président.
Sur le terrain, nos électeurs refusent nos tracts ; c'est violent ; le
rejet est complet. » Lui répond doucement, en articulant chaque
mot et en mettant dans chaque consonne comme un chuintement :
« Je vais te dire, Bruno, c'est normal ; tout ça est normal. On a eu
la crise économique la plus violente de la décennie, on a la crise
internationale, maintenant on a le Japon, donc les gens ont peur. Ils
ont peur. Nous, on fait notre travail. On reste calmes et on fait notre
travail. » Fin de la discussion politique, pas de changement de cap
en vue. Il a dû envisager des hypothèses différentes, mais il ne le
dira pas, entre cette inquiétude perpétuelle qui le ronge et son inépuisable confiance en lui, il choisit de se taire. Il se penche encore,
observe Franck Louvrier qui pianote sur son iPad : « Tu fais quoi,
Franck ? — Mon blog. — Et ça marche ? — Trois cents connexions
par jour. — Ah oui ? Quand même ! C'est bien ! » Il sourit : « Et
moi j'ai combien d'amis Facebook, Franck ? — Quatre cent mille.
— Quatre cent mille, c'est ça, quatre cent mille. » On nous apporte
des cafés. Il sirote le sien le regard perdu dans le vague, puis une
lumière traverse ses yeux, comme un rayon de soleil qui viendrait
ricocher à la surface liquide, et faire miroiter les galets pâles de la
rivière : « J'ai vu ton ami Villepin. Il a des idées excellentes, il faut
reconnaître, excellentes. Et puis tout d'un coup, ça part dans l'atmosphère ; on délire. Moi je garde les idées excellentes et je le
laisse dérailler. » Il appuie sur un bouton de la télécommande logée
dans l'accoudoir de son fauteuil et fait basculer son dossier en
arrière. « J'ai vu le film de Leconte sur Clearstream ; comme ça ; il
me l'a envoyé. Je l'ai regardé : c'est accablant, accablant. Tout ça,
c'est derrière moi, j'ai tourné la page, mais quand même ! Quand
même ! » Il me regarde droit dans les yeux ; un silence, pas hostile,
simplement un long silence, comme un vide dans un paysage.
Atterrissage à Agen, bord à bord avec un Super Puma qui nous

dépose à proximité de l'exploitation de Sophie Poux. Il avait promis à Sophie Poux de venir chez elle, il vient, en président, avec son armada de voitures, de policiers, de conseillers, de journalistes, et un hélicoptère de la gendarmerie en stationnement vertical au-dessus de la modeste exploitation, installée à flanc de colline. Il embrasse Sophie Poux, serre la main de son mari, visiblement épuisé par la préparation de la visite présidentielle, traverse les étables. On lui propose un jus de muscat : « Plat ou gazéifié, monsieur le Président ? — Plat, pour moi. Mais vous me mettrez une bouteille de gazéifié pour Carla. Carla, elle préfère le gazéifié. » Debout sous une tente en plastique, vêtu d'une gabardine bleu foncé, il écoute les doléances des éleveurs, son épaule collée contre celle du maire, de même taille que lui, la poitrine barrée de son écharpe tricolore, le visage émacié, découvrant dans un sourire deux canines qui encadrent des incisives en acier poli. Les éleveurs sont nerveux, ils se plaignent du prix du lait. Le Président pose le plat de sa main sur une veste en velours côtelé en face de lui : « Le prix du lait, je vous demande, il a baissé, ou il a remonté ? » La veste en velours côtelé lui répond sur un ton rogue : « Il a remonté, on peut pas dire, il a remonté. Mais quand même, les charges, les charges, elles aussi elles ont remonté. Il faut dire. — Bon, les charges, d'accord, mais les prix, eux, les prix, ils ont remonté ? Vous êtes bien d'accord ? » Une pluie diluvienne crépite sur la tente, elle couvre les voix. « Vous êtes bien d'accord, il a remonté, le prix du lait ? Je parle sous le contrôle du ministre de l'Agriculture, c'était quoi le prix du lait l'année dernière ? 260 euros ? 270 ? — 260, monsieur le Président. — Bon, 260. Et aujourd'hui ? 320 ? 340 ? — 340. — Alors, 340. » Il tapote la poitrine de la veste en velours, se rapproche, murmure à son oreille, sous le fracas de la pluie qui menace de crever la tente : « 340, quand même, hein ? 340 ! » Nous restons encore quelques minutes en cercle, à attendre que la pluie se calme. Le chef de cabinet, Guillaume Lambert, se glisse derrière le Président : « Si vous voulez, monsieur le Président, nous pouvons partir tout de suite pour la table ronde. Sinon, Mme Poux vous propose de venir prendre un café chez elle. — Eh bien parfait ! Une tasse de café ! Allez, on va prendre une tasse de café. » Et nous sortons sous la pluie, le Président, Sophie Poux et moi, suivis par un officier de sécurité qui essaie en vain de nous protéger avec un parapluie, tout en rabattant le revers de sa veste pour dissimuler son arme. Nous faisons 200 mètres sur un petit chemin sablé. La maison de Sophie Poux se trouve en contrebas, un pavillon moderne, en pierre rose, précédé d'une terrasse qui a dû être achevée récemment. « C'est ici ? — C'est ici, monsieur le Président. » À l'intérieur, le Président retire sa gabardine, la pose sur le dossier d'une chaise, observe les rideaux de dentelle, le canapé en cuir clair : « Mais c'est joli, ici ! C'est très joli. Franchement, c'est très joli. C'est charmant. — C'est modeste, monsieur le Président. — C'est modeste, mais quand même, c'est charmant. » Derrière les rideaux de dentelle, on voit passer les silhouettes des officiers de sécurité, des conseillers, des agents de la préfecture, qui vont et viennent en tous sens, passent des appels, échangent des informations, comparent les horaires du programme, sous le regard vigilant de cet hélicoptère qui ne bouge toujours pas, immobile comme un rapace, sa caméra ventrale rivée sur la maison, où le Président, Sophie Poux, son mari et moi attendons que le café passe dans la cafetière. Le Président observe le mari de Sophie Poux qui se débat avec la cafetière et jette un regard désemparé à sa femme : « En tout cas, lui, il ne l'aime pas sa femme, hein ? Il la mange des yeux, ça se voit. Il la mange des yeux. » Le mari sourit faiblement. Un peu de détresse trouble son regard et fait trembler ses mains quand il sert le café. Le Président est venu, mais la situation des producteurs de lait reste précaire dans le Sud-Ouest. Au retour, le Président me parle du téléfilm de France Télévisions sur Fouquet et Colbert. Il a un sourire gourmand quand il évoque le film, il plonge ses yeux dans les miens. « Moi, ma scène préférée, c'est quand Louis XIV explique à ses ministres qu'il reprend le pouvoir. » Il sourit encore plus. « Parce que dans le fond, après Mazarin, il y a plus de Premier ministre. Mazarin, c'est le dernier Premier ministre ; après, fini. » Il précise, rêveur : « À un moment, Louis XIV dit : "Et je signerai même les passeports." Il dit ça : "Je signerai même les passeports." Tu te rends compte ? Il le dit vraiment ! "Je signerai même les passeports." »

Mercredi 16 mars – Paris

Au Conseil des ministres, le Président salue les avancées du dernier Conseil européen, en forçant le trait : « L'Europe est désormais dotée d'un gouvernement économique. Ce gouvernement, ce sont les chefs d'État et de gouvernement de la zone euro. Ce sont pas que des mots. La Commission, qui était contre le pacte, la Commission, elle se voit intimer l'ordre, *expressis verbis*, de déposer un projet de convergence fiscale. Malte et Chypre étaient contre. Les marchés ont parfaitement compris. Il faut bien se rendre compte, hein ? On s'est doté d'un mécanisme indépendant, d'un fonds de 440 milliards d'euros, avec l'Allemagne qui finance. Et nous aussi. » Il hoche la tête, plie le bras sur l'accoudoir de son fauteuil et insiste encore : « Enfin ; je sais pas si vous mesurez ; pardon ; pardon, mais c'est colossal ! L'Europe ultralibérale, l'Europe impuissante, c'est fini. » Il poursuit dans la même veine, soucieux de présenter comme un accomplissement ce qui reste un point de départ : car les ressorts du libéralisme le plus débridé demeurent puissants en Europe, ils actionnent la moindre décision de la Commission, et les retirer pour les remplacer par des mécanismes de régulation demandera au moins quelques dizaines de réunions comme ce Conseil européen exceptionnel. À la fin, le Président répète : « L'Europe ultralibérale, c'est fini. » Rien ne s'accorde moins à son tempérament que ce processus de décision européen qui tire en longueur, négocie au lieu de trancher, prolonge quand il faudrait raccourcir, recule au moment de faire le grand saut, arrondit les angles et compose ; pourtant il en est devenu un des acteurs principaux. François Mitterrand disait que les institutions de la Ve n'étaient pas faites pour lui mais qu'il s'en était accommodé ; les institutions européennes ne sont pas davantage faites pour Nicolas Sarkozy, qui s'en accommode et les bouscule.

Jeudi 17 mars – Paris – Aurillac – Bruxelles

À trois reprises, le pilote tente de crever les nuages et de poser notre appareil, mais le plafond est trop bas, nous volons en pleine purée de pois. Le copilote vient me voir, les deux mains à plat sur le ciel de toit pour garder son équilibre au milieu des turbulences : « Vraiment je suis désolé, monsieur le Ministre, mais nous ne pouvons pas nous poser à Aurillac, le brouillard est trop épais. Nous pouvons aller nous poser à Clermont-Ferrand et faire ensuite le trajet en voiture. Sinon, nous filons directement sur Bruxelles. — Il faut combien de temps en voiture entre Clermont-Ferrand et Aurillac ? — Un bout de temps. — Alors on file sur Bruxelles. » Ce congrès des producteurs de lait à Aurillac était un des plus importants depuis ma nomination : je devais défendre les contrats, expliquer comment nous étions parvenus à redresser les prix, présenter le projet de régulation du marché européen, et personne ne le fera à ma place. Déception courante de la vie politique, où les accomplissements sont rares et les accidents de parcours légion. Sitôt posé à Bruxelles, j'appelle le président de la Fédération nationale des producteurs de lait, Henri Brichard, qui a eu le courage de défendre les contrats et la fin des quotas, dont plus aucun État ne voulait en Europe. « Henri, je t'assure, il n'y avait pas moyen de se poser. — Ah, c'est sûr que c'est dommage, parce qu'ils t'attendaient de pied ferme, les producteurs. » Le soir, dans ma chambre d'hôtel, je regarde les images de Fukushima et les commentaires affolés des spécialistes, scientifiques ou météorologues : si les vents devenaient défavorables, le nuage radioactif pourrait toucher Tokyo. Le peuple japonais qui ne maîtrise plus rien de sa technologie, nous le voyons remis tout entier dans les mains de la nature, et quoique protégés par la distance, à des milliers de kilomètres de Fukushima, nous sommes ce peuple. On essaie de maîtriser un incendie atomique avec des hélicoptères qui larguent des sacs de retardant. On dépoussière au pinceau les herbes. On improvise des masques avec des couvertures. Notre fragilité humaine explose au grand jour.

Samedi 19 mars – Paris – Nonancourt

Sitôt adoptée la résolution 1973, qui autorise le recours à la force contre le colonel Kadhafi, Nicolas Sarkozy convoque un sommet à Paris en présence de Ban Ki-moon, des représentants de la Ligue arabe et des principaux chefs de gouvernement européens. Une déclaration commune est adoptée. En milieu de journée, le Président tient une conférence de presse, debout derrière son pupitre de verre sablé, en costume bleu nuit, chemise blanche, sur fond de doubles portes à moulures dorées. Silvio Berlusconi se plaint de ne pas avoir été associé aux négociations ; le ministre des Affaires étrangères allemand Guido Westerwelle ne cache pas ses réticences ; le représentant allemand à New York ne vote pas la résolution. Mais le résultat est là, les jours du colonel Kadhafi sont comptés, et il est à mettre au crédit du Président, qui a eu le courage de forcer le destin et de se mettre du côté d'un peuple en révolte. À Nonancourt, en revanche, on se moque comme une guigne du peuple libyen, on grince des dents, on redoute les fermetures de commerces, les lendemains difficiles, et on n'est pas tendre avec le Président. « Ah celui-là ! M'en parlez pas ! Surtout m'en parlez pas ! » Dans les communes rurales alentour, même refrain : « Un cambriolage par mois, monsieur le Ministre ! Un cambriolage ! On sait plus ce qu'on doit faire. Si on doit fermer les volets quand on part pour se protéger, ou les laisser ouverts pour faire croire qu'on est encore là. » Nous sommes à une dizaine de kilomètres de Dreux, et dans ce village où pas un seul immigré ne met les pieds, chacun considère que les immigrés sont trop nombreux : « Oh ils y peuvent rien, eux ! Je dis pas ça contre eux ; mais quand même, il y en a trop. Et vous ? Vous avez fait quoi ? Rien ! Mais rien de rien ! » Partout ce refrain, partout la peur du chômage, partout une désespérance, partout une hostilité envers un président qui décide de tout et ne rassure en rien. « Ce qu'il y a, c'est qu'il parle trop. Il parle tout le temps. Dès qu'il se passe quelque chose il faut qu'il en parle ; alors forcément, ça lui retombe dessus. » Ce sont les mêmes qui se plaindraient de son silence si le Président venait à se taire ; les mêmes qui portent aux nues Alain Juppé et François Fillon : « Ah lui, il fait son travail. Il fait son travail et rien que ça. Nous, on l'aime bien. » Ailleurs, certains seront sans doute plus tendres avec Nicolas Sarkozy ; mais la détérioration du climat politique est une réalité nationale, qui se paiera demain.

Dimanche 20 mars – Paris

Forte abstention, poussée significative du FN et de la gauche : pas de surprise au premier tour des élections cantonales.

Mardi 22 mars – Paris

Claude Lanzmann enfonce sa serviette dans son cou et avale son potage. Ses mains carrées et puissantes tremblent légèrement. « Moi je vais vous dire, cette dégelée de Tomahawk sur la Libye, franchement, je n'aime pas ça. On joue à la guerre ; on montre ses muscles ; et pourquoi ? »

Mercredi 23 mars – Paris

« En Libye, il y a d'abord la conception que nous avons de l'Europe : l'Europe n'est pas une ONG, l'Europe doit être une puissance politique. L'Europe qui relève la tête ; l'Europe qui montre le chemin aux Américains. Si Kadhafi était entré dans Benghazi, Srebrenica à côté serait passé pour un non-événement. Je vous le dis : un non-événement. Alors d'accord, l'Europe, elle avance pas sans l'Allemagne ; mais pour la défense, on avance avec les Anglais. D'accord ? Avec les Anglais. » Regard circulaire sur la table du Conseil des ministres, personne ne bronche. Le Président continue : « Le deuxième objectif de cette opération en Libye, c'est toute la question de nos relations avec les pays arabes pour les cinquante prochaines années. Si les peuples arabes réussissent leur marche vers la démocratie, c'est toute la marche vers la paix au Proche-Orient qui sera dégagée. » Il martèle à deux reprises : « La démocratie portera la paix. » Un silence. « Et puis la troisième chose, avec la Libye, ce sont les valeurs traditionnelles de la France. Si nous n'avions pas fait ça, ç'aurait été une honte. » En fin de Conseil, il évoque brièvement les élections cantonales, pour rappeler que la position du parti sur le FN engage tous les membres du gouvernement. Rien de plus. Les résultats de dimanche font partie des déceptions ordinaires.

Jeudi 24 mars – Paris

Entretien avec le Grand Rabbin Gilles Bernheim. Il me redit son inquiétude de voir la communauté juive stigmatisée par le prochain décret sur l'abattage rituel. Il évoque rapidement le débat sur la laïcité, sa crainte devant les propositions les plus radicales de certains députés. Il me rappelle que des gestes de violence sont commis régulièrement dans certains quartiers contre des juifs : on menace, on fait des gestes obscènes, on insulte, on crache. Comment en sommes-nous arrivés là ? Quel dérèglement dans notre société a conduit une communauté qui a réussi son intégration et qui fait la fierté de la France à exprimer sa peur ?

Fukushima ne fait plus les ouvertures des journaux ; les craintes de contamination ont baissé ; on laisse les Japonais à leur reconstruction ; on passe à autre chose, dans un monde secoué de spasmes successifs et qui ignore sa maladie.

Dimanche 27 mars – Évreux

Le FN sort grand vainqueur des élections cantonales. La poussée de la gauche est moins forte que prévue. À droite, nous nous réfugions derrière la crise pour expliquer notre défaite. Le FN a cueilli partout les fruits de la déception. Il grignote les territoires. Il avance ses pions pour 2012. Par un effet de contagion, le populisme qui réclame la fermeture des frontières et le repli sur soi déborde les frontières et se répand partout en Europe. Europe, pauvre Europe, incapable de voir le danger qui la guette, et compte ses sous quand sa boutique prend feu. Aux Andelys, Frédéric Duché est élu largement face au candidat FN. Seule consolation de la soirée : nous avons repris un canton à la gauche dans l'Eure. Entre les deux tours néanmoins, avec un taux de participation presque identique, le FN a gagné six cents voix. Une partie des voix de gauche se reporte donc sur le FN ; la colère n'a pas d'étiquette. « Mais comment exiger des hommes qu'ils se laissent gouverner par la raison ? » (Ingeborg Bachmann, *Trois sentiers vers le lac*).

Lundi 28 mars – Paris

Le Président écoute attentivement, indifférent au bruissement des patrons qui patientent dans la salle des fêtes. Son aide de camp tient son discours à la main, sous une chemise en plastique transparent ; les huissiers attendent un geste de sa part ; des conseillers gravitent un peu plus loin. Il écoute mes remarques sur les cantonales, la percée du FN, la nécessité de donner une image plus offensive de notre action, protégé des regards par un rideau en velours rouge. Il fronce les sourcils, pose sa main sur mon épaule : « Je vais te dire, c'est pas si mauvais que ça. » Il énumère les cantons repris à la gauche, ajoute un ou deux arguments, mais son ton de voix a perdu de sa force, il a la raideur du boxeur KO debout, qui délivre ses coups dans le vide. « Pour le reste, je sais bien, mais qu'est-ce que tu veux, je vais pas tout faire seul, hein ? » Et il contourne le rideau rouge pour entrer dans la salle des fêtes, le pas décidé, le torse bombé, comme aux meilleures heures de son mandat. Pendant une heure il intervient, répond aux questions, donne son diagnostic économique et politique, rebondit sur les critiques. Au président de Bertelsmann qui lui reproche implicitement son activisme : « Mais, monsieur le président, pardonnez-moi, il faut comprendre : jamais les attentes n'ont été aussi fortes, jamais ; les gens, ils veulent des résultats, des résultats pas demain, des résultats tout de suite ; et en même temps, ils critiquent. » Il écarte grand les bras : « Ils critiquent, c'est comme ça ! » Puis souriant : « Regardez la Libye : on met trois semaines à préparer une intervention. Trois semaines ! On intervient. Et au bout de trois jours, on parle d'enlisement. Les médias ont rien à dire, donc ils parlent d'enlisement. » Il se recule dans son fauteuil : « Hier soir, je dormais pas. » Rires étouffés des patrons. « Je dormais pas, donc je regarde une chaîne de télévision, je dis pas ça pour Bertelsmann, hein ? une chaîne en continu. » Nouveaux rires étouffés dans la salle, il poursuit : « Il y a un journaliste, il est à Tripoli, il interviewe une certaine Cristina, et Cristina, à une heure du matin, elle donne son avis sur la guerre, elle connaît rien, mais elle donne son avis, et il faut le savoir, l'avis de Cristina compte autant que le mien. Il compte même plus. » Un silence, son regard cherche une inspiration en errant sur les visages, les colonnes, les rideaux, les tapisseries et les dorures, et il se rappelle : « Ah ! Et puis il y a les spécialistes. Il y a toujours des spécialistes de tout. Il y a des spécialistes de la guerre, ils ont jamais vu la guerre, mais ils sont spécialistes de la guerre. Autoproclamés spécialistes de la guerre. En général, ils se trompent toujours, mais on oublie de le leur rappeler. Comme ils disent qu'on va perdre la guerre en Libye, on va la gagner. » Il conclut au milieu des hochements de tête des patrons, certains dubitatifs sur le fond, tous saisis par la prouesse du comédien : « Non mais moi, je vais vous dire, c'était plus facile de faire président de la République vingt ans plus tôt ! Beaucoup plus facile ! Je viens vingt ans trop tard. »

Sur Canal +, Jean-François Copé s'en prend à François Fillon. Il est sans précédent que le secrétaire général du parti majoritaire ose attaquer directement le Premier ministre en fonction. Peu importe le motif : ces sorties de plus en plus fréquentes traduisent un affole-ment dans la majorité. Avec la défaite aux cantonales, le Président a perdu une part de son autorité, le nid de guêpes se désagrège, chacun se met à piquer le rival le plus proche et lorgne la place du chef.

Mercredi 30 mars – Paris – Saint-Malo

Devant le groupe UMP, Jean-François Copé reconnaît une mala-dresse dans son expression, sans rien retirer sur le fond : applaudis-sements clairsemés. François Fillon plaide pour la solidarité de la majorité : applaudissements nourris. Les divisions ne sont possibles que lorsque la majorité est solide. Le reste du temps, on serre les rangs, et le premier qui rompt la discipline voit la foudre tomber sur lui. En début de mandat, quand le président du groupe UMP jouait les trublions de la majorité, il protégeait les députés ; on saluait son audace ; on se mettait derrière lui. Désormais, comme secrétaire général du parti, la moindre de ses divergences avec le Premier ministre les expose ; on déplore son intervention ; on parle de faux pas. Pourtant, tous ceux qui ne trouvent pas de mots assez durs pour critiquer la sortie de Jean-François Copé, demain, quand il aura retrouvé sa force, salueront sa clairvoyance. Personne ne peut échapper à ces mouvements de bascule propres à la politique, qui est une branloire pérenne des alliances et des amitiés.

À la commission des Affaires économiques, examen de la proposition de loi de Jean Dionis du Séjour sur la réduction du coût du travail dans l'agriculture. Les députés veulent des gestes concrets en direction des agriculteurs. Le dispositif de Jean Dionis du Séjour a le mérite de la simplicité, mais il est incompatible avec les règles européennes, et je ne parviendrai pas en quelques mots à obtenir leur modification. Par ailleurs, son coût est prohibitif pour les finances publiques. Pendant plus de trois heures, j'argumente point par point, promets la mise en place de réductions ciblées et obtiens le rejet de la proposition à une courte majorité. À la sortie, un député me prend à part : « Pourquoi tu n'as pas laissé filer ? Tu obtenais un beau texte pour les agriculteurs et tu laissais ensuite Bercy se débrouiller. » Pourquoi ? Mais tout simplement parce que les agriculteurs sont exaspérés par les promesses non tenues et que si les charges ne baissent pas au 1er janvier 2012, ils ne voteront pas pour nous. Je préfère quelques centimes de charges qui baissent réellement sur les feuilles de paie à 3 euros de charges qui ne baissent que sur un texte de loi.

Discours au congrès de la FNSEA à Saint-Malo : des silences, un ou deux sifflets, des applaudissements à la fin. Salle comble. Mon discours commence à passer, la situation des agriculteurs en revanche reste fragile. Et plus encore que leur situation économique, la place que la société leur fait, qui va se réduisant année après année. Plus les discours sont nostalgiques, moins les demandes des agriculteurs, leurs contraintes économiques, leur relégation sociale, leur isolement sont pris en considération : schizophrénie de notre corps social.

Jeudi 31 mars – Cancale – Saint-Malo – Rennes

En courant ce matin sur la plage de Cancale, je glisse sur des algues, et tombe de tout mon long dans une vase molle, qui sent le varech. Couvert de boue de la têtc aux picds, je retire mon maillot, mon short, mes chaussures, et cours plonger dans la baie, où clapote une eau glacée. Mon officier de sécurité attend sur le bord, les bras croisés sur la poitrine : « Venez me rejoindre, Wilfrid ! — Sûrement pas ! Je suis pas dingue, moi ! » Sous les fenêtres de ma chambre, un prunier en fleur ranime le ciel gris. Détendu par une douche brûlante, ma peau dégageant encore une odeur persistante de varech, je vois trembler les flocons de coton blanc, qui se détachent et partent buter contre le granit de la rambarde, ou tombent mollement sur le gazon. À ce moment, rien ne me semble plus important que ce prunier, son écorce rongée par la mousse, les branches chargées de ces flocons qui font à terre des centaines de petits berceaux immobiles. Demain ils seront piqués de brun, ils jauniront et se recroquevilleront comme un fruit pourri, maintenant ils brillent, éparpillés et humides. On toque à ma porte : « Monsieur le Ministre, il faut y aller : le Premier ministre est en approche. » Dans la voiture qui le conduit à Saint-Malo, François Fillon me parle des divisions dans la majorité, de son différend avec Jean-François Copé, de l'impopularité du Président. Il le fait par petites touches, sans élever la voix, avec un sens aigu du mot juste, en grattant le bout de son annulaire avec l'ongle de son pouce. Devant les congressistes de la FNSEA, il annonce un allègement de charges sur le travail permanent, mais avec une telle prudence que les réactions de la salle restent mitigées. Nous déjeunons au premier étage de La Duchesse Anne, à Saint-Malo. Une vieille femme houspille les serveurs qui ne vont pas assez vite ; elle grince des dents en passant le plat de faïence où sont alignés des filets de saint-pierre grillé ; elle verse une sauce au beurre blanc ; remplit les verres ; puis elle se tient en retrait de la salle, observant que tout se passe bien, silencieuse, les mains nouées sur le devant de sa robe rouge. Pendant ce temps le maire, René Couanau, exprime ouvertement ses réserves sur le Président et menace de quitter le groupe UMP. « Toutes ces sorties sur les étrangers, ce comportement, la manière de gouverner, tout cela ne passe pas chez nous, mais pas du tout. Moi je vous préviens, je vais quitter le groupe ! Je suis désolé, mais je n'ai pas le choix, je vais quitter le groupe ! » Le Premier ministre ne dit rien. Il écoute ce représentant de la droite du Grand Ouest, qui ne votera jamais à gauche mais qui ne se reconnaît plus dans le président de la République. Il est un parmi des milliers. La déchirure est désormais profonde entre les terres de tradition catholique ou centriste et notre famille politique.

Vendredi 1ᵉʳ avril – Cancale – Le Mont-Saint-Michel –
Villedieu-les-Poêles – Pacy-sur-Eure

Sur la route entre Cancale et Le Mont-Saint-Michel, nous traversons des petits villages engourdis, murés dans le granit, que coupe en deux une départementale où circulent à grande vitesse voitures et camions. Personne dans les rues ; les volets des commerces sont tirés ; seul un bar laisse deviner derrière sa vitrine un client matinal, flottant dans une lumière blême. En sortie de village en revanche, des mères de famille se pressent au supermarché ; Carrefour attire la foule, avec son enseigne rutilante, son parking goudronné de frais, ses caddies alignés sous un auvent, sa station-service. Maintenant la campagne, déserte. Des vaches paissent tranquillement dans des champs clôturés. Des habitations isolées. Puis la série de panneaux publicitaires qui annoncent une entrée de ville moyenne, avec son hôtel, son restaurant gastronomique, son Courtepaille, son Buffalo Grill, son salon de massage thaï, son épicerie, son supermarché, son opticien. Le nouveau barrage du Mont-Saint-Michel offre ce que la France sait faire de mieux en matière de réalisation architecturale : une élégance immédiate, la technique, la sobriété, la capacité à se fondre dans un paysage tout en étendue de mer mouvante et sableuse. Le temps d'annoncer le versement de 3,5 millions d'euros supplémentaires pour le site, au titre de ma fonction dc ministre de l'Aménagement du territoire, et mc voici reparti pour la Manche. La discussion avec les producteurs tourne au procès du plus grand industriel laitier du coin, qui propose des contrats avec des clauses inacceptables ; après avoir jeté un œil aux projets de contrats, je promets de faire pencher la balance en faveur des producteurs. À Villedieu-les-Poêles, sur la terrasse ensoleillée du restaurant, qui donne sur un clocher dont les facettes en ardoise brillent comme du sucre glace, les parlementaires de la Manche reprennent le couplet du maire de Saint-Malo. Ce sont des gens doux, qui tiennent des propos cinglants : « Tu comprends, les gens ne le supportent plus. Ce qu'il fait n'est pas mal, bien sûr, mais ce n'est pas le sujet, les gens ne le supportent plus. Quoi qu'il fasse, même des choses bien, cela se retourne contre nous. » Après le déjeuner, le vin blanc aidant, les langues se délient encore plus, je vois venir le moment où ils me proposeront de participer à une conjuration contre le Président, au profit du Premier ministre. « Nous pourrions envisager une initiative de parlementaires. Nous pourrions remercier Nicolas pour son travail et lui expliquer que les conditions ne sont pas réunies pour sa réélection. En somme, il doit laisser sa place. » Un vent de fronde traverse des départements acquis en 2007 à Nicolas Sarkozy. À quelques kilomètres de ce Mont-Saint-Michel dont il avait fait un emblème de sa conquête de la France, posant en col roulé noir sur les remparts de la citadelle, le regard perdu au loin, les élus grondent, fomentent des coups, qui avorteront néanmoins sous le poids de la docilité, de la pression des militants et du légitimisme qui cimente la droite. Même tonalité le soir dans ma circonscription : une exaspération des troupes, la peur de la défaite.

Samedi 2 avril – Ézy-sur-Eure

Ma voisine de table, sa chevelure rousse dévalant en cascade sur ses épaules nues, défend Nicolas Sarkozy coûte que coûte : « On dira ce qu'on voudra, mais il en a fait des choses, Nicolas. Nous, Nicolas, on est à fond pour ! À fond ! » Des aigles étendent leurs ailes de bois sculpté dans la salle de la brasserie, des stars en noir et blanc fixent notre table, le regard sévère et absent. Sous la lumière des appliques en tissu rouge, les joues de la vingtaine de convives ont pris feu. « Vous ne trouvez pas ? Moi je trouve qu'il est formidable, Nicolas ! Formidable ! » Elle appuie sa main sur mon avant-bras et me dévisage : « On ne vous a jamais dit que vous aviez des yeux couleur bleu Méditerranée en colère ? »

III

Négociations G20 — Chute de Laurent Gbagbo — Premiers
préparatifs de la campagne présidentielle — Projet 2012

Lundi 4 avril – Château-Thierry – Moscou

Chaque jour je change de monde. Ce matin, je roulais sur une
départementale à la frontière de la Picardie. Le soleil éclairait le
sommet des collines bosselées par les obus de la Grande Guerre ; un
cimetière militaire ; un drapeau tricolore au bout de sa hampe
blanche. Sur le parvis de graviers, une jeune fille en blouson de toile
fumait une cigarette, assise sur son scooter, les cuisses moulées
dans un jean. Le producteur portait une veste en coton huilé et se
réchauffait les mains en soufflant dedans : « Et les prix ? Ils tiennent,
les prix ? — Ils tiennent, monsieur le Ministre, mais les charges, je
vais vous dire, elles tiennent encore mieux ! » Ce soir, les vitres de
ma chambre donnent sur la place du Manège. Il reste un peu de
neige sur le rebord en béton. Au fond, des portes en brique, percées
de fenêtres à carreaux, ouvrent sur le dos bombé de la place Rouge ;
des aigles en métal doré accrochent un reste de lumière ; plus loin,
les remparts du Kremlin courent se jeter dans la Moskova. Rien que
la couleur limpide du ciel donne froid. En Europe, je ne connais
aucune autre ville qui porte si lourdement le poids de son histoire.
Moscou offre une profondeur de champ sans pareil.

Mardi 5 avril – Moscou – Paris

Impossible de fermer l'œil de la nuit : les lourds rideaux de velours laissent filtrer la lumière extérieure, la climatisation est prise de ronflements intermittents, le bouton rouge de la télévision clignote, pas de silence, aucune obscurité. Allongé sur le dos, je fixe les stucs du plafond, le globe en verre dépoli du lustre où flottent les ombres de la place du Manège. Départ à 6 heures heure de Paris pour le ministère des Finances, en compagnie de Christine Lagarde. Les discussions avec la délégation russe portent essentiellement sur les matières premières énergétiques, et il suffit de regarder le visage fermé du conseiller de Medvedev pour comprendre que la partie est loin d'être gagnée. En revanche, notre plan d'action sur la lutte contre la volatilité des prix agricoles commence à faire son chemin : les réticences sont moins fortes, une limitation des restrictions à l'exportation semble à portée de main. Dans la salle d'attente VIP de l'aéroport de Cheremetievo, une carte du monde des années 60 relie par des tiges en laiton Moscou et les capitales des pays frères : Pyongyang, Pékin, Cuba, Bucarest, Berlin. La tige qui devait aller de Moscou à Belgrade est cassée et pend lamentablement, comme un tuyau de gaz sectionné. Tant de simplicité, une démonstration de puissance si éclatante et, au final, un empire qui explose. La géopolitique des liaisons aériennes a été tellement modifiée depuis que cette carte monumentale, de 10 mètres sur 3 environ, me donnerait presque la nostalgie du monde des blocs, qui a fondu dans le bouillonnement du capitalisme, de la finance, de la glasnost et des réseaux. Débat brouillon le soir sur la laïcité dans un grand hôtel parisien. Qui est venu ? Qui a refusé de venir ? Seule question que se pose la presse, qui cherche un indicateur de la force ou de la faiblesse du nouveau secrétaire général.

Mercredi 6 avril – Paris – Lisbonne

Laurent Gbagbo est acculé ; sa reddition est une affaire d'heures. On tire dans les rues d'Abidjan ; des images floues et tremblantes montrent des avenues désertes. Les journalistes interrogent des hommes en armes, militaires ou milices. Au milieu de la chaussée traîne un cadavre à moitié nu, avec une chemise déchirée et un slip rouge. Nous n'avons pas compris grand-chose au film, dont nous avons suivi les épisodes par bouts : les élections du début, le refus de Gbagbo de se plier au vote, Alassane Ouattara réfugié dans un hôtel, puis rien pendant plusieurs jours, ce temps de latence qui prépare les grands bouleversements et qui ne se filme pas, enfin la chute. Les actualités sont de la reconstitution historique : elles racontent comme des évidences des événements qui ont pris tout le monde de court.

Le Président défend ses choix de politique étrangère au Conseil des ministres, prenant appui sur la situation en Côte d'Ivoire et en Libye : « Il s'agit d'une inflexion majeure de la politique étrangère de la France. Pendant des décennies, la politique étrangère de la France a été gouvernée par le principe de stabilité. Il fallait que rien ne change. Maintenant, on fait le choix des peuples plutôt que le choix de la stabilité. » À la sortie, je vais le voir pour lui glisser un mot sur le budget de la PAC : « La Commission rendra ses premiers arbitrages le 26 juin, monsieur le Président. Il faut que nous soyons plus offensifs, à votre niveau, sinon nous ne garderons pas le même budget pour les cinq ans à venir. — Je suis d'accord, Bruno. Passe me voir, on va en discuter ; tu passes me voir, hein ? » Nous embarquons avec ma délégation pour Lisbonne avec une heure de retard. Arrivés à Lisbonne, nous errons dans les couloirs vides à la recherche de la correspondance pour Brasília. Encore dix heures de vol. Sur le minuscule écran encastré dans le siège de devant, je regarde les cow-boys de *True Grit* échanger des coups de feu et se rouler dans le sable.

Jeudi 7 avril – Brasília

Aéroport de Brasília. Une humidité pesante nous enveloppe sur le parking ; des branches de palmier jaunies oscillent lourdement dans un air chargé de vapeurs de kérosène ; au-dessus de la barre gris acier des nuages, un ciel immense commence à s'éclaircir. Repos à la résidence. Le bâtiment de Le Corbusier s'écaille par endroits, mais il garde sa cohérence, ménage des ombres plates pour se protéger du soleil, apaise, et donne le sentiment dans son dépouillement de béton de rivaliser avec les plantations du parc. Impression semblable dans Brasília : une architecture sublime de simplicité, qui se dresse devant la nature. Et elle, flamboyante, colorée, odorante et criarde, laisse couler dans les fissures blanches des lianes vertes, recouvre les gaines en caoutchouc des toits, emploie les racines des bananiers pour déformer les trottoirs, les fondations des immeubles, comme des veines aux ramifications infinies qui soulèveraient le macadam, elle pousse, tire, bouscule, dégage des espaces infinis de ciel et de lumière, certaine de sa victoire. Enfoncé dans un fauteuil en cuir mou, mon homologue brésilien me parle franchement : « Votre initiative du G20, parfait, très bien. Lutter contre la volatilité, pas de problème. Mais si vous voulez faire baisser les prix, là, je vous dis tout de suite, nous ne serons pas d'accord. Les prix élevés, pour nous, c'est une chance ; les prix élevés, cela veut dire une bonne rémunération pour nos paysans ; et cela veut dire de l'argent pour notre pays. » S'extirpant de son fauteuil, les deux bras en appui sur les accoudoirs, il ajoute : « Vous savez ce que représente notre excédent agricole ? Vous le savez ? 65 milliards de dollars par an. 65 milliards ! Et vous ? 6 milliards? 7 milliards? — 9 milliards d'euros. — Bon, disons 10 milliards de dollars; six fois moins que nous! Six fois moins!» Il se laisse retomber en arrière, s'éponge le front, pas fâché d'avoir rappelé au ministre de la première agriculture européenne que l'agriculture brésilienne pèse six fois la sienne, et même un peu plus. Je lui réponds : « Les prix élevés, d'accord; mais la volatilité, elle n'est pas bonne pour vous non plus; et pas bonne pour vos paysans. Quand vos paysans ne savent pas si, d'une année sur l'autre, ils ne vont pas perdre la moitié de leur revenu, c'est un problème, non? — Oui, c'est un problème. Mais vous, vous avez vos subventions européennes. Vous subventionnez tout. Vous vous protégez : c'est inéquitable. — Nous ne nous protégeons pas, nous aidons des pratiques agricoles différentes. Vous avez des normes de bien-être animal au Brésil? Vous connaissez nos normes sanitaires? — On en parlera une prochaine fois. Je veux bien venir à Paris en juin. Ce sera un plaisir. Et je veux bien engager la négociation sur la lutte contre la volatilité des prix. » Il se redresse encore en poussant un soupir, pointe un doigt couvert de bagues dorées vers moi et, les yeux plissés, il précise : « Mais soyons clairs : le Brésil est d'accord pour lutter contre la volatilité des prix, le Brésil refusera une politique de réduction des prix agricoles. » Dans son bureau du palais présidentiel, le conseiller diplomatique de Dilma Rousseff me tient exactement le même discours : rien ne sera possible dans le cadre du G20 si la France, toujours suspecte de vouloir intervenir à tout va sur les marchés, engage une politique de baisse des prix agricoles, au prétexte de vouloir maîtriser leur volatilité. En exil à Paris pendant plusieurs années, il parle notre langue sans accent. Il évoque la montée en puissance du Brésil. Dissimule à peine son regret de voir la France perdre du terrain. Et se montre féroce sur la construction européenne : « Pour nous tous, au Brésil, votre Europe était un modèle, elle nous faisait rêver. Mais maintenant? Vous avez un problème social : regardez le Portugal, regardez la Grèce;

qui pourrait supporter ce que supporte le peuple portugais? Le peuple grec? Des traitements réduits de 10 %? Mais ici, ce serait la révolution! Et l'innovation! Vous deviez être le grand continent de l'innovation, et quoi? Rien! Aucun accord! Rien! Et la politique. On ne comprend pas. Autrefois, on comprenait; maintenant, on ne comprend plus : qui dirige? Qui est le chef? Et puis vous avez les mouvements extrémistes, Le Pen, les autres. Nous sommes inquiets pour votre Europe; économiquement et moralement, nous sommes inquiets. » Réquisitoire sans appel, et juste. En politique comme ailleurs, il faut accepter de se décaler, parfois de quelques centimètres, ici sur un autre continent, pour voir la réalité en face. Le Brésil se renforce et notre Europe décline; il croit en lui, quand nous doutons; il exprime la fierté de ses conquêtes économiques et sociales, nous vivons dans la peur de la relégation; il vit le jour, la nuit, sans cesse, avec une vitalité débordante, une énergie chaotique et salutaire, et nous nous éteignons à petit feu. Pourtant la richesse reste chez nous, le capital, la science, la technologie sont entre nos mains; mais, incapables de les faire fructifier ensemble, nous en faisons une rente, qui sauf miracle finira en poussière, comme toutes les rentes. À la sortie de son bureau, le conseiller diplomatique me raccompagne en me posant la main sur l'épaule : « Sur l'Europe, ne le prenez pas mal, mais je vous assure que partout dans le monde, c'est un sujet d'inquiétude. Surtout, parce que nous comptions sur vous. Nous comptions sur vous! » Il appelle l'ascenseur. Au rez-de-chaussée, Dilma Roussef fait un discours devant une centaine de jeunes. Elle se tient au pied du S de la rampe, dépourvue de barrière, en béton lisse, qui donne accès au premier étage. Deux officiers en grand uniforme, mélange de gardes républicains pour le casque à crinière noire et de *carabinieri* pour les bottes vernies, se tiennent derrière le pupitre, et la dépassent de deux bonnes têtes. Le soir, à la résidence, je prends des notes assis à un bureau de bois; un papillon se pose sur la rambarde de la terrasse, ses ailes noires coupées en deux par un trait jaune, et au sommet, un minuscule point rouge vif, comme une goutte de sang ; il fait nuit ; des hululements montent des arbres ; un bruit de froissement ; une douceur nocturne monte du parc par vagues et pénètre ma chambre. « La vraie vie n'est pas réductible à des mots prononcés ou écrits, par personne, jamais. La vraie vie a lieu quand nous sommes seuls, à penser, à ressentir, perdus dans les souvenirs, rêveusement conscients de nous-mêmes, des moments infinitésimaux » (Don DeLillo, *Point Oméga*).

Vendredi 8 avril – Brasília – Rio de Janeiro

Mon homologue britannique, Caroline Spelman, de passage à Brasília, vient prendre un petit déjeuner à la résidence. Nous nous installons dans un coin de la terrasse abrité du soleil, dans des fauteuils en osier qui grincent à chaque mouvement. Elle me donne son accord sur tous les points de notre plan d'action contre la volatilité des prix agricoles, à l'exception des dispositions portant sur les instruments de marché. « *It's none of my business ; you should discuss this point with our Finance Minister.* » Elle passe ensuite à la PAC. « *It has always been a matter of conflict between France and UK ; let's see together wether we can find a compromize on some points.* » Elle énumère le verdissement, la simplification, le rééquilibrage des aides avec les nouveaux États membres. Il est probable que jamais je ne discuterai ce projet de réforme en détail avec elle : la négociation concrète ne commencera que dans deux ans. En attendant, il faut consolider nos acquis, renforcer notre alliance avec les Allemands, essayer de convaincre la Pologne de nous rejoindre, contrôler les propositions de la Commission, travailler avec le Parlement : car ce travail souterrain de sape et de bétonnage décidera de la solidité de notre position, le jour, encore lointain, où nous avancerons à découvert. Caroline Spellman part après une heure de discussion.

Encore deux entretiens à Brasília. Puis avion pour Rio. Nous déjeunons dans un ancien phare aménagé en restaurant, devant cette île grosse comme un caillou où Nicolas Durand de Villegagnon accosta en 1555, pour fonder la France antarctique. Restes de France dans une baie miroitante, dernières traces de grandeur et de rêve, que je contemple tandis que ma voisine, une femme de cinquante ans aux seins gonflés, sur lesquels rebondissent des perles, dévore un homard en plongeant ses ongles vernis dans la carapace. Son compagnon a trente ans à peine, les cheveux gominés plaqués en arrière, le teint cuivré, un diamant piqué dans le nez ; il lui caresse distraitement la cuisse, en laissant son regard de plomb fondu errer sur la baie de Nicolas Durand de Villegagnon, dont il ignore le nom. Des barques agglutinées vacillent sous le soleil. Sur les pics de roche noire qui se dressent au loin, on distingue les entailles des favelas. Deux autres voisins discutent affaires, sanglés dans des costumes à larges raies. Il fait une chaleur si accablante dehors que nous nous retrouvons ruisselants de sueur après trois pas, regardant avec envie depuis la jetée les femmes luisantes, brunes, rieuses et élastiques se jeter dans la mer.

Samedi 9 avril – Rio de Janeiro

Footing le matin le long de la plage avec notre ambassadeur au Brésil, Yves Saint-Geours, un homme qui a toutes les qualités du diplomate, la culture, la disponibilité, la maîtrise des langues étrangères, le sens du compromis, sans aucun des défauts : la fatuité, une certaine aigreur, le sentiment après avoir passé sa vie à courir à travers la planète que tout se vaut, et la docilité, mélange de sens du devoir et de souci de sa carrière. Il discute en courant à petites foulées avec mon conseiller diplomatique, Augustin Favereau, tandis que mon officier de sécurité, Éric, par prudence autant que par fatigue, ferme la marche. Devant nous, le ciel est barré par des nuages épais et noirs. Un orage pourrait éclater, même si, derrière nous, le ciel reste entièrement dégagé, bleu intense. Après une vingtaine de minutes de course, nous tombons sur un grillage troué qui donne accès au point de décollage des pistes de Santos Dumont, aéroport intérieur de Rio. Des feux orange clignotent. Un avion amorce son virage dans un hurlement de ses quatre réacteurs; au bout de son fuselage, les échappements noircis par les gaz rougissent; il démarre avec une secousse de la carlingue, roule de plus en plus vite, vacille un moment au-dessus de la buée grise qui recouvre la piste, puis il se cabre et bascule dans un air poisseux. Nous repartons en sens inverse. Perchés sur les réverbères de la jetée, des vautours nains inspectent les environs, tordent leur cou, ébrouent leurs ailes dans un claquement effrayant, et piquent sur les poubelles en poussant des cris stridents; en trois coups de bec ils déchiquettent les sacs plastique. Au loin, le cône du Pain de Sucre continue de se dresser dans un air limpide, comme une bosse préhistorique que les hommes auraient assaillie de leur technique, reliant son sommet au sol par un téléphérique dont les câbles oscillent doucement dans le vide. Échange avec des entrepreneurs agricoles brésiliens : ils calculent en milliers d'hectares et en millions de dollars. Nos réticences sur les OGM les laissent de marbre. « Et vous allez les nourrir avec quoi, vos bêtes? Vos tourteaux de soja, ils viennent de chez nous, non? Vous acceptez les OGM pour les tourteaux de soja et pas pour le reste? » Ils représentent une partie seulement des agriculteurs brésiliens, mais leur appétit de richesses est féroce et sans limite. Quelle que soit la sympathie que nous pouvons éprouver en Europe pour les petits, les dépossédés, les prolétaires de la terre brésilienne, ce sont les gros propriétaires qui ont emporté le morceau. Comme leur gouvernement, ils sont prêts à soutenir des mesures de réduction de la spéculation agricole, mais en fixant une seule limite, toujours la même : le niveau des prix. Après le déjeuner, nous montons au Corcovado. Arrêt au Largo de Boticário : une maison coloniale décrépite se tient encore difficilement debout, sous des arbres voûtés ; accrochée à flanc de colline, elle semble sur le point de se faire dévorer par la végétation luxuriante qui entoure son visage fatigué comme une chevelure touffue et odorante ; des fourmis grignotent le ciment rose ; au milieu de la cour pavée, un rai de soleil traverse les ombres glauques et perce un puits de lumière. Au sommet du Corcovado, où les touristes penchés en arrière attrapent le vertige en prenant leurs photos, nous regardons les cônes de taille différente qui bordent la baie et font un chapelet de rochers délicatement posés sur la mer. Des hélicoptères tournoient autour du visage en ciment du Christ rédempteur. Pas troublé pour deux sous, il garde ses deux paumes largement ouvertes, accueillant entre ses bras les pics, les nuages, la richesse et la misère, les touristes des cinq continents, les relents de pollution et le souffle du large, défiant la falaise abrupte, le vide, et imposant au sommet de ce plissement de terre sa solitude. Par moments, des bancs de brume poussés par le vent du large voilent la vue ; la température baisse subitement de quelques degrés ; on réajuste son pull ; on arrête de prendre des photos ; puis la brume se dissipe, le ciel pâlit, et le spectacle de ce premier monde revient, ensoleillé et bouleversant comme une naissance.

Lundi 11 avril – Paris

Laurent Gbagbo a perdu la partie. Les forces ivoiriennes ont mis fin à son simulacre de pouvoir. Il était le chef. Il est un homme seul, assis en chemisette dans un fauteuil rouge, un militaire en treillis debout devant lui. Le militaire se tient appuyé sur son fusil : il est fier, on le voit, il se retient de poser son pied sur le fauteuil, comme un chasseur sur la dépouille du lion, à la fin du safari. Gbagbo fixe la caméra. Son regard de travers, qui exprimait la menace et la ruse quand il avait le pouvoir, maintenant ne traduit plus que la plus profonde incrédulité, la peur aussi. Tous les dictateurs qui chutent ont le même visage, mélange de tristesse, de désarroi, de totale incompréhension. Dépouillés de leur fonction, ils ne se reconnaissent pas, car ils deviennent ce que par tous les moyens ils ont refusé de devenir, des hommes parmi les hommes, soumis aux lois. La femme de Gbagbo se trouve dans la même pièce, en retrait. Elle paiera pour les crimes de son mari, encore plus cher, comme toujours les femmes de dictateurs, qui jouent dans l'imagination populaire le rôle des inspiratrices, des profiteuses, des démons, sans rien de la légitimité que donne la peur du pouvoir, même déchu.

Mercredi 13 avril – Paris

« Alors, maintenant que Gbagbo est tombé, voilà que nos amis journalistes se demandent si tout cela était légitime. Voilà ; on est en France, hein ? Mais l'intervention militaire, c'est le mandat de l'ONU, non ? Je me trompe ? C'est pas le mandat de l'ONU ? » Il fait mine d'interroger les ministres en faisant glisser son regard de l'un à l'autre, fixe le Premier ministre qui griffonne des notes sur un calepin noir. « C'est pas le mandat de l'ONU ? Et Ouattara, il a pas été élu ? » Les apartés cessent ; les petits mots ne circulent plus ; silence religieux autour de l'autel du pouvoir républicain, la table du Conseil des ministres, un long plateau de contreplaqué ovale, recouvert de feutre beige. Le Président poursuit : « Est-ce que les Africains ont droit à un président démocratiquement élu, ou pas ? S'ils ont pas le droit, il faut le dire, hein ? Il faut le dire ! » Il se cale en arrière dans son fauteuil, comme le boxeur qui après avoir asséné ses coups recule, prend du champ, et protège juste son visage avec ses mains : « Alors on a pris des risques, oui. On a pris des risques. Mais est-ce qu'on pouvait ne pas en prendre ? Il faut prendre des risques pour vivre ; il faut. » Après la communication de Chantal Jouanno sur les retransmissions télévisées des événements sportifs, il ajoute : « C'est une obligation de service public : ils doivent retransmettre. Il faut leur tordre le cou, sinon il se passera rien. Par exemple, on voit plus Milan-San Remo ; moi, quand j'étais jeune, je regardais Milan-San Remo ; alors pourquoi on verrait plus Milan-San Remo, hein ? Pourquoi ? » Président résolu, serein malgré les mauvais sondages et les pronostics de plus en plus sombres pour 2012 ; les mauvaises nouvelles semblent couler sur lui comme une eau sale sur le pelage de la bête qui ne sent plus ni le froid, ni la douleur, ni les morsures de ses adversaires, ni les flatteries de ses courtisans. En sortant, je laisse à un huissier une note à remettre au Président sur les priorités agricoles : l'allègement des normes, la défense du budget de la PAC, le soutien au plan d'action du G20.

Jeudi 14 avril – Paris – Lille

Après dix minutes à tombeau ouvert dans les rues de Lille, je tapote l'épaule du chauffeur du préfet en lui demandant de ralentir et de sortir de la voie de bus. « Mais, monsieur le Ministre, il y a les motards devant ! — Eh bien, vous lâchez les motards et vous roulez normalement. » Plus le pouvoir d'État est faible, plus il se raccroche à ses symboles, et devient odieux aux citoyens. Les représentants de la Confédération paysanne accueillent pour la première fois un ministre d'un gouvernement de droite à leur congrès. Ils me donnent la parole. La salle écoute avec attention. Je n'aurai sans doute pas convaincu grand monde, mais au moins le dialogue aura été engagé. La France a élevé des digues si hautes entre les catégories sociales, les professions, les territoires, et même les institutions, que plus rien ne communique et que plus personne ne se comprend. Nous en arrivons à parler des langues différentes. La responsabilité des politiques est de faire tomber ces digues et de rétablir des voies de navigation entre les uns et les autres. Hélas, comme ils sont modestes, ces grands travaux sont aussi les plus difficiles à mettre en chantier.

Dominique de Villepin présente la mesure phare de son programme : la mise en place d'un revenu citoyen de 850 euros. La gauche salue le geste ; la droite s'étrangle. Avec cette nouvelle allocation, il coupe les ponts avec son électorat potentiel sans prendre une voix dans le camp adverse.

Vendredi 15 avril – Rome

Promenade dans Rome avec Pauline. Il fait nuit. Des scooters passent en tremblant sur les pavés mouillés. Sans but particulier, nous marchons jusqu'à une fontaine dont la vasque en forme de coquille, ourlée de mousse, déborde d'une eau glaciale. Je viens de fêter mes quarante-deux ans. Et je retourne aux mêmes endroits, dans les mêmes villes, satisfait de ces habitudes qui me construisent un monde familier, mais avide aussi de nouveauté, comme un oiseau de proie qui tourne en cercle dans le ciel vide, et pique à terre pour calmer sa faim. Pauline est enceinte de plus de six mois. Elle marche lentement. Nous faisons des arrêts réguliers sur les bancs et aux terrasses des cafés.

Samedi 16 avril – Rome

À la Villa Bonaparte, Stanislas de Laboulaye, notre ambassadeur après du Saint-Siège, nous accueille Pauline et moi avec un mélange de flegme britannique et de détachement. Pendant les deux années où nous avons travaillé directement ensemble, en pleine crise iraquienne, j'ai apprécié la justesse de ses analyses, son sang-froid, son égalité d'humeur, qui est une des qualités les plus rares à ce niveau de responsabilité. Dominique de Villepin et Jacques Chirac avaient décidé de contrecarrer les plans de Bush ; il redoutait les réactions américaines ; c'était notre seul point de divergence. Il nous emmène dans le parc, dont la pelouse pelée, bordée de petites haies de buis, et les sentiers recouverts de gravier sentent le square de province. La partie la plus jolie se trouve sur le côté de la villa : des tomates poussent sur des treilles, des massifs de pivoines colorent les allées et, sur des petits carrés de terre, des laitues pointent leur tête. Ici, la campagne a repris ses droits. On se croirait dans les environs de Rome, si le bruit de la circulation ne venait pas cogner contre le mur en brique, où se livrèrent les derniers combats entre les troupes italiennes et les zouaves pontificaux. Dans la maison règne l'agitation des grands jours ; deux déménageurs, les bras chargés d'un canapé, bousculent l'ambassadeur à l'entrée de la chambre de Pauline Bonaparte ; l'intendant se confond en excuses ; une jeune femme crie des ordres à des jeunes apprentis qui installent un buffet ; un cuisinier pousse un chariot métallique fumant sur le dallage en marbre en criant : « Chaud devant ! Chaud devant ! » Stanislas de Laboulaye se retourne vers nous en montant l'escalier dont la rampe a été recouverte de fleurs en papier blanches : « Visiblement, c'est un mariage. » Il nous fait entrer dans un grand salon dont le parquet en étoile semble fondre comme du miel sous le soleil matinal ; personne à cet étage ; seulement les cris du bas qui nous parviennent encore par moments, le raclement des meubles qu'on déplace, les essais de sono, un deuxième passage du cuisinier dont la voix monte jusque sous les fresques : « Chaud devant ! Chaud devant ! » Stanislas de Laboulaye sourit derrière sa moustache : « Heureusement, on ne loue que le rez-de-chaussée. » Il nous propose de nous installer dans des fauteuils en soie jaune : « On est bien, ici, mais le poste est moins intéressant qu'on ne croit. La diplomatie vaticane a des informations intéressantes, qui viennent de partout dans le monde, mais personne pour les traiter. Donc son influence est totalement exagérée. Ce qui est plus intéressant, c'est leur ordre de priorité : d'abord l'Église, ensuite les catholiques, enfin les peuples. Dans cet ordre. Mais d'abord l'Église. Le Pape, lui, il s'intéresse en priorité à l'Europe. Il estime que l'Europe, c'est le cœur de la chrétienté ; si la chrétienté disparaît en Europe, elle s'éteint ailleurs. C'est son analyse. Ce qui l'effraie, par exemple, c'est l'effondrement des contributions des catholiques en Allemagne. Pour lui, personnellement, c'est un désastre, et le signe du déclin. » L'après-midi, assis avec Pauline dans une des églises du Trastevere, sur un banc en bois sombre qui sent la cire, je sens mon portable vibrer dans ma poche ; appel inconnu ; je décroche : « Monsieur Le Maire ? Ici le secrétariat particulier du Président. Je peux vous passer le Président ? » Je me lève, et tandis que je remonte l'allée en pressant le pas, j'entends la voix familière qui résonne sous les pierres nues : « Bruno ? Tu vas bien ? Dis-moi, j'ai lu ta note. Évidemment, on fera tout ce que tu voudras. Tu me dis : on le fait. Qu'est-ce qui est le plus difficile ? » Je chuchote en poussant la double porte qui mène dehors : « Le budget de la PAC, monsieur le Président. Barroso n'a pas renoncé à le réduire. Il faut intervenir à votre niveau. » Il fait doux sur la petite place. Le Président continue, avec de la lenteur dans la voix, presque de la suavité, comme si le souffle printanier de Rome sortait de sa gorge : « Écoute, Bruno, je vais le faire ; et on va faire un déplacement ensemble, d'accord ? Et je dirai ce qu'il y a à dire. Hein ? C'est bien ? On va continuer comme ça. » Il ajoute : « Bon, tu as vu, sur la Côte d'Ivoire, quand même, hein ? Ça s'est bien terminé ; c'est une bonne chose. » Un garçon maigre comme un clou embrasse maladroitement une fille qui paraît quatorze ans, aussi maigre que lui, le teint livide, les cheveux filasse. Quand il a fini, elle pose sa tête sur son épaule et gratte le cuir de son blouson. « C'est quand même une bonne chose, ce Gbagbo qui est parti. » Il le répète deux fois, comme pour se convaincre que tout ne va pas si mal, que la partie reste possible ; lui qui passe pour sûr de lui, au ton de sa voix, à son vocabulaire, aux interrogations qui ponctuent ses phrases, je sens la quête de mon assentiment, et le besoin est si réel que tout est fait pour que je ne puisse que le donner ; il pose des questions qui commandent les réponses : « C'est quand même bien, non, que Gbagbo soit parti ? — Oui, bien sûr. » Et si par malheur je répondais autre chose, il ne m'en voudrait pas, il trouverait un autre ministre, ou un proche, ou un conseiller, pour lui apporter cet assentiment, et faire passer mes réserves pour de la mauvaise foi, ou des remarques de mauvais coucheur. La vie politique est si précaire qu'elle demande sans cesse et partout du renfort moral ; même les ambitions les plus résolues se construisent en secret dans le doute.

Mardi 19 avril – Paris

Dans son bureau du Sénat, Jean-Pierre Raffarin reprend une antienne qui est désormais dans toutes les bouches de la majorité : « Là, on va droit dans le mur. » Il ajoute : « Est-ce qu'il doit changer de Premier ministre ? C'est difficile. On se crée un problème. En fait, c'est trop tard. Il aurait dû changer Fillon à l'automne dernier : il ne perdait rien, il gagnait tout. Toi, Juppé, n'importe, de la rigueur, du sérieux, du sens de l'État. Maintenant, c'est plus compliqué. Pour moi, il a perdu la présidentielle à ce moment, en ne changeant pas de Premier ministre. » Il conclut dans un éclat de rire et en frappant sa cuisse du plat de la main : « Mais on va le faire gagner, non ? »

Le Président entre dans la salle à manger à 20 h 30 précises. Il serre la main de François Baroin et de Jérôme Lavrilleux, qui remplace Jean-François Copé ; il me tape sur l'épaule en contournant la table ronde. « Allez ! Asseyez-vous ! Asseyez-vous ! » Il déplie sa serviette, regarde les deux places vides : « Et Xavier ? Il est où, Xavier ? » Un huissier en queue-de-pie se penche vers lui : « Il

arrive tout de suite, monsieur le Président. » Chacun se tait ; on
regarde le menu ; on joue avec ses couverts ; on grignote du pain.
« Et Brice ? Il est où, Brice ? » Le même huissier se rapproche et se
penche à nouveau, en retenant sa chaîne en argent contre sa poitrine : « Il arrive, monsieur le Président. Il nous a prévenus qu'il
aurait cinq minutes de retard. » Xavier Musca entre, s'assied rapidement. « Désolé, je terminais un dossier. — Eh bien, termine ton
dossier mais appelle Brice. Il est où, Brice ? » Xavier se relève et
appelle Brice Hortefeux. Il revient : « Brice arrive. — Oui, qu'il
arrive, 20 h 30, c'est 20 h 30. » Un long silence. Le Président tapote
la table avec la lame de son couteau. « Bon, ce dîner, je compte sur
vous, il existe pas, d'accord ? Non, parce que je connais les problèmes, on parle, on parle, et ça fait des drames. Je vous dis comment on va travailler pour la campagne : Brice sera mon directeur,
Jean-François au parti, et François et Bruno au cœur du dispositif,
ça vous va ? » Brice Hortefeux entre en bredouillant des excuses,
que le Président coupe sèchement : « De toute façon, tu es toujours
en retard ; tu es mon meilleur ami, c'est pas une raison pour arriver
en retard à chaque fois, hein ? Après, on perd du temps. » Il repose
son couteau sur la nappe ; prend une longue inspiration ; plonge
dans un discours sans une seule interruption, comme un plongeur en
apnée qui descendrait palier par palier au plus profond de la mer. Et
nous descendons avec lui, subissant avec lui le poids écrasant de la
fonction, éprouvant la sensation de solitude, et les hallucinations
des profondeurs. Ses mots ont le poids des plaques de plomb qui
tirent toujours plus bas, et rendent le corps toujours plus lourd, la
mer toujours plus écrasante, un bloc contre les poumons : « Les
Français, ils veulent me voir souffrir ; c'est comme ça ; ils me
mettent en cohabitation : avec les journalistes, avec la presse, avec
les sondages ; je me suis toujours construit comme ça, dans la difficulté ; je changerai pas ça, c'est trop tard. Mais je peux faire la rupture avec moi, ils le savent ; le second mandat, le dernier, je le

construis autrement; je renouvelle; je suis le Président apaisé.
Personne ne se pose autant de questions sur ce Président que moi :
personne! Je m'interroge; pas besoin de psychanalyse, je le fais tout
seul; je me pose des questions, sur moi, sur les autres. François
Fillon? J'ai décidé que je le garderai; j'ai décidé que ça se passerait
bien, donc ça se passera bien; c'est une décision, je m'y tiens; je le
changerai pas. Qu'est-ce que vous voulez? Que je me crée une difficulté? Que je me crée un problème là où il y a pas de problème?
Comme s'il y en avait pas assez, des problèmes. Alors évidemment,
je vois, il a ses défauts : qui a pas de défauts? Qui? J'ai dépassé tout
ça, ça m'intéresse pas. Vous voulez que je lui dise de se remuer
plus? Je lui dirai; pour la milliardième fois; et ça changera rien. Je
vous dis, on change pas les rayures d'un zèbre. J'ai fait ça avec Balladur : j'ai fait ses discours, je lui ai donné des conseils, je parlais
pour lui, et plus je parlais, plus j'aidais Chirac. Voilà la vérité : Balladur, c'est Balladur; Fillon, c'est Fillon; Sarkozy, c'est Sarkozy.
Et on est seuls. » Là, il reprend son souffle; son visage a quelque
chose de transfiguré; il sourit, regarde Jérôme Lavrilleux, plaisante
un instant : « Je m'obsède pas avec ça; Jean-François, il devrait
faire la même chose. Il y a trois jours, là, je publie une tribune avec
Obama et Cameron sur la Libye. Bon, pas simple de convaincre
Obama. Un joli coup, non? Jean-François m'appelle. Tu crois qu'il
me parle de ma tribune? Non. Absolument pas. Il me dit : "Tu as vu
page 3 du Figaro? — Non, qu'est-ce qu'il y a page 3 du *Figaro*?
— Xavier Bertrand se rapproche de Fillon. — Ah bon? Xavier Bertrand se rapproche de Fillon? Et alors? Tu as vu ma tribune avec
Obama et Cameron? Non? Eh bien, lis ma tribune avec Obama et
Cameron." » Puis son visage se ferme, il replonge : « On me dit : il
faut renouer les liens avec les Français. Mais renouer quoi? Quand
je vais à Charleville, il faut voir le monde; il faut voir les gens; des
centaines de gens, qui veulent me voir. Je pars ce week-end, combien de paparazzis? Quatre, chaque jour, qui me suivent partout,

avec mon vélo. Les coups, j'en prends. Les salauds, je les connais ; les salauds, il y en a plein en politique ; et il y a rien de plus contagieux que les salauds. C'est comme ça, il faut faire avec. Sinon, on fait un autre métier. Et les coups, ça fait grandir ; un bon article, ça fait plaisir, mais ça fait pas grandir ; c'est les coups qui font grandir. Moi, on m'a traité de Iago ; Iago ! Mais je vais vous dire : si on m'avait pas traité de Iago, j'aurais jamais été président de la République. Vous comprenez ? Si j'avais pas été Iago, je serais pas président de la République. » Nouvelle inspiration ; il en profite pour avaler une bouchée ; remet sa fourchette de travers sur son assiette en porcelaine de Sèvres : « Il y en a qui pensent que je vais renoncer ; mais ils vont être déçus ; ils vont vraiment être déçus ; parce que j'irai, quoi qu'il arrive. Vous entendez ? Quoi qu'il arrive ! Je suis indécourageable. Évidemment, ils sont déçus ; ils sont inquiets ; ils se disent : ce type-là, avec tout ce qu'il se prend sur le coin de la figure, il devrait déjà être mort. Et s'il est pas mort maintenant, c'est inquiétant pour plus tard, vous voyez ? Vous voyez ? C'est ça qu'ils disent. »

Mercredi 20 avril – Paris – Francfort – Addis-Abeba

Pendant le vol Lufthansa pour Addis-Abeba, je lis quelques pages de *La Bascule du souffle*, feuillette un magazine qui titre sur le mariage de William et Kate le 29 avril prochain, avant de sombrer dans le sommeil. Au réveil, je vois par le hublot couvert de buée la myriade de petites flammes vacillantes, pâles, qui signalent notre atterrissage proche dans une capitale africaine, et font une constellation lointaine qui aurait touché terre. En une heure nous sommes à la résidence, une bâtisse en bois installée au milieu d'un parc de plusieurs hectares ; un feu a été préparé dans ma chambre ; les écorces sèches brûlent d'un coup, laissant sur la dalle un tapis de cendres qui rougeoie doucement ; des branches se balancent devant la fenêtre et dessinent des ombres animales sur le mur.

Jeudi 21 avril – Addis-Abeba

Éric est celui de mes officiers de sécurité qui aime le moins courir. « Vous êtes sûr ? À cette altitude ? » Nous franchissons la grille du parc avec le consul général, un jeune au visage ouvert, fin comme une lame, qui nous sert de guide. Deux gardes en uniforme défraîchi nous saluent vaguement quand nous franchissons la grille du parc. Une rue goudronnée monte vers les plateaux qui dominent Addis-Abeba. Essoufflé au bout de 100 mètres, je demande au consul à quelle altitude nous nous trouvons : « Pour le moment, 2 800 mètres. — Et après ? — 3 000. Si vous courez bien ! » Dans les petites échoppes en tôle ondulée, des femmes fouillent dans les tissus et emportent des bouteilles de soda, des fruits, de la viande grouillante de mouches ; une vieille bossue porte un fagot trois fois large comme elle sur son dos ; des enfants en pantalon gris, leur cartable sur le dos, nous sourient, les plus audacieux nous tendent la paume de leur main pour que nous tapions dedans ; un groupe de trois ânes broute une herbe sèche. « Écartez-vous ! » Un minibus dévale en trombe la route. Je souffle, incapable de suivre le consul, qui gambade devant moi ; le goudron a disparu sous une terre ocre et creusée par les pluies ; des pins ; un ciel bleu uniforme. Éric a abandonné, il marche une centaine de mètres derrière nous, en se tenant les côtes. À nouveau des enfants, qui jouent dans les rigoles. Puis une forêt et la terre rougie par le minerai de fer. Nous sommes seuls. Le sang cogne contre mes tempes, ma respiration devient de plus en plus courte. Sur la colline en face, les feuilles des eucalyptus soulèvent une vague argentée, qui ondule et retombe, puis se redresse, et parcourt la pente comme un frémissement. Épuisé, au bord de la syncope, je ne cours plus, je marche. « Allez ! Encore un effort ! Et on retourne à la résidence ! » Dans un creux, des femmes se baignent au milieu des chèvres, laissant couler sur leur peau brune une eau huileuse. Elles se couvrent quand nous passons devant elles. Premier rendez-vous de la journée avec le ministre de l'Agriculture. À ma grande surprise, il refuse que nous abordions la question de la prédation des terres agricoles dans notre plan d'action du G20. « Quelle prédation ? Nous avons des terres inutilisées, dans le Sud et dans l'Ouest. Des millions d'hectares. Personne ne veut les exploiter. Et la malaria. Elles sont infestées de malaria. Nous louons ces terres à des Indiens, à des Chinois et à des Saoudiens, qui les assainissent et qui les rentabilisent. Après, nous vendons des fleurs, partout dans le monde. Donc la prédation, non, nous ne voulons surtout pas parler de prédation. » Il plaide pour une agriculture ouverte sur le marché : dans ce pays qui a vécu pendant des années suivant une orthodoxie marxiste des plus strictes, les règles du capitalisme mondial ont été assimilées à une vitesse stupéfiante. Notre souci de régulation inspire à mes interlocuteurs de la méfiance, comme si nous voulions maintenir à tout prix nos privilèges européens, les aides agricoles, les tarifs douaniers, sous prétexte de lutter contre la spéculation. Déjeuner dans un restaurant du centre-ville. On nous sert du poisson grillé, dont la peau sèche brûle les doigts. Un groupe de vieillards est attablé à côté de nous. Leurs visages osseux de montagnards me rappellent celui de leur empereur, Hailé Sélassié, appelant la SDN au secours en 1936, devant une assemblée de diplomates occidentaux en hauts-de-forme à huit reflets, indifférents et polis. Leur front osseux et dégagé, leur chevelure bouclée, leur barbe taillée ras leur donnent la même dignité paisible, assis devant un plat de poisson, que leur ancien chef debout à la tribune de la SDN, drapé dans une tunique de coton, en tant que dernier dirigeant légitime de la terre. Une Cadillac noire nous attend à la sortie du restaurant. Elle nous emmène chez le Premier ministre. Meles Zenawi loge dans un bloc de béton posé sur les hauteurs d'Addis-Abeba. Il sort peu ; travaille jour et nuit ; vit cloîtré dans ce dédale de pièces sombres dont les murs sont tendus de moquette marron. Après en avoir fini avec Mengistu, il a réussi en vingt ans à convertir son pays au libéralisme, à le moderniser et à lui donner une place majeure sur la scène africaine. Le crâne dégarni et luisant, les yeux ronds comme des billes, une petite barbiche sur le menton, dont il ne cesse de vriller les poils, il me fixe sans bouger de son fauteuil. « *So, mister Minister, you are working on a plan of action. I'm listening to you.* » En quelques minutes, je lui présente les grandes orientations de notre plan pour le G20. Il écoute ; griffonne des signes incompréhensibles sur un calepin posé sur un des accoudoirs de son fauteuil ; et me répond d'une voix fluette : « *Well, mister Minister, you are right : in some countries speculation can be a problem. And in other countries, speculation kills people. It creates troubles. So, we will support your initiative. But be aware that agriculture is one of the most important components of our economy.* » Sous-entendu : ne cherchez pas à maîtriser les prix, qui nous font vivre. Il me parle ensuite de la Libye et de Kadhafi, en vrillant encore plus sa barbiche, le regard amusé et brillant : « *You know, we use to say in Ethiopia : "Never catch the tail of a tiger."* » Il toussote en mettant sa petite main devant sa bouche, qui a renversé Mengistu : « *But once you have caught it, you should better kill the tiger.* » Il toussote encore : « *You have caught a feroce tiger, named Kadhafi. You should not leave him alive. You have to kill him. This is the single solution. You have to finish the job. People fear him. People fear Kadhafi. Unless he is dead and they can touch his body, unless he is six feet under, they won't believe he is dead. They're very few people supporting him in Africa : less than the five fingers of my right hand. But all the others fear him. So let's do the job till the end : kill him. Kill Kadhafi.* » À la fin de l'entretien, il me raccompagne en me glissant : « *Please convey my best regards to President Nicolas Sarkozy. He is a great man. You know, he is my friend.* »

Vendredi 22 avril – Addis-Abeba – Khartoum – Amsterdam – Paris

Dans la salle d'attente de l'aéroport d'Addis-Abeba, Al-Jazira diffuse les images d'un insurgé libyen qui tire à la mitrailleuse lourde derrière une tourelle en acier. Il plisse les yeux ; ses deux mains s'accrochent aux bras de la mitrailleuse comme à un guidon de vélo lancé à pleine vitesse ; une dizaine de détonations ; à chaque rafale, son buste se désarticule, pris de soubresauts incontrôlables, puis retombe, inerte ; le silence ; quand la caméra filme la rue vers laquelle il dirige ses tirs, on ne voit rien, seulement une image floue, de la poussière, un bâtiment et des impacts de balles, qui font des étoiles noires sur le mur. Dans la salle d'attente grisâtre, une petite centaine de passagers commence à s'endormir sur les banquettes en fer. Des hommes d'affaires lisent leurs journaux. Des enfants jouent par terre. Nous embarquons à 23 heures. Sur Al-Jazira, l'insurgé libyen continue de vider son chargeur. Parfois les passagers qui embarquent, le passeport à la main, lèvent la tête et le regardent, parce qu'ils n'ont rien d'autre pour se distraire. Je me dis que la guerre est un des aspects de notre monde, avec lequel il faut bien vivre, et ni plus ni moins intéressant que la mode, la cuisine, le sport, le sexe, le cinéma, qui doivent défiler en ce moment sur les autres chaînes. Et pourtant elle reste pour moi la guerre, le fait inacceptable et ordinaire de la guerre qui, même réduit à une image lointaine, interdit de dormir du sommeil du juste. Après une heure de vol, atterrissage à Khartoum. De Khartoum, départ pour Amsterdam. Il est 6 heures du matin quand nous survolons la campagne néerlandaise : sous le soleil, les canaux font des rigoles de plomb fondu, qui traversent des champs déserts, recouverts de brume, et barrés au loin par la mer. Campagne ordonnée et muette, comme une ascèse, à des milliers de kilomètres du grouillement de Khartoum, mais que dix heures de vol seulement suffisent à rapprocher, comme par enchantement. Avec la préparation du G20, je me sens comme le serveur qui sort de sa cuisine par les portes battantes pour aller en salle et revient, cinquante fois par jour, sans plus faire attention à la cuisine comme à la salle, car il est partout chez lui, seule le préoccupe sa fatigue en fin de journée. En Europe le matin, en Afrique ou en Asie le soir ; ici un désarroi, le sentiment que notre histoire nous échappe, la peur de la précarité, le repli, ailleurs un enthousiasme, la certitude de son avenir, la dureté, la volonté de définir désormais les règles du jeu mondial ; ici une mélancolie, ailleurs une joie parfois factice, mais débordante, cruelle, aveugle et ivre. En Europe tout reste possible pourvu que nous retrouvions un esprit commun.

Lundi 25 avril – Saint-Pée-sur-Nivelle

Cela fait plusieurs jours que les enfants ne m'ont pas vu. Ils me montrent leur mécontentement en gardant le visage fermé et la bouche close ; leurs regards se détournent ; ils échappent à mes bras comme des anguilles. Quelques minutes seulement, le temps de protester. Puis ils oublient. Ils me tombent dessus. Ils ont grandi d'un coup, tous les trois. Matthias emploie des mots que je ne lui avais jamais entendu prononcer. Il répète en boucle une nouvelle expression, transmise par sa cousine : « Espèce de canaille ! » Le soir, je l'emmène se promener jusqu'au calvaire en ciment blanc qui se dresse à 300 mètres de la maison. Sur la route, un chien aboie. Matthias se réfugie entre mes jambes. Quand nous avons dépassé le chien, il reprend sa liberté, marche sur la route, en fouettant les fougères. Il veut absolument monter sur une marche du calvaire, qui domine la campagne. Lorsque je le fais redescendre, il me souffle à l'oreille : « Espèce de canaille ! »

Jeudi 28 avril – Paris – Égletons – Luxeuil

Aucun des candidats socialistes n'est encore officiellement déclaré. François Hollande rappelle sa détermination dans un meeting. Ségolène Royal sort de son silence. Dominique Strauss-Kahn, de passage à Paris, avance ses pions et rencontre Martine Aubry, qui dément. Les grands cols qui font la différence sont pour demain ; pour le moment ce sont les faux plats, vent de face, peloton dense, échappées impossibles.

« Vous croyez que c'est vraiment utile ces ceintures, Nicolas ? — Ah je vous assure que oui, Bernadette ! Je vais vous dire, Bernadette, j'ai vu un de mes collaborateurs, dans un petit avion comme celui-là, il y a eu un trou d'air, il a été projeté au plafond ! Projeté ! D'un coup ! — Et il s'est fait mal ? — Une minerve, Bernadette, une minerve, pendant six mois. — Alors, dans ces conditions… » Bernadette Chirac laisse le Président ajuster sa ceinture au-dessus de son tailleur en laine, avec une prévenance infinie : « D'un autre côté, c'est pas la peine non plus de la serrer comme un saucisson, hein ? Ce qui compte, c'est qu'elle soit attachée. » Assis en face, Nathalie Kosciusko-Morizet et moi les écoutons discuter. « Vous êtes bien installée, Bernadette ? Bon, alors ça va. » Il se tait. Une hôtesse vient installer la nappe et les couverts pour le petit déjeuner. Nathalie croise ses jambes. « Tu as mis tes bottes Hermès, Nathalie ? Elles sont magnifiques. Hermès, c'est cher, mais c'est magnifique. » Il se tourne vers sa voisine : « Mais vous, Bernadette, vous êtes un peu gestionnaire d'Hermès, non ? — Comment ça, Nicolas ? — Maintenant que Bernard Arnault a racheté une part d'Hermès. Vous êtes bien au conseil de LVMH ? Donc vous êtes un peu gestionnaire d'Hermès. — Vraiment un tout petit peu. — Allons, Bernadette, vous faites partie des *tycoons* de la finance, maintenant ! Des *tycoons* de la finance ! » Les lèvres fines de Bernadette Chirac esquissent un sourire, elle hoche la tête à trois reprises, comme pour dire : « Alors vous alors, vraiment ! » Il continue sur le même ton un peu ironique, un peu charmeur. « En tout cas, Hermès, c'est une belle maison. Mais qu'est-ce que c'est cher ! C'est hors de prix ! Le Kelly de base, pas le Kelly en croco, hein ? Le Kelly de base, il est quand même à 5 000 euros ! 5 000 euros ! Je l'ai dit un jour à la famille : "5 000 euros, tout de même, vous vous rendez compte ?" Mais si ! Je vous assure ! 5 000 euros ! Écoutez, je suis pas un plouc, je connais. » Un livre de poche est posé devant lui. Bernadette Chirac le fait pivoter vers elle du bout des doigts : « *Un barrage contre le Pacifique*, c'est bien, ça ? » Il change subitement de ton, devient plus grave : « C'est le plus beau livre de Duras. Beaucoup plus beau que *L'Amant*. Parce que c'est son histoire. L'histoire de sa mère. » Elle le regarde, admirative : « En fait, vous lisez beaucoup, Nicolas ! Beaucoup ! — Oui, je lis beaucoup. On croit que je lis rien, je lis beaucoup. Mais je vais vous dire, Bernadette, j'ai un faible pour Stendhal. Et un faible encore plus important pour *La Chartreuse de Parme*. *La Chartreuse de Parme*, c'est magnifique. Fabrice del Dongo est un imbécile, un fat, mais *La Chartreuse* est une merveille. » Son regard se durcit : « Les cuistres me reprochent de pas aimer *La Princesse de Clèves*. *La Princesse de Clèves*, je l'ai lu trois fois. J'y peux rien si c'est ennuyeux à mourir. Tandis que Stendhal, je me régale. — Vous avez bien raison, Nicolas. » Bernadette Chirac rajuste son cardigan sur sa poitrine, le Président continue : « Il y a aussi Flaubert. *L'Éducation sentimentale*. Pour moi, c'est une merveille. Il y a une description de forêt dans *L'Éducation sentimentale*, une merveille ! Tous les détails : la mousse, le lichen, l'écorce, les feuilles. Vous savez qu'il a passé un mois dans la forêt pour avoir une description juste ? Un mois ! Flaubert, c'était un obsessionnel, comme moi. Mais à un certain niveau, on réussit que comme ça : il faut être obsessionnel. » Le FX 70 se pose sur la piste de Brive, une bande de goudron lisse comme un lac, neuve, coupée en deux dans le sens de la longueur par deux bandes parallèles de peinture blanche. Un hélicoptère nous emmène ensuite à Égletons. Premier arrêt devant des forestiers, qui mettent en marche devant le Président et Bernadette Chirac une machine à débiter des sapins. En une minute, la machine avale un tronc, l'effeuille, le débite dans un bruit effrayant, et le recrache en petites bûches qui tombent mollement dans la sciure. « Impressionnant, Bernadette, hein ? — Impressionnant, Nicolas. » Deuxième arrêt dans une cabane forestière, où une collation nous est servie. Nathalie et moi restons en arrière. Les photographes mitraillent Nicolas Sarkozy et Bernadette Chirac qui plantent ensemble une jeune pousse de sapin. Troisième arrêt dans une entreprise de bois. François Hollande accueille sur ses terres ses deux invités de marque. Il les suit dans la visite, un peu en retrait, et se tient debout face au Président quand il prend la parole devant les ouvriers, sur fond de planches en bois. Le Président empoigne le micro. Il sourit. Il vante les réussites de son gouvernement. Insiste sur la défiscalisation des heures supplémentaires : « Et il y en a combien des heures sup' chez vous, hein ? Combien ? Et ça rapporte combien aux ouvriers ? 1 500 ? 2 000 euros par an ? Eh ben, c'est pas si mal ! Et ça fait du carburant pour l'économie ! » Il se tourne vers les uns, les autres, assure le spectacle, devant un François Hollande qui ne bronche pas. Un de ses adversaires les plus dangereux pour la présidentielle semble ici, en Corrèze, presque diminué par la différence de fonctions, que ne suffit pas à combler la possibilité de sa victoire. Le pouvoir a un éclat immédiat, qui aveugle sur la suite. On ne pense pas que le puissant pourra être le faible, et le faible le puissant, on ne voit que la puissance tout court, et son incarnation. La plupart des erreurs historiques tiennent à ce défaut de perspective. On croit la perspective fermée et invariable : elle est ouverte, et elle change. Dans le Super Puma de retour, Bernadette Chirac remet sa mèche en place, retire ses lunettes fumées qui mangent la moitié de son visage, pousse un long soupir : « Nicolas, vous avez été formidable ! Vraiment formidable ! Vous ne trouvez pas qu'il a été formidable ? Et cette mémoire ! Vous avez une mémoire stupéfiante. Vous vous souvenez du prénom de chacun. — Bernadette, vous êtes trop gentille ! Depuis combien de temps on se connaît, Bernadette ? Trente-cinq ans ? Trente-huit ans ? Ça commence à faire un bout ! Eh bien, Bernadette, elle m'a toujours soutenu ! Toujours ! — Et je continuerai, Nicolas, vous le savez. Vous savez que vous pouvez compter sur moi. Vous me demanderez, je le ferai. Je ferai mon travail de petite fourmi. » Le Président part d'un éclat de rire, tandis que le Super Puma bascule en avant et s'arrache au sol. Il dit dans le bruit des réacteurs : « Une sacrée petite fourmi, quand même, Bernadette ! Une sacrée petite fourmi ! » De Villacoublay, un Falcon m'emmène en Haute-Saône chez Michel Raison. Pas eu le temps de manger quoi que ce soit. Un début de migraine me serre les tempes dans un étau. Et il faut encore fêter l'AOC du kirsch de Fougerolles, visiter une exploitation, discuter avec les producteurs, animer une table ronde sur la filière laitière. Ce sont les visages qui me font tenir le coup : tous ces visages prévenants, qui attendent ma visite, veulent me donner des explications, demandent des réponses à leurs inquiétudes, et font la vraie vie de la politique.

Vendredi 29 avril – Ermenouville

La départementale disparaît dans les colzas. Au-dessus de la mer jaune, un ciel de plomb menace de crever. Un vent venu de la mer toute proche rabat les herbes sur le bord de route et fait voler les fils des pissenlits. Des maisons de brique se dissimulent derrière des talus plantés de hêtres. Immobile sur le macadam, comme posé sur une table de dissection, un oiseau écarte ses ailes sèches, son œil plonge dans son orbite rongée par les fourmis. Un éclair ; un grondement ; le ciel crève ; une pluie lourde noie la route, les champs, les arbres et les talus ; la plaine de Caux fond en eaux. Mon conseiller pour les affaires réservées, Sébastien Lecornu, me téléphone en fin de journée : « La fille de Francis Gautier est portée disparue dans l'attentat de Marrakech. On attend des nouvelles. Mais ce serait bien que vous lui passiez un coup de fil. »

Dimanche 1ᵉʳ mai – Saint-Germain-sur-Avre

Francis Gautier, le maire de Saint-Germain-sur-Avre, est terrassé par la douleur. Il est resté au fond du jardin de son pavillon, le bras contre un arbre, la préfète et le colonel de gendarmerie autour de lui. Il me voit entrer, il me regarde, il met un moment à me reconnaître, il se jette dans mes bras : « Qu'est-ce que je vais devenir, Bruno ? Qu'est-ce que je vais devenir ? » Il sanglote. La violence du monde ne cessera jamais. Nous, les responsables politiques, nous sommes juste bons à apporter de la consolation, avec une rage impuissante. Tous, nous laissons gonfler la violence, dont nous sommes le plus souvent les spectateurs, parfois les victimes, plus rarement les auteurs, comme une distraction à notre ennui.

Lundi 2 mai – Évreux – Paris

Ben Laden a été tué au Pakistan. Le terrorisme garde sa capacité de nuisance mais il a perdu son visage. Et je sais que cette mort sera un soulagement pour Francis Gautier. À Évreux, une amie marocaine résume les choses : « Au moins, on sera débarrassés. »

Le Président me donne son accord sur toutes mes propositions. Il me promet son soutien pour le budget de la PAC. Il me demande de faire le maximum pour obtenir des résultats concrets dans le cadre du G20. La note écrite reste la meilleure manière de travailler avec lui : il réfléchit, il annote, il décide, il appelle pour donner sa décision. Avec lui, la marge de manœuvre des ministres dépend de leur portefeuille et de leur détermination : je plains les ministres dont il a occupé les fonctions ; mais il respecte les convictions, quand elles sont défendues avec force. Sur le projet 2012, en revanche, il fait une moue dubitative, me laisse avancer des idées sans écouter, il joue avec un objet posé sur la table basse devant lui. Il me laisse terminer ma présentation et conclut : « Bon. Tu vois tout cela avec Xavier, hein ? Tu regardes avec Xavier et tu me dis. » Il me raccompagne. Sur le seuil de son bureau, il me demande des nouvelles de Dominique de Villepin. Il arrête de marcher, me retient : « Villepin, il est comme Juppé : ils ont besoin de l'État. Ils veulent une mission, qu'on leur confie une mission. Ils sont pareils : ce sont des seconds. Premier, c'est différent. » Il appuie sa main sur mon épaule, autant pour garder son équilibre que pour me rabaisser. Il insiste, dans un souffle : « Je peux te le dire : premier, c'est différent ; très différent. »

Mardi 3 mai – Paris

Dîner avec Xavier Musca dans les appartements de permanence. Il évoque la mort de Ben Laden : « Moi, je n'ai qu'un regret, je vais te dire : c'est de ne pas avoir réussi à convaincre le Président de retirer l'expression "justice est faite" du communiqué de l'Élysée. » Il ajoute de sa voix calme et égale, qui laisse parfois percer des accents plus mélodieux, comme si elle étouffait une joie intérieure que la gravité des événements, le poids de sa fonction et une espèce de pessimisme de nature lui interdisaient de manifester : « Je vais te dire, je trouve ça inutile ; d'abord, ce n'est pas vrai, justice n'a pas été rendue ; et puis, c'est inutile. » Il avale une gorgée de vin.

« Allez, c'est la fête ! » Des pas résonnent sur le trottoir. Il me parle du projet de TVA sociale, qui figure dans la première version de mon projet 2012 : « Sur le principe je suis favorable. Après, politiquement, c'est autre chose. Quoi qu'on dise, c'est toujours une baisse de pouvoir d'achat pour les Français. On va se prendre Fabius pleine face. Une deuxième couche. »

Mercredi 4 mai – Paris

François Fillon est sceptique : « Tu veux bloquer la négociation UE/Mercosur ? La Commission a vraiment envie de conclure, la partie va être difficile. — Si on ne bloque pas, tous nos efforts pour les éleveurs seront ruinés d'un coup. Le principe de cette négociation, c'est simple : on sacrifie les éleveurs, pour obtenir des marchés de services en Amérique du Sud. Inacceptable pour les paysans. Inacceptable pour nous. » Il croise les jambes en s'enfonçant dans son fauteuil. « Bon, et tu proposes quoi ? — Il faut s'appuyer sur l'OMC : faire comprendre que la conclusion de l'accord UE/Mercosur, c'est la fin de la négociation OMC. Pascal Lamy a parfaitement compris les enjeux. Il est prêt à nous aider. — Très bien, alors essayons. » Il tire sur ses chaussettes rouges. Passe sa main sur son visage, comme pour en chasser la fatigue. « J'ai eu une longue discussion avec Nicolas. On est plutôt dans une phase d'apaisement. » Il laisse vagabonder un moment son regard ; un sourire énigmatique flotte sur ses lèvres : « Je lui ai dit : "Écoute, Nicolas, soyons clairs, je n'ai aucune intention de me présenter contre toi." » Il sourit plus franchement. « Ensuite, je lui ai avancé trois arguments. Le premier, c'est que nous perdrions tous les deux. Là, j'ai bien compris que l'argument ne lui plaisait qu'à moitié. Ensuite, que j'étais son Premier ministre depuis quatre ans et que, donc, ça n'avait pas de sens. Là aussi, j'ai vu qu'il n'était pas vraiment convaincu. » Il se tait, il plisse les paupières, son regard disparaît presque sous ses

sourcils, il avance la main et dessine un signe vague dans le vide :
« Alors j'ai avancé un troisième argument : "Et puis, surtout, je n'ai
aucune envie de me bagarrer avec un pitbull comme toi pendant six
mois !" Là, j'ai vu que l'argument lui plaisait. Et qu'il le trouvait
convaincant. » Il note que le Président ne profite pas de l'amélioration
du climat politique à droite. « Pour l'instant, ce n'est pas grave.
Mais si cela continue jusqu'en septembre ou octobre, nous aurons
un vrai problème politique. Et si on perd, il ne faut pas s'y tromper,
il y a un vrai risque d'explosion de la droite avec des ralliements à
Marine Le Pen. » Il se tait un instant, corrige à la marge son pro-
nostic : « Le pire n'est pas toujours sûr ; mais le pire existe. »

Jeudi 5 mai – Paris

Des sites Internet commencent à mettre en doute la mort de Ben
Laden. A-t-il réellement été tué ? Dans quelles circonstances ? À
Évreux, le marchand de journaux partage ce scepticisme. « Moi je
crois pas à leur truc ! Ils le trouvent comme par hasard, ils le tuent,
il disparaît, pas de corps, pas de trace, rien. — Mais écoute ! Les
autorités américaines ne prendraient pas le risque de mentir sur un
sujet pareil ! — Et pourquoi non ? Ils ont bien menti sur l'Iraq ! Les
armes, il y en avait pas ! » Réplique imparable. Les responsables
politiques développent une amnésie de leurs mensonges et de leurs
approximations, qui alimente les doutes de la population. Nous sus-
citons la méfiance, demain ce sera le rejet. Il faut des résultats pour
convaincre, des résultats en espèces sonnantes et trébuchantes, bien
visibles, gros plan, plein cadre. Et encore : même les preuves ne
suffisent plus. 47 % des Américains doutent que Barack Obama soit
né aux États-Unis. À court d'arguments, la Maison-Blanche produit
un certificat de naissance du Président : 52 % des Américains croient
à une manipulation du pouvoir. Longtemps le problème majeur des
démocraties a été une forme de mollesse indifférente : ce qui se

passe ne nous concerne pas. Désormais les démocraties ont un problème avec le réel : ce qui se passe est différent de ce qui nous est montré. On nous trompe ; on nous ment ; on nous cache les choses ; la vérité est ailleurs et le pouvoir le sait. Mais le pouvoir ne sait rien de plus : voilà la seule vérité. Le pouvoir peut décider, et encore, mais le pouvoir n'en sait pas beaucoup plus long que le citoyen correctement informé. Quitte à décevoir : la réalité est la réalité et rien de plus. Et tant que chacun des citoyens ne comprendra pas que cette réalité est la sienne, que par conséquent il en est responsable, les démocraties continueront à se vider de leur substance. Rien de particulier ne bouge derrière le rideau. Pas de rat. Pas de fantôme. On perd du temps à vouloir dévoiler les secrets au lieu de comprendre la vérité.

Dimanche 8 mai – Calvi

Avec mes conseillers, nous avons trouvé en Corse des agriculteurs engagés, fiers de leur production, qui ne cesse de gagner en qualité, mais menacés par les détournements de labels, la contrainte des espaces exigus, les coûts prohibitifs des approvisionnements extérieurs, la mort lente des villages de montagne. Tout reste à consolider ou à construire. Chaque parcelle de terre agricole est gagnée contre le maquis, par des heures de travail pénible. Tout ce qui fait la beauté de la Corse, son caractère sauvage, ses montagnes, sa végétation dense et sèche, son isolement, représente autant de freins à la production. Ici le folklore est un handicap. Sinon, dans les rares heures libres que me laisse le déplacement, je retrouve avec un émerveillement identique la Corse au printemps, ses odeurs, ses couleurs qui éclatent partout : dans un pré clos, des chardons bleus frottent la pierre des murets, des églantines laissent flotter une odeur sucrée, et parmi les moutons qui broutent paisiblement sur fond de montagnes en dents de scie, des bouquets de renoncules brillent comme des petits tas de ducats. Le propriétaire du pré me tire de ma rêverie. « Et vous allez nous l'obtenir, l'AOC charcuterie corse ? — Ah, vous savez, c'est long ! — C'est long comment ? — Plusieurs mois. — Eh bien, vous revenez dans plusieurs mois avec l'AOC charcuterie corse. — On est d'accord. À mon retour, vous aurez l'AOC charcuterie corse. »

Mardi 10 mai – Paris

François Mitterrand est désormais si intimement lié à notre histoire que l'anniversaire de son élection ne donne plus lieu à aucun commentaire sur son bilan. Le positif, le négatif, peu importe : chacun a son avis sur la question. Il a imposé aux Français sa présence, deux septennats durant. Et pendant ces deux septennats, avec une habileté sans pareille, il a épousé le temps de la France, qui ne suit pas la logique des minutes et des heures, mais réagit aux soubresauts médiatiques, aux impatiences, aux colères, et retourne parfois à la lenteur de ses fleuves. Se confondant avec la mentalité française, il aurait pu perdre sa singularité, pourtant par ce moyen il est parvenu à rehausser sa stature, et à briller, jusque dans sa noirceur. Il aura été un des grains de sable les plus clairs du sablier français. Un jour, il est venu à Normale sup'. Il était déjà sur le point de mourir. Avec mes amis, nous avons vu entrer dans le hall un tout petit homme au visage parcheminé, le regard aigu, qui disparaissait presque sous un imperméable trois fois trop grand pour lui. Il aurait pu être ridicule. Il était tout simplement majestueux. Il arrivait à donner ce sentiment de traîner derrière lui le poids du pouvoir, des siècles, de la France, de la maladie et de la mort.

Le Président se lève pour refermer la fenêtre du salon vert. Un vent d'orage soulève des tourbillons dans le parc. Les portes claquent. Il se rassied, prend le crayon rouge et bleu posé devant lui. « Tout va bien, François ? » François Fillon lève les yeux de son portable : « Tout va bien, Nicolas. » Il regarde ensuite Alain Juppé, Christine Lagarde, en faisant tourner le crayon dans sa main : « Bon, on est là pour parler du G20. Première chose : je veux une coordination parfaite entre vous. Parfaite ! » Il hoche la tête, repose le crayon sur le dossier devant lui, prend son inspiration et plonge son buste en avant : « Le sujet principal, le plus difficile, c'est la finance. Personne veut rien faire, comme d'habitude. Mais le secteur financier nous a mis dans la panade, OK ? On est d'accord ? On va pas l'oublier ? Bon ! Donc nous ferons la taxe sur les transactions financières. » Christine Lagarde laisse passer un moment puis reprend doucement la parole : « Mais nous n'aurons pas de majorité, pas même en Europe. » Le Président pousse un soupir et se renfonce dans son fauteuil : « On aura pas de majorité, d'accord ! On aura pas de majorité. Pas dans le G20 et pas dans la zone euro, d'accord. Mais c'est pas une raison pour arrêter, non ? Alain ? Qu'est-ce que tu en penses ? » Alain Juppé hausse les épaules, répond sans enthousiasme : « Christine a raison, il n'y aura pas de majorité. Après, est-ce qu'il faut insister ? Sans doute, tu as raison, c'est un bon sujet, mais il ne faut pas se retrouver non plus sans aucun soutien. » Le Président poursuit : « Sans aucun soutien, OK. Admettons. Sans aucun soutien. Mais moi, je vais pas les laisser tranquilles, je vous le dis, je vais pas les laisser tranquilles ! Obama, je lui ai dit : "Tu veux pas de taxe, d'accord. Tu me précises que tu me suivras pas, d'accord. Mais moi, je prendrai ton opinion publique à témoin, Barack ! Je prendrai ton opinion publique à témoin et on verra si ton opinion publique est d'accord pour rien faire sur les transactions financières !" » Son ton se radoucit, il donne ses instructions à Christine Lagarde : « Donc, Christine, tu travailles en sous-main sur un groupe leader. Le portillon le plus difficile à passer, c'est toujours le premier ; après, ça se disloque. Et tu verras, Christine, si je prends les opinions publiques à témoin, ce sera un tsunami. Un vrai tsunami. Alain ? Autre chose ? — Il faut faire attention avec le Mexique, Nicolas. Ils vont prendre la présidence du G20 après nous et, le moins qu'on puisse dire, c'est qu'ils ne sont pas très bien disposés à notre égard. — Et les choses ne s'améliorent pas ? — Pas vraiment. En fait, je pense que tant que Calderon sera là, il n'y aura pas d'amélioration possible. — Et il est là jusqu'à quand, Calderon ? — 2012, je crois. » Jean-David Levitte lance du bout de la table : « Décembre 2012, monsieur le Président. » Le Président grimace : « Décembre ? Non. Pas décembre. Je suis sûr que c'est pas décembre. » Jean-David ajoute d'une voix flûtée : « La fin de l'année en tout cas. — Je vous dis que c'est pas la fin de l'année, Jean-David, c'est l'été ! Je sais ce que je dis, quand même ! » François Fillon pianote sur son portable et souffle : « Juillet 2012. Son mandat finit en juillet 2012. » Le Président triomphe : « Eh bien, vous voyez, Jean-David ! Qu'est-ce que je vous disais ? Juillet 2012 ! » Il ajoute, avec une pointe d'agacement : « Cette manie d'avoir toujours raison. »

Mercredi 11 mai – Paris – Poitiers

Une nouvelle fois, la sécheresse frappe les éleveurs. Plus de fourrage ; des coûts supplémentaires ; certains éleveurs sont obligés de sacrifier des bêtes de leur troupeau pour payer l'alimentation des autres. Voilà ce que m'expliquent les producteurs que je rencontre dans une exploitation près de Poitiers. Une table rectangulaire et quelques chaises en plastique ont été installées dans un bois de hêtres. À la lisière du bois, on voit les champs râpeux, la clôture en barbelés, les blondes d'Aquitaine qui paissent par petits groupes, ignorantes de leur sort. « Le pire, c'est qu'on n'a plus d'espoir, vous voyez ? Plus aucun espoir ! Pourquoi on continuerait ? » Les mesures d'accompagnement que je leur propose leur apportent une solution pour les semaines à venir. Mais ce sont les équilibres généraux de la filière qu'il faut modifier : regrouper les producteurs, moderniser les abattoirs, réformer les cotations, gagner des marchés étrangers en Russie, au Japon, en Turquie, ce sont les seules solutions qui vaillent. Il reste à en convaincre tous les acteurs de la filière bovine : les uns sont prudents par nature ; les autres redoutent de perdre une part de leur influence, ou de devoir rogner sur leurs marges ; tous sont accrochés à leur habitudes et vont tempêtant : « Pourquoi on changerait ? » Au bout du compte, un ou deux responsables déterminés feront pencher la balance. Et les mêmes qui hésitaient, ou critiquaient, ou freinaient, se diront dans leur for intérieur, sans rien avouer : « Heureusement qu'on a changé ! »

Un huissier entre dans le petit salon du rez-de-chaussée où je patiente avec une délégation de pêcheurs : « Le Président vous attend sur la terrasse. » Dans un soulèvement de queues-de-pie, il nous entraîne sur la terrasse, que la réverbération du soleil transforme en une seule et longue dalle aveuglante. Une table en teck et un parasol soutenu par un bras articulé sont posés au milieu de la dalle. Clignant des yeux, nous voyons le Président se lever, retirer ses lunettes noires pour nous serrer les mains, puis se rasseoir et remettre ses lunettes : « Excusez-moi, hein ? Mais avec ce soleil ! » Il donne aussitôt la parole au président de la délégation, Pierre-Georges Dachicourt, figure de marin, une casquette en serge bleu marine vissée sur la tête, la moustache droite, le parler franc. « Nous venons vous présenter France Filière Pêche, monsieur le Président. Nous y sommes arrivés. Beau succès. Franchement, beau succès. » Le Président tourne la tête vers lui : « Et la ressource, elle va comment, la ressource ? C'est plutôt mieux, non ? — Il y a des tensions sur le cabillaud, mais sinon, le reste, je vais vous dire, monsieur le Président, j'ai jamais vu autant de poissons : la sole, le cabillaud, le merlu, le maquereau, il y a tout ce qu'il faut. » Le Président prend un air préoccupé, et sur un ton modeste, de celui qui ne connaît pas bien, mais veut savoir, quand même : « Il faut dire que le maquereau, il y en a toujours eu, hein ? On peut traverser la Manche en marchant sur le maquereau. » Pierre-Georges Dachicourt approuve. Il poursuit son exposé pendant que le Président triture les branches de ses lunettes. Puis il le coupe, pose une nouvelle question : « Parce qu'il y a une saisonnalité du poisson, c'est ça ? Non, pardon de vous poser ces questions stupides. Mais il y a une saisonnalité du poisson ? — Ah, évidemment, on va pêcher les mêmes poissons au même moment. — Donc oui, il y a une saisonnalité du poisson. » Il se remet à triturer ses lunettes. La discussion se prolonge pendant une heure. Les pêcheurs sont satisfaits du temps que leur a accordé le Président. Lui est en campagne, sans le dire, et accorde désormais à ses interlocuteurs, catégorie par catégorie, profession par profession, une attention nouvelle.

Jeudi 12 mai – Paris – Arras

Le Président réclame son écharpe, il la noue autour du cou en baissant le cache du hublot. Son regard est ailleurs. Il réfléchit, il ne dit rien. Assis en face de lui, le président des Jeunes Agriculteurs pioche dans les chouquettes. Le Président le regarde : « Tout va bien, Jean-Michel ? — Très bien, monsieur le Président ! Très bien ! » Il replonge dans ses pensées. Le FX 70 est à moitié vide : petit déplacement, petite délégation. Il tousse, resserre le nœud de son écharpe : « Ils parlent tous. Ils bavassent. Moi, je fais mes petits déplacements. » Son café refroidit devant lui. Il poursuit : « Quand François Hollande veut être désagréable, il dit : "Je veux être un président normal." Il a absolument rien compris à la vie politique française. Rien ! » Jean-Michel Schaeffer regarde le livre de poche posé sur la table. « Vous lisez *Le Nom de la rose*, monsieur le Président ? Moi j'ai vu le film. Excellent, le film ! Excellent ! » Le Président lui répond d'une voix étouffée, qui tranche avec le débor-

dement sonore et juvénile de son interlocuteur. « En fait, je lis beaucoup. Flaubert, Stendhal. » Il laisse un silence : « Et Duras : *Un
barrage contre le Pacifique*. Magnifique. Dans le fond, on a tous un
barrage contre le Pacifique en nous, tous. Et la mère ; le frère ; Jo.
Magnifique. » Il ne dit rien de plus. Il laisse encore passer un
moment. « Vous vous intéressez à l'histoire, Jean-Michel ? C'est
bien, l'histoire. Moi, je suis un sentimental ; alors je lis des romans. »
La grand-place d'Arras est noire de monde. À l'hôtel de ville, il faut
repousser la foule qui veut lui serrer la main, le prendre en photo, et
lui adresse des encouragements. Il monte les marches du grand
escalier à la hâte. Sous les fresques de la salle des mariages, il
défend la PAC avec ardeur ; des murmures d'approbation montent
du public, les têtes approuvent dans un mouvement de balancier
général de haut en bas ; pas un mot de critique. Encouragé, il force
sa voix : « Moi, jamais je laisserai signer un accord avec le Mer-
cosur qui voudrait dire la mort des éleveurs français ! Vous
entendez ? Jamais ! » Tonnerre d'applaudissements. De retour dans
l'avion, il est à peine assis que déjà il me lance : « Tu as vu, Bruno ?
L'accueil ? J'ai un problème avec le peuple français, ils disent,
hein ? Nos amis journalistes, ils disent, j'ai un problème avec le
peuple français : mais c'était qui ces gens, Bruno, Tu peux me dire ?
Des figurants ? Nous, on avance. Pendant qu'ils parlent tous, moi, je
fais mes petits déplacements : tranquille, modeste. »

Vendredi 13 mai – Évreux

Ici, les champs sont durs comme du béton, les plantations clairse-
mées, des crevasses de plusieurs centimètres déchirent le sol. Les
rendements devraient chuter de 40 à 50 %. Le paysan qui me conduit
dans son exploitation ne se plaint même pas : il contemple ce spectacle de désolation le visage fermé. Nous transpirons tous les deux
sous un soleil de juillet. En haut de la colline, une remise en bois se

détache sur un ciel sans nuage, uniforme et vide, comme une plaque
de céramique bleue. Nous montons par un chemin caillouteux à la
remise. Des petites caisses grillagées en bois sont posées contre la
porte. À l'intérieur, des pies se battent entre elles : leurs plumes
frottent le grillage, leurs becs vernis cognent contre les planchettes.
En passant, le paysan donne un coup de pied dans une des caisses :
« Sales bêtes ! Ah ! Sales bêtes ! » Après le déjeuner, rencontre avec
les syndicats de M-real à la préfecture. Leur usine de pâte à papier
doit fermer : décision du propriétaire finlandais, Mikko Helander,
qui reste sourd aux demandes pourtant raisonnables des salariés
comme aux pressions des pouvoirs publics. Depuis des mois il me
tient le même langage : « *Mister Minister, I'm afraid there is no
solution. We've decided to close down the site. We are losing money.
The board will not accept any other solution than the end of the
production.* » Le reclassement des salariés, le risque de désertifica-
tion économique du site lui semblent des problèmes accessoires que
les pouvoirs publics traiteront. Donc je cherche des solutions,
démarche des repreneurs avec le soutien du ministère des Finances.
Une de mes conseillères, Élodie Galko, suit le dossier : elle garde un
contact régulier avec les salariés et les agents de la préfecture. La
réalité est que nous avons peu de cartes en main. Les responsables
politiques savent que la plupart des décisions économiques leur
échappent : elles sont avant tout le choix des entreprises et du
marché. Nous pouvons encore influencer ces décisions ; nous pouvons créer un environnement fiscal favorable ; nous pouvons soutenir des projets ; nous pouvons orienter des investissements. Mais
la main qui gouverne ne tire plus toutes les ficelles du capitalisme,
elle en tient encore à peine une ou deux, et si elle ne prend pas garde
à ses choix, demain elle sera la marionnette, et le capitalisme la
main. Un jour viendra où des entreprises, des patrons étrangers, des
fonds de pension, des investisseurs diront « Faites ! » et nous nous
exécuterons.

Samedi 14 mai – Paris

À la finale de la Coupe de France de foot, le Président affiche un visage serein. Avant le début du match, dans la tribune, il se penche vers moi et me souffle : « Pas mal, le déplacement à Arras, hein ? Pas mal ! » Il coince ses deux mains entre ses cuisses et suit les échauffements sur un écran de contrôle placé à ses pieds. Il ajoute : « Et la croissance ? Tu as vu la croissance ? Tout se passe exactement comme prévu. »

IV

Arrestation de DSK à New York — Négociations G20 —
Sécheresse agricole —
Discussions sur la succession de Christine Lagarde à Bercy —
Adoption du plan d'action du G20 sur la lutte contre la
volatilité des prix agricoles

Dimanche 15 mai – Paris

Tout ne se passe pas comme prévu : DSK a été interpellé à New York pour violences sexuelles. Trois fois je me fais répéter la nouvelle par Bertrand Sirven. Trois fois il me confirme. Sur les ondes et les chaînes de télévision, les journalistes racontent, précisent, meublent, évoquent un séisme, un tsunami, un tremblement de terre, un coup de tonnerre ; nous sommes en pleine catastrophe naturelle. On se confond en conjectures. Que s'est-il passé exactement ? Qui est cette femme de ménage ? Que faisait DSK seul au Sofitel de New York ? Comment a-t-il été arrêté ? On analyse. DSK peut-il encore revenir ? Est-ce bon pour Nicolas Sarkozy ? Qui va profiter de ce retrait au PS ? Comme après une mort brutale, on essaie de recomposer les moments qui ont précédé le drame pour comprendre, et on ne comprend rien, parce que la vérité ne se trouve pas avant, mais après, quand la mort est devant nous : alors on voit tout. Xavier Musca me disait pendant notre dernier dîner : « DSK a mille qualités, il est brillant, il connaît ses dossiers, il a une vraie maîtrise des problèmes économiques, mais il a une faiblesse : c'est un joueur. Il adore jouer. On le voit partout jouer aux échecs. En fait, dans sa propre vie aussi, il joue. » Il a joué, il a perdu. Et nous tous, spectateurs incrédules de sa défaite, enfoncés dans le brouillard du dimanche matin, nous n'avons pour nous guider que les sons des commentateurs et les images qui tournent en boucle sur les chaînes d'info ; peu de chose, en fait.

Lundi 16 mai – Paris

Des images : DSK à la sortie du commissariat, encadré par deux policiers aux cravates improbables qui lui tiennent chacun un bras, les mains menottées dans le dos, le visage fermé, et cet imperméable noir qui sous les flashes prend un aspect satiné ; DSK à la barre du tribunal de New York, le visage affaissé, avec des poches cireuses sous les yeux, en forme de croissant ; DSK qui se tourne vers son avocat Bronfman, et son avocat Bronfman lui fait signe de se taire : il tourne vers DSK sa petite tête enfoncée dans une chemise à col anglais, verrouillée par une épingle de cravate, et du plat de la main lui dit : « Taisez-vous. » Geste d'autorité stupéfiant à l'égard d'un des hommes les plus puissants de la planète, réduit à rien, et dont le visage a changé, à moins que ce ne soit notre regard à nous, télé-spectateurs, qui n'est plus le même : tellement le pouvoir est un exercice et le regard sur cet exercice. À la sortie de la comparution, deux policiers emmènent DSK tandis que l'avocat Bronfman des-cend les marches du palais de justice, sans dire un mot. Suétone sur Auguste : « Quant à ses adultères, même ses amis ne les nient point, tout en les excusant pour avoir été commis, non par concupiscence, mais pour la raison qu'à sonder les épouses de ses différents adver-saires, il lui était plus aisé de surprendre leurs intrigues. » DSK n'a pas cette excuse.

Mardi 17 mai – Paris – Bruxelles

Je ne trouve pas d'explication au geste de DSK dans la presse et je ne la trouverai pas ; et même si un journaliste plus avisé devait apporter la bonne explication, elle ne me servirait à rien, parce que je ne pourrais pas la comprendre. On ne voit aucun paysage le nez collé sur la vitre. Ernst Jünger dans son premier journal parisien : « À propos de la catastrophe dans la vie d'un homme : la lourde roue qui nous broie, le coup de feu du meurtrier ou de l'étourdi, qui nous atteint. La matière inflammable s'accumulait depuis longtemps en nous, on y met la mèche à cet instant, de l'extérieur. Mais c'est de l'intérieur de nous que part l'explosion. […] La vie, en quelque sorte, se jette sur le canon du pistolet » (12 février 1942).

Au Conseil à Bruxelles, Dacian Ciolos autorise la France à débloquer de manière anticipée 80 % de la prime à la vache allaitante : je tiens à cette aide financière dont les éleveurs ont tant besoin. Dacian Ciolos a entendu mes arguments. Dans un cas pareil, deux ans plus tôt, Mariann Fischer Boel aurait refusé toute aide ; il aurait fallu se battre ; mobiliser les autres États membres ; faire le tour des capitales. Comment comprendre que le seul changement de commissaire conduise à un tel tournant politique ? Une nomination, tout juste validée par le Parlement européen, un bureau qui change de propriétaire, un nouveau cabinet, et la PAC, qui représente à elle seule la moitié du budget européen, évolue dans un sens favorable aux vues de la France, sans que personne ait eu son mot à dire. Joli coup pour Nicolas Sarkozy, qui a forcé la main de ses partenaires pour obtenir la nomination de Dacian Ciolos ; mais mauvais signal pour la construction européenne. En Europe, la légitimité démocratique fait défaut à tous les étages.

Mercredi 18 mai – Paris

Les images que nous ne voyons pas : DSK est en prison, sur une île non loin de Manhattan, placé dans une cellule isolée, sous un régime de surveillance spéciale. On lui a retiré sa chemise, sa cravate, les lacets de ses chaussures, il a dû enfiler un pyjama dont le tissu se déchire facilement : les médecins craignent une tentative de suicide. Des responsables du FMI ont tenté de le joindre pour connaître sa décision sur une éventuelle démission de son poste. Le pouvoir a ses droits sur les hommes. Anne Sinclair n'a pas été autorisée à voir DSK au parloir : les lettres tirées au sort vont de A à L ; elle devra attendre encore un jour. À ce moment, je ne sais pas ce qui me choque le plus, de la faute scandaleuse de DSK ou de son calvaire. Au Conseil des ministres, le Président rappelle avec fermeté ses consignes de communication : « Que les ministres s'abstiennent de commenter l'actualité. Tous les commentaires se retourneront contre vous ; je vous le dis : tous les commentaires. Pas de commentaire, puisque nous sommes dans l'action. » Il donne ensuite la parole à Alain Juppé, qui présente la situation en Libye. Le Président complète en quelques mots : « Nous avons fait un choix en Libye, maintenant nous devons avoir des résultats. Le résultat, le seul résultat, vous entendez ? C'est le départ de M. Kadhafi. Les armes sur le terrain, ça progresse ; on ne s'enlise pas, on progresse. Regardez la presse ! Comme toujours elle voit juste ! Elle parle d'enlisement, il n'y a pas d'enlisement ; elle dit que Kadhafi résiste, Kadhafi tombera. Elle est bien la presse, hein ? Bien ! »

Jeudi 19 mai – Buenos Aires

Atterrissage à Buenos Aires après treize heures de vol. Le soleil commence à percer une épaisse couche de brouillard ; des plaines liquides s'étendent à perte de vue ; par endroits, des sinuosités plus sombres se perdent dans la grisaille ; des maisons éparses signalent la proximité d'une ville. Je ne vois rien de Buenos Aires : les voitures de la délégation traversent des avenues larges comme des périphériques, se perdent dans des ruelles bordées de façades crasseuses, avec des trottoirs recouverts de petits carreaux de faïence beiges, comme dans les villes espagnoles ; une pelouse pelée ; un cimetière fermé par une enceinte crénelée ; une station-service ; une terrasse de café où un chien agace un chat pelotonné sur une table. Ce rien suffit pourtant à me distraire des affaires politiques et à me faire oublier DSK. Au dernier étage du Sofitel, je regarde le jour se lever sur les grues métalliques du port, les immeubles en verre, les hangars recouverts de tôle ondulée, dont la houle de rouille vient lécher les quais. Un cargo pénètre lentement dans le port de Buenos Aires, et sa coque coupée en deux par un bâtiment de béton semble flotter dans le ciel nu.

Vendredi 20 mai – Buenos Aires

Ici encore, en Amérique du Sud, à des milliers de kilomètres de la France, DSK occupe les chaînes de télévision ; je coupe le son ; enfile mes baskets et pars courir le long du jardin public le plus proche, dont les grilles restent fermées. Tout au long de la journée, les ministres argentins apportent leur soutien au plan d'action agricole du G20 : ministre des Finances, ministre des Affaires étrangères, ministre de la Production agricole, chacun se dit convaincu par nos propositions. Le soir, pour fêter notre entente, nous dînons ensemble dans une résidence officielle du gouvernement argentin, aménagé comme un hôtel particulier fin de siècle, avec parquets en points de Hongrie, boiseries sombres, tapisseries et rideaux bouillonnés. Aucun des ministres ne parle français, un seul maîtrise correctement l'anglais. Un peu éméché, il lève son verre à l'amitié franco-argentine et se penche pour me souffler dans l'oreille, avec une haleine âcre : « *You know, the most beautiful place on Earth to have a cup of coffee is Le Café des Deux Magots, place Saint-Germain-des-Prés.* » Son débit de voix ralentit quand il prononce « Le Café des Deux Magots », comme une voiture qui négocie un virage difficile. « *You know Le Café des Deux Magots, in Paris ?* »

Dimanche 22 mai – Paris

Dans la presse du dimanche, le déplacement à Buenos Aires est salué comme un succès. Pour la première fois, en entrefilets, on parle du succès possible du G20 agricole. Par quel détour le travail que nous menons avec mon équipe, en particulier mon directeur adjoint de cabinet Julien Steimer, perce-t-il enfin le mur médiatique, et recueille-t-il un écho ? Buenos Aires aura été une des étapes les plus faciles de mon périple G20 : elle aura pourtant été la seule à donner des résultats publics. La cent millième goutte, la plus légère, perce la couche étanche, qui jusque-là avait résisté à des pluies torrentielles. DSK reste en une. Passé le premier moment de stupéfaction, la politique reprend ses droits. Tout devient objet de suspicion contre un homme de sexe et de pouvoir ; les digues sautent ; un débordement de critiques ravalent le directeur général du FMI au rang de malade, de bête, de fou. Déjà usée comme un vieux tapis, la réalité ne satisfait plus personne, alors on la ravaude avec des fils plus clairs, commentaires et injures.

Lundi 23 mai – Paris – Évreux

En Islande, une éruption volcanique bloque le trafic aérien ; une tornade en Louisiane fait trente morts ; la sécheresse en Europe ruine les récoltes ; des enfants meurent dans un village près de Pékin, leur école a été emportée par un glissement de terrain. Nos nouveaux dieux sont climatiques. Ils se font un plaisir de ravaler notre prétention à maîtriser la nature. Que peut notre technique contre un nuage de cendres de plus de 20 kilomètres de haut ? Nous allons disperser le nuage avec une soufflerie géante ? Éteindre le volcan ? Faire voler les avions à plus de 20 kilomètres d'altitude ? Non. Nous allons attendre. Nous sommes aussi fragiles que nos technologies les plus modernes. Déplacement dans une exploitation agricole près de Damville, dans ma circonscription. La terre se craquelle de plus en plus. Les blés sont réduits à des petites touffes de quelques centimètres de haut, dispersées comme dans des rizières. Les pois se recroquevillent sur leurs tiges. Le fermier se met à genoux, prend une tige entre ses mains : « Vous voyez, sur les pois, on va perdre la moitié, au moins. Sur le blé, même chose. Déjà qu'ici on a pas des rendements formidables. » Il se relève, frotte ses mains, époussette son pantalon au niveau des genoux, soupire : « On peut pas dire que c'est la fortune cette année. » Dans la cour en terre battue de la ferme, des rafales de vent soulèvent des nuages de poussière ; les carrosseries des voitures ont pris des reflets mats. Debout sous un auvent, j'écoute les demandes de la petite trentaine d'agriculteurs présents. Les plus touchés sont les éleveurs. Ils demandent des mesures de trésorerie complémentaires. Ils le font sans colère : il y a du désespoir pour eux à réclamer ces aides, et encore plus à en vivre.

Mardi 24 mai – Paris

Les socialistes se déchirent à mots de moins en moins couverts après la chute de DSK. Qui reprendra le flambeau du favori ? Martine Aubry fait un pas supplémentaire vers sa candidature. Laurent Fabius hésite, tiraillé entre la conscience de sa valeur personnelle, qui le place infiniment plus haut que les autres prétendants, et la lucidité des sondages, qui le placent infiniment plus bas. Arnaud Montebourg se voit en tête aux primaires. François Hollande continue son bonhomme de chemin, mettant un soin maniaque dans ces périodes troublées à ne rien dire. Sur TF 1, il avance deux ou trois banalités, hoche gravement la tête, essaie de forcer son timbre de voix, pour lui donner un peu plus de poids, et rentre vite chez lui. Le soir, réunion avec le Président sur les conséquences de la sécheresse. Nous sommes assis sur la terrasse face au parc. Au fond, le jet vertical du bassin, amolli par la chaleur, semble somnoler. Autour de la table ont pris place le Premier ministre, Nathalie Kosciusko-Morizet, Xavier Musca, des conseillers. On nous apporte à boire. Le Président écoute les arguments des uns et des autres puis tranche : « Bon, on va pas les laisser tomber, hein ? Donc on prévoit le nécessaire et on attend qu'il pleuve. À chaque fois on prévoit le pire, et finalement il pleut. » En sortant de la terrasse, Nathalie s'approche du Président et plaide pour une réintroduction de l'ours dans les Pyrénées. Il se retourne, baisse la tête, contrarié de devoir dire non, quoique déterminé : « Écoute, Nathalie, tu nous emmerdes avec ton ours ! Moi je connais par cœur les Pyrénées, quand je me promène, j'ai pas envie de tomber face à un ours, hein ? » Il ajoute, le plus sérieusement du monde, comme si le cas pouvait se présenter, après tout, on ne sait jamais : « Face à un loup non plus, d'ailleurs. »

Jeudi 26 mai – Pékin

Mes journées n'ont plus de début ni de fin. Elles s'étendent sur des durées continues et d'un bout à l'autre de la planète. Il me reste le Conseil des ministres pour me repérer dans la semaine, sinon je suis incapable de dire quel jour nous sommes. Les sièges de la classe Affaires d'Air France sont devenus les annexes de mon bureau : je prends mes habitudes dans ce cocon de plastique ronronnant, à lire mes dossiers, feuilleter des revues, grignoter des cacahuètes et dormir. Par le hublot, je tente de reconnaître les continents que nous traversons 10 kilomètres plus bas. Cette fois, le ciel était si clair qu'il me sembla un moment pouvoir toucher du bout du doigt les créneaux du Kremlin, avant que la nuit gagne, et recouvre de mauve les faubourgs de Moscou, les villages, la plaine. Il faisait grand jour quand je me suis réveillé. Notre Airbus avait amorcé sa descente sur Pékin. Les dents des montagnes faisaient comme une herse qui déchirait la brume bleue. Après, dans la vallée, des petites maisons pastel se tenaient serrées les unes contre les autres. Maintenant, installé dans ma chambre du Sofitel, le front contre la vitre, je sens le grondement des pelleteuses qui creusent un trou de la taille de quatre terrains de foot, 100 mètres plus bas. Elles descendent dans le trou en file continue, remontent les bras chargés de terre, déversent la terre dans un terrain vague et redescendent, en laissant dans la boue les traces de leurs chenilles. En face, des barres de béton me bouchent la vue. Des visages bougent derrière les vitres grosses comme des timbres-poste. Sur le côté, une autoroute suspendue déverse son flot de voitures dans la ville. Sous les piles qui la soutiennent, des milliers de vélos font un essaim noir, qui avance lentement dans la même direction. Un voile de pollution flotte à hauteur des derniers étages des immeubles. Par moments, un soleil pâle se met à trembler derrière, alors le voile devient plus clair, blanc sale, puis la pollution monte, le soleil se dissout et le voile fonce comme un linge mouillé. Pékin le matin : une de ces villes dont on ne peut imaginer la disparition un jour, tant elle dégage de force et de vitalité. Une aberration qui ne laisse place à aucun des secrets des villes mortes.

Vendredi 27 mai – Pékin

La circulation est si dense qu'il nous faut plus de quarante-cinq minutes pour rejoindre la résidence du vice-Premier ministre chinois. Elle se trouve dans un parc clos de murs, au centre de Pékin. Un lac, noyé dans la brume, apporte sa touche paisible au pavillon traditionnel, recouvert de tuiles vernissées. Une jeune femme accueille notre délégation. Elle nous invite à monter un escalier en pierre protégé par deux dragons, pousse une porte en bois laqué et nous introduit dans une pièce spacieuse, dont le centre est délimité par des colonnes en marbre lisse. Dans les niches du plafond à cais-

sons, des globes en forme de nénuphars diffusent une lumière lai-
teuse. Après les présentations, je prends place à côté du vice-Premier
ministre, qui écoute sans ciller ma présentation du plan d'action du
G20. Dissimulée derrière un bouquet de fleurs, une interprète traduit mes propos, penchée sur son carnet à spirale, les cheveux raides
et noir de jais qui effleurent les pages. Quand il prend la parole, le
vice-Premier ministre repose son bol de thé sur l'accoudoir protégé
par un napperon en dentelle. Il éclaircit sa voix bruyamment.
« Avant tout, je voudrais que vous considériez une chose : nous
avons chaque année plus d'un milliard de personnes à nourrir. Donc
l'agriculture est stratégique pour nous. Ce n'est pas une question
économique ; c'est une question politique. » Il se racle à nouveau la
gorge, en fait remonter quelque chose de lourd, qu'il déglutit, faute
de pouvoir le recracher devant moi. Au fond de la salle, un paravent
de 4 mètres sur 2 environ dresse un tableau de la Chine éternelle au
visiteur qui aurait oublié à qui il s'adresse : un fleuve se tortille entre
deux montagnes griffues, des pins dont on peut distinguer chaque
aiguille percent les nuages, un pêcheur se laisse bercer dans sa
barque, un héron ramène un poisson frétillant dans son bec. « Alors
nous sommes évidemment favorables à la lutte contre la spéculation. Mais la transparence sur les stocks nous pose une difficulté. Il
faut que vous nous donniez des assurances sur la confidentialité des
informations. Vous imaginez ? Si un État sait que nous manquons
de riz, nous nous affaiblissons. Il nous faut des garanties. Il nous
faut aussi une aide technique. Vous avez les moyens de comptabi-
liser vos stocks, nous ne les avons pas. » Au-dessus du paravent,
une pendule rectangulaire indique le temps écoulé : plus de trente
minutes. Le vice-Premier ministre va conclure : « La Chine soutiendra donc votre plan d'action pour le G20. Mais il reste encore à
négocier un ou deux points. » Au ministère de l'Agriculture et avec
le sherpa du Président chinois, la tonalité est la même : après une
longue hésitation, le gouvernement chinois soutient nos proposi-

tions, moyennant des amendements de détail, qui ne soulèvent pas de difficulté. Nous sommes près du but. Le travail intense de concertation technique conduit depuis des mois commence à donner des résultats. Le processus de négociation se débloque. Le soir, sur CNN, des journalistes commentent l'arrestation dans un village de Serbie de Ratko Mladić, le boucher de Srebrenica. Une équipe de CNN interroge les habitants du village : le maire refuse de répondre et fait un signe menaçant de la main ; deux femmes la tête couverte d'un fichu à fleurs détournent le regard ; du haut de son tracteur, un paysan injurie le cameraman et accélère. L'horreur trouve toujours refuge dans l'ordinaire ; et les meilleures protections des criminels sont les haines de ceux qui auraient pu commettre leurs crimes. Qu'importe : en arrêtant Ratko Mladić, le TPI a retiré une balle du ventre européen.

Lundi 30 mai – Paris

Georges Tron a fini par jeter l'éponge et a remis sa démission. Je l'ai appelé de Pékin ; dans ces circonstances, on peut mettre toute la gentillesse possible dans sa voix, toute la sincérité, les gestes de réconfort sonnent comme des condoléances déguisées. La presse parle de changement d'époque ; elle se réjouit de voir les tribunaux intervenir dans des affaires de mœurs ; ils l'ont toujours fait. Le vrai changement viendra quand nous, les responsables politiques, nous aurons compris que nous avons un ou deux trains de retard sur la société que nous voulons gouverner, que les comportements et les choix qui visent à nous protéger nous affaiblissent chaque jour davantage, que nos paroles sont suspectes, que nos actes sont faibles et que les autres pouvoirs — finance, marchés, fonds de pension, mafias, puissances émergentes — ne grignotent pas notre souveraineté, mais la dévorent.

Une voix féminine au téléphone : « Je peux vous passer Édouard Balladur ? » Deux mesures de musique baroque puis, pointue et interrogative, la voix d'Édouard Balladur : « Cher ami, est-ce que vous lisez la presse du dimanche ? — Cela m'arrive, monsieur le Premier ministre. — Bien. Alors je tiens à vous dire que les propos qui me sont prêtés dans *Le JDD* sont totalement inexacts ! » Il s'indigne : « C'est tout de même incroyable ! La presse peut écrire en toute impunité n'importe quoi. » Un silence, et il poursuit : « Enfin tout cela est grotesque, absolument grotesque. Nous avons effectivement parlé du remplacement de Christine Lagarde avec le Président. » Très sérieux maintenant, la voix placée un ton plus bas, marque de sévérité, et plus lente, marque de gravité, ou de confidence : « Et je dois dire que nous avons parlé de vous avec beaucoup de faveur. Vous avez toutes les qualités pour le poste. Mais vous connaissez votre défaut ? Vous avez très bien réussi à l'Agriculture. Il ne faut jamais trop bien réussir dans son poste. Voilà la leçon. » Il a comme un petit rire étouffé. « Jamais trop bien ! Voilà la leçon ! » Il soupire : « Enfin, nous verrons bien, comme vous le savez, ce n'est pas moi qui décide. » Et il raccroche. Chaque interlocuteur politique donne un plaisir particulier dans la discussion, soit la force, soit la culture, soit la séduction, soit une expérience hors du commun. Avec Édouard Balladur, le plaisir de la discussion tient à son esprit. On peut parler de crise économique, de budget, de finances publiques, des sujets les plus graves, toujours avec intelligence, on est toujours un peu avec lui dans les salons de Mme Du Deffand.

Jeudi 2 juin – Washington

Dans le vol Air France entre Paris et Washington, discussion dans le petit coin bar avec Xavier Bertrand. « Alors ? C'est bon pour Bercy ? C'est toi qui vas remplacer Christine ? Ton seul problème, c'est de trouver quelqu'un qui puisse faire le job de ministre de l'Agriculture sans abîmer ce que tu as fait. On lui demande pas de faire des étincelles, hein ? Juste faire le job. » Il croit encore possible une réélection de Nicolas Sarkozy : « Ce sera chaud, mais ça peut passer. » Il est près de 2 heures du matin heure de Paris quand je retourne à ma place. Lecture de *Typhon*. Le récit de sa traversée en pleine tempête devient avec Conrad une parabole humaine : la Bible en format de poche.

Vendredi 3 juin – Washington

Le premier poste de contrôle se trouve aile Ouest. Il est installé le long d'une large avenue où stationnent en permanence des 4 × 4 aux vitres noires, moteurs allumés, les quatre pots crachant leur dioxyde de carbone, comme des molosses fulminants, impatients de bondir. Les autres voitures qui empruntent cette avenue descendent doucement vers une grande pelouse verte qui borde le Potomac. Il fait plus de 30 degrés, une chaleur humide qui dès la sortie de votre hôtel, même si par prudence vous avez mis votre veste sous le bras, vous tombe dessus et transforme votre chemise en serpillière trempée. Enfermé dans un cube de béton, avec pour seules ouvertures des glaces blindées, le policier chargé de vérifier mon passeport tique : le passeport présente un défaut, un coin est corné. Il le montre à son collègue, qui le regarde avec un haussement d'épaules. Le policier poursuit son travail, la tête inclinée, si bien que je ne vois plus derrière la vitre blindée que ses épaulettes et la visière vernie de sa casquette. Il relève la tête : « *Hey, guy, would you have another one ? — Another what ? — Another ID !* » Par réflexe, je tâtonne les poches de ma veste : « *No ! I don't have any other ID. And this one is valid. This is the one I used at the Airport.* » Le policier me fixe avec un regard vide : « *We are not at the Airport ! We are at the White House !* » Une file de fonctionnaires avec des badges autour du cou commence à grommeler derrière notre délégation. Le policier empoigne un combiné, dit quelques mots incompréhensibles, raccroche : « *OK, guy, someone will pick you up.* » Il me fait un signe de la main pour me demander de me ranger sur le côté. Les fonctionnaires dûment badgés en profitent pour passer le portillon. Cinq minutes s'écoulent, qui me laissent le loisir de suivre le jeu des écureuils sur la grande pelouse. Puis arrive, juchée sur des talons, un classeur à la main, Samantha, tout sourire : « *Hi! I'm Samantha! Call me Sam! Mister Froman is waiting for you!* » Elle arrange la situation en un tournemain. Nous traversons la petite dizaine de mètres qui sépare le premier poste de contrôle du grand escalier extérieur, dont la pente particulièrement raide vous oblige à vous tordre le cou pour admirer le bâtiment de style gothique, immense et imposant, de l'aile Ouest. Dans le hall, des portraits de Barack Obama et de Joe Biden accueillent le visiteur. Malgré la présence de Samantha, le second contrôle prend encore quelques minutes, le temps de vérifier à nouveau le passeport, de valider un badge, de passer le portillon de sécurité une première fois, puis de le repasser une seconde fois parce qu'on a oublié ses clés dans sa poche, et finalement de se faire palper par un Marine dont les chaussures ferrées claquent sur les dalles en marbre de la Maison-Blanche. Samantha contemple le spectacle sans rien dire. Elle semble trouver normales toutes ces procédures. Si le Marine me demandait de me déshabiller, sans doute qu'elle ne ferait que détourner le regard : le respect de la République ne pèse pas lourd face aux consignes de sécurité des États-Unis. Intérieurement, je me demande comment un ministre chinois, plus puissant, mais moins amical, serait traité : sans doute mieux. Quand toute la délégation a passé les contrôles, Samantha sourit : « *Everything is all right? So, let's go!* » Et elle nous entraîne dans un couloir sombre, de plus de cent mètres de long, aux murs tapissés de portraits d'inconnus, la mine sévère, la bannière étoilée dressée à hauteur de leur front. Une odeur de cire monte du sol ; sur les portes en acajou foncé, les bronzes des gonds et des poignées brillent douce-ment comme des douilles d'obus ; des Marines montent la garde au pied des bureaux les plus importants. « *Please, if you don't mind, leave your cellphone in the box.* » Samantha nous montre une boîte à thé reconvertie en dépôt de téléphones portables pour les visiteurs de Mike Froman, sherpa G20 et un des plus proches conseillers de Barack Obama. Mike Froman me souhaite la bienvenue et me fait asseoir dans un canapé aux formes biscornues. Il écoute ma présen-tation. Lisse le haut de son crâne dégarni. Son regard clair exprime une intelligence rapide, qui ne s'encombre pas de trop de détours. Il en vient d'emblée au point le plus sensible : la régulation des marchés financiers. Il exprime des réserves sur notre capacité à obtenir un consensus. Tout le reste en revanche ne lui pose pas de difficulté majeure. « *Just circulate to my advisers the very last ver-sion of your plan of action.* » Après vingt minutes de discussion, il me signifie la fin de notre entretien. Nous récupérons nos portables, traversons en sens inverse le couloir aux portraits, saluons les Marines, passons les portiques de sécurité, et nous retrouvons en haut des marches raides, face à la pelouse verte toujours inondée de soleil et grouillante d'écureuils. Une heure après, mon homologue américain, Tom Vilsack, me donne également son accord. Il viendra à Paris pour la réunion des ministres de l'Agriculture. Sous réserve de l'approbation finale du cabinet du Président, les États-Unis sou-tiendront notre plan d'action.

Dimanche 5 juin – Paris

Qui écrit en moi ? Qui fait de la politique ? Où commence la poli-tique et où se termine la littérature ? Pour le moment, je suis inca-pable de répondre à ces questions. La politique nourrit mon écriture et elle la bride. La littérature tend son miroir à mon action politique et elle la juge. De manière grossière, elle reproduit la réalité du temps politique et évite de le réduire à un début et à une fin, comme le font les Mémoires, qui sont le plus souvent des oublis organisés. Borges juge sévèrement les politiques argentins qui écrivent : « Ils ont appris à écrire comme on pourrait apprendre à jouer aux échecs ou au bridge. Ils n'étaient pas du tout de vrais poètes ou écrivains. C'étaient des procédés qu'ils avaient appris, et ils les avaient parfaitement appris. Ils savaient tout sur le bout des doigts. Mais la plupart d'entre eux — sauf quatre ou cinq — semblaient penser que la vie n'a rien de poétique ou de mystérieux. Ils considéraient les choses comme acquises. Ils savent que, lorsqu'ils doivent écrire, eh bien, ils doivent soudain devenir tristes ou ironiques. […] Oui, ils mettent leur casquette d'écrivain et ils adoptent l'humeur adéquate, et ensuite ils écrivent. Par la suite ils retombent dans la politique ordinaire » (entretien avec *Paris Review*, 1967). Si je ne suis pas un vrai poète ou un vrai écrivain, pourquoi poursuivre ? Mon ambition se résume à faire partie des quatre ou cinq de Borges.

Lundi 6 juin – Bruxelles

Déplacement à Bruxelles avec François Baroin, pour rencontrer le commissaire à la concurrence Joaquín Almunia. Installés face à face dans un carré du Thalys, nous évoquons la succession de Christine Lagarde. Il me reproche mes critiques sur sa maîtrise insuffisante de l'anglais. Il ne croit pas à mes dénégations. Il estime que le poste lui revient de droit. Il est ministre du Budget, il est dans la place, il veut le poste, tout autre choix du Président l'affaiblirait.

Mardi 7 juin – Londres – Luxembourg

Notre ambassadeur à Londres, Bernard Émié, que je connais de longue date, me reproche l'annulation de la plupart de mes rendez-vous à Londres. « Et tout ça pour quoi ? Pour un Conseil à Luxembourg ! — Il y a une crise dans le secteur des légumes, Bernard. Les producteurs ne vendent plus un concombre et la consommation des autres légumes chute. — Les légumes, ils pouvaient attendre, non ? — Non. » Prioritaires dans la bouche des responsables politiques, les questions agricoles restent un sujet de second rang dans la réalité des négociations, pour ne pas dire dans l'esprit des négociateurs. « Et tes rendez-vous presse ? Bloomberg ? La BBC ? — Annulés. De toute façon, il paraît que j'en fais trop sur l'anglais. » À l'heure du déjeuner, un bimoteur à hélices m'emmène de City Airport au Luxembourg. Le Conseil se déroule dans une sorte de sarcophage métallique sans fenêtre, équipé de micros, de salles de presse et de cabines de traduction, hors du monde, hors du temps, et peu propice aux discussions diplomatiques. Avec mes homologues espagnol et italien, j'essaie de convaincre le Conseil que 150 millions d'euros d'indemnisation ne suffiront pas à calmer les producteurs touchés par la crise du concombre. Dîner le soir avec Xavier Musca et son adjoint, Jean Castex, dans l'appartement de permanence de l'Élysée. À la fin du dîner, je prends Xavier à part : « Pour Bercy, soit vous considérez avec le Président que ma nomination est une option sérieuse, soit il faut arrêter tout de suite avec les bruits de couloir. — C'est une option sérieuse. La vérité est que si on insiste sur la dimension internationale, le G20 et la crise grecque, il n'y a que deux candidats possibles : Juppé et toi. Après, il y a des considérations politiques que je ne maîtrise pas. »

Mercredi 8 juin – Paris

François Fillon me confirme la possibilité de ma nomination à Bercy. Il reste prudent : « On verra. Cela aurait du sens. » Il se plaint ensuite du comportement de Jean-François Copé : « Pour l'instant, je ne dis rien. Parce que le premier qui bouge fait éclater la majorité.

Et fait courir un risque énorme pour la présidentielle. Je ne dis rien mais son attitude n'est pas acceptable. C'est la guérilla permanente. »

Jeudi 9 juin – Angoulême – Rodez – Avignon – Paris

Le Président offre une chouquette à Xavier Beulin : « Prenez une chouquette, Xavier ! Prenez ! C'est très bon les chouquettes. Moi, les viennoiseries, j'aime pas, je trouve ça écœurant. C'est comme le vin. On me dit que le vin, c'est très bon ; mais moi, je peux pas en boire. C'est physiologique. On m'avait dit : "Tu peux pas être élu président de la République si tu bois pas de vin." On voit le résultat, hein ? » Il rit et son nez se fronce. Xavier Beulin sourit également. Pour je ne sais quelle raison, le Président ce matin est particulièrement détendu. Il m'interroge sur les conséquences de la sécheresse, tend le plat de chouquettes cette fois à Nathalie Kosciusko-Morizet, regarde Xavier Beulin : « Je suis désolé, on ne voyage pas en 7X, un exemplaire est en maintenance, et l'autre a eu un accident en Corée, les commandes se sont bloquées. » Il mime de la main le Falcon 7X qui part en chandelle, le virage sur l'aile au dernier moment : « Le pilote a pris 4G avant de pouvoir faire son virage ! 4G ! Vous imaginez ? 4G ! » Le ciel gris de Charente ne donne malheureusement pas de pluie. Un troupeau de charolais broute dans un pré sec, dont certaines parties calcinées semblent avoir été ravagées par un incendie. Le Président s'arrête le long des fils barbelés, prend le temps nécessaire pour observer les bêtes, se tourne vers l'éleveur : « Elles sont belles, vos bêtes. Je vous le dis, elles sont belles. » Il s'éloigne, presse le pas, s'arrête à nouveau devant trois taureaux qui paissent tranquillement sous un arbre, derrière une clôture électrifiée ; leurs testicules lisses et distendus frottent presque par terre. Le Président les observe, et sur un ton ingénu, de celui qui ne sait pas très bien, mais veut se renseigner : « Ils sont calmes, non ? — Très

calmes, monsieur le Président. — Et ils se battent pas ? — Oh non !
Il y a toujours un dominant. » L'éleveur montre du doigt le taureau
le plus imposant, qui tourne lentement la tête vers notre petit groupe
en continuant à ruminer : « Là, vous voyez, monsieur le Président,
c'est Fakir. Vous voyez, il se tient droit ! Il fait le beau pour vous !
Et c'est lui le dominant. » Le Président hoche la tête, frotte sa chaussure poussiéreuse contre le bas de son pantalon : « Il faut toujours
un dominant, partout, c'est vrai, vous avez parfaitement raison. » Il
poursuit sa visite, dit deux mots aux agriculteurs rassemblés sous un
auvent, au bout des étables, en leur promettant la pluie. « Vous
inquiétez pas, la pluie, elle va venir ! On dit toujours, la sécheresse,
la sécheresse, et puis la pluie vient. Mais on vous laissera pas
tomber. Vous entendez ? On vous laissera pas tomber. » Dans la
salle des fêtes du village de La Rochefoucauld, il est accueilli avec
enthousiasme, on veut le voir, le photographier, le toucher, le palper,
on tend la main, on crie : « Nicolas ! Nicolas ! » Ségolène Royal, qui
a tenu à venir comme présidente de la Région, prend place au premier rang, sous les sifflets. Après deux heures de discussion, le Président lui laisse la parole. À nouveau des sifflets. Le Président
reprend le micro et se pose en juge de paix pour son ancienne rivale :
« Écoutez ! Écoutez ! Laissez parler Mme Royal ! Nous sommes ici
pour nous respecter, hein ? La démocratie, c'est le respect. » Ségolène Royal obtient le silence au début de son intervention et des
applaudissements à la fin. Belle performance de politique, qui
retourne une salle défavorable par sa seule ténacité et son culot. À
Angoulême, je quitte le Président et embarque dans un petit jet en
forme de tube à cigare, direction Rodez, pour le congrès des Jeunes
Agriculteurs. Jean-Michel Schaeffer me glisse à l'entrée de la salle
des congrès, comme un aveu de son impuissance : « Le président
de la Fédération est en campagne, donc il aura un discours un peu
dur, je te le dis, un discours un peu dur, voilà, c'est comme ça, un
discours un peu dur. » Effectivement, le président des Jeunes Agri-

culteurs de l'Aveyron me tire dessus à boulets rouges, me reprochant tour à tour mon retard au congrès, la faiblesse des aides débloquées, les lenteurs de Bruxelles. La salle hurle, siffle, rigole. Je lui réponds point par point, avec la même vivacité, excédé à la fois par la fatigue et par son ingratitude : toutes les aides ont été débloquées, les délais de versement seront respectés, les engagements pris seront respectés. La salle ne dit rien, écoute, murmure, applaudit. De Rodez, je me plie en quatre dans mon tube à cigare, direction Avignon, pour soutenir les producteurs de fruits : leurs vergers ont été ravagés par la grêle et des pluies torrentielles. D'Avignon, retour à Paris. Il est près de minuit ; je me sens gagné par une lassitude immense.

Vendredi 10 juin – Guérande

Le Premier ministre mesure parfaitement le caractère incongru de sa visite dans les marais salants de Guérande, en pleine sécheresse. En même temps, il estime que le déplacement a été calé de longue date, que les marais salants marchent bien, que Guérande mérite une visite et que tout le monde ne peut pas se soucier de la sécheresse. Toute l'habileté de François Fillon est de savoir épouser le contour des événements plutôt que de les contrecarrer, et de regarder de loin ce que tous les autres voient de près. Moyennant quoi il prend de la hauteur, quand les autres se rabaissent, et économise son énergie, quand les autres sont épuisés. Il ne réagit que contraint et forcé, mais il puise alors dans la contrainte une ressource que personne ne lui avait devinée. Par conséquent il surprend son monde, et il est utile de surprendre en politique. « Bon, elle est pas mal en fait cette petite visite, non ? » À Guérande, le ciel est totalement dégagé ; il fait doux ; un peu de vent fait onduler la surface miroitante des marais ; un salinier ratisse la croûte blanchâtre, plonge un doigt dedans et nous fait goûter la fleur de sel. Nous marchons sur les digues en herbes. Ce déplacement a quelque chose des promenades de vacances.

Samedi 11 juin – Paris

En Corrèze, Jacques Chirac déclare qu'il votera pour François Hollande à la prochaine élection présidentielle, sauf si Alain Juppé se présente. Aussitôt chacun s'emploie, à droite comme à gauche, à minimiser la portée de cette déclaration, la transformant en boutade ou en simple pique. Elle crée pourtant un malaise dans notre camp : il faut être fort pour accepter l'humour, et nous sommes affaiblis.

Mardi 14 juin – Paris – Bruxelles

Il suffit d'une ampoule cassée dans le plafonnier pour donner aux invités du Président, autour de la table de travail de son Airbus, un visage blafard, les traits creusés, comme des ravines après une pluie torrentielle. Lui porte son masque cireux des mauvais jours. Il doit avoir une migraine, ou alors une contrariété particulière. Il ne dit pas un mot. Christine Lagarde lui fait un point sur les contrats TGV. Il écoute. Il se tourne vers son conseiller diplomatique, assis à ma gauche. « On en est où sur les contrats TGV avec l'Arabie saoudite ? — Ils progressent, monsieur le Président, ils progressent. — Moi, Jean-David, je m'en fous que ça progresse ! Ce que je veux, c'est un accord, vous entendez ? Un accord ! » Il se tait. Il pince ses yeux entre son pouce et son index. Silence de mort dans la petite pièce aux hublots aveugles. Il reste trente minutes de vol. Le Président pousse un soupir : « Et la Grèce, on en est où alors, Jean-David ? — Vous allez en Allemagne vendredi, monsieur le Président. — Vendredi, et je fais quoi vendredi ? — Vous voyez Merkel à Berlin et vous essayez de la faire bouger. Elle a reculé sur ses positions par rapport au G8. » Christine Lagarde prend un air surpris.

Jean-David Levitte corrige : « Au moins son ministre, Schäuble, a reculé. On pensait que vous pourriez la voir avec Trichet. » Silence. Le Président fixe longuement son conseiller diplomatique. Dans son regard se mêlent le mépris, une exaspération évidente, la colère, la lassitude : « Avec Trichet ? Avec le président de la BCE ? Dans le bureau de la Chancelière à Berlin ? Ah ! J'ai déjà vu des idées idiotes, mais celle-là, elle les dépasse toutes ! Toutes ! » Jean-David Levitte ne se démonte pas, il poursuit méthodiquement sa démonstration, en y ajoutant une pointe de compliment : « Comme votre position est à mi-chemin de la BCE et de Merkel, nous pensions que vous pourriez faire la part entre les deux ; les deux vous apprécient, ce serait un succès pour vous. » Un long silence encore. Et le Président explose, littéralement, il explose : « Arrêtez vos flatteries, Jean-David ! Arrêtez ! Je vous le dis, jamais je n'irai dans le bureau de la Chancelière négocier la crise grecque avec le président de la BCE ! Vous entendez ? Jamais ! Le lieu ! Il n'y a que le lieu qui compte ! Vous me voyez, dans le bureau de la Chancelière, coincé entre Merkel et Trichet, à négocier ? Vous imaginez la scène ? Jamais ! Je vous le dis : jamais ! » Son visage exprime la fureur. Il accable ensuite ses conseillers de reproches ; se plaint des décisions qui ne viennent pas ; des retards ; des complications ; des blocages. La vie du pouvoir est une expérience des limites du pouvoir ; et plus le pouvoir est haut, plus les attentes sont grandes, plus les limites sont fortes. Toute la douleur du Président est là, rien de plus. Quand nous atterrissons à Bruxelles, il a retrouvé sa sérénité. Déjeuner avec José Manuel Barroso et son équipe au dernier étage des bureaux de la Commission. À droite de José Manuel Barroso, sa secrétaire générale, Catherine Day, observe le Président avec méfiance. Lui attaque avec la zone euro : « Je vais aller à Berlin voir Angela. Le problème, c'est qu'avant elle prenait pas de décision, maintenant elle change de décision. On va aller où comme ça, hein ? Enfin, on verra. Avec Angela, je trouve toujours une solution. » José Manuel

Barroso lève son verre de bourgogne blanc à la santé du Président, qui poursuit : « Et puis il y a les banques. Les banques, elles jouent pas le jeu. — Il y en a des bonnes, quand même, Nicolas ? — Des bonnes ? Tu en as vu où, des bonnes ? Elles font toutes la même chose : elles font plus leur métier. Regarde, dans les salles de marché, là où ça rapporte le plus, qui on met ? Les meilleurs ! Ils mettent les meilleurs dans les salles de marché. Mais pour le petit placement tranquille à 2 %, là, il y a plus personne, hein ? Plus personne ! C'est un monde fou, la banque. Et quand on vit dans un monde fou, on devient fou : regarde la politique… » On apporte les plats sous cloches, on les pose sur les assiettes, on soulève les cloches, un poisson grillé est étendu sur un lit de légumes. Le Président avale une bouchée et continue : « Sur la PAC, José Manuel, je veux être clair : je suis à dix mois d'une élection présidentielle. Depuis quatre ans, j'aide l'Europe : la présidence française, la crise grecque, je suis toujours là, je défends toujours l'Europe. Mais je suis à dix mois. Dix mois ! Si la gauche gagne, ce sera un séisme ; pour la France, mais aussi pour l'Europe. Donc j'ai pas le choix : il faut que je sois candidat, il faut que je gagne. » Sa voix se radoucit un court instant : « À titre personnel, je vais te dire, je sais pas ce que je ferai, je sais pas si j'irai ; mais là, je dois ; je dois y aller. » Il se tait, laisse José Manuel Barroso finir son poisson, puis tend les deux paumes de ses mains devant lui : « Tu vois ces mains, José Manuel ? C'est pas des mains de paysan. Pour les gens, j'ai pas des mains de paysan ; je suis un homme de la ville ; alors il faut que je me batte encore plus pour le budget des paysans. Tu comprends ? J'ai pas le choix sur la PAC. Je te le dis : je suis dos au mur. » Pour éviter un conflit, et d'entrer dans le vif d'un sujet sur lequel ses marges de manœuvre sont faibles, José Manuel Barroso feint la surprise : « Mais nos positions se sont rapprochées, non ? — Ah non ! Non, José Manuel ! Au contraire, elles ont jamais été aussi éloignées ! » Il tente une autre esquive : « Alors tu sais, Nicolas, il y a

d'autres politiques à financer, la recherche, le service extérieur. —
Le service extérieur? Quel service extérieur? » Il tourne la tête à
droite, à gauche, comme s'il cherchait le service extérieur autour de
la table, parmi les membres des délégations. « Il fait quoi, le service
extérieur? Sur la Libye, il a rien fait, rien! Incapable de prendre une
position! Mme Ashton croit qu'il vaut mieux essayer de trouver un
compromis avant d'agir. Moyennant quoi, elle perd sur les deux
tableaux : elle va toujours trop loin pour les uns, et pas assez pour
les autres. Elle devrait comprendre ça, madame Ashton, non? Elle
est Lord, non? Comment on dit? Baronne? Elle est intelligente en
tout cas, elle devrait comprendre. » José Manuel Barroso essaie
mollement de défendre le service d'action extérieure de l'Union.
On apporte des cafés; avec les cafés, des chocolats suisses. Nicolas
Sarkozy tend le bras vers la coupelle pleine de chocolats, il suspend
son geste, regarde José Manuel Barroso droit dans les yeux, fronce
le pli supérieur de son nez : « Là, José Manuel, c'est vache! Les
chocolats suisses, c'est vache! Si ça continue, je vais dire à l'Intelligence Service britannique que tout l'argent de l'Union passe dans
les frais de représentation du président de la Commission! Tu vas
voir, ils vont tout couper! Tout! » Et il éclate de rire. En toute fin de
repas, il concède pouvoir bouger sur le budget européen global, si le
budget de la PAC est préservé, à l'euro près. « Tu entends, José
Manuel? À l'euro près! » Dans l'avion de retour, il commente la
sortie de Jacques Chirac, la tête enfoncée dans les épaules, le visage
fermé : « La vérité, c'est que Chirac a jamais eu de conviction,
jamais. Et maintenant qu'il y a plus le pouvoir pour le tenir, tout
s'effondre, tout; c'est un effondrement. Comment on peut faire
trente ans de politique sans une conviction, hein? Comment? » Il
lâche entre ses dents : « Et méchant, Chirac. Méchant. C'est pas la
maladie, tout ça; c'est lui, c'est Chirac. » Il en est des haines en
politique comme des amours romantiques, elles durent toute la vie,
rien ne les lasse, elles repoussent comme de mauvaises herbes au

fond du crâne, et agissent comme une douleur persistante : une parole amère suffit pour les réveiller. Comme en amour on ne guérit jamais de sa douleur, mais on en change, en politique on ne soigne pas sa rancune, on vit avec.

Jeudi 16 juin – Paris

Croisant Peter Handke dans une rue à Paris, je me présente et lui dis mon admiration pour ses livres. Il me regarde, dit simplement : « Vous avez des yeux bleus. » Sa femme lui rétorque : « Mais toi aussi tu as les yeux bleus, Peter ! »

À l'OCDE, le Président est vivement applaudi par les délégués du G120, représentant le monde agricole, quand il martèle sa détermination à lutter contre la volatilité des prix agricoles et à réguler le marché. En remontant l'Escalator qui conduit à la sortie, il me glisse : « Bien, non ? — Très bien, monsieur le Président. » Devant son enthousiasme, je remballe mes craintes sur un éventuel échec de la négociation : car si les soutiens grandissent parmi les organisations internationales et les associations, les chances de succès diplomatique, elles, diminuent : le Brésil soulève des questions de dernière minute ; la Chine renouvelle son exigence de confidentialité des informations sur les stocks ; la Russie rappelle ses réserves sur une limitation des restrictions pour les exportations de céréales. Mon conseiller, Julien Steimer, s'est enfermé au sous-sol d'un hôtel Mercure avec les experts agricoles des États membres du G20 pour négocier un à un les différents points du plan. En fin de journée, mail de Mike Froman : pour une raison de calendrier, les États-Unis ne sont pas en mesure de signer notre plan d'action agricole pour le G20. La réunion ministérielle a lieu dans une semaine et la première puissance mondiale me claque entre les doigts. Immédiatement je téléphone à notre ambassadeur à Washington, François Delattre :

« Écoute, franchement, je ne pense pas que les États-Unis bloqueront. Ils doivent avoir un problème technique, nous allons le régler, laisse-moi vingt-quatre heures. » Règle de base des négociations diplomatiques : elles démarrent dans le scepticisme et se terminent dans la douleur, pour le peu qui se terminent.

Dimanche 19 juin – Bordeaux – Paris

Après l'inauguration de Vinexpo, Alain Juppé m'emmène déjeuner dans le centre de Bordeaux. Sur la route, il me montre le tramway, les ponts, le miroir d'eau, les animations sur la Garonne, avec une joie et une décontraction que je ne lui connais que dans sa ville. À l'entrée du restaurant, une femme demande à être prise en photo avec lui ; il s'exécute ; salue deux autres personnes dans l'escalier ; serre la main des serveurs. Le patron nous a installés dans une salle à manger à part, au premier étage, comme un couple qui voudrait discuter tranquillement, loin des regards. Les grandes fenêtres à meneaux donnent sur les quais noirs de monde. « Tu veux un peu de vin ? — Un peu de vin, très bien. » Quand je lui demande s'il serait prêt à se présenter en cas de retrait de Nicolas Sarkozy, il me répond d'une voix neutre : « Oh, moi, je suis prêt à y aller, il y a plein de bons amis qui me poussent, d'ailleurs ! » Il a un sourire désarmant de franchise, et brutalement, sans ce regard à distance, cet étonnement perpétuel et complaisant sur sa propre personne qui est la marque de la plupart des politiques, il ajoute : « Mais la vérité, même si je ne devrais pas dire ça, parce que ça m'affaiblit, c'est qu'au fond de moi-même je n'ai pas très envie d'y aller. Je ne porte pas ça au plus profond de moi, voilà. » Il change ensuite de sujet, me parle du remplacement de Christine Lagarde à Bercy : « Tu es le meilleur choix, je l'ai dit à Nicolas. Il est d'accord. Mais tu as toujours le même problème : il te trouve excellent à l'Agriculture. Il ne te remplacera pas facilement. Il ne veut pas

prendre le risque de perdre à nouveau l'électorat agricole. » En fin
de journée, de retour à Paris, entretien en tête à tête avec le Président dans son bureau. Un huissier me fait patienter dans l'anti-
chambre au premier étage puis, au coup de sonnette, revient,
s'incline cérémonieusement pour me faire signe de le suivre et, tra-
versant à grandes enjambées le petit salon vert, ouvre la porte à
double battant qui conduit au bureau du Président. Il porte une chemise bleue avec ses initiales NS brodées sur la poitrine, un pantalon
de costume gris anthracite, des mocassins à glands marron, il paraît
en forme, reposé. « Excuse-moi, Bruno, je t'ai fait attendre. » Il me
serre la main avec une rotation de la tête, me montre un fauteuil de
la main gauche : « Assieds-toi ! Assieds-toi ! » Lui prend place dans
le canapé tendu de soie bleu ciel et or. « Alors, tu voulais me voir ? »
Je commence par lui parler de la sécheresse et de la situation agricole, qu'il connaît sur le bout des doigts : « Il pleut, c'est mieux
quand même, non ? On fera une deuxième coupe en septembre pour
les éleveurs, c'est ça ? — C'est ça, monsieur le Président. » Les
dernières complications sur le G20 agricole le laissent de marbre :
« De toute façon, il faut un résultat. Déjà que ce sera difficile sur le
reste, il faut un résultat sur les matières premières agricoles. Je
compte sur toi, et toi, tu as tout mon soutien, on est d'accord ? » Il
se lève, prend une boîte de chocolats qui traîne sur son bureau et me
la tend : « Tu veux un chocolat ? » Il se rassied, croise les jambes.
« Bon, il paraît que les États-Unis bloquent, ils font leur petit
numéro, mais à la fin ils nous soutiendront. Tu veux que j'appelle
Barack ? — Non, monsieur le Président, je crois qu'on se débrouil-
lera. — Tu hésites pas, hein ? Moi, je veux un résultat. » Il parle
ensuite de la situation politique, dans un long monologue qui ne
laisse aucune place à la contradiction, ou si peu ; son adversaire
potentiel au Parti socialiste change de semaine en semaine, insaisis-
sable, fuyant, il se dissimule dans les éclats médiatiques quotidiens,
comme une truite mille reflets dans les eaux ensoleillées du torrent ;

un jour il croit le ferrer, le lendemain il disparaît, et ce que le hasard ramène au bout de sa ligne ne ressemble en rien à ce que, du bord de la berge, il avait vu. Alors les commentaires, il s'en passe, il dialogue seul, comme le pêcheur dans sa solitude se parle à lui-même : « Ce sera long. Très long. Mais je te l'avais dit, hein ? Depuis longtemps. En face, ce sera Martine Aubry. Voilà. Il faudra faire avec. DSK, j'y ai jamais cru. Ce sera Aubry. Et tu verras, je la battrai. » En me raccompagnant il me glisse : « Tu as pensé à quelqu'un pour te remplacer à l'Agriculture ? »

Lundi 20 juin – Paris

Entretien avec Marcel Gauchet sur le projet 2012. Nous parlons travail, autorité, justice, Europe. Il se montre sceptique sur la capacité du continent européen à se relever : « Le système est vicié, totalement vicié. Personne ne s'y retrouve ; personne ne s'y reconnaît. Je n'ai pas l'art politique pour savoir comment aboutir, mais je ne vois pas comment vous pouvez faire l'économie d'une réforme institutionnelle. » Avec sa remarque, Marcel Gauchet touche ce qui fait le plus défaut dans notre pratique actuelle du pouvoir, qui se résume à une litanie de réformes sans doute nécessaires, mais imposées, toujours douloureuses, et sans projet de société. En 2007, Nicolas Sarkozy avait su inventer un art politique, en libérant une parole nouvelle. Et en 2012 ? Notre ambassadeur à Washington me rappelle en fin de journée : « La question est réglée. Xavier Musca peut voir avec Mike Froman, mais normalement, les malentendus sont levés. Ils signeront. »

Mercredi 22 juin – Paris

Dîner avec les ministres de l'Agriculture du G20 à l'hôtel Marigny. Un accord se dessine sur le texte. Tom Vilsack confirme la signature des États-Unis. Tous les autres ministres donnent leur approbation et ne prennent que brièvement la parole. Seule la Chine soulève une difficulté, sur un point qu'elle n'avait jamais mentionné jusqu'à présent : la limitation des restrictions à l'exportation. Après le dîner, vers minuit, assis chacun dans un fauteuil Louis XV sous un plafond écrasant de stucs et de dorures, nous ouvrons une négociation avec mon homologue chinois, jeune, intelligent et inflexible. Il m'explique posément son refus : « Monsieur le Ministre, c'est la quatrième fois que nous nous rencontrons. Maintenant, nous sommes des amis. Nous allons dialoguer en amis. » Il parle en chinois, une interprète me traduit ses propos en anglais, et je lui réponds en anglais, suivant un circuit compliqué qui nous oblige à aller à l'essentiel. Il reprend les arguments de son vice-Premier ministre : « Nous avons plus d'un milliard de personnes à nourrir chaque année. Nous voulons aussi aider les pays en voie de développement. Nous ne pouvons pas prendre des engagements qui limiteraient notre souveraineté alimentaire. Ce n'est pas possible. — Vous acceptez le principe des restrictions, ou vous le refusez ? — Nous pouvons l'accepter, mais dans le cadre de notre souveraineté alimentaire. — Donc il vous faut une référence à la souveraineté alimentaire de la Chine ? — Une référence claire. — Vous avez conscience que tous les autres États du G20 risquent de demander la même chose et d'affaiblir le texte ? — Nous ne sommes pas tous les autres États du G20, monsieur le Ministre. » Debout derrière moi, Julien Steimer prend note et me propose de trouver une formulation dans la nuit avec les conseillers techniques de la délégation chinoise.

Jeudi 23 juin – Paris

Les États membres du G20 ont adopté le plan d'action sur la lutte contre la volatilité des prix agricoles. Tom Vilsack parle d'accord historique. Le directeur général de la FAO salue une avancée dans la lutte contre la faim dans le monde. Les dernières négociations ont duré toute la nuit. Christine Lagarde est la première à m'appeler pour me féliciter. Au téléphone, le Président me dit avec chaleur : « Bravo, bon travail, très bon travail. » Je sens aussi du soulagement dans sa voix : il y avait peu de monde pour le suivre quand il proposait de lutter contre la spéculation sur les marchés agricoles. Le premier artisan de ce succès diplomatique, personne ou presque ne le connaît, est mon directeur adjoint de cabinet, Julien Steimer, qui aura veillé sur la moindre virgule du texte comme une mère sur son enfant. Le deuxième, Bertrand Sirven, qui aura relayé nos messages auprès de la presse nationale et internationale. Avec mon conseiller diplomatique, Augustin Favereau, avec toutes les équipes des différents ministères, ils auront abattu un travail que des puissances plus importantes que nous, avec leurs machineries lourdes, ne sont pas nécessairement en mesure de faire. Notre mobilisation collective, notre disponibilité à nous rendre dans les coins les plus reculés de la planète pour ne laisser personne de côté, ou pour répondre à une inquiétude de dernière minute, auront été payantes : ensemble, sous les projecteurs ou dans les coulisses, nous nous serons sortis comme des équilibristes des situations les plus périlleuses. Pourquoi ? Parce que nous y avons cru, et que nous étions tous portés par ce qui manque le plus à la France désormais : le sens de son destin collectif. Lutter contre la faim dans le monde, mettre en place des instruments de gouvernance mondiale, certes imparfaits, et fragiles, nous y avons tous vu une expression de ce que notre pays peut apporter de meilleur. C'est une erreur de penser que nous pouvons encore imposer seuls notre vision ; ce serait une erreur plus grande, et condamnable, de ne plus défendre de projet universel. Rien que notre nom parle à des peuples et à des États. À la France de se mettre à la hauteur du regard que le monde porte sur elle. Le soutien des directeurs des organisations internationales, de Ban Ki-moon aux Nations unies à Jacques Diouf à la FAO en passant par Bob

Zoellick à la Banque mondiale ou Josette Sheeran au PAM, aura été déterminant ; mais il aura fallu donner des gages. « *Do not speak only with the G20 members ; speak with the poorest countries of the world. Open your negotiation ! Otherwise, you run the risk of being considered as illegitimate. Never forget that the 167 countries that are not members of the G20 do not like the G20.* » Cet avertissement de Ban Ki-moon aura ouvert un chemin dans une négociation qui aurait pu conduire à une impasse : États riches contre États pauvres, États producteurs contre États consommateurs, le Nord contre le Sud — vision dépassée, mais qui brandie au bon moment, comme une tête de Gorgone, suffit à figer une négociation. Les ONG, avec lesquelles nous avons travaillé en confiance, marquent leur déception : elles sont dans leur rôle, qui est d'aiguillonner sans cesse les États ; elles devraient néanmoins mesurer combien le pouvoir de ces États, même rassemblés dans un club qui représente à lui seul 85 % du commerce agricole de la planète, est désormais concurrencé par celui des multinationales et des marchés financiers. Nous ne sommes que dans les premiers balbutiements de la diplomatie nouvelle, parce que nous ne connaissons pas les centres nerveux du pouvoir. Ils ne sont plus seulement ce que nous en voyons à la télévision, Conseil de sécurité des Nations unies, Congrès américain, Maison-Blanche, Kremlin, Hu Jintao et Dilma Rousseff, figures rassurantes de la politique incarnée. Les terminaisons nerveuses de la puissance plongent plus profond, dans un univers de simples connections, de décisions immatérielles — investissements, retraits de fonds, placements spéculatifs, achats virtuels — qui pèsent autant que les décisions politiques. Ces terminaisons ne sont encore ni connues, ni maîtrisées. Et il est difficile de savoir si un chirurgien habile parviendra un jour à percer ces ramifications qui prolifèrent, souvent en toute anarchie, et à y mettre un ordre. Sans compter que chaque coup de scalpel, automatiquement, entraîne une rétractation du muscle national, encore plus vive en période de crise. Par conséquent, au moment où la gouvernance mondiale serait plus néces-saire que jamais pour traiter les sujets majeurs de la faim dans le monde ou du réchauffement climatique, nous assistons à un retour en force des logiques nationales. De ce point de vue, on peut juger modestes les résultats du G20 agricole : au moins ils sont là.

V

Nomination de François Baroin à Bercy — Projet 2012 —
Déplacements agricoles — Famine dans la Corne de l'Afrique
— Écriture du roman sur Carlos Kleiber

Lundi 27 juin – Paris – Rome – Paris

Entretien avec le nouveau directeur général de la FAO. Je lui
demande de mettre en place rapidement les instruments qui ont été
adoptés par le G20 pour lutter contre la spéculation sur les marchés
agricoles, en particulier le Forum de réaction rapide, installé dans
les locaux de son institution. Il me promet de faire le maximum.
« Mais ce sera difficile, il y a des résistances. » Les risques de voir
nos initiatives se perdre dans les dédales de la bureaucratie multilatérale sont réels. Tant de patience, et finalement rien. Il y a dans la
diplomatie comme une affaire de pression : on peut en mettre pendant quelques mois, un ou deux ans au plus. Ensuite, soit la machine
marche seule, soit la pression retombe, la machine reste à quai, et
rouille.

Mardi 28 juin – Sablé-sur-Sarthe – Paris

Tandis que le Président et le Premier ministre font ensemble
quelques pas dans une campagne bucolique, montrent ensemble un
arbre, devisent, sous le regard des photographes et des caméras, je
lance des morceaux de pain rassis à des oies derrière un grillage.
Elles tendent leur cou; elles sifflent; elles se bousculent; elles

happent les morceaux et les brisent avec leur bec. Le chef de cabinet de François Fillon, un ami de longue date, me glisse : « Alors ? Ton dernier déplacement agricole ? En tout cas, annule tous tes rendez-vous pour cet après-midi, le Premier ministre va demander à te voir. » Dans le FX 70 de retour de Sablé-sur-Sarthe, installé avec le Président et Frédéric Lefebvre, nous échangeons des banalités, avalons un repas froid. « Tu fais quoi après, Bruno ? — Je vais aux questions d'actualité, monsieur le Président. — Ah, très bien. Les questions d'actualité, les Ministres y vont pas assez, il faut y aller, même si on parle pas. » Le FX 70 se dirige lentement vers son point de stationnement, l'échelle de coupée bascule en avant, un salut du commandant, les réacteurs sifflent encore quand nous descendons ; le Président se dirige en claudiquant légèrement vers sa voiture, se retourne pour saluer Frédéric Lefebvre, et me prenant à part, la main posée sur mon épaule : « Bon, pour Bercy, ce sera toi. Tu dis rien, hein ? François va t'appeler. Mais ce sera toi. Je crois que c'est bien comme ça. » Et il s'engouffre en bras de chemise, sa veste sous le bras, dans sa Vel Satis blindée dont un officier de sécurité tient la portière arrière ouverte. Immédiatement je préviens Pauline, seule entorse à la consigne présidentielle. La séance des questions se déroule sans incident. Par réflexe, je fais un petit geste à François Baroin, qui quitte le banc des ministres avant la fin de la séance, la mine fermée. De retour au ministère, une heure passe. Puis deux. Puis trois. Rien. Pas un signe. Je fais les cent pas dans mon bureau avec Bertrand Sirven. Il me tend une dépêche sur son portable : « Baroin a été reçu à Matignon. — Ah. Très bien. » À 19 heures, mon téléphone sonne : « Monsieur le Ministre, je peux vous passer le Premier ministre ? » Un blanc, sans la musique habituelle, puis la voix grave de François Fillon, « Bruno ? Bon, c'était bien ce déplacement, non ? Ce sont des gens formidables ces exploitants, je les connais depuis longtemps. » Silence. « Écoute, je vais te faire une proposition qui ne va pas te faire plaisir, je te propose de prendre le

Budget. — Le Budget? Et pourquoi le Budget? Quel sens cela a-t-il de quitter l'Agriculture pour le Budget? Le Président vient de me dire que je succédais à Christine Lagarde. — Je sais, mais ce n'est pas possible; c'est compliqué; c'est trop compliqué. — Mais je n'ai aucune envie de prendre le Budget! Les Finances, c'est le G20, c'est la négociation internationale, je sais faire, mais le Budget, pourquoi le Budget? — Je sais bien que tu sais faire, je connais tes capacités de négociation, mais je te dis, c'est trop compliqué, c'est pas possible. Écoute, tu réfléchis et tu me rappelles. Je te laisse une heure. » Je raccroche, abasourdi. En fin de journée, après avoir joint le Président et Xavier Musca, je rappelle le Premier ministre; je refuse le Budget; je reste à l'Agriculture.

Mercredi 29 juin – Paris

En Conseil des ministres, le Premier ministre et le Président rivalisent d'amabilités à mon égard au sujet du G20 agricole : « un excellent résultat » pour le premier, « un résultat au-delà de nos espérances » pour le second. Assis à côté de moi, Xavier Bertrand se penche à mon oreille : « Mauvais signe, tous ces compliments. » Lendemain amer. De tous les appels que je reçois, les deux seuls qui me touchent sont ceux de Dominique de Villepin et de Jean-Louis Debré. Dominique de Villepin me téléphone du Gers : « Je peux vous dire que là-bas, les paysans, ils vous aiment. Alors je vais vous donner un conseil : le plus vite possible, vous allez dire publiquement que vous êtes heureux, heureux de rester à l'Agriculture, heureux de voir François Baroin prendre l'Économie et les Finances, et d'autant plus heureux que c'est un ami. On vous a fait une belle saloperie; on vous en fera d'autres : alors digérez la saloperie. Digérez! » Et Jean-Louis Debré : « Si les compétences comptaient en politique, cela se saurait. Tu veux poursuivre dans le métier? Alors tu tiens bon et tu souris. »

Jeudi 30 juin – Paris – Brax

Dans l'avion qui nous conduit dans le Lot-et-Garonne, le Président revient sur les propos de Jacques Chirac, sans aucune amertume, mais avec une sorte de désolation dans la voix : « Je vous dis pas que ça fait plaisir, hein ? Mais je prends sur moi. Toujours. La jalousie, la colère, l'aigreur, ça vous bouffe. Alors il faut pas se laisser bouffer. Je dis pas que c'est facile, hein ? Si je me laissais aller, ça reviendrait tout de suite, la jalousie, la colère. Mais ça servirait à quoi ? Vous croyez que je vais l'appeler, Chirac, et lui dire ce que j'en pense de ses déclarations ? De ses conneries ? Je verse 1,5 million pour son procès, je reçois six cents lettres par jour de protestation, et en retour, quoi ? Des insultes ! Je voterai Hollande ! Merci ! Non mais franchement, merci ! » Hygiène des sentiments politiques : un peu de stoïcisme, beaucoup d'indifférence.

Samedi 2 juillet – Évreux

Le poète Ernest Walsh avait promis un prix littéraire à James Joyce ; un autre écrivain est récompensé. Hemingway relate leur échange : « Est-ce que Ernest vous avait promis le prix ? demanda Joyce. — Oui. — Je m'en doutais, dit Joyce. — Il vous l'avait promis aussi ? — Oui, dit Joyce. » Ce matin je décide une bonne fois pour toutes de tourner la page de ma première épreuve politique.

Lundi 4 juillet – Paris – Brégançon

Nous rentrons de Brégançon avec Pauline en fin de journée. Le Président a été d'une prévenance de tous les instants. Lui et Carla n'ont cessé de s'enquérir de la santé de Pauline, qui doit accoucher dans quelques jours. Après le déjeuner, alors qu'il commençait à pleuvoir, nous sommes descendus de la terrasse par un escalier en pierre, étroit et glissant, et nous sommes rentrés à l'intérieur, dans un salon en dalles de terre cuite, avec une table basse et deux canapés. Avec le Président, nous avons descendu trois marches supplémentaires, qui conduisaient à un petit salon en rotonde, comme une dunette de navire. Par les fenêtres en arc-boutant, on voit des morceaux de Méditerranée. Il se cale dans un fauteuil tendu de chintz à grosses fleurs, années 80. Il allume un cigare, il tire dessus, il souffle légèrement sur le bout pour raviver la braise. « Je vais te dire, Bruno, je te laisserai pas tomber. Je suis pas fou, hein ? je te laisserai pas tomber. On a fait comme ça, on pouvait pas faire autrement. Mais je te laisserai pas tomber. » Et il passe à la situation politique. À la fin de la discussion, je comprends que les ministres, les remaniements, le départ de Christine Lagarde, les querelles de la majorité, le projet, en somme une grande partie de ce qui fait le quotidien politique, ne sont pour lui que des fâcheries à éviter, qui le détournent de son but, sa réélection en 2012.

Mercredi 6 juillet – Paris

Au Conseil des ministres, le Président demande une nouvelle fois à ses ministres de ne jamais parler de DSK. « Ne prononcez même pas son nom ! C'est une décadence, cette affaire ! Une décadence ! Ne vous en approchez pas et n'en parlez pas. En parler, c'est déjà être complice. » Le soir, dîner dans mon bureau avec Jean-François Copé, Christian Jacob, François Baroin, Luc Chatel et Valérie Pécresse. Chacun a tenu à venir, pour sauver les apparences. Afficher notre division serait afficher notre faiblesse. Mais personne n'est dupe : malgré les amitiés réelles qui peuvent exister entre les uns et les autres, elles ne feront pas un bloc assez solide pour résister à la pression des circonstances, des rêves et des ambitions. Encore que cela dépendra des circonstances : une victoire à la présidentielle agirait comme un ciment, une défaite comme un acide.

Jeudi 7 juillet – Paris – Crozon

Le Président se tourne vers Isabelle Autissier, assise à ma droite contre le hublot : « C'est gentil d'être venue ; vraiment ; je vais vous dire, je vous admire beaucoup. » Isabelle Autissier sourit ; son visage sillonné de rides et ses yeux clairs s'illuminent. Elle passe sa main dans ses cheveux ramassés en boucles grises et sèches, comme des balles de laine. Tout en elle exprime la ténacité et la douceur. Le Président demande des cafés. Il avale sa tasse par petites gorgées. Il regarde à nouveau son invitée : « La mer, c'est beau, mais ça fait peur ; moi, ça me fait peur. » Il réfléchit un instant. « Vous connaissez les vagues scélérates ? Pendant longtemps, on a cru que les vagues étaient régulières, qu'on pouvait les modéliser et calculer leur hauteur. Et puis on s'est aperçu qu'il y avait des vagues hors normes ; des vagues de 30 mètres verticales, comme un mur. Pas des vagues qui déferlent, hein ? Des vagues verticales, qui tombent. » Isabelle Autissier approuve ; Nathalie Kosciusko-Morizet ajoute un commentaire, un argument technique, qui le pique au vif. « OK ! OK ! Mais une vague normale, c'est comme une bille qui tombe sur une table de verre ! » Il lève le bras, mime la bille qui tombe. « La vague scélérate, c'est pas une bille, c'est une boule de pétanque, une boule de pétanque qui tombe sur une table en verre ! Tu imagines le résultat ? » Et il laisse tomber lourdement sa main sur la table vernie. « Le bateau, il résiste pas. Il y a des cargos entiers qui ont disparu, on a jamais rien retrouvé, pas une bouée, c'est la vague scélérate. Il y en a en permanence une quinzaine sur les océans. Elles s'abattent sur le bateau, il y a rien à faire, une boule de pétanque sur la table en verre. » Il arrête sa présentation, son regard devient rêveur. Il semble puiser dans la catastrophe, naturelle ou humaine, pour laquelle il éprouve une fascination réelle, la conviction que la vie est un affrontement avec quelque chose qui nous dépasse, de plus puissant, de plus sombre, d'injuste et de douloureux. La catastrophe, que ce soit une vague scélérate ou un attentat terroriste, un avion qui s'écrase ou un assassinat en Corse, commence en défi et reste en cicatrice. À Crozon, nous marchons sur des buissons de bruyère qui font un tapis spongieux sous nos pas ; un vent poisseux nous fouette le visage ; une centaine de mètres en contrebas, des bâtiments de la Marine nationale manœuvrent dans la baie ruisselante de soleil. Le Président fait un point presse ; il disparaît sous une forêt de perches ; une bourrasque froisse les bonnets poilus des micros. La mer à contre-jour a pris des couleurs de métal.

Mardi 12 juillet – Paris

Un rideau de pluie tombe de la corniche en pierre et barre la vue sur le jardin. Assis dans un des fauteuils de mon bureau, Jean-Claude Gaudin hoche gravement la tête : « Eh bien, c'est le déluge ! » Il croise et recroise les pans de son blazer sur sa poitrine, comme un malade alité qui un coup écarte sa couverture en transpirant, un coup la remonte en claquant des dents. Il me regarde, sourit, lève les deux bras dans un geste emphatique, les laisse retomber. « Prends le temps ! Crois-moi ! Prends le temps ! Et ce sera pas du temps perdu. Tu crois peut-être que c'est du temps perdu, mais c'est pas du temps perdu. Mitterrand le disait, il faut du temps. Il y a 2012. Et après ? Après, pour toi, qui sait ? » Il lève à nouveau les deux bras en prenant une mine interrogative. « Qui sait ? » Il rabat les deux pans de son blazer, balaie l'air de la main, se tait, me regarde avec ses yeux noirs et vifs, ajoute une remarque que même son accent méridional ne parvient pas à adoucir : « En politique, il y a pas d'amitié. C'est comme ça. » Et la voix tombe comme un couperet : « C'est comme ça. Il n'y a que des amitiés de circonstance. Ou des additions d'intérêts. C'est la même chose. » Il écarte tout grand les deux pans du blazer, souffle un peu, écoute ma question sur une éventuelle candidature de Jean-Louis Borloo à la présidentielle, se penche en avant en prenant appui sur les deux accoudoirs du fauteuil : « Écoute, Bruno, je vais te raconter une histoire, tu vas comprendre. » Il force son accent, roule les consonnes, détache chacune des lettres de ses mots pour en dessiner le contour, mais un contour incertain, brouillé par un léger tremblement de la voix, comme des gravillons dans une eau claire. Il ne parle pas, il raconte, il est au bord de chanter, comme ces oiseaux qui battent des ailes mais restent à terre. « En 1974 à Marseille, j'étais encore jeune à l'époque, la droite travaillait avec Defferre. Defferre, il était malin ; il voulait pas gouverner la ville avec les communistes. Il avait le soutien des bourgeois. D'ailleurs, lui aussi, c'était un bourgeois. Donc on travaillait tous ensemble, plus ou moins. Mais en 1974, Mitterrand fait alliance avec les communistes. » Sa voix gronde : « Il fait alliance avec les communistes ! » Puis doucement, avec une pointe de dédain, comme si tout cela pouvait lui répugner, et se passant la langue sur les lèvres : « Alors Defferre, il nous réunit, il nous dit qu'il va être obligé de provoquer la rupture avec nous, mais que bien entendu nous garderons des relations cordiales, enfin, les sucreries qu'on raconte à ces moments-là. » Malin, levant encore les bras au ciel : « Nous, on se dit, on va faire une liste de jeunes aux municipales, une liste de droite, et on va battre Defferre ! On est de droite ! Defferre a fait alliance avec les communistes ! On va le battre ! » Et frappant les accoudoirs de ses deux bras : « Et on a été battus. » Il prend une mine faussement désolée, resserre définitivement son blazer sur sa poitrine, sans malgré tout fermer les boutons, et la voix toujours chantante, mais plus lente, et plus étouffée : « Parce qu'on peut pas gouverner des années avec quelqu'un et ensuite se présenter contre lui. Voilà la leçon. Elle vaut pour Gaudin avec Defferre. Elle vaut pour Borloo avec Nicolas. » La pluie a cessé. Il se lève. Il sort en oscillant de droite à gauche, monument de politique marseillaise, et de politique tout court, comme la République en produit de moins en moins. Lui dirait : « De moinsse en moinsse. »

Dimanche 17 juillet – Paris – Versailles

Footing dans le parc de Versailles. Il fait gris. Sur le Grand Canal, des rafales de vent brouillent la surface liquide, qui ne fait plus son long miroir rectangulaire pour le ciel. Des mouettes passent en criant. Les nuages défilent en accéléré. On dirait que les éléments se sont ligués pour briser les perspectives, froisser les alignements, soulever des tourbillons de poussière sur les places, courber les jets des fontaines, et que plus rien ne reste de cet ordre Grand Siècle qu'est Versailles. Pauline est venue avec moi. Elle marche pendant une heure pour essayer de provoquer un accouchement qui ne vient toujours pas. Après le déjeuner, nous lisons ensemble, réfugiés chez nous dans un canapé, tandis que la pluie fouette les carreaux. Dans un livre de Hemingway, dont les premières pages me plongent chaque fois dans la sierra brûlante en Espagne, à boire avec lui un vin blanc rafraîchi dans un torrent, je retrouve une invitation pour les six ans de Louis, qui en a presque douze maintenant : le petit chevalier qu'il avait dessiné continue de dresser fièrement son épée en forme de cure-dent, assis sur un cheval à la croupe disproportionnée. Pauline me regarde : « Et tu crois qu'il va naître un jour, ce bébé ? — Un jour, oui, nécessairement. » *Le JDD* titre sur la crise de l'euro. Un sommet des chefs d'État et de gouvernement est prévu pour jeudi prochain. Ils trouveront une solution pour calmer les marchés, la fièvre retombera ; mais la guérison de l'Europe suppose des traitements que personne n'a le courage d'administrer.

Mardi 19 juillet – Paris

Barthélemy est né hier soir, à Port-Royal, dans le XIVᵉ arrondissement de Paris. Il pleuvait. Les fenêtres à guillotine de la salle d'accouchement donnaient sur la cour et sur un bâtiment gris des années 60. Deux étriers en caoutchouc noir se dressaient au milieu de la salle, comme une stèle à la douleur. Une infirmière entra : « Ah je suis désolée ! Ils ont toujours pas ouvert la nouvelle maternité ! Les travaux ont pris du retard. » Je lui fis remarquer que pour la naissance de notre troisième fils, une infirmière nous avait promis que le suivant aurait droit à une maternité flambant neuve, et que dans le fond tout cela n'avait pas grande importance, pourvu que l'accouchement se passe bien. Il dura trois heures. Il y eut les inquiétudes habituelles : les machines qui cessent de répercuter les battements de cœur parce que le capteur a glissé ; les accélérations du pouls ; les échos caverneux des contractions. Un moment, tout se précipita. Les équipes entrèrent dans la salle, enfilèrent leurs gants, donnèrent des conseils, d'une voix calme. Le sommet du crâne se présenta ; la sage-femme le fit pivoter. Elle demanda un instant de patience, puis toujours de la même voix douce : « Poussez, Madame ! Poussez ! » Pauline avait un visage épuisé. Elle fit un dernier effort. « Allez, Madame ! Poussez ! » Elle cria. Alors apparut la tête entière, violette comme un artichaut, mécontente et les paupières closes. « Allez, Madame ! » Encore un gémissement, et tout le petit corps crispé, furieux, entortillé autour du cordon luisant, glissa dans la lumière. La sage-femme sourit : « Un garçon ! — On ne sait faire que des garçons. » Délicatement je posai le bébé hurlant de vie sur le sein de Pauline. On le lava. On lui donna les premiers soins. Ensuite, je le présentai à ma mère, qui attendait depuis des heures à la porte de la salle d'accouchement. Maintenant, au bord du berceau en plastique transparent, je regarde mon quatrième fils allongé sur le dos, qui déplie lentement ses doigts aux ongles roses ; je retire le bonnet de gaze de son crâne souple, et je lui fais écouter au casque un peu de musique. Il serre les poings. Parfois son visage se fronce dans une expression d'étonnement, sa main se dresse et s'ouvre, puis se referme doucement, comme une fleur qui se recroqueville.

Jeudi 21 juillet – Paris

Déjeuner avec Dominique de Villepin. Il entre en trombe dans le restaurant, demande une serviette humide pour se laver les mains, commande une bouteille d'eau, du bourgogne, un poisson. Il me dit : « Vous, il faut vous blinder. » Il goûte le vin que le sommelier lui a apporté en un éclair ; fait signe que la bouteille lui convient. « Vous devez apprendre le masque. Le masque, en politique, c'est ce qui compte. Plus on vous frappe, plus vous souriez. » Il avale deux grandes lampées de vin, continue : « De toute façon, les professionnels de la politique, ils vous en voudront, toujours, parce que vous n'êtes pas comme eux. Ils font des coups. Ils montent les barreaux de l'échelle. Vous, on vous voit tout de suite venir, les cheveux courts, le bon élève. Ils se disent, on sait jamais, peut-être que Sarkozy pourrait le nommer Premier ministre un jour, ils n'aiment pas ça. » Il avale son plat en trois mouvements de fourchette, se cale en arrière dans son fauteuil. « Vous savez, les politiques, c'est pas compliqué, c'est le mess, la caserne, les blagues entre soi : ce sont des militaires, le courage et l'honneur en moins. »

Vendredi 22 juillet – Paris – Nairobi

Un accord de soutien à la Grèce a été trouvé hier à Bruxelles. Nicolas Sarkozy aura une nouvelle fois joué un rôle décisif, entraînant une Chancelière hésitante dans la voie de la solidarité financière. Au dernier moment, il aura reçu le soutien de Barack Obama, qui a appelé la Chancelière pour la convaincre de faire un geste, et ne pas laisser grandir le risque d'éclatement de la zone euro. Chacun sa stratégie : le mouvement pour le Président, la fermeté pour la Chancelière. Ces divergences de plus en plus nettes font que l'Europe avance en crabe, et que personne ne sait très bien si elle compte courir encore longtemps sur le sable, ou rejoindre enfin la haute mer. C'est une évidence pour moi que seule une intégration politique plus poussée, sur des bases idéologiques différentes et suivant des modalités de décision simplifiées, pourra nous sortir définitivement de la crise ; mais c'est une autre évidence que nous n'en prenons pas le chemin et que personne ne sait plus quel est le projet de société, encore moins le projet politique européen. Des sauvetages à répétition ne font pas un cap. Avant de partir pour le Kenya, je passe à l'hôpital voir Pauline et Barthélemy : il est toujours allongé dans son berceau en plastique transparent, il écarquille des yeux qui ne voient rien. Pauline ne le quitte pas du regard. Elle me reproche de partir : « Tu ne seras pas là trois jours. — Deux jours. — Deux jours de trop. » Elle a raison. Nous survolons la côte adriatique, qui se découpe en une longue bande dentelée sur fond bleu, et je me dis encore : « Pauline a raison, pourquoi partir ? » Pendant deux heures je travaille sur le projet, le volet du hublot abaissé. En réalité, je suis incapable de me concentrer, je regarde vaguement une comédie américaine dans le dossier du siège de devant, je somnole. Quand je rouvre le volet, je découvre en dessous de nous une étendue de sable pâle, piqué par endroits de taches brunes, qui sont des villes. Nous descendons vers Nairobi. Le ciel a viré au gris de plomb. Des éclairs muets blanchissent par moments la couche de nuages dans laquelle nous sommes ballottés, secoués comme des pantins dans leur boîte de fer, tout juste retenus à notre siège par une ceinture. « Pourquoi partir ? » La famine sévit dans la Corne de l'Afrique. Quelle obstination me pousse à croire que mon déplacement en Afrique comme la réunion d'urgence que la France a demandée à la FAO, et que la FAO a accepté de convoquer, sauveront une seule vie dans ce malheur? Quelle ambition? Quel aveuglement? Dans mon sac j'ai glissé un petit livre de W. G. Sebald, dont un des chapitres commence par cette remarque : « Il est des nébuleuses qu'aucun œil ne distingue. »

Samedi 23 juillet – Nairobi – Wajir – Dadaab

Réveil à 5 heures. Nous embarquons à Nairobi dans un petit avion à hélices pour Wajir. Deux heures de vol. Atterrissage sur une piste de sable rouge. On nous entraîne dans des bâtiments en ciment, pour les formalités administratives ; un ventilateur à pales brasse un air chaud ; une rampe de néons jette une lumière bleutée sur les visages des membres de la délégation, directeur de la FAO, directrice du PAM, responsables humanitaires en mission, journalistes. Entre un personnage au visage parcheminé, la prunelle jaunie, les mains ridées : le maire de Wajir. Des habitants passent sous les fenêtres grillagées et y grimpent pour assister au spectacle : des hommes et des femmes de couleur blanche, en tenue occidentale, se tiennent en cercle et écoutent le discours de leur maire, debout dans un vêtement de coton sombre, une canne tressée à la main. Une interprète traduit ses propos en anglais. « *I would like to welcome the UN mission in Wajir.* » Il lève son bras et brandit sa canne tressée, puis la repose contre sa poitrine, et reprend comme une litanie : « *I would like to welcome the director of the World Food Organization.* » Jacques Diouf retire son chapeau et salue le maire. « *I would like to welcome the director of the World Food Program.* » Josette Sheeran incline la tête. « *I would like to welcome the french minister of Agriculture.* » À mon tour je salue le maire. « *I would like to welcome all of you.* » Les habitants rigolent, on entend leurs rires sonores quand ils retirent leurs mains des fenêtres. Puis le chef de la mission ONU prend la parole. « *My name is Tom. I am your head of mission.* » Trente ans, de nationalité australienne, les cuisses moulées dans un treillis beige, son cou protégé de la poussière par un foulard, il fait le tour de la pièce en martelant ses recommandations : « *Never get out of the pick-up! Never!* » ou « *It is not dangerous but it could become dangerous* » ou « *We are in one of the poorest places in the world, and the poorest places are the most instable ones.* » Son talkie-walkie grésille, il le serre dans sa paume et lui murmure des instructions, le visage concentré, presque inquiet. Le maire nous quitte, fendant la délégation avec sa canne tressée. Nous sortons après lui sur une place rectangulaire où sont garés une dizaine de 4 × 4, les ailes blanches couvertes des deux lettres bleues UN, une antenne souple au bout du capot, que le vent sec balaie de droite à gauche. Tom oriente chacun vers son véhicule : « *Mister Minister, please, take your seat in number 3. You will be with Josette Sheeran.* » Il passe au véhicule suivant, donne des ordres dans une confusion générale, revient vers nous, vérifie que tout va bien, repart. Des sons incompréhensibles sortent des haut-parleurs installés aux coins des bâtiments en ciment. Les habitants de Wajir sont revenus, ils suivent toute cette agitation avec un intérêt évident, et une ironie qui se lit au plissement de leurs lèvres. « *Mister Minister, if you don't mind, it would be better for you and for Josette Sheeran to take your seat in number 4.* » Nous descendons. Trente minutes pour caser toute la délégation. Tom scrute la piste, lève le bras, suspendant le moindre mouvement du convoi ronronnant, puis bascule son bras en avant, comme pour un safari. Les 4 × 4 soulèvent des tourbillons de poussière farineuse, qui se volatilisent dans un ciel vide. Nous traversons un premier village. Perché sur une branche, au milieu d'une place déserte, un marabout nous regarde passer les ailes repliées, son bec monstrueux penché en avant, qui menace de le faire tomber ; des gamins agitent leurs mains, courent après nous ; nous poursuivons sur la piste en terre. Accrochés aux épines des buissons, des lambeaux de sac plastique bleu pétrole flottent dans un air cendreux. À la sortie du deuxième village, le convoi pile devant un arbre fantomatique, dont les branches basses et décharnées protègent une dizaine de femmes accroupies, qui attendent leur ration alimentaire. La tête de leur enfant, interrogative et menue, dépasse du morceau de tissu qui le cale dans leur dos, et dodeline doucement. Tom saute de son 4 × 4 et prend les opérations en main. Il va de véhicule en véhicule et nous donne ses instructions. Parvenu à hauteur de ma portière, il passe la tête par la fenêtre et se penche vers moi : « *Everything is all right ? — Everything is all right.* » Les boucles de ses cheveux collent sur son front ruisselant de sueur, deux auréoles humides se dessinent sous ses bras. Il nous tourne le dos et se dirige vers le véhicule suivant, dans son treillis moulant. Sous l'arbre, la distribution a commencé. Les femmes se sont mises debout et attendent avec une patience infinie de recevoir leur ration. Plus loin, sur un terrain vague, des cadavres de bêtes, couchées sur le flanc, achèvent de se décomposer ; ils exhalent une odeur sucrée et fade qui soulève le cœur. Leur bassin perce le cuir desséché et fait comme un berceau osseux, où grouillent les mouches ; leurs orbites vides se remplissent de sable. On reconnaît des moutons, des chèvres ; plus rarement des vaches. « *Not a very pleasant picture.* » Josette Sheeran a mis son foulard sur sa bouche, elle reste stupéfaite devant ces cadavres épars, dont les incisives rongent le sol. Un nuage gris foncé se déchire, qui ne donnera pas une goutte de pluie. Retour à Wajir. Nous remercions Tom. Il me donne une poignée de main franche, les manches de sa chemise retroussées aux coudes : « *You're welcome. Please come back. And do your best to help us : we need money.* » Décollage pour Dadaab, le plus grand camp de réfugiés au monde : il accueille quatre cent mille personnes environ, mais on ne sait pas très bien, me précise Josette Sheeran en criant pour couvrir le bruit des hélices, parce que chaque jour des milliers de réfugiés supplémentaires arrivent de Somalie, chassés par la guerre civile et par la famine. De Dadaab, encore une heure de piste pour rejoindre le camp de réfugiés : ce sont des milliers de tentes qui se succèdent sur des kilomètres, certaines neuves, d'autres plus anciennes, renforcées par des planches de bois et de la tôle ondulée, qui font de zones entières non plus des camps provisoires, mais des bidonvilles. Nous nous arrêtons au centre de distribution ; une dizaine de femmes attendent sous un auvent, accroupies dans la terre battue ; elles ne disent rien ; elles ne nous regardent pas ; elles ont toutes dans le regard la même expression de lassitude, et leur corps, courbé vers le sol, traduit un épuisement total. Un des responsables du centre, membre d'une ONG française, se tient à côté de moi. « Vous pouvez traduire si je leur parle ? — Pas de problème. » Lentement, je me penche et je prends la main d'une femme qui cache entre ses jambes un enfant de trois ans environ : « Vous venez d'où ? » Elle me répond avec un souffle de voix rauque, à peine audible, le regard baissé : « De Somalie. — Et pourquoi vous êtes partie ? — Parce qu'il y a rien en Somalie, rien. » Elle garde le regard baissé. Elle ne retire pas sa main, que je tiens toujours dans la mienne, légère et fine comme une brindille. « C'est votre fils ? — Oui. — Et vous avez d'autres enfants ? » Elle lève les yeux vers moi : des yeux noirs, brillants comme une huile de roche, qui reflètent la lumière, sans rien voir. « Deux autres enfants. — Ils sont où ? — Je les ai laissés. — Laissés ? — Sur la route ; je les ai laissés sur la route. » Et elle ferme les deux feuilles calcinées de ses paupières. Mon interprète hoche la tête en signe de résignation : « Ici, il y a beaucoup de femmes qui ont fait les 70 kilomètres entre la Somalie et le camp à pied. Elles partent avec deux ou trois enfants, les enfants sont épuisés, elles sont obligées de laisser les plus faibles sur la route. Les familles qui arrivent avec tous les enfants, c'est très rare. En fait, il n'y en a presque pas. » À une dizaine de mètres du centre de distribution, des jeunes se pressent derrière un grillage. « Eux, ils sont là depuis des années. Ils attendent. — Ils attendent quoi ? — Ils attendent de quitter le camp. — Et pour aller où ? — On ne sait pas, alors ils restent là. » Immobile, un des jeunes me regarde ; il garde un livre coincé sous le bras, son autre main reste accrochée au grillage ; je m'approche de lui, je lui serre deux doigts à travers les fils de fer ; il parle le premier : « *Where are you from ?* » Il ne cache pas sa fierté de parler anglais, deux fois il répète, avec un accent prononcé : « *Where are you from ? — I am from France. — France ? In Europe ? — In Europe.* » Il s'exclame en levant son livre au ciel : « *Europe ! France ! Great ! One day I will go to Europe ! I want to have a job in Europe !* » Il me regarde attentivement. « *What's your job ? — Minister. — Minister ? Great ! I want to be a Minister too.* » Et il éclate de rire. Il me salue, il recule, il disparaît son livre sous le bras dans la foule de réfugiés, qui errent au hasard, sans but. Notre convoi repart. Quelques kilomètres plus loin, nous nous arrêtons devant le principal centre hospitalier du camp, réservé aux mères et à leurs enfants. Les enfants sont triés à leur arrivée suivant le degré de dénutrition : les cas les plus légers sont traités dans le premier bâtiment, les plus graves dans le dernier. Nous entrons dans le dernier : dix lits sont disposés face à face contre les murs, protégés des insectes par une moustiquaire. On entend des gémissements faibles. La plupart des mères sont allongées sur le côté, certaines assises sur leur lit, leur enfant entre les bras, ou la tête posée sur leurs genoux. Elles les caressent machinalement, quand elles les touchent encore, car les plus faibles se désintéressent de leur enfant, voilà ce que nous explique le docteur qui nous accompagne : « Elles se détournent, elles ont perdu toutes leurs forces dans le voyage, vous comprenez ? Leur enfant, elles ne le voient plus. » Josette Sheeran et moi écoutons religieusement le docteur et son équipe médicale, dont les paroles sont les dernières choses accessibles à la raison dans ce bâtiment où on souffre et où on meurt. Un garçon de trois ans est assis en tailleur, une perfusion dans le poignet : on se demande comment la moindre aiguille a pu trouver une veine dans ce bras décharné. Il me fixe obstinément, en me présentant son poignet barré de deux morceaux de Scotch en croix, qui maintiennent la perfusion en place. Sa tête a trois fois le volume de sa poitrine aux côtes saillantes. « Lui, il s'en sortira. Il est arrivé il y a une semaine, il commence à reprendre du poids. » Sur le lit suivant, un enfant est couché, le bas du corps recouvert d'un linge gris ; il a un visage de vieillard, il mâche et remâche dans sa bouche une salive épaisse et blanchâtre ; au fond de ses orbites, on distingue deux prunelles bleu nuit. Le docteur écarte le linge gris, prend entre ses doigts sa cheville, qui ne pèse rien. « On ne peut plus rien faire. Il sera mort dans quelques heures, ou demain. » Et comme pour lui donner raison, les prunelles basculent brusquement dans un ivoire sale, avant de se remettre en place, bleu nuit, tremblantes, encore pour quelques instants. Un reniflement, je me retourne : Josette pleure ; moi aussi je suis au bord des larmes. Ce n'est pas faute d'avoir vu ces images d'enfants victimes de la famine en Afrique depuis des années ; mais il y a voir, et vivre. Et tout ce que nous voyons, le plus souvent dans une certaine indifférence, en réalité est insupportable à vivre, à Dadaab ou ailleurs.

Dimanche 24 juillet – Nairobi – Amsterdam – Rome

Nous quittons Nairobi vers 6 heures du matin. Le soleil se lève. Le temps de boire mon café, une lumière intense a envahi le ciel. Au sommet des arbres qui bordent la route, des marabouts haussent les épaules, géants maigres et décharnés, aux omoplates saillantes, qui secouent le feuillage en ébrouant leurs ailes. Dans le vol pour Amsterdam, je me concentre sur la lecture de W. G. Sebald : mais rien à faire, le souvenir des enfants ne me quitte pas, ils étendent leurs bras maigres sur mon sommeil, leurs prunelles interrogatives me percent le cerveau. Ces réfugiés qui attendent de partir depuis des mois, certains depuis des années, la plupart ne quitteront pas le camp de Dadaab, ils sont venus à Dadaab, ils mourront à Dadaab. Ce jeune qui marche pieds nus dans la poussière, un livre sous le bras, et rêve de travailler en Europe, par quel miracle réaliserait-il son rêve ? Le monde est libre pour les uns, une prison pour les autres, et le dire ne sert à rien. La nuque calée dans un coussin KLM, je ne bouge plus : je laisse remonter ces images en moi comme des remords. « *Do you want something to drink ?* » Une hôtesse me tend son visage avenant mais, comme si mon imagination avait été sollicitée par sa carnation lisse et brillante, la peau grêlée, couverte de pustules blanches, de la jeune fille qui soulevait sa robe à l'entrée du camp pour montrer sa difformité, et en tirer un avantage, me revient en mémoire. « *Wine, please. A lot of wine.* »

Lundi 25 juillet – Rome

À Rome, quelques États font des promesses de dons supplémentaires. Hélas, les dons ne changeront pas grand-chose à la situation sur le terrain : il faudrait une solution politique à la crise en Somalie, et personne ne la connaît. Plus habitué que moi à ce genre de déception, depuis des années qu'il dirige la FAO, Jacques Diouf essaie de me rassurer : « Tu as fait le maximum, la France a fait le maximum. Au moins nous aurons des financements pour le PAM. »

Samedi 30 juillet – Paris

« Bruno ? Bruno, je voulais te féliciter. » Un silence. Le Président tousse un peu. Il parle lentement, avec dans la voix une affection qui sonne juste. « Je voulais te féliciter pour la naissance. Tout va bien ? » Je le remercie, je lui dis que tout va bien. « Et il s'appelle comment ? — Barthélemy. — Barthélemy ? C'est mignon, Barthélemy. » Encore un silence. Il tousse, il a dû attraper le rhume que tout le monde traîne à Paris. « Tu sais, on a quitté Brégançon, on est au Cap, on se repose, enfin, comme on peut se reposer, hein ? » Il dit encore deux ou trois gentillesses et il raccroche. Il a pour les enfants, ou pour tout ce qui touche aux enfants, une disponibilité, une sincérité qui cadrent mal avec les portraits qui sont faits de lui.

Lundi 1er août – Paris

Café avec Jean-François Copé. Rapidement, je lui présente les principales orientations du projet 2012. Il approuve les grandes lignes, me demande de creuser plusieurs points, de donner un tour plus politique à certaines propositions.

Jeudi 11 août – Salina

Pauline est restée au Pays basque avec Matthias et Barthélemy. Louis et Adrien partent une semaine avec moi en Sicile. La crise de la zone euro est plus vive que jamais. On parle de cessation de paiements pour la Grèce. Toute cette actualité qui ne relève pas de ma responsabilité, elle continue malgré tout de me travailler, même à Salina, la plus belle des îles Éoliennes, et il faut plusieurs jours pour que, lambeau par lambeau, le cerveau fasse peau neuve et accepte la lenteur des vacances. Louis et Adrien se baignent toute la journée, lisent, marchent, mangent des glaces, jouent avec leur console. Hier, nous sommes partis escalader le Stromboli. Le guide a avalé mon mensonge sur Adrien et ses dix ans, ou a fait mine de croire à ma sincérité, il avait des papiers à remplir, des touristes qui attendaient : « Basta ! » Après quatre heures de marche, nous étions debout tous les trois, sur une arête en surplomb du volcan, à regarder les bouches gronder et cracher dans la nuit leurs éclats rouges. Par moments, le vent rabattait sur nous une fumée âcre. Une frayeur me saisit ; je regardai Louis, qui toussait sous son masque. « Tout va bien, Loulou ? — Tout va bien. » Nous étions montés sans la trousse de secours qui ne le quitte jamais en cas de crise d'asthme. Nous sommes rentrés à Salina en Zodiac. Ciel sombre ; mer d'encre ; assis devant, Louis et Adrien sautaient à la moindre vague, prenaient des paquets de mer salée, agrippaient une fine cordelette jaune sur les boudins pour ne pas basculer par-dessus bord, et descendirent à terre ruisselants, tremblants de froid, gelés. Sous la douche brûlante, Adrien fit une seule remarque : « Le volcan, c'était bien, le bateau, c'était long. » Le matin, assis à une petite table de fer ronde, je commence à écrire un texte sur Carlos Kleiber.

VI

Présentation du projet 2012 à Marseille — Suites du G20 agricole — Défense du Programme européen d'aide aux plus démunis — Premières réunions du conseil stratégique autour du Président — Crise de la zone euro — G20 de Cannes

Jeudi 1ᵉʳ septembre – Paris

Au petit déjeuner de la majorité, auquel je suis désormais associé comme responsable du projet, le Président s'en prend sèchement à Jean-Pierre Raffarin, qui a critiqué ce matin le projet de taxe sur les parcs à thèmes. « Je veux bien tout : les critiques, le débat, tout. Mais je peux pas accepter que le président de l'UMP reprenne les critiques de la gauche. Taxer les parcs à thèmes, c'est pas taxer les pauvres. » Il marmonne froidement : « Mais il faut être stupide ! Il faut vraiment être stupide ! Le président de l'UMP ! » Ambiance glaciale autour de la table où se rassemblent une fois par semaine les vingt premiers responsables de la majorité. On tourne sa cuillère dans sa tasse en porcelaine de Sèvres. On avale un morceau de pain. On sirote son café.

Lundi 5 septembre – Marseille

Avant même que je mette le pied à Marseille, mes propositions étaient mortes. La suppression définitive des 35 heures ? Maladroite et provocante pour les partenaires sociaux. La réforme de l'indemnisation du chômage ? Impensable en période de hausse du chômage. La fiscalisation des allocations familiales ? Une attaque directe contre la politique familiale. Les responsables de la majorité les moins critiques parlent de projet inabouti, les plus sévères, ou les plus ambitieux, de désastre. Ils multiplient les apartés avec les journalistes politiques, expliquent que la méthode était mauvaise, les propositions insatisfaisantes, mais que tout cela est sans importance, puisque le Président ira puiser son inspiration ailleurs. Prudent, le Premier ministre déclare dimanche au début de son discours partager la philosophie du projet. Au moins il le dit. Finalement, je suis sauvé par la taxe sur les parcs à thèmes, qui fait polémique, et donc occupe les médias. Mon erreur est simple : pas assez de consultation, pas assez de petites négociations entre les différentes sensibilités de la majorité, pour trouver un équilibre, et que chacun puisse dire que ce projet est le sien. En fin de mandat, toute vérité est mauvaise à dire, et proposer des réformes radicales revient à crier une vérité désagréable, que la situation économique se dégrade, et que le plus dur est devant nous : ce que je crois.

Mardi 6 septembre – Paris

À un responsable de la majorité qui vient de défendre les eurobonds, le Président répond avec une ironie mordante : « Les eurobonds, c'est la France et l'Allemagne. Mutualiser la dette, c'est juste dire à la France et à l'Allemagne : vous paierez plus cher vos emprunts. Tu crois que c'est un personnage entre Zorro et Superman, les eurobonds ; mais les eurobonds, c'est des taux d'intérêt plus élevés, point final. » Il sourit : « Tu comprends, hein ? » Il passe ensuite à la situation politique. Depuis quelques jours, nous sommes rentrés dans un univers différent, où le temps est plus court, l'espace plus étroit ; le premier tour de la présidentielle est dans moins de dix mois.

Mercredi 7 septembre – Paris

Devant les députés du groupe, salle Colbert, je défends la ligne de vérité du projet 2012, tout en proposant des consultations régulières. Un groupe de suivi sera mis en place. Chacun pourra participer. Le soir, devant les mêmes réunis dans le salon Murat, le Président me remercie pour le travail accompli. Silence dans la salle. Assis sur une estrade derrière une table tendue de velours rouge, il appelle la majorité à la solidarité, les ministres à la discipline. « Vous avez vu, hein ? On est pas si mal. Alors on va rester ensemble, d'accord ? Si on reste ensemble, si on se dispute pas, on gagne. Je vous le dis : on gagne. » À ces mots, comme par magie, tous les caprices qui font la vie politique ont disparu. On se regarde. On se sourit. Ont-ils seulement existé, ces caprices, ces jalousies, ces attaques, ces coups, ces calculs ? On en douterait presque. À la moindre étincelle, un mot, une phrase, une déclaration, ils repartiront pourtant de plus belle. Il faut pour les étouffer régulièrement ce que le Président porte en lui de légitimité, et provoque comme frayeur.

Lundi 12 septembre – Évreux

Les chiffres du chômage sont mauvais ; la situation sociale se tend ; la zone euro se fissure. À mesure que les nouvelles se succèdent, il devient de plus en plus clair que le pari sur la sortie de crise est un pari perdu. Chaque fois que la majorité pense avoir regagné un peu de terrain, et souffle un peu, un mauvais chiffre, ou une affaire judiciaire, ou des prévisions encore plus sombres, nous font reculer de quatre cases. Dans ma circonscription, les habitants ne me parlent même plus des défauts de caractère du Président : plus grave, ils doutent ouvertement de sa capacité à maîtriser la crise. Les langues se délient, les critiques fusent, la grande passion nationale de la jalousie se déploie partout. À Évreux, une ouvrière qui travaille à la chaîne dans une usine de parfum me dit : « Moi, avec mon salaire, je m'en sors pas. Et le voisin, lui, qu'il fait rien, il s'en sort ! Alors je vais vous dire, tous ces assistés, on peut plus avec tous ces assistés ! »

Mardi 13 septembre – Paris

Dîner avec Xavier Musca. Il se montre pessimiste sur la capacité des États européens à trouver une sortie de crise définitive. Il confesse : « Dans le fond, on ne maîtrise pas grand-chose. Il faudra mettre les Grecs face à leurs responsabilités, très bien. Mais ensuite, on fait quoi ? Les Allemands, je vais te dire, ils portent une grosse responsabilité. Contrairement à ce qu'on croit, ils sont indisciplinés. Ils prennent des décisions tardives, ils ne s'y tiennent pas, chacun parle à tort et à travers. Weidmann, un type très sympathique, compétent, parfait francophone, il publie aujourd'hui une tribune dans le *Financial Times*, il met le feu aux poudres. Et tout cela, avec une parfaite bonne conscience. C'est le plus exaspérant : leur parfaite bonne conscience. » La relation franco-allemande s'effiloche. Faute de perspective européenne, chacun sauve ce qu'il peut sauver. Et ce n'est que par intérêt national, notamment pour éviter à leurs banques régionales un désastre, que les Allemands accepteront finalement de soutenir la Grèce. L'esprit européen est en train de se recroqueviller avec la crise.

Mercredi 14 septembre – Paris

On me fait patienter quelques minutes dans le petit salon du rez-de-chaussée, une pièce sombre, de taille modeste, encombrée de fauteuils tapissés de soie, de souvenirs chinois — vases, statuettes, paravent — et coupée en deux par un bureau plat à pendule. Un collier de pays exotique est exposé sur un guéridon. Des photos de famille en noir et blanc sont disposées un peu partout, sous des cadres en argent : parents en frac et robe longue, jeunes filles élégantes, enfants en culotte grise et chemise de coton, qui jouent sous des arbres. Au mur, des portraits XVIIIe, notamment une femme en médaillon, les épaules couvertes d'un châle blanc, pendent au bout de cordons tressés. Dans le moindre recoin flotte un parfum de vieil appartement, mélange de crin des fauteuils, de cire, de poussière et de solitude. Il entre, grand, un peu courbé, avec ce pas de maître qui fait grincer le parquet, scrutant son visiteur derrière ses paupières mi-closes. Il porte un chandail à col en V couleur lie-de-vin. Il me serre la main, et dans un chuintement, se retenant de rire de son humour : « Vous êtes en costume ? Je pensais vous recevoir en blouse, les cheveux pleins de paille ! » Il me précède dans la pièce attenante, qui donne sur une terrasse et un petit jardin. Sur la table carrée, recouverte de feutre vert, deux couverts en faïence indiquent nos places. Il passe devant son fauteuil, se baisse, prend les deux bras en bois sculpté, tire le fauteuil vers lui, se cale au fond, allume une liseuse qui effleure son épaule et fait sur le tapis de feutre une flaque jaune, le tout avec une évidence, la simplicité de huit décennies de bonnes manières. Le buste droit, comme un cavalier sur sa monture, il me regarde, puis le bas de sa mâchoire semble se décrocher du haut de son visage, et toujours avec ce chuintement caractéristique : « Donc vous avez fait quoi comme études ? Juste l'ENA, ou autre chose ? » Il s'enquiert dans le moindre détail de mon parcours universitaire puis, rassuré, il tient à me préciser les raisons de ces questions : « Non, parce que vous comprenez, il faut tout de même un certain niveau dans ce métier. » Il avance ses mains, qui me paraissent disproportionnées, en comparaison de son crâne si fin, ovale, le sommet lisse et brillant comme un galet, où ne poussent que quelques brins de cheveux, comme des herbes folles. Puis il me présente son analyse de la situation politique. Il essaie de trouver le terme exact. Parfois il se reprend. Dans certaines phrases, il met des hésitations, qui se rapprochent plus du bégaiement du Lord britannique que de la timidité sincère et qui, accentuées par la quasi-occlusion de sa bouche, font le snobisme de sa voix. Avec cela, une intelligence aiguë des rapports de forces, une capacité à décortiquer les faiblesses de chacun, qui malgré son immense courtoisie, ou en raison de son égalité de ton, glacent le sang. « Je vois Nicolas Sarkozy lundi. » Il glisse ses deux mains à plat sous la flaque de lumière jaune. « Il m'écoutera poliment, comme d'habitude, et il n'en tiendra aucun compte. » Le cavalier saisi de profil par je ne sais quel peintre anglais, au milieu de la campagne, et qui surplombe la table, ne perd pas une miette de la présentation de l'ancien Président. « La réalité, c'est qu'au moment où je vous parle, il a perdu, n'est-ce pas ? Il n'a aucune réserve de voix. Le FN, il sera fort, qu'est-ce qu'il en récupérera ? Bon, disons un petit quelque chose. Le centre ? Il n'y a plus de centre. Il y a des personnes qui s'agitent, mais il n'y a plus de centre. Donc il fera 23, 24 au premier tour, et avec 23 ou 24 au premier tour, il ne passera pas le second. C'est comme ça. » Ses paupières lourdes, arrondies et lisses comme des coques, se ferment sur son regard, et tout son visage prend un air de sage chinois. Il rouvre ses paupières, sa mâchoire émet un claquement. « En même temps, ce serait un drame qu'il perde. Le pays ne se relèverait pas des socialistes, cette fois définitivement. Les socialistes vont gagner mais les socialistes ne sont pas prêts. Voilà le drame. » Il lâche les derniers mots avec un peu d'emphase, comme une tirade de Shakespeare : « *Here's the rub.* » Il poursuit : « Donc il faut l'aider à gagner, mais comment ? » Un silence. Il apprécie ces questions rhétoriques, auxquelles il apporte ensuite les réponses : « Il devrait dire la vérité aux Français, leur présenter la réalité de la situation, appeler à un nouveau pacte européen, imposer des décisions courageuses. Les Français, quand on les chatouille, ils s'agacent. Mais ils sont assez placides quand on impose des décisions vraiment difficiles. » Ses paupières se ferment à nouveau, il a un sourire fin, un claquement de la mâchoire : « Le problème est qu'il n'a pas les hommes pour appliquer ces décisions. Et est-ce que lui-même voudra vraiment les appliquer ? » Il passe aux scandales financiers qui occupent les médias. « La vérité, c'est que tout cela a toujours existé. Ce sont des secrets de Polichinelle. De Gaulle était un homme de tempérament, qui ne s'intéressait pas à l'argent, il laissait faire les autres, le SAC, ses services. Mais évidemment, cela existait. Lui ne s'intéressait qu'à la stratégie. L'intendance l'ennuyait; c'était Foccart qui traitait ça. D'abord, à petite échelle. Et puis ensuite, on a découvert du pétrole en Afrique, et cela a pris une tout autre ampleur. Prenez Bongo. Bongo, en 1981, il a soutenu Chirac. Je l'appelle. Il me souhaite le meilleur pour ma réélection. Alors je lui réponds : "Monsieur le Président, je suis d'autant plus sensible à vos vœux que vous soutenez mon adversaire dans ma propre majorité, M. Jacques Chirac." Un long silence. "Ah ? Vous savez ?" Un autre silence. Et Bongo me répond : "Mais c'est pour mieux le contraindre à vous soutenir au second tour, monsieur le Président et cher ami. — Alors dans ce cas." » Il sourit. Visage énigmatique, de pythie descendue de son piédestal pour partager le thé avec un ministre, et rendre son oracle. À la fin des années 70, nous étions arrêtés avec ma mère à un feu avenue Henri-Martin, et elle, au moment où passait devant nous une 604 beige, conduite par un homme au profil altier, les deux mains impeccablement posées sur le cercle du volant, avait crié : « Regarde ! C'est Giscard ! » Est-ce le même homme ? Est-ce la même histoire qui se rejoue ou une autre, toute différente, et dont les ressorts me restent cachés ?

Au Conseil des ministres, le Président rappelle la gravité de la situation européenne. Il martèle que la sortie de la Grèce de la zone euro est inconcevable. Il défend Berlin. « Alors évidemment, on peut toujours se faire plaisir, on peut critiquer la Chancelière, dire qu'elle va pas assez vite, pas assez loin, et ensuite ? Ensuite, quoi ? La vérité, c'est que si vous critiquez l'Allemagne, vous gênez la France ; voilà la vérité. »

Vendredi 16 septembre – Wolfisheim

Il boit un café. Il a retiré sa veste. Il écoute ma proposition : prendre la parole, expliquer la situation économique, défendre ses choix, rassurer. Il repose sa tasse. Avant de me répondre, il se tourne vers l'hôtesse : « Dites, vous voulez pas être gentille de fermer les volets des hublots s'il vous plaît ? » L'hôtesse s'exécute. « Un autre café, monsieur le Président ? — Non, merci, vous êtes gentille, merci. » Il soupire. Il desserre un peu sa ceinture. « Bon, moi, je veux bien expliquer, hein ? Mais il faut pas expliquer, tu sais : il faut décider. » Il me regarde, et la voix posée, avec ce débit lent qui détache les mots comme un film au ralenti les images : « En plus je peux rien faire sans Merkel. Voilà la vérité : je peux rien faire sans Merkel. Alors je me tape la mère Merkel matin, midi et soir. » Il sourit : « Heureusement je l'aime bien, la mère Merkel. » Il pousse un soupir, et sur un rythme plus rapide sortent de sa bouche des mots qui le rassurent, le délivrent du poids de sa fonction, et de la pression des événements : « Je vais te dire, ça pourrait aller plus mal. Tu vois la situation ? Tu vois ? Eh bien, malgré tout, ça tient. Pas de manifestation. Le calme dans la rue. Moi je trouve que ça va pas si mal que ça. » La pyramide de légumes, la dégustation de jus de pomme, la présentation des coqs, le bouquet de choux, le tracé du sillon, la crinière tressée des chevaux de trait, il ne rate aucun stand de la finale des labours, organisée par les jeunes agriculteurs de Wolfisheim. Il commente. Il discute. Il se baisse, montre du doigt un parterre de fleurs : « Ce sont des pensées, non ? » Les photographes se pressent pour saisir le Président devant les pensées. Cohue, coups de coude, deux photographes piétinent le parterre, la jeune femme qui tient le stand crie, le Président se redresse : « Dites, vous voyez pas que vous abîmez les fleurs, non ? » Il se tourne vers la femme : « Excusez-les, Madame, ce sont des mal élevés, les journalistes, ce sont franchement des mal élevés. » Il avance dans le stand de fleurs, en prenant la femme par le bras : « Venez avec moi, Madame, venez ! » Il se baisse à nouveau : « Et là, ce sont des chrysanthèmes, non ? Ce sont des belles fleurs, les chrysanthèmes. Elles plaisent pas parce que ce sont des fleurs de cimetière, mais elles sont belles. — Vous connaissez bien, monsieur le Président. — Oh oui ! Je connais bien ! J'ai fait un stage chez Truffaut, il y a longtemps. » Il incline modestement la tête : « Je vous assure, j'ai fait jardinier-conseil chez Truffaut. » Au retour, il demande aux ministres et conseillers assis autour de la table de travail de son Airbus ce que nous avons pensé du débat de la veille entre les candidats socialistes. Il écoute les remarques de chacun, demande des précisions, ne fait aucun commentaire, hoche parfois la tête.

Mardi 20 septembre – Bruxelles

Impossible de convaincre mon homologue allemande, qui reste butée sur sa position : les crédits pour l'aide alimentaire des plus démunis doivent être coupés sans délai. Elle est rejointe par les ministres suédois et britannique. En Europe, quand un axe se dessine entre les gouvernements libéraux et les Allemands, la France n'a plus qu'à plier bagage, elle est isolée, elle perd. Leurs arguments ne sont pas les mêmes : économiques pour les ministres suédois et britannique, juridiques pour mon homologue allemande. Comme leurs intérêts convergent, ils ne vont pas faire la fine bouche. Il me reste quelques jours pour casser cet axe et obtenir le maintien des crédits. Aucun autre pays que la France ne prendra l'initiative. Seulement il faudra que je change de raisonnement : mon insistance sur la crise, mon appel à protéger le nombre de plus en plus important de gens en Europe qui vivent de cette aide alimentaire, laissent de marbre la table du Conseil. Ilse Aigner est partie. Son adjoint reprend la parole après mon intervention : « Je tiens à rappeler que nous avons une décision de la Cour de justice. La Cour de justice a établi que ces crédits pour l'aide alimentaire ne rentraient pas dans le champ de compétence de l'Union. Ils doivent donc être coupés immédiatement. Ce n'est pas une question politique, c'est une question de droit. » Chaque État en Europe a son propre système de poids et de mesures, et ce qui pèse lourd en France ne pèse rien en Allemagne, et très peu en Suède ou en Finlande. La négociation européenne demande donc des conversions permanentes. À Paris la politique est notre étalon, le droit à Berlin, le libre commerce à Londres.

Jeudi 22 septembre – Paris

Qui a entendu à Paris le discours courageux du Président aux Nations unies sur la reconnaissance de l'État palestinien ? Personne. La situation économique continue de se dégrader ; le moral des ménages chute ; le chômage poursuit sa progression ; les perspectives politiques deviennent chaque jour plus sombres. À gauche, la victoire de François Hollande aux primaires est tenue pour acquise.

Vendredi 23 septembre – Paris

Profitant des derniers jours de beau temps, François Fillon a demandé que la table soit installée dans le parc, au pied du pavillon de musique. Il me demande mon appréciation sur la situation politique. Comme au Président, je lui dis mon inquiétude devant les mesures de réduction du déficit qui viennent d'être décidées : 12 milliards d'euros, c'est déjà un effort important pour les Français, mais insuffisant pour vraiment changer la donne. Je plaide pour des mesures plus radicales. Il me regarde, écoute attentivement ; le soleil rebondit sur ses cheveux noirs et brillants comme du vison. Il pousse un soupir : « Pour tout te dire, nous avons un plan d'économie à l'étude, beaucoup plus drastique, de 70 milliards d'euros. On ne sait jamais, ça peut servir. On perdra les élections. Mais au moins on les perdra dans la dignité. »

Dimanche 25 septembre – Saint-Pée-sur-Nivelle

Sur la plage d'Ilbaritz, une lumière vive perce la brume, confond la mer et les embruns dans un nuage gazeux, qui rafraîchit le visage. Matthias court à côté de moi ; il me tire par la manche : « On fait la course ! Le premier qui gagne est arrivé ! — Le premier qui est arrivé a gagné, Matthias. — Non ! Le premier qui gagne est arrivé ! » Et il éclate de rire. Il part comme un trait au fond de la plage. Ébloui, je ne le vois plus. Le soir, les premières estimations tombent sur mon portable : le Sénat bascule à gauche.

Lundi 26 septembre – Paris – Caen

Tous, dans la majorité, nous nous employons à minimiser la perte du Sénat. Nous trouvons des explications : la crise, les défaites locales successives, la réforme territoriale mal comprise, la suppression de la taxe professionnelle. À force, nous en arriverions presque à trouver banale une défaite sans précédent. Pour la première fois depuis 1958, le Sénat bascule à gauche. Désormais la lente décomposition de la droite républicaine se joue à ciel ouvert. À Caen, il faudrait être sourd pour ne pas entendre la radicalisation des militants. Sur ces terres modérées, les propos se durcissent, l'insatisfaction grandit, les critiques contre le gouvernement et le Président deviennent de plus en plus acerbes. Dans la salle de réunion, derrière le port, un homme d'une cinquantaine d'années en loden vert se lève, sort un papier de sa poche, le déplie : « Monsieur le Ministre, vous nous proposez de redresser l'économie, mais les 35 heures, vous les avez supprimées, les 35 heures ? Et le droit du travail ? Et le soutien aux PME ? Alors vos promesses, vous pouvez les garder pour vous. » Et il se rassied sous les applaudissements, en repliant soigneusement son papier dans la poche.

Mardi 27 septembre – Paris – Venette

Le Président arrive en avance au petit déjeuner de la majorité, comme un acteur pressé d'en finir avec une représentation. Il s'assied, ne dit rien. Jean-François Copé arrive une minute après lui ; puis François Fillon. Il commence à parler quand entre Jean-Pierre Raffarin, les cheveux mouillés et plaqués en arrière. « Bon, c'est jamais facile de perdre les élections. Il y a eu des règlements de compte, tout le monde a des exemples en tête. Il y a eu aussi la séparation du centre et de l'UMP, une folie, je vous le dis, une folie ! On a fait des erreurs avec des gens usés. Et puis la crise. Obama, Merkel, moi, on se la paie tous, la crise. » Il prend une longue inspiration. « Maintenant, qu'est-ce qu'on fait ? Le plus important est d'apporter une réponse à la crise économique et financière : c'est ce qu'attendent les Français de nous. » Fin de la séquence politique, début de la séquence internationale. Il tourne son regard de droite à gauche, fixe les responsables de la majorité un à un, qui brûlent de donner leur analyse du scrutin, et que le Président décourage en leur assénant un dernier coup : « Il y a les intérêts politiques, et il y a les affaires d'État. Et les affaires d'État passent avant les intérêts politiques. » Silence. « Il faut attendre jeudi et la décision du Bundestag avant de bouger. À ce moment, avec François, nous prendrons des décisions fortes, des décisions très fortes. Mais avant, il n'est pas question de gêner l'Allemagne. » Il se tait, regarde le Premier ministre assis en face de lui : « François ? » François Fillon prend brièvement la parole, insiste sur les conséquences désastreuses des divisions. Gérard Larcher parle à son tour. À mesure que les interventions se succèdent autour de la table et, comme attirées par un aimant, reviennent à la politique, le Président se détache, il croise les deux mains devant lui, lève la tête, fixe intensément les lumières étincelantes du lustre en cristal, impavide, le visage fixe, comme sculpté dans la cire. On entend la voix de Jean-Pierre Raffarin : « Il y a aussi eu les affaires. » À ce mot, la mâchoire du Président se crispe, son regard descend du lustre vers Jean-Pierre Raffarin, et le fusille froidement. Il sort de son mutisme, la voix blanche : « Les affaires, parlons-en des affaires. » Et il s'engage dans une longue longue diatribe contre les médias, qui l'accablent, les juges, qui veulent sa perte, le Parti socialiste : « Ah ! Ils avaient plus de pudeur quand il fallait parler de DSK, hein ? Infiniment plus de pudeur ! » Tour à tour colérique, glacial, mordant, amer, il rappelle le torrent de mensonges qui se déversent chaque jour contre lui, les insultes, les caricatures, les approximations, les mises en cause, la calomnie. Subitement il se tait, balaie les convives du regard : « Et qui me défend ? Personne ! Qu'est-ce que vous dites ? Rien ! » On entendrait une mouche voler. Au bout de la table, une voix un peu effacée, celle de Pierre Méhaignerie, glisse : « Il y a eu aussi l'appel de Brice. L'appel de Brice a eu un effet désastreux sur les électeurs. » Le Président le cloue d'un mot : « D'accord, Pierre, d'accord, mais on a pas attendu l'appel de Brice pour enregistrer des défaites dans l'Ouest, hein ? » L'après-midi, sur les berges ensoleillées du canal de l'Oise, nous visitons avec le Président une usine de biocarburants. Il observe les opérations de triturage, le regard absent. Son adresse aux ouvriers garde un peu de la flamme habituelle, mais elle a quelque chose de mécanique, ou de distant. Il abrège la table ronde.

Mercredi 28 septembre – Paris

Ce qui me frappe ce matin ce sont ses mains. Courtes, puissantes, elles expriment une volonté inépuisable, quoique sur le dos elles commencent à porter des traces de vieillesse, qui font sur sa peau un petit archipel brun. Il prend son crayon à deux couleurs, surligne une note, et ses ongles lisses et bombés comme un coquillage effleurent la mine bleue. Il se redresse, pose ses deux mains à plat devant lui et écoute Alain Juppé. Il reprend la parole après lui : « Personne ne peut accepter ce qui se passe au Proche-Orient. Vous comprenez ? Personne. Alors, avec Alain, nous avons pris une initiative. Une initiative qui changera complètement la donne. » Il pince les lèvres. « Bon, je remercie tous ceux autour de la table qui se sont faits les porte-voix des communautés pour me dissuader de prendre une initiative, mais je préfère leur dire : ce sont pas les communautés qui font la politique de la Nation. La politique étrangère de la France se fait au nom des intérêts de la Nation, pas des intérêts des communautés. » Il revient à son initiative, mentionne Netanyahou : « Ça, je dois dire, avec lui, on est jamais déçu » ; Mahmoud Abbas : « Si les Américains le font monter en haut de l'échelle et qu'à chaque fois ils retirent l'échelle, il y a un moment, il va tomber. Tomber et se tuer. Ou se faire tuer » ; Barack Obama : « Il ne prend plus ses décisions qu'en fonction de la politique intérieure américaine, très bien. Moi, je lui ai juste dit : "Barack, si tu mets ton veto à notre plan, tu allumes une Intifada au Proche-Orient. Et ton discours du Caire ? La main tendue aux peuples arabes ? Tu expliques comment ?" » Dîner le soir rue de Grenelle avec Luc Chatel et le groupe des Mousquetaires. Le plaisir de se retrouver est le même, mais plus personne ne croit encore à une stratégie collective.

Jeudi 29 septembre – Paris

Le Bundestag donne son accord à la mise en place d'un Fonds européen de soutien à la Grèce. Les libéraux du FDP sortent affaiblis de ce vote, le SPD renforcé, la CDU grand vainqueur. Principale artisane de ce rééquilibrage, Angela Merkel, en une matinée, rappelle qui commande en Europe et se ménage la possibilité de changer de pied en 2013, pour conserver le pouvoir. La coalition FDP-CDU est moribonde, une grande coalition SPD-CDU pointe le nez.

Vendredi 30 septembre – Paris

Machinalement je monte l'escalier d'honneur, quand un huissier me rattrape par la manche : « Par ici, monsieur le Ministre ! » Et il me dirige vers le vestibule du bas. Des visiteurs défilent dans les salons. Ils me voient assis dans un fauteuil, devant un guéridon au milieu duquel se dresse une orchidée blanche, qui me cache à moitié le visage. Un homme souffle à sa femme : « Dis ! Ce serait pas le ministre de l'Agriculture, là ? » Elle se penche de côté pour me regarder, comme on le ferait dans un zoo pour reconnaître la panthère cachée dans les hautes herbes, ou le singe derrière son tronc : « Ah si ! C'est le ministre de l'Agriculture ! » Et elle prend une photo en s'appliquant. Des officiers de sécurité déambulent en costume sombre, mine abrupte, la main collée contre leur oreille, où pend un tortillon de caoutchouc beige. À travers les portes-fenêtres, on devine un temps de printemps. Un nouvel huissier se penche cérémonieusement vers moi : « Monsieur le Ministre, le Président vous attend sur la terrasse. » Il me fait un signe de la main, je le suis. Le Président arrive du bout de la terrasse, un peu claudiquant, en bras de chemise, des lunettes noires qui lui mangent le visage :

« Viens, mon Bruno, viens ! » Nous nous installons sur la table en teck. Il retire ses lunettes de soleil. Quoique tamisée par le parasol en toile écrue, la lumière vive transperce son regard clair, où des éclats de couleur, inégaux et pointus, brillent comme du mica. Il me fixe. Il a été averti des critiques dans la presse contre moi, alimentées par certains de ses conseillers. Il veut solder les comptes. « Écoute, mon Bruno, je vais te dire trois choses. La première, t'en fais pas pour tous ces échos. Ils disent : un conseiller de l'Élysée. Mais ça peut être un parlementaire, un conseiller qui travaille plus ici, avec les journalistes, tout est possible, tout. Alors t'en fais pas. Qu'est-ce que je devrais dire, moi, hein ? » Sa voix devient plus sèche. « Les journalistes veulent ma peau. Tous, ils veulent ma peau. Du coup, ça les exaspère que je tienne encore. Ils en peuvent plus que je tienne encore. » Il remet ses lunettes. Il se tait un instant. Derrière les arbres monte le bruit de la circulation. Un garde républicain se promène au fond du parc. Il retire ses lunettes et plonge son regard dans le mien : « Deuxième chose : tu peux me faire confiance. Alors je sais bien, il y a eu Bercy, le remaniement, mais fais-moi confiance ; je mens jamais ; j'ai certainement beaucoup de défauts, mais je mens jamais ; je te laisserai pas tomber, j'ai besoin de toi. » Il recule un peu sur sa chaise, il sourit. « Qu'est-ce qui se passe, hein ? Si je gagne, je gouverne avec Alain et trois ou quatre jeunes, pas plus. Toi, évidemment. Ce qui se passe, je le vois, tu comprends ? Je vois tout. Qui fait le travail, et qui fait pas le travail ; je sais ce que je te dois. Mais regarde où tu en étais il y a trois ans et ce que tu es maintenant, hein ? » Il mime du plat de la main un avion qui décolle. « Il y a trois ans, tu étais encore un fonctionnaire, l'ancien directeur de cabinet de Villepin. Maintenant, tu es au centre du jeu. Alors tu prends des coups, c'est normal. Tu imagines les coups que je prends, moi ? Depuis trente ans je prends des coups. On m'a rien épargné, rien. » Il s'emballe, son débit s'accélère : « Karachi. Tu crois que je suis pour quelque chose dans Karachi, franchement ?

J'étais ministre du Budget, tu crois que c'est le ministre du Budget qui touche des rétrocommissions, hein ? Eh bien, je prends Karachi. » Brusquement sa voix se radoucit : « Je vais te dire, pour être président, il faut être un peu normal, et un peu pas normal du tout. Tu comprends ? Les deux. » Il s'arrête encore de parler. Le soleil chauffe les lattes en bois de la table. Puis, ramenant ses deux mains devant lui, et les joignant comme pour une prière : « Troisième chose : je vais me battre. Pour le moment, je dis rien, mais je vais me battre, à fond. On va cogner, cogner dur. Tu sais ce qu'ils veulent, les Français ? Ils viennent voir un match de boxe, ils veulent entendre le bruit des coups. » Il se penche vers moi, il tape du poing droit dans la paume de sa main gauche, qui rend un son mat. « Voilà, ils veulent entendre le bruit des coups. » Il se redresse : « Moi je déclarerai ma candidature et, le lendemain, je vais à la télévision, je dis : "Les socialistes vont mettre le pays en faillite." Voilà ce que je dirai : "Les socialistes vont mettre le pays en faillite." En plus, je dirai que la vérité. » Le bref sourire sur ses lèvres disparaît aussitôt : « À la fin, celui qui gagne, c'est celui qui a le plus envie. Et moi, j'ai envie. Je peux te dire, j'ai envie. » Son portable sonne, il le regarde, décroche : « François ? Tout va bien ? Tu es en Pologne, là ? Allô ? François ? Tu m'entends ? » Il fait une moue agacée, raccroche, compose un numéro : « Dites, le Premier ministre a cherché à me joindre, mais le portable ne passe pas, vous pourriez avoir la gentillesse de le rappeler ? » Il pose le portable sur la table à côté de lui. « François aussi, il fait le travail, à sa façon. » Le portable sonne. « Oui, François, on a été coupés. Tout se passe bien en Pologne ? Tu peux pas imaginer comme je te suis reconnaissant de m'avoir épargné ce voyage en Pologne. Infiniment reconnaissant. Tu me rappelles demain ? Très bien. » Il glisse son portable dans la poche de sa veste suspendue au dos de la chaise. Avec prudence, je souligne combien les trois mois qui viennent sont dangereux pour la majorité : la situation économique est mauvaise, les inquiétudes grandissent, si nous ne prenons pas des initiatives dans cette période, nous risquons de démarrer 2012 en position de faiblesse. Il me regarde, impavide : « Et tu proposes quoi ? » Je lui fais trois suggestions : une relance des liens à tous les niveaux avec le gouvernement allemand, des réunions en format restreint des responsables de la majorité, des décisions économiques et budgétaires radicales comprenant une réforme du système bancaire, le plafonnement de toutes les niches fiscales et la TVA sociale. Il ramasse la note devant lui : « Écoute, tu me fais une note là-dessus et tu me la passes en début de semaine, d'accord ? Pour le reste, tu verras, dès la semaine prochaine, je vais faire des réunions en comité plus restreint. » Il se lève. « Je dois te laisser, j'ai une petite intervention, là. » Nous quittons la terrasse. Sur le seuil du salon du rez-de-chaussée, je lui tends la main. « Non, reste ! Reste, Bruno ! » Sa maquilleuse l'attend dans le petit salon. Il s'assied, elle étale du fond de teint sur son front, lui se tourne vers moi, le visage barbouillé de crème : « Bon, on fait comme ça, d'accord ? » Il regarde devant lui, fixe son image dans le miroir : « Il y a une chose aussi, il faut faire les choses gaiement. On gagne, on perd, mais il faut faire les choses gaiement. »

Samedi 1ᵉʳ octobre – Bretagnolles

Le plus inquiétant : seuls les militants les plus anciens de ma circonscription croient encore dans la victoire. Les autres, les indécis, ceux qui ont rejoint l'UMP sur le tard, les convertis de 2007, ont quitté le navire depuis longtemps. La droite les a déçus, et ils le disent haut et fort.

Dimanche 2 octobre – Paris

Jean-Louis Borloo annonce au 20 Heures de TF 1 qu'il ne sera pas candidat à l'élection présidentielle. Soulagement dans les rangs de la majorité.

Lundi 3 octobre – Paris

Déjeuner au ministère avec Jean-Pierre Raffarin. Une mauvaise chute lui a brisé deux côtes, son visage accuse la fatigue. Il conserve malgré tout sa bonhomie, qui dissimule une capacité à comprendre les mouvements politiques et à percer les intentions des uns et des autres, que ses nombreux détracteurs, moins lucides, pourraient lui envier. Il semble affable, il est rusé. Il garde en toute circonstance un ton patelin, il vous tape dans le dos, vous sourit, et le miracle est que rien de tout cela ne sonne faux. Il se dit humaniste, il en est un, dans le meilleur sens du terme, ce qui le conduit à ne pas céder à la violence du pouvoir. Penchant la tête : « À moins d'un miracle, ce sera difficile ; tout n'est pas perdu ; mais ce sera vraiment difficile. » Il avale une gorgée de vin, et son verre à la main : « La victoire, c'est une explosion de joie brutale. La défaite, il faut bien voir, c'est une succession de petites dépressions. Je l'ai vécue en 1981, avec Giscard. La défaite, elle ne vient pas d'un coup. Ce n'est pas le ciel qui vous tombe sur la tête. D'abord, on n'y croit pas ; on fait comme si ; et puis ensuite, on vit une série de petites humiliations, qui durent des années et qui n'en finissent jamais. »

Mardi 4 octobre – Paris

Le Premier ministre parle d'une voix si étouffée que ses propos ne me parviennent que par bribes. Assis en bout de table, entre Henri Guaino et Bernard Deflesselles, je tends l'oreille, demande à Bernard de quoi il retourne : « Le Bisphénol A. Il parle du Bisphénol A. » Le Premier ministre termine son intervention en haussant la voix : « La question n'est pas le Bisphénol A, la question est la discipline de la majorité. On ne peut pas se mettre à voter les propositions de loi socialistes. » Christian Jacob réagit. Xavier

Bertrand prend la parole ensuite, donne des précisions techniques sur les dangers du Bisphénol A. Le Président dissimule à peine son agacement. Le brouhaha monte autour de la table. Il ne dit toujours rien. À la quatrième intervention, il avance la main : « Écoutez, on va pas faire tout le petit déjeuner sur le Bisphénol A, hein ? On a peut-être des choses plus importantes ? Il faut arrêter les postures personnelles, voilà tout. Pour le reste, vous me permettrez de faire trois remarques. » Le brouhaha cesse immédiatement. « Première remarque, vous avez l'occasion de marquer le sectarisme de la gauche sur cette affaire de présidence de la commission des Finances du Sénat. Ils hésitent à nous la donner ; très bien. Moi je vous dis que la France est éruptive et violente, et que c'est pas avec des gestes comme ça qu'on rendra la France moins éruptive et moins violente. Premier point. » Il s'arrête un instant. Tous les visages sont tournés vers lui. « Deuxième point : à partir de quand est-on riche ? Non, mais, c'est pas un hasard si je vous pose cette question : parce qu'avec la proposition de Martine Aubry, tout le monde va y passer, toutes les classes moyennes. Pourquoi vous le dites pas, hein ? » Il pose les mains à plat devant lui, change de ton : « Troisième remarque : dans la vie politique, je peux vous dire, celui qui persévère dans l'erreur et celui qui renonce, parfois, celui qui renonce a plus de courage. Il faut du courage pour changer de rail. Je rends hommage à Jean-Louis Borloo. Je le dis parce que je le pense, et je le pense profondément. » Il se tait à nouveau ; évoque rapidement la crise de la zone euro, la nécessité absolue d'éviter la faillite de la Grèce. Il écoute distraitement les remarques des uns et des autres. Le petit déjeuner traîne en longueur. « Bon, eh bien, maintenant, si vous permettez, je vais partir dans le Gard ; voir les protestants. » Il repousse son fauteuil en arrière, se lève à moitié, se ravise, et avec une pointe de jubilation et de mépris : « Un mot quand même sur les affaires. Enfin, les affaires, les coups montés ; ce sont pas des affaires, ce sont des coups montés. » Un silence ;

comme une hésitation à entrer dans le vif du sujet ; puis il se lance dans dix minutes de réquisitoire et de plaidoirie, les deux tressés dans le même fil sonore, qui vibre de passion, de colère, de sincérité et de désarroi. Il insiste. Il martèle ses arguments. Il interroge et il répond. Son corps tout entier plaide et accuse, son épaule se déhanche, ses mains avancent, ses sourcils se lèvent et retombent. Il conclut dans un sourire figé : « Ne croyez pas que je dis cela parce que les affaires m'affectent. Elles ne m'affectent pas du tout. Mais je veux vous expliquer. Je veux faire de la pédagogie. S'il y avait quoi que ce soit, je vous le dirais. Mais il n'y a rien ; et vous devez le savoir. » Puis il se lève pour de bon et part rejoindre les protestants dans le Gard. Déjeuner avec Patrick Devedjian, qui a torpillé le projet 2012 dans une interview au *Monde* trois semaines plus tôt. « C'est perdu, évidemment, c'est perdu. »

Jeudi 6 octobre – Prague

Louis est en route pour l'école quand il m'appelle pour me souhaiter une bonne fête. Il raccroche rapidement. Une lumière dorée adoucit la pierre noire de Prague. Une heure plus tard, dans le palais du gouvernement tchèque, mes homologues de l'Agriculture et des Affaires européennes me laissent peu d'espoir sur le Programme européen d'aide aux plus démunis. Ils se confondent en explications tortueuses ; invoquent la Cour de justice ; tiennent malgré tout à exprimer leur soutien à ma démarche, au cas où elle aboutirait. Mais les choses sont simples : Prague ne sortira de la minorité de blocage que si Berlin lui donne son accord. À midi, installé sur une terrasse en pierre au bord de la Moldau, qui coule en contrebas dans un long scintillement silencieux, Ilse Aigner, que je cherche à joindre au téléphone depuis deux jours, me rappelle la position allemande : aucun compromis possible, la suppression immédiate des crédits pour 2012, le respect des décisions juridiques, et que les États qui veulent financer leurs associations caritatives le fassent sur leurs budgets propres; on ne saurait être plus clair. Une centaine de mètres en aval, la Moldau heurte les piles du pont Charles, et ses eaux qui se divisent en deux font une bosse transparente, souple, lisse et mobile, comme du verre en fusion.

Vendredi 7 octobre – Paris – Genève – Bonneville

Les températures ont brutalement chuté. À Roissy, il ne fait pas plus de 6 degrés. Sur les écrans du salon Air France, Évelyne Dhéliat, quoique légèrement vêtue, brosse avec d'amples mouvements du bras le paysage d'une France qui a froid. S'enchaînent ensuite des images de la répression en Syrie, une tornade aux États-Unis, des cadavres pendus à un pont d'autoroute, sans doute au Mexique, et que des policiers aidés par des projecteurs puissants essaient de décrocher en pleine nuit, rien qui puisse troubler mon voisin, occupé à répondre à ses mails, une tasse de café devant lui. Le monde est une scène monstrueuse où tout est à voir dans une indifférence générale. Évelyne Dhéliat est revenue à l'écran. Mon voisin lève la tête, soupire : « Ah! Il va faire froid, on dirait. » Et il se replonge dans ses mails. Dans la salle des congrès de Bonneville, je rappelle mon engagement à défendre l'agriculture des zones de montagne, qui souffre de conditions d'exploitation particulièrement difficiles, alors que ses produits sont parmi les meilleurs de France. La pression européenne sera forte pour uniformiser les exploitations agricoles, et concentrer la production dans les seules zones favorables. Ce serait une erreur économique pour nous. Cela signifierait aussi la fin de la diversité alimentaire, de ce goût du détail, de la singularité liée à un territoire, qui est propre au continent européen. Sur ce point, Ilse Aigner, élue de Bavière et attachée aux traditions locales, me soutiendra.

Lundi 10 octobre – Berlin

François Hollande sort en tête du premier tour de la primaire socialiste ; Martine Aubry a mieux résisté que prévu ; Manuel Valls, avec son discours économique calqué sur celui de l'UMP, fait un score décevant, mais se différencie ; Arnaud Montebourg triomphe, sur un thème qui risque de se retourner contre lui. À Berlin, le gouvernement allemand me confirme son hostilité à tout prolongement du Programme européen d'aide aux plus démunis. Les associations caritatives, en revanche, que je réunis à l'ambassade de France, se montrent disposées à nous soutenir. La ministre des Affaires sociales, Ursula von der Leyen, qui me reçoit après le déjeuner dans ses bureaux à proximité de la Chancellerie, se montre également ouverte. Assise dans un canapé en face de moi, elle me propose du café, un morceau de gâteau au chocolat, et commence à me parler en français. « *Ich habe meine französische Sprache ein bisschen vergessen, aber ich will versuchen. So. Ich spreche auf französisch, du sprichst auf deutsch, einverstanden ? — Einverstanden*[1] *!* » Elle a un regard clair, un sourire doux, mais son aspect menu, sa blondeur pâle et sa distinction cachent une volonté de fer. « Sur le programme, je veux bien essayer aider, mais ce sera difficile, et ce n'est pas *mein Resort, wie sagst du auf französisch*[2] *?* — Ma compétence. — *Ja*, ma compétence. Donc on verra. » Elle se ressert une tasse de thé, écoute mes interrogations sur la volonté européenne de l'Allemagne. Elle hoche la tête de droite à gauche, la mine consternée. « Tout cela est absurde. Ce n'est pas du tout la vérité. *Das hat doch wirklich keinen Sinn ! Wirklich*[3] *!* L'Allemagne, elle veut l'Europe. Mais elle veut aussi des règles, et comment vous dites, *auf deutsch,*

1. « J'ai un peu oublié mon français, mais je vais essayer. Donc je parle en français, et tu parles en allemand, d'accord ? — D'accord ! »
2. « Comment dis-tu ça en français ? »
3. « Mais ça n'a vraiment aucun sens ! Aucun ! »

Strafen ? — Des sanctions. — C'est ça, des sanctions, pour ceux qui les règles, ils les respectent pas. Il faut des sanctions. Nous ne pouvons pas payer, et les autres, *keine Strafen*, pas de sanctions. *Das ist ganz unmöglich! Verstehst du ? — Ja, natürlich, ich verstehe*[1]. — Mais nous sommes européens. Regarde le FDP. Ils se sont trompés. *Euroskepticism* : ils font 3 %. » Elle fait le signe trois avec les doigts devant moi : « 3 %. *Euroskepticism*. La CDU, elle, elle a toujours été pour l'Europe. Donc il faut revenir à ça. » Il y a quelques semaines, Ursula von der Leyen a été le premier membre du gouvernement allemand à proposer la mise en place des États-Unis d'Europe. Cette mère de sept enfants, à qui les caciques de la CDU ont reproché son engagement politique, et surtout de réussir, a le mérite de défendre ses convictions sans ciller. En partant, tandis que deux photographes et une caméra nous suivent sur la passerelle en verre qui relie les deux parties de son ministère, je lui propose d'intervenir à Paris sur la question européenne, devant les militants UMP. Elle se retourne, me regarde : « *Warum nicht*[2] ? »

Mardi 11 octobre – Paris – Néoux

Le Président regarde droit devant lui, écoute les interventions du Premier ministre et de deux ou trois responsables de la majorité, prend la parole à son tour, la mâchoire crispée. « Nous sommes dans un marathon. Je comprends que le pilonnage médiatique puisse en impressionner certains, mais il faut relativiser. En Italie, la participation du corps électoral a été de 12 %, en France, de 5 %. Vous entendez ? 5 % ! Il y a eu aucun élargissement de la base du parti. On peut aussi s'interroger sur les instituts de sondage, hein ? Il devait pas y avoir de second tour ; c'était plié pour Hollande ; plié.

---

1. « C'est tout à fait impossible, tu comprends. — Oui, naturellement, je comprends. »
2. « Pourquoi pas ? »

Résultat : il y a un second tour. Alors je vais vous dire : laissez les socialistes s'occuper des socialistes, et nous, on s'occupe des Français, d'accord ? » Sa mâchoire se crispe à nouveau, une veine bat sur sa tempe. « Certains veulent que je parle. » La voix cassante : « Les mêmes en général qui me reprochent de trop parler. » Puis sur un ton grave : « Alors je vous dis : je parlerai pas tant qu'un accord aura pas été trouvé avec l'Allemagne. Un accord définitif, global, total. Nous, nous avons pas le droit de vaticiner. Dans les dix jours qui viennent, nous jouons le destin de l'Europe, rien que ça, vous voyez ? Le destin de l'Europe. » Trois heures plus tard, il se déplace dans une vallée de la Creuse. Les journalistes le suivent à la trace : « Monsieur le Président ! Votre réaction sur les primaires socialistes ? François Hollande ? Martine Aubry ? » Il écarte les micros, refuse de répondre.

Mercredi 12 octobre – Paris – Copenhague

Le matin, je présente le comité de pilotage, ouvert à tous les membres du bureau politique, et qui doit tenir compte des différentes sensibilités pour la rédaction de la version définitive du projet 2012. Le soulagement est perceptible. Le projet gagnera en légitimité, il perdra en force : destin courant pour un projet de parti. En fin de matinée, départ pour Copenhague. À mesure que nous progressons vers le nord, le ciel devient plus clair, blême, et les étendues plates que nous survolons, vert foncé quelques minutes auparavant, prennent un aspect de feutre gris. Les éoliennes installées en mer brassent un air vide, sans un nuage. Un cortège réduit à sa plus simple expression, démocratie du Nord oblige, me conduit au ministère de l'Agriculture, un bâtiment de verre et de béton dans le centre de Copenhague. Il nous faut quelques minutes avant de trouver un agent pour nous conduire au bureau de la Ministre, qui se trouve au huitième étage du bâtiment, sans ascenseur, démocratie du Nord oblige encore. Ma nouvelle homologue danoise se balance lourdement en se dirigeant vers moi. Elle semble surprise de me voir là. Son visage trahit une acné mal soignée, ses mains aux ongles jaunis la fumeuse de brunes, ce que me confirme la voix rauque avec laquelle elle me souhaite la bienvenue. Elle porte une robe à fleurs dans les orange et kaki. Autour du cou, elle ne cesse de tripoter un collier en métal martelé. Notre entretien dure à peine quarante-cinq minutes : il ne lui en faut pas plus pour me confirmer que non, le Danemark ne peut pas accepter une prolongation du programme européen, et non, une évolution de la position de son gouvernement ne lui paraît pas envisageable. « *You know, if you need money for your associations, you just have to pay for it. But we will not spend one single euro for you any longer.* » Elle sourit, découvrant des dents abîmées par le tabac. Étrange gouvernement, social-démocrate en principe, libéral en réalité, qui sous couvert de compromis et de tolérance défend ses positions la nuque raide, sans rien concéder.

Jeudi 13 octobre – Paris – Le Creusot

La rencontre avec les éleveurs a été organisée au premier étage d'une boucherie, qui jouxte un atelier de découpe. On nous sert de la viande grillée pendant le tour de table. L'ambiance est bonne, presque festive : pour la première fois depuis des années, les prix de vente de la viande bovine remontent, preuve que notre stratégie fonctionne. Miser sur la qualité, organiser les filières, ouvrir les marchés extérieurs, structurer nos forces commerciales, tous les efforts que nous avons faits avec les responsables professionnels depuis des mois commencent à donner des résultats. Un éleveur me tend pour la troisième fois une assiette de viande grillée : « Allez, monsieur le Ministre, une dernière pour la route ! De la charolaise ! Vous pouvez pas refuser ! » Dans ses interventions publiques, Martine Aubry donne des signes de faiblesse, en cognant de plus en plus dur sur François Hollande. Arnaud Montebourg a pris position à titre personnel pour lui.

Vendredi 14 octobre – Saint-Cyr-sur-Loire

Rien à dire sur l'organisation : Philippe Briand connaît assez son sujet pour que les journées des parlementaires UMP se déroulent sans aucun accroc. En revanche, les mines restent sombres. Plus grand monde ici ne parie sur la victoire. Les journalistes errent dans les couloirs, pour sentir cette odeur de défaite qui se prépare, saisir une remarque, une déclaration qui mettrait un peu de sel dans ces heures creuses. Ils tournent autour de nous. Ils flairent. Ils font leur travail, nous faisons le nôtre, en les assurant de notre confiance dans le scrutin de 2012. Un député assis à côté de moi pendant une table ronde me souffle : « Moi, j'ai déjà commencé ma campagne législative. D'ailleurs, ça se passe pas si mal sur le terrain, les électeurs ne m'engueulent pas. En fait, c'est pire : ils ont déjà tourné la page. »

Samedi 15 octobre – Nonancourt

Un porte-drapeau, dont la figure s'est rabougrie avec l'âge comme un fruit sec, ne laissant plus voir que son nez proéminent, parallèle à la hampe de bois verni, vient me voir à la fin d'une cérémonie l'air courroucé. Ses petits yeux enfoncés dans leurs orbites me fixent avec colère. Il force sa voix éraillée : « Dites ! Qu'est-ce que vous avez contre Marine Le Pen, vous ? Elle est très bien cette petite ! Très bien ! »

Dimanche 16 octobre – Paris

Pendant le baptême de Barthélemy, qui hurle d'un bout à l'autre de la cérémonie, en le regardant lui, mes enfants, ma famille, sans doute par épuisement, je retiens difficilement des larmes d'émotion. Le soir, François Hollande est investi comme candidat à la prochaine présidentielle par les militants socialistes. Il a été élevé à Bois-Guillaume, dans la banlieue bourgeoise de Rouen ; il a reçu une éducation catholique ; son père était gaulliste : autant de traits qui me laissent songeur. Depuis 1958, le seul homme de gauche que les Français aient choisi pour les diriger, François Mitterrand, avait lui aussi des racines de droite.

Lundi 17 octobre – Rome

Ilse Aigner est descendue dans un petit hôtel de charme, derrière le Colisée. Les murs sont couverts de lierre couleur feu, un panneau en fer forgé annonce une trattoria toute proche, et il faut baisser la tête pour franchir le porche, sous un linteau de bois verni. Quand elle me voit entrer dans le hall, Ilse me sourit, elle semble géante dans cet hôtel de poche, et près de se cogner partout. Nous nous installons face à face dans des fauteuils tarabiscotés, de style vénitien, tendus de velours rouge, et inconfortables. Nos conseillers restent debout autour de nous, adossés aux colonnes en faux marbre. « Écoute, Ilse, je vais être direct avec toi : la position allemande sur le Programme européen d'aide aux plus démunis nous pose une difficulté politique sérieuse. Personne en France ne comprend que vous puissiez bloquer des crédits pour les plus pauvres, en pleine crise économique. Alors je te fais une proposition : nous maintenons les crédits pour 2012 et 2013, et nous réfléchissons à un nouveau dispositif pour la période suivante. » Elle me regarde attentivement. Depuis deux ans, nous avons travaillé en pleine confiance, imposé un texte gouvernemental sur le maintien du budget de la PAC, surmonté des crises agricoles, fait plier la Commission. Mais, concernant le Programme européen, je touche au nerf de la conception allemande de la construction européenne comme de la politique : la construction européenne ne traite pas des questions sociales, et le pouvoir politique cède au pouvoir juridique. Et précisément, dans ce petit hôtel de Rome, pour la troisième fois en quinze jours, je lui demande de laisser la Commission verser des crédits sociaux, et de piétiner pour des raisons politiques la décision de la Cour de justice. Elle regarde ses conseillers. Elle pousse un soupir. Elle refuse. Le soir, appel de Jean-François Copé : « Tu rentres bien pour la convention contre le PS, demain soir ? — Je serai là, ne t'inquiète pas. » Plus tard, vers minuit, le président de la Banque mondiale, Bob Zoellick, me recommande de veiller à la mise en place concrète des instruments de régulation du G20. « *Since you are in Rome, you should take advantage of your meeting to urge the members of the G20 to stick to their commitments.* »

Mardi 18 octobre – Rome – Paris

Avant mon discours à la FAO, je passe cinq ou six appels téléphoniques, dont un au président finlandais de l'usine de pâte à papier M-real, située à Alizay, dans l'Eure. Pour des raisons financières, les investisseurs finlandais veulent fermer cette usine qui dispose pourtant d'outils de production modernes. Près de quatre cents emplois sont en jeu. Il écoute docilement mes arguments, mais demeure inflexible. Par la fenêtre, je vois les pins parasols qui tamisent le soleil rasant, et la lumière tomber en brouillard doré sur la rue. Je reprends point par point mon raisonnement sur l'emploi ; il écoute à peine. Il reste poli, mais froid, sa décision est prise, rien ne le fera changer d'avis. À la FAO, je suis le conseil de Bob Zoellick et tente de convaincre mes partenaires du G20 de mettre en œuvre sans délai les décisions du G20 agricole. On me donne des assurances. On me congratule. Mais la communauté internationale, à supposer que cette communauté existe réellement, ne dispose pas encore des instruments nécessaires pour régler les problèmes globaux du monde, et encore moins de la volonté. Le soir, de retour à Paris, je passe une heure à la convention UMP sur le projet socialiste. Puis réunion autour du Président dans le salon vert, qui jouxte son bureau. François Fillon, Alain Juppé, Jean-Pierre Raffarin, Claude Guéant, Jean-François Copé sont présents ; Xavier Musca et Henri Guaino également. Le Président parle doucement, avec cet excès de politesse qui lui permet de souligner le poids de ses gratifications, sa générosité, son détachement. « Bon, si cela vous convient, nous pourrions nous voir dans ce format une fois par semaine, pour préparer la campagne. Cela vous convient ? Non, mais, vous me le dites, si cela vous convient pas, on changera, hein ? » Chacun opine. « Bon. Alors on fait comme ça, d'accord ? Vous voyez, j'ai choisi une organisation horizontale ; des cercles qui se rencontrent pas. Sinon, les haines et les rivalités sont trop fortes pour réunir tout le monde. » Il évoque ensuite la crise de la zone euro et sa négociation avec Angela Merkel, qui sont ses seules vraies préoccupations. Visiblement, il a créé son conseil stratégique moins pour entendre ses membres que pour calmer leurs ambitions, et les soumettre. Du reste, personne n'est dupe autour de la table.

Mercredi 19 octobre – Paris – Berlin

En plein Conseil des ministres, un SMS de Julien Steimer m'avertit que les Allemands refusent notre dernière proposition de compromis sur le programme européen d'aide aux plus démunis. Les crédits seront coupés dès le mois prochain. Les associations, en particulier les Restos du Cœur, devront trouver 80 millions d'euros pour se financer. Par SMS, je lui demande de réserver un avion ETEC pour Berlin. À 19 heures, je cours dans le Tiergarten, sans mon officier de sécurité qui n'a pas eu le temps de prendre ses affaires, sous une pluie glacée. À 20 heures, je dîne avec mon équipe

dans le restaurant de l'hôtel de Rome, pour préparer notre négociation avec Ilse Aigner. À 23 heures, elle entre dans le restaurant,
flanquée de ses deux secrétaires d'État, l'un grand, jovial, mous-
tachu et bedonnant, l'autre effacé et tremblant de nervosité. Ils
prennent place autour de la table, commandent des bières. Je fais ma
proposition en trois points à Ilse : nous maintenons les crédits pour
2012 et 2013, nous suspendons le programme à partir de 2014, nous
demandons à la Commission de nous faire une proposition pour les
années suivantes. Elle refuse. Alors je pose une feuille de papier sur
la table, dessine un échéancier, rappelle le montant des sommes en
jeu, dérisoires au regard du poids politique de la décision allemande.
« *Ilse, was ich dir vorschlage, das bedeutet wirklich nichts für
Deutschland* [1] *!* » Elle refuse encore. « *Das bedeutet viel zuviel* [2] *!* »
Je reprends, en insistant sur les conséquences politiques de la suppression des crédits. Nouveau refus, sec, sans appel. Ses secrétaires
d'État ont pris le relais. Le plus effacé se montre le plus raide. Il
semble outré par mon raisonnement, et par ma facilité à contourner
les décisions de la Cour de justice. « *Aber das ist doch das Recht,
Herr Minister! Das ist doch das Recht* [3] *!* » Je lui rappelle que la
Commission a défini une nouvelle base juridique, et que par conséquent il a été tenu compte de la décision de la Cour de justice. Son
visage s'empourpre, des veinules rouges apparaissent sur les ailes
de son nez, il bafouille, la voix tremblant de colère : « *Das ist das
Recht!* » Son comparse me donne des explications compliquées, en
commandant avec gourmandise une seconde bière. Il a une voix de
basse, un peu étouffée par les poils de sa moustache, il prend des
airs désolés pour me convaincre que vraiment, le gouvernement
allemand ne pourra pas bouger. « *Leider, Herr Minister! Leider*

---

1. « Ilse, ce que je te propose ne représente rien pour l'Allemagne ! »
2. « Cela représente beaucoup trop ! »
3. « Mais c'est le droit, monsieur le Ministre, c'est le droit ! »

bedeutet dieser Vorschlag keine Lösung für uns[1] *!* » Ilse ne dit plus rien. Elle boit tranquillement sa bière. Je me tourne vers elle, dans un dernier effort pour arracher un compromis : « Ilse, une fois encore, ce n'est pas un problème technique, c'est un problème politique. Si nous ne maintenons pas l'aide européenne pour 2012 et 2013, des associations en Grèce, en Espagne, au Portugal, pas seulement en France, ne pourront pas financer les repas pour les pauvres. — C'est leur problème, pas le problème de l'Allemagne. — Il suffit de payer encore deux ans. — Deux ans ? Mais nous, nous payons pour les autres depuis des années et nous ne touchons pas un euro de cette aide, cela suffit. — Je comprends, Ilse, mais cela fait vingt-cinq ans que c'est le cas. — L'Allemagne ne paiera pas. — 200 millions d'euros ? Alors que vous allez payer des centaines de milliards d'euros pour sauver la Grèce ? — Raison de plus. — L'Allemagne va se retrouver isolée. Elle a tout le Parlement européen ou presque contre elle, vingt et un États sur vingt-sept et toute la Commission. — À cause de qui ? À cause de toi. — Ce n'est pas le sujet. Nous avons toujours travaillé parfaitement ensemble. Mais là, vous êtes isolés. — Nous ne sommes pas isolés, nous avons la Grande-Bretagne avec nous. » Devant ce dernier argument, je cède. Il est près de 2 heures du matin. Il ne reste plus dans le restaurant, à deux tables de la nôtre, qu'un Japonais à la mèche poivre et sel, élégant, qui sirote un dernier verre la tête appuyée dans la paume de sa main.

Jeudi 20 octobre – Berlin – Luxembourg

Ilse et moi, nous nous saluons froidement dans le petit avion à hélices qui fait la navette entre Berlin et Luxembourg. Toute la nuit

---

1. « Malheureusement, monsieur le Ministre, cette proposition n'est pas une solution pour nous ! »

j'ai tourné dans ma tête des arguments susceptibles de faire bouger le gouvernement allemand. Travail inutile : nous sommes parvenus à ce point de la négociation où la raison le cède à la force. À Luxembourg, il faut attendre la fin du Conseil pour que soit abordée la question de l'aide aux plus démunis. De toutes les interventions, la plus libre, la plus violente aussi, vient de mon homologue belge, Sabine Laruelle, dont le tempérament avait déjà fait merveille pendant la crise du lait, en 2009 : « Mes amis, cela fait huit ans que je suis ministre de l'Agriculture. Je suis la plus ancienne ici. Eh bien, aujourd'hui, j'ai honte. C'est la première fois que je vois un tel blocage. Et la première fois que je ne vois aucun effort d'un seul des États de la minorité de blocage pour trouver un compromis ; pas le moindre geste ; rien. Je vais sortir de ce Conseil la tête basse. C'est l'esprit européen qui est mort. »

Vendredi 21 octobre – Paris – Venise

Avant de prendre la parole dans la salle de conférences de la rue de la Convention, le Président se fait maquiller dans un bureau. Il a les traits tirés, conséquence de la naissance de sa fille et de la détérioration de la situation dans la zone euro. Il regarde le miroir devant lui, se brosse vigoureusement les cheveux, se lève. Il tire sur sa veste. « Monsieur le Président, je peux vous dire un mot de l'aide aux plus démunis ? » Il prend la tasse de café que vient de lui tendre un serveur, penche la tête dans la tasse. « Écoute, Bruno, je t'en prie : ne me parle pas de tes problèmes. Assez de problèmes comme ça. Tu règles le problème, je te fais confiance. — Vous pourriez en dire un mot à Angela Merkel ? » Il pousse un soupir, qui résume à lui seul la difficulté des discussions de la semaine avec la Chancelière. « Merkel. Ah ! Merkel ! » Et il sort. Après le déjeuner, je pars pour Venise avec Pauline et Barthélemy. Il fait un froid mordant sur la lagune. Le taxi-bateau file sur le chenal le long des fanaux rouges. Au moindre clapot, la coque se soulève et retombe lourdement, avec un bruit sourd, en soulevant une gerbe de pluie glacée. Dîner le soir, dans la magie tremblante et factice de Venise.

Samedi 22 octobre – Venise

Pour la première fois depuis sa naissance, je trouve le temps de m'occuper de Barthélemy. Je le baigne, je le sèche, je frotte la serviette de coton contre son crâne pelucheux, il sourit ; son visage s'éclaire, puis se ferme aussitôt. Sa langue minuscule sort de sa bouche, comme la valve rose d'un coquillage. Dehors, sur un canal à l'écart, des gondoliers échangent des billets de 100 euros, en sautant d'une embarcation à l'autre. Ils tapotent les coussins en satin. Discutent. Appellent le chaland.

Lundi 24 octobre – Paris

Les syndicats de l'usine M-real ont fait preuve de sens des responsabilités pendant des mois. En les recevant ce matin, je leur dis que leur attitude paiera. Pourtant les actionnaires finlandais persistent dans leur décision, ils veulent se désengager, régler le problème de la dépollution du site, boucler le plan social, et partir au plus vite.

Mardi 25 octobre – Paris

La première réunion du comité de pilotage du projet 2012 se déroule dans une ambiance studieuse. Les contributions sont positives, les critiques moins nombreuses. À mesure que les sondages tous plus désastreux les uns que les autres se succèdent, chacun ravale ses ambitions, fait profil bas, et attend une éclaircie. Le soir, le Président réunit son conseil stratégique. Il évoque les mesures structurelles qu'il sera amené à prendre pour tenir compte des perspectives de croissance dégradées. « Il faut frapper fort. Pas alarmer inutilement, mais frapper fort. » Alain Juppé reprend la parole après lui : « Je suis d'accord avec toi, mais laisse-moi te dire, Nicolas, ça ne sert à rien si d'un autre côté tu laisses passer au Parlement des textes qui vont mettre le feu aux poudres. — Quels textes, Alain ? — Je veux parler du texte sur la condamnation du génocide arménien, qui stigmatise la Turquie, et du texte sur les harkis. Moi je veux bien, mais je rappelle que s'il y a un vote arménien en France, il y a aussi un vote musulman. — Mais je n'ai jamais donné mon accord, tu sais, Alain. — Dans ce cas… » Alain Juppé est en définitive le seul à parler aussi librement au Président, moitié par tempérament, moitié par calcul. En cas de victoire, il n'acceptera le poste de Premier ministre que sous certaines conditions.

Mercredi 26 octobre – Berlin

Conférence en allemand à la fondation Konrad Adenauer sur les relations franco-allemandes. Les négociations en cours sur la zone euro brident ma liberté de parole, mais je martèle malgré tout quelques messages simples : la France n'a pas pris la mesure des conséquences de la réunification allemande ; la relation franco-allemande tourne à vide, faute de relations constantes et directes à tous les niveaux de responsabilités, et pas seulement au niveau des chefs d'État ou des ministres ; l'Allemagne n'assume pas les responsabilités politiques que lui donne son poids économique ; et enfin, ni la France ni l'Allemagne n'ont été capables jusqu'à présent de comprendre le bouleversement mondial résultant de l'émergence de la Chine et de l'Inde, et de s'en servir comme d'un levier pour forcer le destin européen. Constat sévère, mais qui provoque une réaction positive de la salle. Les propositions que j'avance sur la réforme des institutions européennes, l'introduction d'un critère obligatoire d'investissement dans l'innovation et la recherche, la mise en place d'un service civique européen ou la mobilisation des six États fondateurs de l'Union ouvrent le débat. Une nouvelle fois, ici à Berlin, comme partout en France, je constate que la société est en avance, et les politiques en retard. C'est nous, et nous seuls, faute de courage, ou de vision, qui portons la responsabilité des retards que l'Europe accumule, alors que ses forces sont considérables. Le soir, au bar de l'Adlon, je retrouve le président du groupe CDU au Bundestag, Peter Altmaier, homme de confiance d'Angela Merkel. Rarement chez un homme politique allemand j'ai trouvé pareille lucidité sur la situation européenne et sur la dégradation des relations franco-allemandes. Son soutien à Angela Merkel est sans réserve. Pour lui, il ne fait aucun doute qu'elle sera reconduite comme Chancelière en 2013. « Avec quelle coalition ? C'est une autre affaire. Le FDP, si le FDP ne s'effondre pas totalement. Le SPD, si le SPD est prêt à une grande coalition. En tout cas, au sein de la CDU, elle n'a pas de rival. » Il parle cet allemand de la Sarre, fluide, précis, sans accent. Le déplacement de la capitale allemande de Bonn à Berlin a éloigné de quelques centaines de kilomètres les centres de décisions politiques, en Allemagne et en France. Mais le glissement culturel, de Bonn à la Prusse, que nous avons omis de considérer à Paris, est infiniment plus profond, et plus difficile à surmonter.

Jeudi 27 octobre – Berlin

À Bruxelles, la zone euro est sauvée. La dramaturgie de la crise exigeait une solution : la solution a été trouvée, moyennant des concessions nationales. En réalité, le sauvetage est temporaire, les États ont embarqué dans des chaloupes de secours, qui tiendront au mieux quelques semaines, ou quelques mois. Il reste à construire un nouveau navire, capable d'affronter des tempêtes autrement plus fortes que celles des marchés financiers, et que nous prépare la déception des peuples européens. Ilse me reçoit dans son bureau. Au fond de la pièce dépouillée, la reproduction d'un tableau de Franz Marc. À côté de la fenêtre, une plante verte. Sur la table en verre, des tasses blanches, une Thermos de café, une Thermos de thé. Le strict nécessaire. Nous sommes seuls, les conseillers sont restés dans le couloir. « *Ilse, das ist unsere letzte Chance, einen Kompromiss aufzubauen. Ich kenne deine Vorstellung. Du kennst mein politisches Problem. Nun schlage ich dir vor, alles zu tun, um zusammen eine deutsch-französische Lösung zu finden* [1]. » Par je ne sais quel miracle, qui tient sans doute pour partie à notre relation personnelle, à laquelle elle est autant attachée que moi, Ilse cède. Elle essaiera de convaincre la Chancelière. Elle parlera à ses partenaires de coalition. Elle voit mon sourire, elle sourit à son tour. Nous sortons dans le couloir. Avant le déjeuner, entretien avec le secrétaire général de la CDU. Il accepte ma proposition de travail en commun sur le projet 2012, pour tenter de rapprocher nos politiques économiques. Il me parle réduction des déficits et compétitivité, insiste sur le respect des règles de marché, comme si nous restions suspects, en France, de vouloir nous en abstraire. Il prend soigneusement des notes quand je lui réponds, à un moment lève la tête, son crayon à la main : « Donc vous êtes d'accord sur les questions de compétitivité et de réduction des déficits ? — Évidemment que nous sommes d'accord. Mais sur la compétitivité, nous avons besoin que l'Allemagne bouge sur la question du salaire minimum. Nous ne pouvons pas nous engager dans une réduction du coût du travail si l'Allemagne garde des niveaux de salaire aussi bas. »

---

1. « Ilse, c'est notre dernière chance de bâtir un compromis. Je connais ta position. Tu connais mon problème politique. Maintenant, je te propose de tout faire pour trouver ensemble une solution franco-allemande. »

Samedi 29 octobre – Alizay

Les salariés de M-real ont organisé une journée portes ouvertes pour sensibiliser les médias et la population locale à la fermeture de l'usine de pâte à papier. Derrière la grille qui conduit aux deux tours de chauffage, des familles font la queue, femmes, enfants en poussettes, vieux qui patientent la cigarette aux lèvres, les yeux plissés, les mains enfoncées dans leurs poches, grévistes un drapeau CGT à la main. Ils me regardent passer en silence, encadré par le préfet et des gendarmes en civil. À l'intérieur, des rotatives débitent des rouleaux de papier de 5 mètres de large, immaculés et tendus comme des draps de coton. Les ouvriers me serrent la main. Certains me glissent, discrètement : « On compte sur vous, monsieur le Ministre. » Les autres visiteurs défilent en silence, admirent les machines, prennent des ramettes A4 que leur offrent les ouvriers. À la sortie, passé le portillon métallique, quelques militants NPA me sifflent, me prennent à partie, et refusent que je discute avec le personnel. Que pourrais-je leur dire de toute façon ? Rien de pire pour la politique que ces harangues de sortie d'usine, où les responsables politiques promettent ce qu'ils n'ont plus les moyens de tenir.

Mardi 1ᵉʳ novembre – Paris

Il pleut, je renonce à aller déposer des fleurs sur la tombe de mon père, au cimetière du Père-Lachaise, allée des Aviateurs. À la place, je vais voir l'exposition de Diane Arbus au musée du Jeu de Paume. Après tout, mon père adorait le jardin des Tuileries, où je ne vais jamais, il y passait une bonne partie de ses dimanches. Sur une photo ancienne, moins singulière que celles de Diane Arbus, il est assis sur un banc, les jambes croisées, en pantalon de flanelle gris et col roulé bordeaux, ses chaussures impeccablement cirées brillent comme une coque de marron. Cette nuit il se tenait debout devant moi, immobile, souriant, et il pointait le doigt sur ma poitrine. Le Premier ministre grec décide de soumettre à référendum le plan de soutien européen. Un non est probable. Première voie d'eau dans les canots de sauvetage de la semaine dernière.

Mercredi 2 novembre – Paris

Dans un salon du rez-de-chaussée, nous discutons avec François Baroin de la crise grecque. On nous apporte des cafés. Une lumière pâle tombe sur le tapis, disparaît. Entre le Président. Le manque de sommeil se lit sur son visage. Son corps est agité de soubresauts qui avaient disparu depuis des mois. François Baroin lui dit un mot du projet de référendum grec. Je lui demande si Papandhréou lui a donné des explications. Il me regarde, appuie sa main sur mon épaule, la serre, jette un regard à droite, un autre à gauche, et siffle entre ses dents : « Un fou, ce Papandhréou, un fou. » Il fait quelques pas, entre dans la salle des fêtes, où l'attendent une centaine de chefs d'entreprise français et étrangers représentant le B20. Une estrade a été disposée au fond de la salle, avec trois fauteuils à moulures dorées, qui surplombent d'un bon mètre les chaises en arc de cercle où les patrons, après s'être levés à l'entrée du Président, se rassoient. Lui regarde la disposition, se retourne : « Quel est l'imbécile qui a arrangé les choses comme ça, hein ? On peut me dire qui est l'imbécile qui a fait ça ? Allez, allez ! Apportez-moi des chaises ! » Il tend la main à Maurice Lévy, embrasse Laurence Parisot. « Excusez-moi, hein ? Ils ont aucune idée. » Des huissiers se précipitent, des chaises au bout des bras. Nous nous asseyons, une estrade dans notre dos, déserte, avec ses trois fauteuils vides. La réunion suivante se tient dans la salle à manger, avec les ONG. Le tour de table dure depuis une bonne vingtaine de minutes et le Président n'a toujours pas ouvert la bouche. Il triture son crayon ; sort son portable de sa poche ;

pianote avec ses doigts sur le bord de la nappe. Au moment où un nouvel intervenant s'apprête à prendre la parole, il le coupe : « Si vous voulez, vous pouvez continuer sans moi, hein ? » Silence, regards interrogatifs. « Non, parce que, c'est sympathique vos discours, là, moi je veux bien continuer à écouter. C'est pas fatigant pour moi ; mais c'est pas très productif non plus. Un dialogue, c'est quand même mieux, non ? Vous croyez pas ? » Rien ne l'exaspère davantage que de devoir écouter en silence une litanie de discours, et se taire. Il y a en lui quelque chose qui se révolte quand il reste trop longtemps silencieux. Il prend la parole ; il retrouve sa sérénité. La conversation tombe sur la taxe sur les transactions financières. Le président d'une ONG le conjure d'accroître la pression sur les États membres du G20. Il estime que David Cameron pourrait évoluer sur le sujet, en raison de la prise de position de l'archevêque de Cantor-béry. Le Président le regarde, un sourire narquois aux lèvres : « Cameron, vous savez, il est pas contre, il est vent debout contre ! Vent debout ! Vous me dites, l'archevêque de Cantorbéry s'est prononcé pour : très bien. Mais à moins qu'il aille tous les jours à la messe, Cameron, je le vois pas changer d'avis, franchement pas. »

Jeudi 3 novembre – Cannes

La Croisette, battue par un vent doux et gris, est totalement déserte, pas un touriste, pas un passant. Seulement de longues bandes de goudron mouillé, où circulent des cortèges de cinq ou six voitures, encadrées par des motards. Un hélicoptère en stationnement vertical bourdonne au-dessus du palais des festivals. Une frégate croise au large. En fin de matinée, je présente le plan d'action agricole aux membres du B20. La présidente argentine Cristina Fernández de Kirchner participe à la réunion. Elle écoute ma présentation, puis se lance dans une diatribe de trente minutes contre la spéculation financière, qui ravage et qui tue. Son œil noir fixe ses ministres, qui ne pipent mot. Ses lèvres gonflées, brillantes et roses, lancent des mots de plus en plus durs contre les financiers, les profiteurs, les riches propriétaires et les capitalistes sans scrupules, sous le regard fasciné des patrons présents, qui pèsent à eux seuls quelques milliards de dollars. Ses bras nus flottent sous sa robe noire et trahissent son âge. Elle finit sa harangue les deux mains dressées devant elle, la bouche à moitié ouverte, et, rejetant sa coiffure sombre en arrière, elle recueille un tonnerre d'applaudissements. Dans la salle attenante, Dmitri Medvedev suscite moins d'enthousiasme. Assis à la tribune, sous des projecteurs brûlants, il ne cesse de s'éponger le front avec un mouchoir à carreaux noir et gris. Après le déjeuner, entretien en tête à tête avec Bill Gates. Au début, il ne dit rien. Il regarde les vues de Cannes en noir et blanc qui décorent la pièce. Il laisse parler son conseiller, assis à sa droite. Donc je discute avec le conseiller : je lui explique les différents instruments mis en place par le G20 agricole, le forum de réaction rapide, la transparence sur les stocks, les outils de limitation de la spéculation sur les marchés de matières premières. Bill Gates époussette sa veste, penche la tête en avant. La climatisation ronronne doucement. Le conseiller me demande des précisions sur les outils de limitation de la spéculation. Il me pose une ou deux questions sur la prédation des terres agricoles. Au milieu de ma réponse, Bill Gates relève la tête : « *That's interesting !* — Pardon ? — *That's interesting !* » Et, accroché par je ne sais quel détail, il entre dans la conversation, discute une heure, promet de soutenir le plan et demande à me revoir lors de son prochain passage à Genève ou à Paris.

Vendredi 4 novembre – Cannes

Il a plu toute la nuit. Les palmes froissées des palmiers balancent leurs coiffures échevelées dans le ciel gris. Le vent dessine des ridules sur la chaussée mouillée. Les membres des délégations avancent prudemment sur le tapis rouge, qui dégorge une eau marron à chaque pas. Au premier étage du palais des festivals, on attend. En raison de la crise grecque, et des discussions entre Européens, les travaux du G20 ont pris une heure de retard. Un des conseillers du Président me tire par le bras : « Tu veux pas aller discuter en salle ? Ils attendent depuis une heure, il faut les faire patienter. » Dans la salle de réunion, Hu Jintao se tient assis dans son fauteuil de cuir blanc, immobile, le regard fixe derrière ses lunettes à monture dorée. Des conseillers se relaient autour de lui pour lui apporter des notes, auxquelles il jette un regard dédaigneux. Bob Zoellick discute dans un coin avec Wolfgang Schäuble. Amaigri et fatigué, il se plaint de la lenteur des discussions : « *We are not able to deliver. That's the point. We organize meetings and we are not able to deliver.* » Il fait pivoter son fauteuil roulant, avance de quelques mètres pour saluer Barack Obama, qui lui serre la main chaleureusement, en posant sa main gauche sur la roue en caoutchouc. Puis Barack Obama reprend sa discussion avec son sherpa, Mike Froman. Assis à sa place, Silvio Berlusconi fait une petite sieste, la tête renversée en arrière, la bouche entrouverte, le visage plâtreux. Nicolas Sarkozy entre dans la salle, suivi d'Angela Merkel. Il s'assied, tapote son micro. Silvio Berlusconi écarquille les yeux. « Allez, mes amis ! On y va ! Je suis désolé pour ce retard, franchement, je suis désolé ! » Angela Merkel prend place à sa droite, Barack Obama à sa gauche. Alain Juppé, François Baroin et moi sommes assis derrière le Président, sur une petite table en retrait. Zuma prend la parole et ne la lâche pas pendant une bonne dizaine de minutes. Nicolas Sarkozy tapote à nouveau sur son micro : « Jacob, si tu pouvais être gentil de tenir les cinq minutes ! Que chacun puisse prendre la parole ! » Barack Obama a tiré son fauteuil en arrière et, les jambes croisées, mâchouillant un chewing-gum, il consulte un classeur de cuir noir frappé du sceau du président des États-Unis. Régulièrement il se retourne, il nous sourit, découvrant ses dents blanches impeccablement alignées, et nous lance un clin d'œil. À l'autre bout de la table, David Cameron lui fait un signe de la tête et se lève. Barack Obama se lève à son tour. Il ferme le bouton du haut de son costume bleu marine, fait un pas, puis un autre, lent, souple, souriant, et sort. Nicolas Sarkozy lève la séance. « Mes amis, je vous propose dix minutes de pause et nous passons à la régulation des marchés des matières premières, d'accord ? Si cela vous convient, bien sûr. » À l'extérieur de la salle de réunion, des conseillers s'agitent en tous sens, leur badge autour du cou, des dossiers épais comme des bottins sous le bras. Nicolas Sarkozy entraîne Angela Merkel dans la petite pièce où a été installé son bureau de président du G20. « Tu viens, Angela ? On va se mettre au calme. » Il demande un café. Angela Merkel un thé. Les deux interprètes entrent à leur tour dans la pièce et viennent se coller derrière eux. La maquilleuse du Président lui passe un pinceau doux sur le visage. Angela Merkel le regarde et, la mine surprise, les lèvres fines, esquissant un sourire qui creuse ses pattes-d'oie autour des yeux : « Tu te fais maquiller, Nicolas ? » Un des interprètes chuchote la traduction à l'oreille du Président. « Ah, toujours, Angela ! Toujours ! Sinon on a une tête, on se voit à la télé, franchement, c'est atroce la tête qu'on a. » Elle hoche la tête, dubitative. « Moi, je n'aime pas me faire maquiller. — Ah, mais tu as tort, Angela, je t'assure, on est beaucoup mieux maquillé ! — Il faut avoir une bonne maquilleuse, alors. — Moi j'ai une maquilleuse personnelle, Angela, elle est formidable, vraiment, elle est formidable ! » Le premier interprète accentue légèrement les inflexions de sa voix, pour bien se faire comprendre de la Chancelière. Elle boit une gorgée de thé, poursuit en allemand, et le second interprète, en léger différé, de quelques secondes seulement, souffle au Président : « Remarque, Nicolas, c'est comme pour le coiffeur, on s'est moqué de ma coiffure pendant des années, du coup un jour, je me suis dit, je vais aller chez le meilleur coiffeur de Berlin, et voilà, c'est pas plus compliqué que ça, plus personne ne se moque de ma coiffure ! » Elle fait un peu bouffer le bas de ses cheveux. Le Président, ironique : « Ah mais c'est très réussi, Angela, très réussi ! » Le premier interprète, cette fois, hésite à mettre l'intonation, et finalement débite sa traduction sur un ton neutre. Le Président poursuit : « C'est parce que tu es coquette, Angela ! — Coquette ? » Des gouttes de sueur apparaissent sur le front du premier interprète. « Mais oui, coquette ! Tu crois que ça m'a échappé, ton histoire de décolleté, hein ? Ah ! Le décolleté d'Angela ! Tout le monde en a parlé en France ! » Alain Juppé vole à la rescousse de l'interprète : « Bon, là, ça devient vraiment intime, je crois que nous allons vous laisser seuls. » Le Président rit. Angela Merkel se retourne et s'empare d'un petit gâteau sur la table basse. Trente minutes plus tard, la séance reprend. Le Premier ministre éthiopien défend avec ardeur le plan d'action agricole. José Manuel Barroso également : « Je tiens à remercier Bruno Le Maire et ses équipes, qui ont fait un travail formidable. » Barack Obama se retourne, sourire, clin d'œil. Le Président se retourne à son tour, et lance en direction d'Alain Juppé : « Tu as vu, Alain ? Je serais toi, je ferais attention. Ils sont ambitieux, les jeunes ! Ils sont sacrément ambitieux. Remarque, c'est comme ça que je suis là, moi. » Et il fait pivoter son fauteuil en cuir blanc. Le soir, installés au bar de l'hôtel Majestic, nous discutons avec un Président détendu, soulagé que le G20 ait accouché de décisions certes insuffisantes, mais des décisions quand même. Enfoncé dans un canapé en velours rayé noir et rouge, il passe en revue les chefs d'État ; Obama : « Lui tient vraiment la route. Il connaît ses dossiers, il les connaît même très bien. » Berlusconi : « L'ombre de lui-même. » Erdogan : « Intelligent. Très dur, mais intelligent. » Il réserve ses remarques les plus amicales, les plus sincères aussi, à Angela Merkel : « Une alliée, une vraie alliée, et je vais vous dire, en plus, elle me touche ; elle est courageuse. Quand Weidmann lui a dit qu'il ne pouvait pas engager les fonds de la Bundesbank, j'ai cru qu'elle allait pleurer. Son ancien collaborateur; qui lui tient tête; précisément parce que c'est son ancien collaborateur. » Il se pince les yeux, change de ton. « Il n'y a qu'une chose qui me gêne chez elle, c'est le pli de son pantalon. Vous avez vu le pli de son pantalon? Elle doit le repasser tous les soirs, c'est pas possible. Et puis ses conseillers, ils souffrent, ses conseillers. Le soir, elle les emmène tous au bar : vous voulez vous coucher? Eh bien non! On se couche pas! Direction le bar! Moi, j'aime me coucher tôt. Elle, elle se couche tard. » Il se tourne vers Xavier Musca : « Tu imagines, Xavier, si je te forçais à boire un verre avec moi tous les soirs? »

VII

Plan de réduction des déficits — Adoption définitive du
projet 2012 — Déplacements agricoles — Crise de la zone euro

Mardi 8 novembre – Paris

En l'absence de François Fillon, c'est Alain Juppé qui présente les
grandes lignes du plan de réduction des déficits au petit déjeuner de
la majorité. Il le fait avec sa sobriété intellectuelle. Il conclut honnêtement : « La seule critique qui peut être faite à ce plan, on nous dira :
les réductions de dépenses sont plus faibles que les augmentations
d'impôts. Ce qui est vrai. » Le soir, réunion du conseil stratégique
autour du Président. Il a le sentiment de reprendre la main. Les résultats du G20 ont été jugés globalement positifs ; la majorité est plus
docile ; l'équipe de François Hollande montre des premiers signes de
faiblesse. En fin de réunion, il assène : « Ne vous trompez pas, François Hollande, il est pas le candidat de la vague, il est le candidat de
la substitution. Le candidat de la vague, c'était DSK. Lui, il est le
candidat de la substitution, il le sait, les socialistes le savent, c'est sa
vraie faiblesse. » Le soir, dîner en tête à tête dans mon bureau avec
Adrien. Il tient la conversation à lui tout seul. Quand je lui demande
ce qu'il veut faire plus tard, il lève les yeux au plafond : « Je crois,
policier. » Il juge mon travail sans grand intérêt : « En fait, je comprends rien à ce que tu fais. » Je me demande parfois si une majorité
de Français ne pense pas comme mon fils.

Mercredi 9 novembre – Paris

En Italie, le départ de Silvio Berlusconi est acquis. Il pourrait être remplacé par un gouvernement technique de transition. Fin des chefs charismatiques, dont le charisme a été sans utilité face à la crise, entrée des gérants de faillite, qui feront le sale boulot sans passer devant le suffrage universel. Et quoi après, si les gérants de faillite échouent ? Du coup, le Président reprend huit points dans les sondages de popularité. Sa stratégie de dramatisation commence à porter ses fruits, à mesure que les effets de la crise deviennent plus visibles, parfois inquiétants. À gauche, les querelles de personnes commencent à reprendre le dessus. Il en faut peu en politique pour que renaisse un espoir.

Jeudi 10 novembre – Paris – Condé-sur-Iton

Déjeuner dans le pavillon de musique avec François Baroin, Roselyne Bachelot et Luc Chatel. Dans cette période de crise, le Premier ministre souhaite mieux s'organiser. Il écoute nos suggestions. Laisse chacun s'exprimer longuement. Il se garde en revanche de prendre quelque engagement que ce soit à la fin du repas. Nous pourrons dire que nous avons été très correctement traités.

Denis Baudry est mort. Il a été emporté par une tumeur au cerveau, dont il pensait réchapper. En septembre, il avait tenu à venir à une réunion de militants et il me déclarait sur le trottoir : « Ah, mais, je vais pas me laisser faire, moi ! Je vais pas me laisser faire ! Tout va pas si mal, en fait, tout va pas si mal. » Sa tête penchée, ses gestes un peu raides, son ton de voix épuisé disaient le contraire. Lui qui en dix ans avait mené d'une main de fer la rénovation de sa commune de Condé-sur-Iton, améliorant la voirie, ouvrant un accès

Internet, enfouissant les lignes électriques, sauvant les commerces, restaurant et boulangerie, tout en poursuivant son activité de producteur de foie gras, il tremblait en parlant ; une barbe de trois jours, en crins blancs et gris, creusait ses joues, et la peau de son cou, qui flottait dans le col de sa chemise, s'était décharnée. Malgré la douleur, son sourire avait gardé sa bonté. En revanche, son regard toujours vif, presque rusé, avait pris une expression de désarroi, et semblait fixer en permanence quelque chose que je ne pouvais pas voir. Ce soir de septembre, il avait le même regard que mon père, un matin de printemps. Avec ma mère et mes frères, nous venions de découvrir les résultats de la biopsie que des chirurgiens de Suresnes avaient pratiquée sur mon père. Nous pouvions l'apercevoir par la porte entrebâillée de sa chambre : il était assis dans son lit, un coussin coincé dans son dos, le reste du corps disparaissant sous un drap vert amande, et ses pieds dressés faisaient une petite colline au bout du lit. La tablette en Formica de son déjeuner avait été glissée à hauteur de poitrine. Il dépiautait un os de poulet avec ses mains décharnées, fines, qui laissaient voir en transparence, sous la peau livide, des veines bleues. Par la fenêtre à bascule passait un air doux qui montait des collines de Suresnes. Un médecin de permanence vint nous retrouver dans le couloir. Il tenait des feuilles à la main et des radios qui claquaient sous leur emballage plastique. Il prit sa respiration, et sur un ton affecté, quoique professionnel : « Trois mois, peut-être quatre. » Il grattait sa barbe en écoutant nos questions. « Et si on l'opère ? — On peut l'opérer, mais à ce stade, ça le fera souffrir pour rien. — Et vous pensez qu'il faut lui dire la vérité sur son état ? — Non, la vérité, non, il ne la comprendra pas, il n'y a pas de vérité dans ces cas. » Mon père avait cessé de dépiauter son poulet ; il tenait un os entre ses doigts inertes, et regardait le mur nu droit devant lui, ignorant la vue sur les collines de Suresnes. Malgré le pansement de la biopsie, qui faisait un turban miniature au sommet de son crâne, et la douleur et la fatigue des traitements, son profil gardait son élégance. Le médecin s'éclaircit bruyamment la gorge. Mon père se tourna vers nous et nous jeta un regard concentré et perdu. Puis il posa son os de poulet dans son assiette, repoussa son plateau et appela : « Viviane ! Tu es là, Viviane ? » Exactement comme il devait le faire ensuite cent fois par jour, dans notre appartement, au téléphone, partout, sans cesse, et il fallut que les derniers jours la maladie progresse encore pour ne plus entendre : « Viviane ! Tu es là, Viviane ? » et réduise ses appels à un gémissement, au silence. Dans le cimetière de Condé-sur-Iton, qui domine la vallée, la femme de Denis s'approche en vacillant de la fosse. Elle jette une rose rouge dans le trou. Elle fond en larmes. Rarement j'ai vu autant de dignité que dans le visage de cette femme de cinquante ans, ronde, vêtue de noir, enterrant son mari, après l'avoir veillé nuit et jour pendant deux mois.

Vendredi 11 novembre – Paris

La cérémonie de l'armistice est devenue la cérémonie à la mémoire de tous les combattants morts pour la France. Le 11 novembre reste malgré tout pour moi la fin des combats de 14. Une date qui me marque infiniment plus que celle du 8 mai 1945, parce que rien alors ne souillait la victoire, elle était celle de toute la France, encore unie, comme en réalité elle ne le serait plus jamais. Tous les artifices du verbe politique n'ont pas empêché la collaboration, puis la décolonisation, de creuser des plaies dans le corps social français, qui peinent à se refermer.

Lundi 14 novembre – Bruxelles

Le Conseil des ministres de l'Agriculture donne son accord à la prolongation des crédits pour l'aide aux plus démunis, pour deux ans. L'Allemagne a levé son veto. Il manque une solution pérenne pour financer ce programme. Pour une fois, je rentre de Bruxelles en ayant le sentiment du devoir accompli. Dans ce combat, j'ai trouvé à côté de moi des responsables d'association, Olivier Berthe pour les Restos du Cœur, par exemple, ou Véronique Colucci, dont le sens des responsabilités, la capacité à mettre de côté les différences politiques ont été un soutien de tous les instants. Si eux, les plus légitimes pour porter le message des démunis, avaient flanché, malgré ma détermination, en trois semaines je lâchais prise. Seul, le responsable politique ne peut plus rien. Il réussit quand il agrège des forces qui le dépassent.

Mardi 15 novembre – Paris

Pas un instant nous ne parlons de politique intérieure. Le Président ne nous en laisse pas le loisir. Il a des cernes charbonneux. Les manches de sa chemise blanche sont fermées par des boutons de manchette en argent, qui scintillent doucement à chaque mouvement de son poignet. Sur les six lampadaires qui éclairent le salon vert, deux seulement sont allumés, et diffusent une lumière étrange, comme un écho du crépuscule dans le parc. Il regarde Alain Juppé, Claude Guéant. Il pousse un soupir. « Il faut avoir conscience que c'est très difficile. L'Europe est à un moment de vérité. Personne ne sait s'il y aura encore l'euro à la fin de la semaine, et donc encore l'Europe. » Il prend appui sur l'accoudoir doré pour changer de position dans son fauteuil. Il poursuit : « J'ai envoyé une note blanche à Merkel. La seule solution, c'est que la BCE intervienne massivement sur les marchés. Ce soir, Merkel réunit ses plus proches conseillers. La vérité, c'est que elle, elle est plutôt convaincue. Mais elle décide pas. Elle peut pas décider. Moi, je peux décider seul. Elle, elle peut pas. » Il enfonce le menton dans son col de chemise, son épaule fait un mouvement de rotation. « Bon, la vérité, c'est que ça va mal, très mal. Tout cela pose des

problèmes considérables. » Il relève la tête, prend un air interro-
gatif : « Par exemple les billets. Si il faut réimprimer des francs en
urgence, hein ? On fait comment ? Comment on fait ? » Il se tourne
vers Xavier Musca, assis à sa droite. « Je pourrais rappeler Draghi,
mais franchement, Xavier, je sais pas ce que tu en penses, ça sert
pas à grand-chose. Je l'ai déjà appelé il y a deux jours, je vais pas le
rappeler maintenant. » Le soir, dîner en tête à tête avec Xavier
Musca, qui me confirme la gravité de la situation dans la zone euro.
Notre sort nous échappe : il est tout entier entre les mains de la
Chancelière allemande et du président de la BCE. Nous sommes
dans le pire des mondes, trop intégrés pour ne pas subir les conséquences des décisions des autres nations européennes, pas assez
pour faire front ensemble, et dans des délais rapides, à une crise
majeure. Désormais, soit l'Europe explose en vol, soit elle sort de
cette épreuve grandie, renouvelée et plus forte.

Lundi 21 novembre – Paris

José Luis Zapatero tombe à son tour, victime de la crise. Ce jeune
homme qui, à tout juste quarante ans, avait renouvelé la vie politique espagnole, modernisé la société, affronté le passé récent de
son pays et redonné confiance à son peuple, le voici bon à jeter aux
orties, menteur, incapable, faible, dissimulateur. Il était un grand
dans des habits modestes, il finit en pantin maladroit, manipulé par
des forces financières que la gauche espagnole exècre. Par un paradoxe qui est en fait une loi de la politique, le plus doux des responsables politiques européens finit son mandat dans la violence,
confronté à des manifestations de rue sans précédent en Espagne, où
des filles de vingt ans donnent la main à des vieillards sans un sou,
dans une même communion contre la crise. La plupart de ceux qui
admiraient Zapatero au début de son mandat sont morts ou portés
disparus. Leur admiration est tombée en poussière, et si quelque

chose doit renaître de ces cendres politiques, au moins pour quelque temps, ce sera de la haine ou du mépris. Le soir, nouvelle réunion du conseil stratégique autour du Président. Il nous attend, assis dans son fauteuil. « Entrez ! Entrez ! » Il fait un rapide tour de table, écarte les critiques politiques, ou les nuances. « Bon, écoutez, jouez pas avec ma tachycardie, elle est déjà assez forte comme ça, hein ? La réalité, c'est que les Allemands seront obligés de bouger sur la BCE. Mais moi, je peux rien faire. Si je fais la moindre critique sur l'Allemagne, la moindre, la zone euro explose. Donc je me tais. Je verrai Merkel à Strasbourg vendredi. Nous ferons des propositions communes. En attendant, la seule chose à faire, c'est d'appliquer le programme du gouvernement. Voilà. C'est pas brillant, mais c'est comme ça. » Il accorde quelques instants au volet économique du projet 2012, qui doit être rendu public le lendemain. Quand je lui parle du projet de TVA sociale, il fait une moue. « Sur la TVA sociale, il faut pas être idiots. On va pas mettre les deux pieds dans le plat et dire : nous augmentons massivement la TVA. Il faut dire : ce sont nos emplois qui sont en jeu, nous voulons préserver nos emplois, donc nous allons financer différemment la protection sociale, et vous laissez les choses ouvertes, hein ? Pas la peine d'être plus précis. »

Mardi 22 novembre – Lambersart

La présentation du projet économique pour 2012 se déroule devant des militants acquis à la cause. Pas de vague. Pas de grand enthousiasme non plus. Nous proposons ce qui est nécessaire, sans expliquer pourquoi nous ne l'avons pas fait en cinq ans, ni comment nous nous y prendrons pour le réaliser la prochaine fois, si nous sommes réélus.

Jeudi 24 novembre – Bordeaux

Il fait nuit noire sur la place de la cathédrale. Un brouillard épais est tombé sur la ville. Nous marchons en silence, Alain Juppé et moi, pour rejoindre la salle du meeting, après une réunion de travail à la préfecture. Son officier de sécurité lui tend un portable : « Le Président, Monsieur. » Alain Juppé s'écarte, discute une bonne dizaine de minutes sur la place, revient vers moi. « Il m'a fait le point sur le sommet avec Merkel et Monti. Il essaie de me convaincre que c'est un succès, mais dans le fond, il n'y croit pas lui-même. Il faut dire qu'ils y vont fort, les Allemands. Maintenant, ils réclament le contrôle des budgets nationaux par la Cour de justice européenne. La Cour de justice, ça passera jamais ; c'est précisément ce dont les Français ne veulent plus : l'Europe technocratique, l'Europe du droit au lieu de la politique. »

Vendredi 25 novembre – Sauveterre-de-Guyenne

Les viticulteurs, ici à Sauveterre-de-Guyenne ou ailleurs, me donnent à chaque rencontre la confirmation des talents locaux, de cette inépuisable ressource de créativité, de travail, de goût et de savoir-faire que nous croyons pouvoir diriger de Paris, et qui s'en sort très bien sans nous. Ils nous demandent tout au plus une réglementation stable et simple. Une heure trente de voiture ensuite pour rejoindre Château-Latour, où des chevaux de trait passent entre les vignes, secouant leur collier de cuir avant de gravir la pente douce, pas à pas, en martelant la terre. Le directeur de l'exploitation reconnaît lui-même que, pour les vins exceptionnels, le marché a perdu toute raison et spécule : « Nos clients ne boivent plus nos vins. Ils boivent encore ceux qu'ils ont achetés il y a cinq ou six ans à 250 ou 300 euros la bouteille ; mais à 1 000 euros la bouteille en primeur, ils le boivent pas, ils le stockent. »

Dimanche 27 novembre – Saint-Pée-sur-Nivelle

Devant la montagne basque je me délasse de tout. La situation politique me préoccupe moins. Le bruit des querelles est comme étouffé dans le silence de cet air lumineux et salé, qui vient de la mer. C'est Flaubert qui me ramène à la politique quand, lisant *L'Éducation sentimentale* après une heure de footing sur la plage, les pieds posés sur la table basse, je tombe sur une description qui pourrait être celle du palais de l'Élysée : « Les résidences royales ont en elles une mélancolie particulière, qui tient sans doute à leurs dimensions trop considérables pour le petit nombre de leurs hôtes, au silence qu'on est surpris d'y trouver après tant de fanfares, à leur luxe immobile prouvant par sa vieillesse la fugacité des dynasties, l'éternelle misère de tout. »

Lundi 28 novembre – Paris

Dominique de Villepin entre dans le restaurant avec sa fougue habituelle. Il commande de l'eau, du vin, plonge dans la carte, en ressort pour commander du poisson grillé, fait un grand geste de la main à un client qui l'a reconnu. Ses traits sont marqués par la fatigue, mais sa mèche garde son panache, son regard, sa flamme un peu fiévreuse. Il me regarde, sourit : « Vous faites une erreur. Vous continuez de travailler. Vous devriez arrêter de travailler. Personne ne vous sera reconnaissant de votre travail. Et cela agace tout le monde, surtout ceux qui ne travaillent pas. C'est votre côté bon élève. Débarrassez-vous de votre côté bon élève. Moi, à votre place, je mettrais des bottes, une vieille parka, et je ferais le tour de la France. Les paysans vous aiment bien ; pourquoi vous vous emmerdez à rester à Paris ? » Il goûte le vin rapidement, donne son accord d'un signe de tête. « En tout cas, n'essayez pas de jouer un rôle dans la campagne, ça ne sert à rien. Moi, j'ai fait deux campagnes de Chirac. Soit vous êtes dans le cœur du réacteur, soit vous n'y êtes pas. Vous ne serez pas au cœur du réacteur. Et d'ailleurs, il vaut mieux pour vous. Donc prenez de la distance, soyez vous-même. Ne soyez pas un quadra. Soyez vous-même. » Il écarte grand les bras, les ramène vers lui, et joignant ses deux mains, un ton plus bas : « Sarkozy va perdre. La seule chance pour lui de gagner, c'est qu'il le comprenne ; mais il le comprend pas. Il faut qu'il renverse la table. Sinon, il sera rattrapé par les événements, la crise, le chômage. Étonnant, quand même : ce type avait une longueur d'avance sur tout le monde en 2007, maintenant il a une longueur de retard. Il ne comprend pas ce qui se passe. » Dans sa voix continue de percer une pointe d'admiration pour son adversaire, son rival, son double en politique, son ancienne obsession, et même une volonté de lui apporter de l'aide.

Mardi 29 novembre – Paris – Gimont – Lyon

Le Président me confie devant Nathalie Kosciusko-Morizet : « Villepin, je sais très bien ce qu'il veut. Il veut que je renverse la table. Que je vire Fillon et que je le remplace par lui. Mais pourquoi je virerais Fillon ? Pour quelle raison ? Je veux bien renverser la table, mais pas sur moi. » Il hausse les sourcils. Il réfléchit. Il tourne son regard vers le seul hublot encore ouvert. Évidemment il doit avoir envisagé de renverser la table, par calcul autant que par tempérament, avant de reculer, et de reprendre le chemin aride de la constance et de la responsabilité. Gulliver empêtré bout de se défaire de ses liens, de se redresser et de mater les nains qui ont cloué sa force au sol, mais comment ? On reste libre en politique tant que le peuple ne vous a pas choisi. Ensuite, on compose. On fait avec les liens qui vous empêtrent et qui vous soutiennent. Le pouvoir démocratique est par essence une liberté conditionnelle. Le Président ne nous interroge pas, ni Nathalie ni moi, il poursuit sa réflexion. À travers le hublot on distingue un ciel gris et des lambeaux de nuages. « Franchement, pour quelle raison ? On penserait que je suis devenu fou. » Devant le taureau de cet éleveur du Gers, à la mine taciturne, et au verbe laconique, il marque un temps d'arrêt : « Et c'est dangereux, un taureau ? — Non, avec toutes les compagnes qu'il a, il est calme. Mais quand même, il faudrait pas trop aller le chercher. C'est un taureau, quoi, il est vif. — Eh oui, les taureaux, c'est comme ça, c'est vif. » Retour à Villacoublay, de Villacoublay à la gare de Lyon pour attraper le TGV de 16 h 27 et participer à la convention UMP sur le rassemblement. Jean-Pierre Raffarin réussit cet exploit de tenir des propos modérés et de se faire chaudement applaudir. Les militants sont enthousiastes ; un léger vent d'espoir souffle dans la salle. Dans le TGV du retour, je continue avec Flaubert. Étonnant comme Proust, et sa manie de tirer des lois générales des moindres observations psychologiques, perce dans certains passages de Flaubert, jusque dans le ton et la modulation de la phrase : « ... de même que Rosanette n'avouait pas tous ses amants pour qu'il l'estimât davantage ; — car, au milieu des confidences les plus intimes, il y a toujours des restrictions, par fausse honte, délicatesse, pitié. » Traduit par Proust, cela aurait donné : « Et Rosanette, soit par fausse honte, soit par délicatesse, soit encore que la pitié ait laissé une trace en elle, infime et indélébile, n'avouait pas tous ses amants à Frédéric, et se faisait ainsi davantage estimer de lui. »

Mercredi 30 novembre – Berlin

À Berlin, les secrétaires généraux de la CDU comme de la Chancellerie me passent le même message : nous sommes prêts à laisser la BCE intervenir davantage sur les marchés, mais si vous en faites une revendication publique, nous serons obligés de réagir, pour dire non. Modifier le rôle de la BCE revient à modifier la Loi fondamentale allemande. « Vous comprenez, à chaque fois que vous parlez de la BCE, nous avons le sentiment que vous nous demandez de toucher à notre Constitution. » À Paris, certains estiment que cet argument est un prétexte commode pour ne rien faire. En réalité, les responsables politiques allemands, surtout du rang le plus élevé, vivent tous dans la crainte des décisions de la Cour de Karlsruhe, qui au-delà de sa fonction de juge suprême s'est imposée dans l'opinion comme une autorité morale de dernier ressort.

Jeudi 1ᵉʳ décembre – Berlin – Paris – Toulon

Après mes entretiens du matin avec des ministres allemands, décollage pour Villacoublay, puis de Villacoublay pour Toulon, où je retrouve le Président. Dans une salle comble, il prononce un discours sur la situation européenne, qui avance prudemment vers une intégration renforcée, sur la base des Nations. Au passage, il délivre quelques piques sur le manque de perspective européenne de son adversaire socialiste. Dans le FX 70 qui décolle de la base de Hyères, assis face à Xavier Bertrand, il dénoue son écharpe, se détend : « Vous avez vu, moi, je serre les mains à la fin. C'est moi qui ai inventé ça. Sinon, tu entres, tu serres les mains, tu arrives à la tribune, tu es déjà trempé, les cheveux trempés, le visage trempé, totalement vidé, et là, on te filme, cadre serré : merci l'image ! Tandis que là, j'arrive, tranquille, propre, maquillé, belle image. » Il sourit, serre les dents, satisfait de son coup de poker, parler en pleine crise, rassurer, proposer une Europe différente. Un soupir rauque sort de sa gorge. « Je peux vous dire que la salle, j'ai dû la retenir, il fallait pas forcer. Elle partait comme une allumette. Mais je voulais pas ça, je voulais surtout pas ça. Tranquille. Serein. Pas partisan ! Surtout pas partisan ! » Il sourit encore. « Ah, il a du souci à se faire ! Je peux vous dire, il a du souci à se faire ! »

Vendredi 2 décembre – Paris

Quatre heures de débat pour examiner la mission agriculture et pêche au Sénat. Le soir, je termine *L'Éducation sentimentale*, allongé sur mon lit, Matthias endormi à côté de moi, qui serre son agneau en peluche contre sa poitrine. Je ne me rappelais pas cette fin si sombre, un bébé qui meurt, les espoirs de carrière qui s'évanouissent, l'amour enfui, les trahisons, les désillusions, le triomphe de l'argent, la victoire de la médiocrité. Comme quoi la mémoire arrange tout, y compris en littérature.

Lundi 5 décembre – Paris

Sur France Inter je critique les propos germanophobes qui commencent à être tenus par certains responsables socialistes, et que leur candidat se garde bien de dénoncer. La France parle de volonté de domination des Allemands avec le regret de ne plus pouvoir la manifester à leur place. Les prochaines années raconteront notre capacité, ou non, de retrouver suffisamment de forces pour discuter en situation favorable avec Berlin, sans recourir aux expédients des alliances, qui ne tiennent pas, ou des menaces, qui ne font plus peur à personne.

Mardi 6 décembre – Paris

« Je voudrais dire un mot de ce qu'il faut bien appeler la germanophobie du PS. » Les tintements de fourchette contre les petites assiettes de porcelaine bleue cessent aussitôt. On arrête de discuter avec son voisin. On se penche en direction du Président. « Me comparer à Daladier, et la Chancelière à Hitler, cela déconsidère définitivement le PS. Je vous demande de le dire clairement. » Il marque un temps d'arrêt, lève les yeux vers le lustre, joint les deux mains, poursuit : « Si on ne fait pas avec l'Allemagne, on fait avec qui, hein ? » Il écarte les deux bras. « La seule chose qui reste aujourd'hui en Europe, c'est l'axe franco-allemand. La seule. Jusqu'à présent, personne en France n'avait remis en cause le consensus sur l'amitié franco-allemande ; c'est une folie ; c'est extrêmement grave. » Il accélère, son ton devient de plus en plus résolu. « Alors les euro-bonds. Parlons-en des eurobonds. Pourquoi nous en avons pas voulu ? Parce que si on faisait les eurobonds, on empruntait plus cher, formidable ! Vendredi, on va aller au Conseil européen avec Mme Merkel, et tant qu'on aura pas obtenu ce qu'on veut, on restera assis sur notre chaise. » Il serre ses deux poings l'un contre l'autre, tandis que les serveurs entrent, des cafetières en argent à la main. « Tout de même, y aller comme ça, c'est plus facile, je peux vous dire, c'est plus confortable. » On sert les cafés. Il se tait. Une voix en bout de table ose : « Il y a quand même les abandons de souverai-neté ? » Il laisse passer un instant, se tourne de trois quarts : « Mais quels abandons ? Il y a pas abandon, il y a transfert. Il y a pas de monsieur à grosses moustaches qui décide à notre place à Bruxelles. Le monsieur à grosses moustaches, il existe pas. » Après le déjeuner, je pars pour Louye, une petite commune rurale de ma circonscrip-tion à proximité de Dreux, dont la maire, Marie-France Lepic, vient de mourir. Elle habitait dans le château Louis XIII en briques roses qui, posé sur une butte du village, domine la vallée, et arrivait à le faire oublier. Marie-France Lepic avait la force de ces femmes à qui tout a été donné, la beauté, le caractère, une allure de princesse ita-lienne, et la simplicité avenante de ceux qui doutent. Elle aura gardé son sourire face à la maladie, ignorant les maladresses des habitants qui, les dernières semaines, quand elle se rendait à une manifestation dans la circonscription, sa perruque légèrement de travers sous son chapeau, les joues affreusement émaciées, marquaient une hésita-tion avant de la reconnaître. Il suffisait de regarder ses yeux : la maladie ne les avait pas attaqués, et ils conservaient au milieu de son visage leur éclat de pierres précieuses.

Mercredi 7 décembre – Poitiers – Paris

Congrès de la Coordination rurale à Poitiers. Les délégués accueillent pour la première fois un ministre. Ils manifestent leur reconnaissance sur le parvis de la salle du Futuroscope : « C'est bien d'être là, monsieur le Ministre, c'est bien ! » Dans la salle, en revanche, les réactions sont partagées, mes propos sont régulièrement sifflés, les applaudissements tout juste polis. Au moins mon engagement a été respecté, de travailler avec toutes les organisations syndicales agricoles, sans exclusive. Le soir, réunion du conseil stratégique autour du Président. Un huissier me fait entrer dans le salon vert. Le Président est enfoncé dans son fauteuil, en chemise blanche, Henri Guaino à sa gauche, Claude Guéant en face, décalé de deux sièges. Jean-François Copé entre à son tour. Puis Jean-Pierre Raffarin, qui s'excuse de son retard. Le Président fait un petit geste indifférent de la main. « Ne t'excuse pas, mon Jean-Pierre, c'est moi qui suis en avance. Je fais mon Balladur. » Il se redresse, donne la parole à chacun. Jean-Pierre Raffarin insiste sur la nécessité de reprendre l'initiative sur le terrain économique et social dès le mois de janvier. « Sinon, attention au décalage avec les gens, qui ne se préoccupent que du chômage. — Tu as raison, Jean-Pierre, mais pour ça, il y a le sommet sur l'emploi, le 18, je le ferai probablement le 18. Surtout vous ne dites rien, mais on devrait le faire le 18. Avant, je veux pouvoir déployer pendant quinze jours ma séquence de père de la Nation. » Claude Guéant insiste sur les risques de montée de l'islamisme dans certains quartiers. Jean-François Copé approuve. « Vous avez raison. Mais là, on a une opportunité avec le vote des étrangers. Moi, j'ai essayé un petit slogan : ils n'ont pas le vote populaire, ils veulent le vote communautaire, je vous recommande de l'employer. Moi, je vais vous dire, je préfère qu'ils mettent le débat là-dessus que sur la justice et l'équité, hein ? Sur la justice et l'équité, on ira jamais assez loin, nous tous, vous et moi ; rien qu'à cause de nos têtes. Mais sur la sécurité, d'accord, on peut contester le bilan, on peut mieux faire, mais quand même, on reste plus crédibles. » Il réfléchit. Le bas de son menton avance légèrement, sa voix devient plus grave. « Et puis vous savez, la vraie question que se posent les gens, la seule, c'est : "Est-ce que ces cons là-haut, ils ont encore prise sur les événements ?" Voilà la vraie question. Donc il faut montrer qu'on a prise sur les événements. » Un sourire fugitif éclaire son visage, qui se rembrunit aussitôt : « C'est le problème de Hollande : les événements, ils lui glissent dessus. D'ailleurs, je vais vous dire : c'est pas nous qui avons monté dans les sondages, c'est lui qui a baissé. Je suis lucide, je le sais, ça. Moi, j'ai pas monté ; mais lui, il a baissé. Il est monté sur le ring, il a perdu neuf points. Avant, il skiait sur la piste verte : regardez ce que je sais faire, comme je suis bon, comme je suis agile ! Là, on le met sur la piste noire : plus dure, la piste noire, beaucoup plus dure ! Et casse-gueule ; on fait moins le fiérot. » Il se tait. Henri Guaino intervient sur la question européenne et les réticences de l'opinion à de nouveaux transferts de souveraineté. « Attention au concept de souveraineté partagée, vraiment, attention ! — Oui, Henri, d'accord, attention. Mais tout de même. Vous vous souvenez de ce film merveilleux, *Into the Wild*, de qui, déjà ? Cet acteur merveilleux ? — Sean Penn. — Sean Penn, c'est ça, Sean Penn, l'histoire de cet adolescent égoïste, qui découvre le bonheur dans la nature, la dernière phrase du film, c'est : "Il n'y a de bonheur que partagé." Eh bien, même chose pour la souveraineté, Henri, même chose ! »

Vendredi 9 décembre – Paris – Nantes – La Baule

Rencontre avec des maraîchers du pays nantais. Pour nous protéger de la pluie, nous nous réfugions dans une serre. Là, chiffres à l'appui, ils me démontrent comment l'accord entre l'Union européenne et le Maroc, dont nous ne cessons de vanter les mérites à Paris, fragilise leurs résultats économiques. Le plus jeune du groupe, corpulent, essoufflé, le visage brique, me tend son livre de comptes. « Vous avez dit que vous aviez mis des contrôles : mais rien, il y a rien, ils rentrent ce qu'ils veulent les Marocains, et à des prix, monsieur le Ministre, qu'on peut pas suivre, nous. » La pluie martèle le toit de verre. La discussion se poursuit. Difficile de contester leurs arguments. « Nous ce qu'on veut c'est des barrières, qu'ils croyent pas qu'ils peuvent rentrer ce qu'ils veulent. » Après une heure de discussion, je m'engouffre dans une voiture pour La Baule. Encore ce grand trimballement de la vie politique, qui me conduit sur des routes détrempées bordées de chênes sombres, sous lesquels des troupeaux de moutons ont trouvé refuge, et me fait traverser des villages dont les maisons, passé 20 heures, gardent les volets clos, filtrant la lumière de la pièce principale et le halo bleu de la télévision. Nous prenons une autoroute. La pluie crépite de plus belle sur le bitume et sur la carrosserie de la voiture. À un moment, des néons Total ruissellent en rouge et bleu sur ma fenêtre. Nous franchissons le pont de Saint-Nazaire, dont les rampes illuminées dominent les docks, les chantiers, des lotissements de pavillons et des vasières. Encore quelques kilomètres dans une nuit d'encre. À notre arrivée à La Baule, la pluie a cessé, les pins dégagent une odeur puissante de résine et de mer.

Samedi 10 décembre – Pornic

Louis Vilaine, président de la commission des poissons migrateurs et des estuaires, se bat depuis quatre ans contre un cancer. Cela fait trois fois que je reporte la remise de sa décoration. Pendant toute la cérémonie, il reste en retrait, enveloppé dans une veste bleue qui, malgré sa carrure, flotte sur ses épaules, lissant la cravate Snoopy qui serre le col trop grand de sa chemise à carreaux. Il tient difficilement debout. Son visage gris cendre exprime par moments la douleur, ses lèvres grenat virent au marron. Après son discours, qui a ému la petite cinquantaine de personnes présentes dans la mairie de Pornic, dont le maire, Philippe Boënnec, il se penche vers moi, et me glisse avec une haleine fade : « Vous savez, il faut pas vous faire de souci, la mort aurait attendu jusqu'à ce que vous me la remettiez, ma décoration. »

Mardi 13 décembre – Paris

Des bourrasques de vent font trembler les vitres des portes-fenêtres. Des bouts de branches brisées raclent la dalle de la terrasse. On entend un mugissement glacial sous les seuils de bois dorés, qui fait lever les têtes des tasses de café. Indifférent, le Président a depuis plusieurs minutes pris son adversaire socialiste comme proie, et ne le lâche plus, scandalisé par ses déclarations sur la renégociation du Traité budgétaire européen. « Et il va le renégocier avec qui, son traité ? Vous pouvez me le dire ? La vérité, c'est qu'il renégociera rien du tout, pas une ligne. Tout cela témoigne d'une grande inexpérience et d'une méconnaissance totale des affaires de l'État. Après avoir été à Berlin pour dire du mal de Mme Merkel, là je dis, c'est une manière originale de construire l'Europe, vraiment originale ! » Un coup de vent plus violent fait claquer une porte. Il se tourne, secoue la tête, reprend son propos. « Il fallait voir, la négociation. Avec Merkel, nous avons tout refusé, tout ce que nous n'avions pas négocié ensemble, nous avons refusé. Cameron est venu nous voir avec son papier, nous avons dit à Cameron : " David, ton petit papier, tu le ranges, on ne discute pas. Non, non ! Tu le ranges !" En séance, les Irlandais nous ont demandé : "On peut discuter ?" Eh ben non, on discute pas. » Nouvelle bourrasque. Fin du petit déjeuner de la majorité. Le soir, pendant la réunion de son conseil stratégique, il revient encore longuement sur le Conseil européen, souligne les avancées du traité. La conversation se traîne, tombe sur Dominique de Villepin, le Président lève un sourcil, tapote sa feuille avec la pointe de son crayon mine à deux couleurs. « Villepin, il veut qu'il y ait du sang sur les murs, c'est ce qu'il m'a dit : "Les Français n'aiment pas les politiques, donc il faut qu'il y ait du sang sur les murs, vous virez la moitié du gouvernement et vous composez un gouvernement de crise, resserré, quinze ministres, pas un de plus." » Il se tait, sourit, observe l'effet de ses propos sur les trois ministres autour de la table, lâche froidement : « Dans un sens, il a raison : les Français n'aiment pas les politiques. » Il tapote encore sa feuille, soupire : « Il faut reconnaître que chez Villepin il y a toujours une lueur de fulgurance dans un halo d'imprécision. » Il évoque ensuite ses déplacements sur le terrain, le bon accueil qui lui est réservé, le sommet social du 18 janvier, ses déjeuners réguliers avec des intellectuels : « C'est bien, ces déjeuners. C'est pas essentiel, vous me direz, mais ça fait de la mousse dans le Paris qui pétille. »

Mercredi 14 décembre – Paris

Alain Juppé ne mâche pas ses mots dans sa communication : « La loi sur le génocide arménien, j'ai dit aux Turcs que c'était une initiative parlementaire, mais comme il n'y a plus de niche parlementaire, c'est inscrit sur l'agenda du gouvernement, c'est un peu compliqué à expliquer. Autant je suis favorable à ce qu'on accompagne les Turcs dans la reconnaissance de leur histoire, autant je ne crois pas, vraiment, que ce soit opportun de les prendre frontalement sur ce sujet avec une proposition de loi. » Le Président fait semblant de minimiser la divergence de vues avec son ministre. Il parle procédure. Il clame sa bonne foi, tout en assortissant son argumentation de remarques suffisamment acerbes sur le comportement du gouvernement turc, pour que chacun comprenne, autour de la table du Conseil des ministres, qu'il ne changera pas de position. Il conclut en souriant. « Bon, je reconnais, c'est pas facile à expliquer aux Turcs. » Il mime un serpent qui se faufile avec le tranchant de sa main. « Il va falloir faire un peu de slalom, voilà, un peu de slalom. » En Russie, les mouvements contre Poutine ne faiblissent pas. Ils seront réprimés, comme ont été réprimés les peuples en Tunisie ou en Égypte pendant des décennies, comme sont réprimés maintenant les soulèvements locaux en Chine, ils faibliront, seront momentanément éradiqués, puis ils se reconstitueront et reviendront plus forts, et balaieront tout sur leur passage. En politique le peuple est la seule réalité qui dure. Suivant les nations et les continents, les peuples ont inscrit en eux des temps différents, mais ils obéissent à des lois identiques, qui sont le refus de la souffrance, la violence née de la lassitude, la volonté de justice et un certain sens de la mesure.

Jeudi 15 décembre – Paris

Pour une raison inexplicable, le projet de Traité budgétaire européen est sanctionné par les marchés. Les États ne peuvent plus rien faire. Ils assistent impuissants à la sape méthodique de leurs décisions les plus lourdes. De toutes les pertes de souveraineté, la seule qui compte désormais est celle que provoquent les marchés financiers. Dans ces circonstances si particulières, où la réalité semble filer entre les doigts comme du sable, les choix politiques tiennent moins de la raison que du pari.

Vendredi 16 décembre – Bruxelles – Évreux – Bruxelles

Les négociations sur les quotas de pêche traînent depuis deux jours à Bruxelles, et je dois retourner à Paris, pour rejoindre ensuite Évreux et tenir une réunion publique avec Henri Guaino. À regret, je quitte la négociation, inquiet des décisions que pourrait prendre la commissaire Maria Damanaki en mon absence. En partant, je laisse des instructions précises à ma délégation : je veux être tenu informé en temps réel, et si les choses tournent mal, on bloque, le temps que je revienne à la table de négociation. À 20 heures, je suis à Évreux pour accueillir Henri Guaino. À 22 heures, la réunion publique se termine, les militants sortent de la salle du Ciné Zénith, visiblement satisfaits. Sur mon portable, je trouve un message de Philippe Léglise-Costa : les dernières propositions de la commissaire sont inacceptables pour les pêcheurs français, en particulier sur les stocks de soles et de cabillauds, et en mon absence elle risque de forcer un compromis. Après avoir rapidement salué les uns et les autres, je prends le volant de ma voiture personnelle, fonce sur la départementale qui relie Évreux à Chaufour, de Chaufour je bifurque sur l'autoroute A13, passe le péage de Mantes, laisse dans une boucle de la Seine les deux cheminées clignotantes de la centrale de Porcheville, ralentis au radar fixe, puis j'accélère sur la ligne droite des Yvelines, je traverse la forêt de Versailles, le tunnel de Saint-Cloud, les quais de Boulogne et d'Issy, la colline de Meudon ; à 23 heures et des poussières, je me gare sur la base de Villacoublay. À 1 heure du matin, je croise Maria Damanaki à la sortie de l'ascenseur qui conduit à la salle de négociation. Elle me regarde, rajuste ses lunettes de Jackie Onassis, et sur un ton de voix effondré : « *Minister ! You are back ?* » En deux heures elle lâche tout. Les pêcheurs français auront leurs quotas de pêche pour 2012, soles et cabillauds compris.

Dimanche 18 décembre – Paris

Václav Havel est mort. Difficile de dire quoi que ce soit de juste sur lui, quand on vient du camp de la paix, de la vie facile, et que le combat contre la dictature est un simple mot, dépourvu de risque. En décembre 2009, je le croisai au Théâtre national de Prague, où avait lieu la cérémonie de passage de témoin de la présidence française à la présidence tchèque. Pendant une heure, je dus assister à un spectacle de marionnettes sarcastiques, plein de sous-entendus sur le peuple tchèque, auquel je ne compris rien. « Humour tchèque », me glissa notre ambassadeur à la fin de la représentation. Puis je remis à mon homologue le symbole de la présidence européenne, une sorte de bâton de maréchal bleu azur et étoilé, monument de kitsch, mais qui plut tant à Alexandr Vondra que, sitôt entre ses mains, il le brandit dans le foyer comme un trophée, au milieu des crépitements des flashes. Adossé à une colonne, un petit homme observait la scène en fumant une cigarette. Il était très entouré. Ma main en visière pour me protéger de la lumière des projecteurs, je cherchai à le reconnaître : oui, c'était bien Václav Havel, en veste de velours côtelé, le visage défait, très maigre, un souffle aurait pu l'emporter. Laissant Alexandr Vondra à son nouveau jouet, je demandai à notre ambassadeur de me le présenter. Il me serra la main en gardant sa cigarette aux lèvres. Je l'accablai de remarques admiratives mais sincères, que l'interprète crut bon de mimer en les traduisant, les sourcils relevés, la bouche en accent circonflexe, le ton de voix haut perché. Il ne dit rien. Il aspira une longue bouffée et, laissant la fumée ressortir lentement de sa bouche, il me répondit : « La France est un pays magnifique, un grand pays. » Et ce fut tout.

Mercredi 21 décembre – Paris

Il donne la parole à chacun autour de la table, en commençant par le Premier ministre assis en face de lui, de l'autre côté de la pendulette en métal doré, dont le mécanisme en squelette se voit à travers les petits pans de glace taillés en biseau. « Pour être franc, Nicolas, je n'ai pas grand-chose à te dire, nous n'arrêtons pas de nous voir. » Le Président sourit : « Et c'est un plaisir ? Je veux dire, se voir aussi souvent, c'est un plaisir ? — Mais bien sûr, Nicolas. — Je remarque juste que pour quelqu'un à qui on reproche de gouverner tout seul, je consulte beaucoup, j'ai la réunion facile, hein ? Je gouverne peut-être seul, mais qu'est-ce que je consulte ! » Chacun insiste ensuite sur la gravité de la situation économique et sur l'importance du sommet social du 18 janvier. Le Président écoute, la tête posée dans la paume de sa main. Quand tous les membres de son comité stratégique sont intervenus : « Oui, le 18 janvier, c'est un rendez-vous important. En même temps, je vais vous dire, il faut pas tout mettre sur le sommet, ne serait-ce que parce qu'on maîtrise pas les partenaires sociaux. Il faut du concret. Il faut du lourd. Mais dès le 31, il faut commencer à passer les messages ; dès les vœux. Je vais vous dire, je vais faire des vœux, je vais tout écraser, un tapis de bombes. » Il suspend un moment sa parole, reprend, comme un repentir : « En même temps, il faut pas tout casser. Il faut doser. Moi, je veux bien dire : maintenant, on passe à 39 heures payées 35, là, je suis sûr qu'on garde notre triple A. Sûr. On passe à 39 heures payées 35, très bien. Et ensuite ? Un peu amère la potion. Un peu difficile à faire avaler, non ? Vous comprenez ? Je dis pas qu'il faut pas le faire, hein ? Comprenez-moi bien, je dis pas qu'il faut pas le faire, je dis juste, il faut peser les conséquences, il faut faire attention. » En fin de réunion, avant que nous nous séparions, il nous interroge : « J'avais aussi envie d'aller à Domrémy, pour les six cents ans de la naissance de Jeanne d'Arc. Non ? Qu'est-ce que vous en pensez de Domrémy ? »

Vendredi 23 décembre – Martillac

Footing ce matin sur un sentier au milieu des vignes. Des lambeaux de brume restaient suspendus au fond de la vallée, dissimulant les berges de la Garonne. Le long du chemin de terre, les ceps, nus, taillés court, entortillaient leurs bras autour des fils de fer, comme une armée de petits fantômes noirs. Pauline dort encore lorsque je rentre. Barthélemy ouvre sa main au fond de son lit, lentement, et la referme. Matthias, lui, est déjà debout, et essuie la buée sur la fenêtre.

Dimanche 25 décembre – Saint-Pée-sur-Nivelle

William Styron : « Martha's Vineyard. Le sommeil. Le bonheur. »

2012

I

Vœux du Président — Réunions du conseil stratégique —
Forum de Davos — Déplacements ruraux — Déclaration de
candidature de Nicolas Sarkozy

Jeudi 5 janvier – Paris

« Bon, mais ça va quand même ? Vous êtes en forme ? Vous êtes
prêts à vous battre ? » Le Président nous regarde un peu inquiet,
François Fillon, Alain Juppé, les membres de son conseil stratégique, réunis dans le petit salon vert. Il a pris un risque en ouvrant
le débat sur la TVA sociale pour ses vœux du 31. Il le sait, il le
mesure, précise son intention. « Non, mais, regardez où on en serait
si j'avais pas ouvert ce débat, hein ? Moi, je crois aux idées. Parce
que les idées, ça protège, voyez-vous, ça évite de vous faire écharper.
Si vous lancez une idée, on s'en prend à l'idée, pas à vous. Pourquoi
est-ce que tout le monde s'en prend au caractère de Hollande ? Parce
qu'il avance pas une idée, c'est tout. Il a pas une idée, sauf me taper
dessus, là, je dois dire, il manque pas de ressources. » Il ouvre les
deux paumes de ses mains, les met en avant face à lui : « Moi, j'ai
jamais parlé de TVA sociale, jamais. J'ai juste dit qu'il fallait
trouver un autre financement de la protection sociale. » Il se rencogne dans son fauteuil. « Tout ça est pas si mauvais, je vais vous
dire. Surtout il faut rester bien concentré. Sobre. Très sobre. » Le
regard fixe, il poursuit : « Le problème de Hollande, c'est qu'il a pas
vraiment envie. Moi je vais vous dire, le candidat qui se réveille pas
en sueur la nuit en se disant : "Et les abstentions ? Elles vont faire

combien les abstentions ?", c'est pas vraiment un candidat. Si on est vraiment candidat, on se réveille en sueur la nuit et on compte les abstentions. »

Mardi 10 janvier – Paris

Au petit déjeuner de la majorité, le Président parle à nouveau de la crise européenne, souligne que le moment de vérité approche, que des décisions historiques se préparent. Mais combien de fois a-t-il usé de ce registre ? Pour lui, un homme politique avance, décide, passe à la décision suivante, et change ainsi la face du monde. Et si la politique manquait son but ? Si, derrière la fanfare étourdissante et nécessaire des sommets européens, la réalité obéissait davantage à la petite musique continue, obstinée, entêtante et inébranlable des fonctionnaires ? Si la réalité était la première absente de ces convocations politiques à grand spectacle et si le public le savait ? Comme averti des doutes autour de la table, le Président insiste sur la taxe sur les transactions financières : « C'est une décision majeure. Je le dis pour tous ceux qui me reprochent le président des riches et me disent d'être juste. Il faut être juste, oui, très bien. Mais vous pouvez répéter toute la journée : je suis juste, je suis juste, je suis juste, ça changera pas grand-chose. Il faut des décisions. La taxe sur les transactions financières, c'est une décision. »

Mercredi 11 janvier – Paris

Comme le Premier ministre est absent, le Président demande à Alain Juppé de s'installer dans le fauteuil en face de lui, à la table du petit salon vert. Les autres membres du conseil stratégique prennent leur place habituelle, sur des chaises. On dirait un nouveau dispositif gouvernemental en cas de victoire. Le Président présente son projet de financement de la protection sociale. « De toute façon, il faut bien faire baisser le coût du travail, hein ? » Il regarde Alain Juppé, il écoute attentivement ses remarques, lui répond, essayant de le séduire par son ingéniosité, comme le ferait un élève doué devant son professeur, puis il clôt le débat et rappelle en deux mots son autorité, à la fois élève et maître, disciple par exercice et chef dans son âme. Il se tait, joint les mains sous son menton, réfléchit, baisse les yeux : « Les Français ne pensent pas que je serai candidat. » Il relève les yeux, nous regarde : « Pourquoi vous rigolez ? C'est là qu'on voit que vous êtes beaucoup moins gentils que les Français. Les Français, ils se disent, il en a tellement pris dans la figure, il va quand même pas être candidat. Ils sont gentils, eux. »

Jeudi 12 janvier – Paris – Criquetot-l'Esneval – Bolbec

Suspendue entre ciel et estuaire, sur le tablier du pont de Normandie, la voiture roule à vive allure pour rattraper le temps perdu à la sortie de Paris. Au loin, les torchères crachent leur flamme jaune et bleu. Des porte-conteneurs de 200 mètres de long labourent une mer étale. À mon arrivée dans la plaine de Caux, un fermier me présente son installation de méthanisation : « Le problème, c'est que j'ai dû tout acheter en Allemagne, en France on fabrique pas ces machines. Tout de même, c'est dommage : on développe la méthanisation et on fait pas les machines. En plus, je comprends rien au contrat d'entretien, vous qui parlez allemand, vous pourriez pas me traduire mon contrat par hasard ? » Deux heures plus tard, je remets une décoration à la CCI de Bolbec, une petite maison de briques nichée dans un vallon, avec son jardin en arc de cercle. Le soir, dans le gymnase de Criquetot-l'Esneval, plus de six cents personnes se pressent pour assister aux vœux de Daniel Fidelin, député-maire.

Vendredi 13 janvier – Paris

Comme pour confirmer les craintes des superstitieux, nous perdons notre triple A un vendredi 13. La réaction du gouvernement est immédiate. Les réunions se succèdent. L'image du capitaine dans la tempête en prend un coup. Dans ces circonstances, comment garder notre crédibilité ? Les premières critiques dans la majorité ne se font pas attendre : pourquoi avoir accordé tant d'importance depuis des mois au maintien du triple A, et donc à la décision des agences de notation ? Nous avons créé nos propres censeurs. Le piège se referme sur le Président.

Mardi 17 janvier – Paris – Pamiers

Prenant à revers tous les responsables de la majorité, qui entrent un à un dans la salle à manger la mine défaite, le moral au plus bas, le Président force son sourire, et déclare : « Je vais vous dire, cette campagne va être passionnante. » Il égrène ensuite les raisons qui le font croire à la victoire : la faiblesse des socialistes, l'unité de la majorité, la gravité de la crise. « Les Français, je vais vous dire, avant de changer de chef, ils réfléchiront à deux fois. » Il accable son adversaire, qui ne sait pas où il va. Il insiste sur la continuité de sa politique depuis cinq ans. « Nous n'avons jamais changé de politique économique, jamais. Le un sur deux, nous l'avons fait en 2007. La Révision générale des politiques publiques, nous l'avons lancée en 2007. La réduction des déficits, nous l'avons engagée en 2007. » Il me fixe, comme pour me reprocher mes propos de la veille sur les erreurs et les faiblesses du quinquennat. Il plonge ensuite sa cuillère dans son bol de fromage blanc et donne la parole à chacun. « Les loups, c'est très sympathique, mais il se trouve que ça dévore les moutons, on est d'accord ? » Il tapote du plat de la main le torse de ce berger de l'Ariège, les cheveux bouclés, le regard clair. « On est d'accord sur les loups ? Bon. Donc on va regarder comment on peut maîtriser ça, moi, je veux pas que les loups dévorent tous vos moutons. » Le ciel est dégagé. Nous avons mis à peine une heure pour rejoindre Pamiers en avion de Paris. Tandis que Philippe Richert et Xavier Beulin avalaient leurs cafés, le Président nous parlait de son déplacement à Madrid : « Le roi m'a remis la Toison d'or. Alors imaginez-vous, il m'a aussi remis le collier, un truc incroyable : un collier en or massif, avec des diamants, incroyable ! Je vais le déposer à la Grande Chancellerie, je pense ; je peux pas faire autrement, je vais pas garder un truc comme ça chez moi. »

Mercredi 18 janvier – Paris

En marge du sommet social, Xavier Beulin présente au Président son projet de TVA sociale et de revalorisation des salaires les plus bas. Le Président lui explique pourquoi il ne peut pas retenir sa proposition. Il le fait calmement, chiffres à l'appui, mais avec dans sa voix une pointe de tension, dont il ne parvient pas à se débarrasser.

Jeudi 19 janvier – Dijon – Beaune

Alain Suguenot a préparé dans les moindres détails le déplacement viticole et la table ronde qui suit ; il présente chacun des intervenants ; il distribue la parole. La vraie récompense de ce métier se trouve là, quand un viticulteur se lève dans la salle de la mairie de Beaune, empoigne le micro, et commence son intervention en disant : « Monsieur le Ministre, vous imaginez pas comment qu'on vous est reconnaissants, ici, pour votre travail. »

Vendredi 20 janvier – Saint-Thibault

« Les blaireaux, c'est une plaie. Personne ne nous croit, donc personne fait rien. C'est sûr que les blaireaux, on les voit pas en se promenant à vélo le dimanche après-midi. Mais je vous assure que ça grouille ! Et quatre sur cinq sont porteurs de la maladie ; ils ont des lésions de 5 centimètres, c'est pas beau à voir. » Dans cette étable où une centaine de vaches charolaises se tiennent serrées les unes contre les autres, exhalant de leur mufle un souffle humide, tiède et odorant, les éleveurs se plaignent tous de la tuberculose. Ils ont le sentiment que les pouvoirs publics ne les écoutent pas. François Sauvadet approuve de la tête. Nous sortons. Une bruine persistante noie la campagne alentour. On distingue malgré tout les lignes des coteaux, le damier des haies, la pierre couleur beurre frais des maisons, qui font des taches claires sur le vert profond des collines. Dans la cour de la ferme, une rafale de vent fait claquer la bâche qui recouvre un chantier. « Et si on classait les blaireaux comme espèce nuisible ? — Classer, classer, on veut bien, mais surtout il faut les faire disparaître ! »

Lundi 23 janvier – Brive-la-Gaillarde – Concèze

Tandis que la campagne présidentielle monte en puissance, je poursuis ma tournée des cantons ruraux. Personne à Concèze ne me parle du discours de François Hollande au Bourget. On se plaint des fermetures d'école, on évoque le regroupement des services publics, le haut débit, les portables qui ne passent pas. Pendant le déjeuner, on discute aussi de la récolte des pommes, des cours, des règles environnementales toujours plus contraignantes. Par la fenêtre du restaurant du village, on voit les filets jetés sur les pommiers pour les protéger des oiseaux. À Brive, je fais une halte rapide pour rencontrer les militants UMP. Une cinquantaine tout au plus ont pu se libérer un lundi dans la journée, des personnes âgées pour la plupart, inquiètes de la tournure des événements, et en plein désarroi. Un homme au premier rang en veste de chasse se lève, prend le micro grésillant : « Maintenant, notre seule chance pour gagner, c'est que Nicolas se retire. Nicolas, je l'ai toujours soutenu, il est formidable. Mais il faut qu'il se retire et qu'il laisse la place à Juppé. » Sa voisine, sa femme sans doute, le tire par la manche, le force à se rasseoir, et lui murmure à l'oreille : « Non mais tu es pas fou de dire des choses pareilles ! » Son parapluie de poche, rangé dans sa doublure à carreaux écossais, glisse de ses genoux et tombe par terre ; elle le ramasse, murmure encore : « Quand même, tu es impossible ! » Une responsable locale me reproche d'avoir concédé des erreurs pendant le quinquennat : « Si on va par là, on va pas y arriver. Surtout que c'est pas son caractère à Nicolas. » Il fait un froid glacial dans la salle. Le délégué départemental écourte la réunion. En partant, une vieille dame me fait un signe de la main, trottine le long du mur pour me rejoindre, lève vers moi son visage doux, encadré par un fichu à imprimé de plumes de faisan, et le regard inquiet : « Vous pensez que Hollande a une chance de gagner ? Ici, évidemment, les gens ils l'aiment bien, il est du coin. Moi aussi je le trouve sympathique ; mais pour conseiller général, pas pour président ! »

Mardi 24 janvier – UMP

À l'inauguration du nouveau siège de l'UMP, chacun fait grise mine. Pas un élu ne parie sur la réélection de Nicolas Sarkozy. Les bons sondages avaient éteint les critiques, les mauvais les rallument. On reproche au Président sa distance, ses annonces impréparées sur la TVA, sa déclaration de candidature qui tarde, avec le même aplomb avec lequel, la veille, on lui demandait de prendre de la hauteur, on saluait le coup de génie des vœux du 31, et sa batterie de mesures surprises qui prenaient de court les socialistes, on le suppliait de retarder le plus possible son entrée en campagne, pour capitaliser sur son statut de Président. En politique, une vérité en chasse une autre, une certitude balaie en une seconde des dogmes anciens, il pleut un jour, on étouffe le lendemain. Rien de stable, rien de pérenne, rien de clair ni de tranché, sauf un soir de mai, le résultat de l'élection. Il faut apprendre à vivre aussi incertain que la vie.

Mercredi 25 janvier – Paris – Zurich – Davos

En fin de Conseil, le Président sort une fiche de sa sous-chemise en papier rouge ; il fait mine de la lire ; il la remet dans sa sous-chemise. « Bon, je voudrais dire aux ministres qu'ils doivent se déplacer en France. J'ai le tableau des déplacements. Il y a des ministres, zéro déplacement en janvier, zéro déplacement prévu pour février. Remarquez, au moins, ça les changera pas beaucoup. Mais je sais pas si vous avez remarqué, il y a une élection dans trois mois, au cas où ça vous aurait échappé. Vous pourriez sortir ; défendre le bilan du gouvernement ; ce serait une idée, non ? » Le long de l'autoroute qui relie Zurich à Davos, des ouvriers en tenue orange réparent des traverses de chemin de fer, le bras appuyé sur une barre à mine, comme des maquignons sur leur bâton ferré. La vallée recouverte de neige épaisse et bombée étincelle sous le soleil. Par endroits, des étables, des chalets, des remises ou des établis font comme des petits cubes noirs rangés dans leur écrin de velours blanc. La route devient plus sinueuse. Les premières falaises surgissent, hérissées de rocs et de mélèzes. J'appuie sur un bouton, un moteur électrique incline mon siège en arrière. À travers la vitre fumée du toit ouvrant, je vois les nuages accrochés aux dents de scie des Alpes et, précédés du claquement régulier et sourd de leurs pales, les hélicoptères, qui assurent la navette pour les personnalités les plus importantes.

Davos est encombrée de berlines allemandes, Audi principalement, plus rarement Mercedes ou BMW, dont les échappements fument doucement dans le froid. Angela Merkel fait le discours inaugural. Elle insiste sur la nécessaire réduction des déficits en Europe, la compétitivité des entreprises, la défense de la zone euro. Pas une fois elle ne mentionne la France. Lorsque Klaus Schwab l'interroge sur le couple franco-allemand, elle botte en touche, insiste sur la place des petits États et le rôle futur de la Pologne. « *Poland ist wichtig* [1] », conclut-elle en dodelinant de la tête. Dans ce forum des riches et des puissants, la France a disparu.

Jeudi 26 janvier – Davos – Zurich – Perpignan – Paris

Réveil à 6 heures. Il fait encore nuit noire. En tombant sur le tapis de neige du balcon, la lumière des enseignes en néon diffuse une clarté glaciale et bleutée. Dans la chambre, silence sec de la montagne. À huit heures, entretien avec mon homologue mexicain, qui doit prendre ma succession pour le G20 agricole : le Mexique fera tout ce qui est en son pouvoir pour poursuivre les travaux sur la sécurité alimentaire mondiale. Trente minutes plus tard, je retrouve dans une pièce sans fenêtre du palais des festivals Josette Sheeran et Bill Gates. Nous plongeons chacun dans un fauteuil de cuir grenat, aux accoudoirs élevés, qui nous obligent à garder les bras soit relevés trop haut, soit posés sur les cuisses. Bill Gates a choisi la seconde option. Il porte une veste à petits carreaux beiges et marron, un pantalon de toile dans les mêmes teintes, une chemisette et une paire de sandales en cuir tressé. Assis entre Josette Sheeran et moi, il ne dit rien. Il tourne la tête de droite à gauche pour observer la pièce, qui ne présente pourtant aucun intérêt. Il écoute notre conversation. À un moment, il relève ses bras et, avec une voix légèrement

---

1. « La Pologne est importante. »

nasillarde, il coupe les explications de Josette Sheeran sur la multiplication par dix en dix ans des catastrophes naturelles dans le monde, qui entraînent autant de risques de famine. « *Why did you say ten times ? Why ten times ? I can't believe it.* » Josette apporte des précisions. « *I can't believe it. Are you sure ? Ten times ?* » Elle reprend son argumentation, cite des sources, formule des hypothèses. « *Really I can't believe it. I'm afraid it's wrong.* » Il sort un petit calepin de la poche de son pantalon de toile et griffonne quelque chose dessus. « *I will check.* » Après notre table ronde sur les résultats du G20 agricole et la lutte contre la faim dans le monde, je sors du palais des festivals, salue Jean-Claude Trichet au portillon de sécurité, et monte dans la berline allemande pour rejoindre l'aéroport de Zurich. De Zurich, direction Perpignan. De Perpignan, direction Canet-en-Roussillon, pour le congrès des producteurs de fruits. Il fait doux, une vingtaine de degrés de plus que dans la montagne suisse. Malgré les difficultés de la filière, Bruno Dupont et ses congressistes restent bienveillants, comme si la patience, le soin et la méticulosité de la production de fruits avaient tempéré leur caractère. Je rentre juste à temps le soir pour suivre le débat entre Alain Juppé et François Hollande sur France 2. Alain Juppé ne devait faire qu'une bouchée de son adversaire, mais François Hollande résiste, et finalement marque des points.

Samedi 28 janvier – Paris

Au conseil national de l'UMP, porte de Versailles, le projet 2012 est adopté avec plus de 96 % des voix des votants. Ce score de maréchal ne rend pas le projet plus attractif pour autant. Il me convient, il est équilibré, il répond à la commande politique. Mais plus rien ne figure des mesures radicales que je voulais proposer, et qui continuent à me paraître nécessaires. En politique on fait des compromis à la mesure de son poids, et le mien est encore trop faible.

Dimanche 29 janvier – Paris – Rome

Louis et Adrien ne connaissent ni Foch, ni Lyautey, ni Vauban, et leurs tombeaux disposés en étoile ne leur disent rien. Ils traînent les pieds sur la pierre de craie, lèvent les yeux vers la voûte qui ruisselle de lumière. Dans la crypte, ils lèvent vaguement le regard sur le tombeau de marbre rouge en surplomb, lourd et imposant comme une nef. « Il est tout seul dedans ? — Oui, il est tout seul. — Alors pourquoi il a un tombeau aussi grand ? » Le long des murs, ils ne lisent pas les inscriptions gravées à la gloire de Napoléon, ils ignorent le Code civil, ils connaissent à peine un ou deux noms de bataille, et Waterloo leur parle plus qu'Austerlitz. Malgré tout, à la sortie, ils demandent que je leur achète un livre, qu'ils commencent à lire dehors, en soulevant de la poussière avec leurs pieds. Cette gloire de la France et pas seulement de Napoléon, elle reste une inspiration lointaine, comme un parfum entêtant, qui est dans une vieille maison son âme, son esprit. Départ le soir pour Rome. Dans le bureau de l'ambassadeur, sous les fresques qui racontent les exploits de Paul III, nous regardons ensemble l'intervention télévisée du Président ; précise, argumentée, mais trop technique hélas pour soulever encore un espoir.

Lundi 30 janvier – Rome – Paris – Couffry-sur-Oise

Mon nouvel homologue italien n'a jamais été élu, mais il connaît ses dossiers mieux que tous ses prédécesseurs. Voilà où en est arrivée la politique en Italie, et sans doute en Europe : à force de manque de courage, de calculs de bas étage, de considérations de court terme, les élus se sont déconsidérés, et les techniciens, avec les défauts qu'on leur connaît, prennent le pouvoir. Par un drôle de paradoxe, le modèle que les peuples rejettent à Bruxelles, le gouvernement des technocrates, triomphe parmi les nations. Après le déjeuner, dans un salon d'attente de l'aéroport de Fiumicino, j'appelle le Président pour lui parler de son intervention télévisée de la veille. « Tu as vu, Bruno ? Dix-sept millions de téléspectateurs. Hollande, cinq millions. Et moi, dix-sept millions ! » De retour à Paris, je file dans la circonscription d'Éric Woerth, pour animer avec lui une réunion publique.

Mardi 31 janvier – Paris

Cela fait une bonne demi-heure que nous attendons dans le petit salon vert, le Premier ministre, Jean-François Copé, Claude Guéant et moi. Xavier Musca et Henri Guaino encadrent le fauteuil vide du Président. Deux huissiers sont postés chacun à une porte d'entrée, l'une qui donne sur le vestibule, l'autre sur le bureau présidentiel. Ils tendent l'oreille, courbés, retenant du plat de la main contre leur poitrine le plateau en argent qui se balance au bout de la chaîne. Posée au centre de la table, la pendulette sonne 6 heures et quart. Le Premier ministre regarde sa montre : « Le problème, c'est que j'ai une remise de décoration à 19 heures. » Il se plonge ensuite dans son calepin noir, et le feuillette. Jean-François Copé observe avec un sourire amusé les huissiers penchés chacun sur sa porte. « Et pourquoi vous êtes deux au juste ? » Un des huissiers se redresse, pour ainsi dire offusqué par la question : « Parce qu'on ne sait jamais par quelle porte il va entrer. Normalement, il prend la porte de son bureau. Mais il peut arriver qu'il prenne l'autre porte. » Et il tend à nouveau l'oreille contre le panneau décoré de motifs Empire, oiseaux, feuillages, croisillons de bois et rubans, peints dans des teintes pastel. On échange des banalités sur la situation politique. On tue le temps. La pendulette sonne 6 h 30. Le Premier ministre referme son calepin. « Là, il va vraiment falloir que j'y aille. » Un grincement ; un bruit de toux derrière la porte du bureau présidentiel ; aussitôt l'huissier en charge saisit le bouton doré, le tourne, et tire vers lui le volet à double battant, en tonnant : « Monsieur le président de la République ! » Entre Nicolas Sarkozy, d'un pas vif, le visage luisant de sueur, en chemise blanche. Dépité, le second huissier se retire en silence dans le vestibule, avec sa queue-de-pie trop grande qui lui bat les mollets. « Je suis désolé, vraiment ! Il fallait pas m'attendre ! Mais impossible de partir, les journalistes, la presse, vous savez, quoi. » Il se cale dans son fauteuil ; demande à chacun son opinion sur sa prestation télévisée. Il écoute. Note deux mots sur une feuille volante quand Jean-François Copé évoque le mois de février. Puis il prend la parole : « Pour ma déclaration de candidature, je veux vraiment rien dire. » Il avance la main : « Attendez ! Prenez pas ça mal, hein ? C'est juste que je peux rien dire. » Il sourit : « Je peux rien dire, mais ça viendra. Seulement, quand ça viendra, il faudra que ce soit un choc, vous voyez ? Un vrai choc. » Il tape du poing gauche dans la paume de sa main droite. « Bam ! Un choc ! Vous entendez ? Tout le monde vous attend, et pourtant il faut que ce soit un choc. Il faut un effet de sidération. Vous comprenez ? Et ensuite, il faut accélérer. C'est pour ça qu'il faut pas partir trop tôt. Une campagne, on part à fond, et ensuite on accélère. On accélère toujours, jamais relâcher, à fond. Et là… » Il serre son poing et grimace. « Et là, je le prends par le collet, et je le lâche pas ; je le lâche pas un instant, vous entendez ? Pas un instant ! »

Mercredi 1er février – Paris

Un froid glacial s'est abattu sur la capitale. Les caniveaux sont gelés. Adrien, qui se rend à son cours de violoncelle, porte son instrument sur le dos, qui lui fait comme une carapace de tortue, brillante et noire. Dans la minuscule salle de répétition du conservatoire, il fait une chaleur étouffante. Je prends une chaise en paille dans un coin. Le professeur fait jouer Adrien vingt minutes. Après la répétition, nous discutons musique, Pablo Casals, Prades.

Jeudi 2 février – Serviès – Paris

Le déjeuner avec les habitants de Serviès et des communes alentour a lieu dans un restaurant grand comme un mouchoir de poche, dont les murs en crépi, fendillés par endroits, sont dissimulés derrière une allée de platanes. Un enseignant me parle des fermetures de classe ; un producteur, des tracasseries administratives ; une femme aux mains déformées par l'arthrose, de son médecin, qui va partir, et la maison médicale, elle ouvre quand ? Toutes les misères de cette ruralité qui souffre, qui se bat, et qui refuse de vivoter en marge du mouvement du monde. Ici, dans le Tarn, comme dans des dizaines de départements ruraux, je vois une France au visage modeste, qui garde sa dignité mais craint de plus en plus pour son avenir. Le soir, devant un petit nombre de responsables de l'UMP réunis à l'Élysée, le Président regonfle le moral de ses troupes, donne sa victoire pour certaine. Il balaie les critiques. Il évacue les doutes. Il assène : « Il faut encore faire la rupture. » Mais avec quelles propositions ? Et quelle crédibilité désormais ?

Vendredi 3 février – Ciboure

Dans la salle des cartes qui donne sur la Nivelle et le port de Ciboure, les élèves du lycée maritime me parlent de leurs projets : ils veulent s'engager sur des plateformes pétrolières, piloter des remorqueurs, devenir capitaines de porte-conteneurs ou de ferry, naviguer au large des côtes de l'Afrique ou partir pendant des mois en campagne de pêche. Autant de rêves dans une si petite pièce surchauffée, je ne sais même pas quoi répondre. Dans un atelier installé dans la cour, une dizaine d'autres jeunes en bleu de travail réparent un chalut ; une aiguille de la taille d'un étui à lunettes dans une main, du fil de nylon dans l'autre, ils tirent leur bras vers le haut, le plongent dans le chalut, le ressortent, avec une dextérité mécanique. Un des jeunes me tend son matériel : « Vous voulez essayer, monsieur le Ministre ? » Il me donne des explications techniques, employant un vocabulaire dont je comprends un mot sur deux. Chaque métier a sa langue, et la langue des pêcheurs, comme si elle avait jailli du fond des mers, pour se polir au contact du vent, est une des plus baroques et impossibles à saisir pour le commun des mortels.

Lundi 6 février – Paris

Invariablement, les sondages donnent François Hollande gagnant avec sept à huit points d'avance sur Nicolas Sarkozy. Lui garde son cap. Il ne montre aucun signe de nervosité. Il croit dans son étoile. Au Conseil des ministres franco-allemand, pendant le déjeuner, il plaisante avec Angela Merkel. Quand elle marque une hésitation sur la taxe sur les transactions financières, il se frotte le nez, sourit : « Arrête d'écouter ton ministre des Finances, Angela, tu décides toute seule, et tout ira bien. » Elle hoche la tête en écoutant la traduction qui grésille dans son casque, la relève en posant le casque à côté de son assiette : « *Ich bin nicht so mächtig wie du, Nicolas*[1] ! »

Mercredi 8 février – Paris – Genève

Il fait sombre. Le vestibule du premier étage est désert. Seule une lampe Empire a été allumée dans le petit salon vert. Un huissier vient monter la lumière halogène des colonnes en verre, puis se retire. Nous sommes seuls avec Claude Guéant, un peu en avance

---

1. « Je ne suis pas aussi puissante que toi, Nicolas ! »

à la réunion. Le Président entre, en chemise bleu ciel. Il nous serre la main, se cale dans son fauteuil, saisit la pendulette en face de lui, ouvre la lunette arrière et entreprend de remonter le mécanisme avec une petite clé métallique. Claude Guéant susurre : « Vous avez vu, Président, que François Hollande a proposé la suppression de la Cour de justice de la République. » Le Président reste concentré sur son opération, et sans desserrer les dents : « Celui-là, dès qu'il peut dire une connerie. » Il referme la lunette, repose la pendulette en face de lui et se tourne vers Jean-Pierre Raffarin, qui vient de franchir la porte : « Monsieur Raffarin, en direct des territoires ! » Suivent le Premier ministre, Alain Juppé, Jean-François Copé. Chacun prend sa place habituelle ; le Président rappelle sa ligne : « La stratégie, c'est les idées nouvelles. Il faut les asphyxier avec des idées nouvelles. En fait, on invente un truc totalement nouveau : ni bilan, ni projet, l'avenir ; tout simplement l'avenir. Alors je sais bien, on vous dit : pourquoi est-ce que vous l'avez pas fait plus tôt ? D'accord. Mais je vais vous dire : je préfère qu'on vous dise ça plutôt qu'on vous reproche de faire des conneries, hein ? » Il distribue ensuite la parole, en respectant, comme à toutes les réunions, l'ordre protocolaire. Jean-François Copé insiste sur la nécessité de revenir à un discours sur les valeurs et s'inquiète de la position du Président sur le mariage homosexuel. Le Président le coupe : « Pour le mariage homosexuel, ne t'inquiète pas, c'est fait ; enfin, c'est fait, comprends-moi : on le fera pas. Je le dis ce week-end dans *Le Figaro-Magazine*. » Il amorce un mouvement des maxillaires, demande si quelqu'un souhaite encore intervenir, enfonce son menton dans son col de chemise, le redresse : « Oubliez pas le bilan. C'est important, le bilan. Il faut marteler, marteler, marteler. » Il sourit. « Moi, j'entre dans une boulangerie à Romorantin, je parle de la réforme des retraites. On me demande : "Une baguette ?" Je réponds : "Il faut faire la réforme des retraites." On me demande : "Vous aimez Mozart ?" Je réponds : "La réforme des retraites est indispensable. Si vous voulez écouter Mozart, il faut faire la réforme des retraites." » Le Premier ministre pianote sur son portable. Alain Juppé prend la parole, évoque les tensions communautaires, la question religieuse. Le Président le regarde, lève les yeux : « Moi, j'ai toujours aimé les religions. Quand j'ai écrit mon livre sur les religions, je l'ai dit à Chirac. Il m'a regardé : "Et tu crois que ça va intéresser quelqu'un ? C'est pas vraiment un sujet d'actualité." Je lui ai dit : "En tout cas, moi, ça m'intéresse. Et puis les religions, ça calme les gens, ça les inquiète un peu. Dans les dictatures, il y a jamais de religion ; c'est pour ça qu'il y a pas de limite. Au moins, avec les religions, on se dit, on sait jamais, des fois qu'il y aurait un truc après." » Il se tait. Il se pince les lèvres, poursuit : « La seule chose qui soit certaine après tout, c'est la mort ; ça calme, la mort. » Alain Juppé glisse dans un demi-sourire : « Oui, et puis elle se rapproche, surtout à nos âges. » Le Président éclate de rire : « C'est là qu'on voit que tu es un pessimiste, Alain, et moi un optimiste ! Moi je pense que si on a dépassé un certain âge sans problème de santé, eh bien on est tranquille pour la suite. » Il tape son torse du plat de ses deux mains : « C'est la preuve qu'on est solide et pas près de mourir ! » Le soir, conférence sur la sécurité alimentaire à Genève.

Jeudi 9 février – Genève – Strasbourg

Avec ma manie de courir avant de travailler, je me suis étalé de tout mon long sur la promenade qui longe le lac de Genève. « Vous êtes sûr que vous voulez aller courir ? », me demande mon officier de sécurité à la sortie de l'hôtel. Il me montre du doigt les lampadaires hérissés de pointes de glace, les congères formées sous les piles des ponts. « Sûr. » Sous la lumière pâle du matin, la chaussée bleutée luit doucement. On ne court pas, on patine, en se rééquilibrant avec les bras. Et puis, un moment, on ne se rééquilibre plus du tout, on tombe. Maintenant je vole vers Strasbourg avec tout le côté droit endolori. Pour ce premier congrès de la Fédération nationale bovine où le ministre est applaudi et non sifflé, où son président Pierre Chevalier ose saluer à la tribune le courage des pouvoirs publics, qui a permis de faire enfin monter les prix de la viande, je passe mon temps à me frotter les côtes, pour vérifier qu'aucune n'est cassée.

Vendredi 10 février – Bâle – Paris – Évreux

Dans un avion entre Bâle et Paris, après une rencontre avec les viticulteurs alsaciens, je lis l'interview du Président au *Figaro-Magazine* : tout, du support médiatique jusqu'à ses propositions, montre qu'il a retenu une ligne conservatrice pour son début de campagne. Il prend le contre-pied de son positionnement audacieux de 2005 à 2007. Il en appelle au peuple ; il se prononce pour des choix référendaires ; il reprend le thème de la sécurité ; il écarte toute avancée de société. En somme, il bétonne son premier tour.

Samedi 11 février – Verneuil-sur-Avre

Pas à pas, avec mille précautions, je marche sur le miroir gelé du macadam, à l'entrée du nouveau centre d'accueil pour personnes âgées de Verneuil-sur-Avre ; aussitôt passées les portes en verre automatiques, une bouffée tiède me brûle les joues, mêlée à une odeur de repas froid et de médicaments. La directrice me présente ses équipes ; elle me donne des explications sur le nombre de lits, les pathologies traitées ; derrière elle, un vieillard dans un fauteuil roulant, une perfusion enfoncée dans le bras droit, râle doucement. Elle se retourne : « Ah ! Vous vouliez absolument voir le Ministre, monsieur Robert ! Il est là ! Vous pouvez le saluer ! » M. Robert me tend une main décharnée et avec son index, qui se tord en forme de crochet, il me fait signe de me rapprocher de lui. Sa tête renversée sur sa poitrine, un peu inclinée, ne cesse de dodeliner, comme une plainte continue, muette et accablée contre la vie, qui ne lui réserve plus que des souffrances. Un son rauque monte de sa gorge : « Vous savez, le premier ministre de l'Agriculture que j'ai rencontré s'appelait Edgar Faure. » Il tousse, rien que cette phrase l'a épuisé ; le souffle court, il poursuit : « Donc cela me fait plaisir de vous rencontrer avant mon agonie. » Sa main dans la mienne semble un squelette glissé dans un gant ; je me récrie ; je lui assure que je reviendrai le voir dans quelques mois, au plus tard l'année prochaine. Il sourit en fermant les yeux, sa tête se raidit : « Mon agonie est pour bientôt, et permettez-moi de vous dire, monsieur le Ministre, que je le sais mieux que vous. »

Lundi 13 février – Les Sables-d'Olonne

Dans le cube de béton blanc, maintenu à une température de 5 degrés, on trie, on pèse, on vend, on débarrasse. Allongés sur un lit de glace pilée, au fond de cagettes en plastique bleu, des poissons de toutes tailles se tordent, gueule ouverte, écailles et peau luisantes : des bars gris acier, des turbots couleur sable, des lottes aux dents de scie, le ventre ouvert sur leur chair nacrée, des saumons sauvages, les lèvres ourlées dans un sourire étrange. On circule en bottes, on passe au lot suivant, on bloque les enchères avec un boîtier électronique sommaire, on se parle à peine. Dans la pièce voisine, deux femmes travaillent le poisson sur un établi en carrelage. La première trie les soles en fonction de leur poids. La seconde, la main gauche protégée par un gant en cotte de mailles, lève les filets avec un couteau à lame courte, de la main droite, en quatre mouvements du poignet, et les jette dans des barquettes. « Et vous commencez à quelle heure ? — Oh ! 5 heures en général. Parfois plus tôt. — Et vous gagnez combien ? — Pas assez ! » Sur le sol traînent des filaments de viscères, que des employés en ciré nettoient à grands coups de jet. Une autre femme récupère les foies des lottes. « Et vous commencez à quelle heure ? — Moi, je commence un peu plus tard, les lottes elles arrivent plus tard, 6 heures, quoi ! Que je peux dormir un peu. » Le soir, dans le train de Nantes à Paris, je trouve dans un texte de Thomas Bernhard une remarque qui me rappelle à mon engagement politique : « Vraisemblablement il m'aurait été plus facile de me laisser tout simplement tomber que de me révolter, d'être en opposition, la vérité est aussi simple que cela. Nous cédons souvent, nous abandonnons souvent la partie pour notre confort. »

Mardi 14 février – Paris

Dans le petit salon vert, le Président confirme sa candidature. Son visage trahit une fatigue intense, les cernes qui lui mangent le regard ont pris une couleur marron foncé, sa mâchoire se crispe, se relâche. Il rappelle les orientations de son interview au *Figaro-Magazine*. Il égrène les noms de candidats de droite qui ont renoncé. « Boutin est revenue. Morin va revenir. Il reste Villepin. » Il pousse un soupir. « Avec Villepin, c'est plus compliqué : il est fou. C'est le problème, il est fou. Il croit qu'il n'y a que lui pour me sauver, que je suis entouré de cons. Parce qu'il faut voir, pour lui, je vous dis, vous êtes tous des cons ! » Alain Juppé le coupe : « Et des lèche-cul. » Le Président le regarde, marque une hésitation, et dans un sourire : « Non, non, surtout des cons. » Au fil de la conversation, on parle des écologistes, du gaz de schiste, de la chasse et des chasseurs, des oies sauvages, du loup et des ours slovènes. Le Président hoche la tête : « Les ours, on les met dans les Pyrénées et on les retrouve en Ariège, ils se sentent bien en Ariège, ils viennent tous en Ariège. Et évidemment ça pose problème, comme les loups. Parce que c'est sympathique, les ours, mais personne a envie de se retrouver le matin au petit déjeuner en face d'un ours. » En fin de réunion, il se tasse dans son fauteuil, sa voix prend une gravité sourde, il murmure : « Vous pouvez me croire, je sais où je vais. Il faut que je rentre en moi-même. »

Mercredi 15 février – Paris

Nicolas Sarkozy annonce sa candidature à l'élection présidentielle. Costume sombre, chemise blanche. Haussement de sourcils, hochement de tête : « Oui, je suis candidat à l'élection présidentielle. »

II

Campagne présidentielle — Réunions du conseil stratégique —
Tuerie de Toulouse — Déplacements à Berlin, Bruxelles et
Washington — Premier tour de l'élection présidentielle

Jeudi 16 février – Évreux

Édouard Balladur est assis derrière son bureau sur lequel rien ne
traîne, pas un papier, pas un livre. Il croise les mains sous son
menton. Il porte un costume de flanelle grise et une cravate à pois.
« Permettez-moi de vous dire, cher ami, que sur le projet, vous
n'avez pas su en tirer tout le parti possible. Vous aviez des propositions fortes, il fallait les défendre jusqu'au bout, non ? Qu'en pensez-
vous ? » Il consent à tempérer son jugement : « Il est vrai que vous
n'avez pas été aidé par vos petits camarades, mais pouvait-il en aller
autrement ? Vous savez, les gens intelligents, en politique, on ne les
aime pas, c'est comme ça, il faut en prendre son parti. » Il pince les
lèvres, esquisse un sourire : « Et l'Europe ? Que faut-il en penser ? »
Il écoute attentivement ma réponse, et sur un ton grave, quoique
dérapant parfois dans les aigus : « Dans le fond, c'est le seul sujet
important. Sans doute est-ce pour cela qu'il n'intéresse personne. »
En me raccompagnant, il glisse avec une certaine gourmandise, et
une moquerie de soi, que tempère la modulation de sa voix : « Je
dois vous dire que je ne suis pas fâché que nous en ayons fini avec
cet épisode de la déclaration de candidature. Au moins cela va-t-il
me permettre d'arrêter d'entendre tous les soirs que ma propre
déclaration fut la pire de la Ve République. »

Jeudi 23 février – Paris

Le Président a élargi son conseil stratégique à Pierre Méhaignerie, Christian Jacob et Bernard Accoyer. En début de réunion, il lâche : « Moi, je dois rassembler. » Il évoque Rachida Dati, à qui il a accepté de donner la parole le lendemain à Lille. Il fixe le Premier ministre, qui pianote sur son portable. « Je remercie François de sa souplesse. » François Fillon continue de pianoter. « Et je me remercie de ma propre souplesse. C'est une équation impossible. D'ailleurs, je suis pas sûr de pas faire une erreur, avec mon obsession du rassemblement. Mais je crois que c'est ce qu'il faut faire. Donc, on va faire revenir Rachida Dati. Elle m'a promis de pas critiquer le Premier ministre. » François Fillon lève les yeux de son clavier, et laconique : « Elle critiquera François Fillon. — Elle critiquera rien du tout ! Tu entends ? Rien ! » Il fait un mouvement de rotation avec sa tête, se tourne vers Pierre Méhaignerie, assis en bout de table : « Pour les centristes, je vais vous dire, ce qu'il aime avant tout, l'électorat modéré, c'est la victoire. Donc plus on a de chances de gagner, plus on a d'électorat centriste. C'est ça, la clé. » Il ajoute : « Alors on me dit : la droitisation. Ah ! La droitisation ! Mais il faut bien qu'on s'occupe du premier tour, non ? Le premier tour, c'est majeur. Et les réserves de voix, elles sont au FN. 17 % d'électeurs, c'est quand même pas 17 % de fascistes, hein ? » Pierre Méhaignerie souffle : « À Vitré, Nicolas… — Oui, mon Pierre, mais moi, je suis pas candidat à Vitré. » Il se pince les yeux. « Bon, je vais vous dire, c'est pas mal, quand même. Il y a trois semaines, j'étais mort et enterré ; il a fallu montrer que j'étais pas mort ; ensuite, mettre un pied au bord de la tombe ; maintenant, je cours ; c'est pas mal, non ? Et puis l'autre, je vais pas le lâcher. L'autre, il joue petit bras, et en finale il faut pas jouer petit bras, sinon on met tout dans la bâche. Il est en finale. Il joue petit bras. Il va perdre. » Un silence. « Notre campagne, ça doit être une suite de nouvelles campagnes. Une surprise chaque jour. 2007, c'était l'Empereur ; 2012, ce sera Survivor. »

Dimanche 26 février – Saint-Pée-sur-Nivelle

Les sondages de premier tour se rapprochent. Les seconds interdisent encore de penser à la victoire mais, par un effet de persuasion, à droite on ne les lit plus, on les considère comme factices. Dans le monde agricole, le Président, après trois ans de travail, retrouve les scores qui étaient les siens en 2007.

Mercredi 29 février – Paris

Douche froide de Frédéric Dabi ce matin. Pour lui, l'élection n'est pas loin d'être jouée : les certitudes de vote sont en faveur de Hollande, les rapports de forces politiques sont en faveur de Hollande, les reports de voix sont en faveur de Hollande, et jamais la popularité d'un président sortant n'a été aussi faible. Par précaution, autant que par délicatesse, il ajoute que la politique réserve des surprises, mais il baisse son regard en me le disant. La volonté politique déforme le jugement et, dans le combat électoral, chaque camp avance avec au fond de soi au moins un espoir de victoire, sinon la certitude, sans quoi il dépose les armes et il se rend. Le soir, dans le petit salon vert, le Président se plaint des requêtes dont il est assailli pour les législatives : « Me parlez pas des législatives ! Je vous en supplie, me parlez pas des législatives ! Je vois bien, pour négocier son soutien, aujourd'hui, la moindre puce fait pression sur moi. Mais de toute façon, c'est simple : si je suis battu, vous serez pulvérisés. Pas battus, hein ? Pulvérisés ! »

Vendredi 2 mars – Paris

Enfermé dans un café du vieux Bayonne, Nicolas Sarkozy renvoie une image de candidat acculé. Il sort sous les cris. Ses officiers de sécurité le protègent tant bien que mal. Lui sourit. Il fait un signe de la main. On lui tiendra rigueur de cette violence, dont il est pourtant la victime. On cherche un responsable aux tensions qui minent notre société, et lui, en raison de son langage, mais surtout de son attitude de début de mandat, que la plupart des Français gardent en mémoire, est le coupable tout trouvé. L'écart se creuse à nouveau au premier tour. François Hollande continue de ne rien proposer, personne ne pourra déceler dans son discours la moindre vision, mais il avance son petit bonhomme de chemin, tranquille, froid, neutre. Il se fait le réceptacle débonnaire des critiques du Président sortant.

Dimanche 4 mars – Paris

Après avoir dans un premier temps écarté en trois mots de bon sens la polémique sur la viande halal, le Président, dans une intervention à Bordeaux, change de pied et exige un étiquetage précis. Furieux, les professionnels de la viande bovine me demandent des explications. Le Grand Rabbin se dit surpris et inquiet : « Vous aviez promis que vous vous en tiendriez à un encadrement précis de l'abattage rituel. Vous connaissez très bien les difficultés que pose cet étiquetage. » Même réaction du côté de la communauté musulmane. Techniquement, tout le travail sur les nouvelles règles applicables aux abattoirs rituels est à reprendre. Moralement, nous revenons sur la parole qui avait été donnée aux professionnels et aux communautés religieuses concernées. Politiquement, le Président donne le sentiment de se dédire et de mettre ses pas dans les pas de Marine Le Pen. En 2007, il avait réussi ce tour de force, à chacune de ses sorties sur le terrain, de mettre une longueur dans la vue de ses adversaires, et de poser les termes du débat national. Pour le moment, il ne parvient ni à fixer le tempo ni à imposer ses thèmes, il essaie seulement de refaire son retard. Et comme souvent dans pareille situation, chaque fois que le coureur pense toucher au but, son concurrent allonge légèrement sa foulée, et il décroche. Pas de beaucoup, à peine un mètre ou deux, mais suffisamment pour franchir en premier la ligne blanche.

Lundi 5 mars – Paris

La polémique sur la viande halal se poursuit. Par je ne sais quelle complaisance collective, nous nous attardons sur le dérisoire et nous négligeons les urgences : le décrochage économique du pays, le chômage, la situation précaire de certains territoires, les délocalisations industrielles. Comme si plus personne ne pensait les responsables politiques capables de traiter les vrais maux de la France.

Mercredi 7 mars – Paris

Il souffre. Les traits marqués, le teint livide, il entre dans le petit salon vert, en chemise, le col ouvert au deuxième bouton. Des cernes cireux creusent le haut de ses joues. Son regard ne se fixe nulle part, il est rentré en lui, comme une bête prise au piège, dont les pupilles brûlent de désarroi et de férocité. Sous les lambris, dont les oiseaux aux tons si doux ont vu se monter tant de coups, il reste silencieux une bonne minute, assis dans son fauteuil, avant de prendre la parole. La tête enfoncée dans sa poitrine, les lèvres serrées, il dit sur un ton rauque : « Quand on regarde, François Hollande a fait une transgression sur l'extrême gauche avec sa proposition de taxation à 75 %. Proposition folle, complètement folle ! Mais enfin, il fait du Nicolas Sarkozy 2007, il transgresse.

Dans le même temps, Marine Le Pen a fait une transgression sur le halal. Pourquoi je dis ça ? Pas parce que je suis d'accord. Seulement, je constate. Ils transgressent, Hollande comme Le Pen. Moi, j'ai fait une transgression sur le référendum. Depuis, on fait plus le débat. La vérité est là : on fait plus le débat. » Il s'éclaircit la voix. « Alors maintenant, il me faut des propositions, des propositions fortes. Il faut que de nouveau la campagne se fasse sur nos thèmes. » Il écoute chacun, calé de travers dans son fauteuil, le bras droit tendu sur son accoudoir, le poing enveloppant la boule dorée ; si une proposition lui semble sans intérêt, il abrège, donne un coup de griffe, passe au suivant. Un des membres du conseil stratégique lui propose de réserver le bénéfice du RSA aux seuls ressortissants nationaux ; le Premier ministre et moi prenons position contre. Il nous regarde : « D'accord, c'est une proposition atypique. Je dis pas que je la ferai. Mais l'atypisme, c'est mon plus grand atout. S'il faut un classique, vous y trompez pas, c'est la gauche qui gagne. » Il poursuit le tour de table, rien de probant ne sort de la discussion. Il se redresse, conclut dans un grognement insatisfait : « Vous savez, je suis la poutre. Quelles que soient vos qualités autour de la table, si je tombe, tout tombe. »

Jeudi 8 mars – Montdoumerc

Il a plu toute la nuit. Ce matin, en ouvrant les volets de ma chambre qui donne sur la place principale de Montdoumerc, je découvre un ciel dégagé, et la vallée encore humide qui fume sous le soleil. Après un footing sur la départementale qui longe les coteaux du Lot, je prends une douche dans la cabine en plastique qui trône au milieu de la salle de bains, équipée d'un écran et de la radio. En tournant les boutons de réglage, je tombe sur RMC et une voix familière, quoique déformée par les grésillements de l'appareil. Les mains dans la mousse, je monte le son. Le Président est en pleine interview. Je le trouve convaincant, en particulier sur les questions d'éducation. Rassuré, je m'extirpe de la cabine ; j'attrape une serviette sur le rebord du lavabo ; il explique que la défaite signifiera pour lui le retrait de la vie politique. Pourquoi tient-il à marteler ce message ? Il donnerait presque le sentiment que la partie est perdue. Et pire : que cela le soulage. Le maire de Montdoumerc tient à me saluer à mon départ. Il est venu en voisin. Il porte encore sa robe de chambre et des pantoufles en feutre à carreaux. Il a écouté RMC. « Dites donc, monsieur le Ministre, il a plus l'air d'y croire trop, notre Président ! »

Samedi 10 mars – Paris

Pour préparer le rassemblement de Villepinte, le Président a demandé à Guillaume Lambert, son directeur de campagne, Olivier Biancarelli et Emmanuelle Mignon de se joindre à la réunion de son conseil stratégique. La campagne monte en puissance, les conseillers ont désormais la main sur les élus. Le Président entre, le visage agacé, sa chemise bleu lavande sortie de son pantalon. Il prend la parole immédiatement : « À Villepinte, je vais faire des propositions fortes. Lesquelles, je peux pas vous dire, sinon, excusez-moi, mais tout sera dans *Le JDD* demain ; c'est comme ça, voilà. » Il se passe la main sur le visage. « On me dit qu'il faut mettre en perspective, très bien, mais si je fais que tracer des perspectives, on va dire : il répète la même chose. Donc je vais annoncer des choses fortes. » Un huissier apporte des boissons. Le Président se concentre, enfonce la tête dans sa poitrine. « La chose la plus difficile, c'est faire la synthèse de la France du oui et de la France du non ; c'est ça, le plus difficile. La bataille, elle se gagne pas au centre ou à droite, la bataille, elle se gagne dans la cohérence entre ceux qui raisonnent France de l'identité, et ceux qui raisonnent France du marché et de l'extérieur. Si on s'adresse qu'à une France, on est catastrophiquement minoritaire. » Il a un rictus, sa mâchoire se bloque un instant, il continue. « Alors évidemment, nos amis de la presse, on dit ça, on fait du Marine Le Pen. La vérité, c'est que pour la gauche, rassembler l'extrême gauche au second tour, c'est normal ; pour la droite, rassembler l'extrême droite au second tour, c'est péché. Voilà, c'est péché. » La porte de son bureau s'ouvre, une tête féminine se dessine dans l'entrebâillement, hésite, puis Carla entre avec un bébé dans les bras. Il se retourne : « Assieds-toi, ma chérie, assieds-toi ! » Il poursuit : « Je vais parler des mémoires offensées, aussi. Les harkis, les pieds-noirs, Césaire ; je l'ai mis au Panthéon, Césaire. Je crois que c'est pas mal, les mémoires offensées, non ? Vous en pensez quoi ? » Tous, nous hochons gravement la tête autour de la table. On passe aux intervenants du lendemain. « Je veux des gens de la diversité. Je les connais, les journalistes, ils vont dire : en 2007, il avait Rachida Dati, il avait Rama Yade, maintenant il a plus personne. Alors mettez-moi des jeunes et des gens de la diversité. Salima Saa, elle parle, Salima Saa ? » Guillaume Lambert consulte son iPad. « Je l'ai appelée, mais elle est pas disponible, elle a quelque chose demain à Roubaix. — À Roubaix ? Quelque chose à Roubaix ? Mais vous lui avez dit qu'il y avait quelque chose à Villepinte aussi ? » On évoque des noms ; il les écarte. On glisse sur les législatives ; il coupe : « Écoutez, pour vous dire le fond de ma pensée, la seule chose qui compte pour moi, c'est de gagner la présidentielle. Le reste, je m'en fous. » Le visage de Jean-François Copé s'éclaire d'un sourire ironique. « Il faudra quand même gagner aussi les législatives, tant qu'à faire. — OK, mais d'abord la présidentielle. Sinon, les législatives, vous les perdrez. » On revient aux intervenants du lendemain. « Moi, le tunnel des discours, je me méfie. Faites bref, je compte sur vous. » Assise derrière lui, Carla glisse : « Pourquoi tu ne laisses pas parler les autres, mon chéri ? Tu fais une réunion et tu ne laisses pas parler les autres, ça sert à quoi ? Il faut laisser parler les autres. » Pour la première fois de la soirée, le

Président se déride et, provocant : « Les autres, on s'en fout ! » Il revient à son propre discours. Et moins secret qu'en début de réunion, ou soucieux malgré tout de recueillir nos avis, il évoque deux ou trois propositions, notamment la perte de nationalité pour les exilés fiscaux : « Il faut choisir, soit on paye ses impôts en France, soit on les paye pas, mais on est plus français, non ? » Suit une longue discussion sur les exilés fiscaux. Rien de clair ne se dégage. Il écoute. Il enfonce la tête dans la paume de sa main. Il fixe les uns et les autres, avec dans son regard moins de passion que de lassitude.

Dimanche 11 mars – Villepinte

Villepinte est une réussite pour le peuple de droite, qui est venu en masse, et enthousiaste. Nicolas Sarkozy prend tout le monde à revers en consacrant une grande partie de son discours à la question européenne. Il sort renforcé de ce premier grand rassemblement.

Mardi 13 mars – Aix-en-Provence

En déplacement depuis deux jours, je fais un arrêt dans la Bresse, pour inaugurer deux nouvelles AOC, je longe les Dombes et ses marais herbus, tiens une réunion publique à Lyon, monte dans un TGV pour Marseille, de Marseille dans une voiture pour Aix, que je découvre à la nuit tombante, quand le ciel commence à rosir et que les collines en arrière-plan virent au mauve. À mon arrivée, je téléphone à Pauline, elle se plaint d'un mal de tête, les quatre enfants crient derrière elle, impossible de les calmer. En politique on ne se fixe jamais, on arrive, on parle, on repart, vie nomade, dans laquelle tout est objet de conquête et de passage, sans rien qui dure, rien qui reste. Les courbes des sondages se croisent : pour la première fois depuis le début de la campagne, Nicolas Sarkozy est en tête au premier tour.

Mercredi 14 mars – Paris

Le Président a du mal à dissimuler son euphorie. « Les idées, vous voyez, ça emmerde pas les gens, au contraire. Sur Europe 1, Marine Le Pen, elle fait quatre cents appels, François Hollande, mille six cents, moi, deux mille deux cent soixante. Voilà : deux mille deux cent soixante. » Il se concentre : « C'est les idées ; les gens veulent des idées. C'était une grande différence entre Jacques Chirac et moi : lui, il croyait pas aux idées, moi, je crois aux idées. » Son visage s'éclaire, il avale le café posé devant lui, entre un bloc de feuilles et la pendulette qui marque 11 h 30 : « Et Mélenchon : vous avez vu Mélenchon ? Il marche bien, hein ? Il dit des choses sensées. Moi, je le trouve sympathique, ce Mélenchon, il faut le soutenir. » Il réfléchit. « Maintenant, il y a Lyon. À Lyon, j'avais envie de faire un discours assez politique, oui, politique. Demander à M. Hollande de sortir de ses ambiguïtés : "Monsieur Hollande, dites-nous ce que vous voulez réellement pour la France." Du coup, moi, je fais voir ce que je veux. Vous comprenez ? Le yin et le yang, le convexe et le concave, enfin, quelque chose comme ça, quoi. » Il nous demande de nous attaquer davantage aux propositions de son adversaire, déplore le silence de certains responsables de la majorité. Il insiste sur le premier tour : « Pour tout vous dire, moi, je crois que le premier tour, on peut le finir au-dessus de 30 %. Oui, je vous assure, au-dessus de 30 %. » Un silence. « Un mot quand même sur les exilés fiscaux, pourquoi j'ai fait ma petite sortie. C'est quoi un exilé fiscal ? C'est pas un expatrié, attention ! Un exilé fiscal, c'est un joueur de tennis qui s'installe à Genève : il y a pas de tournoi de tennis à Genève, alors pourquoi il s'y installe, hein ? Ou c'est le type qui dit qu'il va en Belgique pour le beau temps, vous voyez ? Voilà ce que c'est, un exilé fiscal. » Il tourne la tête vers les fenêtres qui donnent sur le parc. Il fait une magnifique journée de printemps. Et comme si la météo s'était mise au diapason de son humeur et des sondages, il murmure : « Ce qui change, maintenant, c'est le soleil. Il fait beau. C'est fou comme ça change. Pas obligé de se peler, en écharpe et en manteau. Le soleil. La douceur. »

Jeudi 15 mars – Lunéville – Verdun – Paris

Footing ce matin dans un bois à une dizaine de kilomètres de Lunéville, avec mon officier de sécurité et deux conseillers. Un brouillard épais estompe les contours des arbres. Pas un bruit. Par moments seulement, un claquement de fusil, qui résonne dans le froid, se perd dans les troncs et, disparu, redonne au silence son épaisseur. Au déjeuner, je retrouve Gérard Longuet, qui a réservé un salon à part dans un restaurant du centre-ville. Les volets des boutiques sont tirés. Plus loin, un groupe de jeunes discute sur le quai. Tout est paisible, les bâtiments de pierre grise se reflètent dans les eaux immobiles du canal, quelques rares voitures franchissent le pont, en rebondissant sur les pavés.

Samedi 17 mars – Lyon

Les dix mille militants qui ont fait le déplacement hurlent leur enthousiasme. Au fil des jours, la voix du Président a gagné en épaisseur, il a trouvé son rythme, les phrases tombent juste, les envolées se confondent avec les applaudissements, il tient son public. À la sortie, comme un boxeur après le combat, il se met à part dans une petite pièce, il retire sa veste, sa chemise trempée — « Excusez-moi, hein ? Excusez-moi ! » —, il écoute distraitement les compliments, se laisse prendre en photo. Il sort dans le couloir, se retrouve sur le parking ensoleillé, encore une ou deux photos, puis il monte dans une berline sombre et, laissant dépasser sa main de la vitre teintée, il salue les gens avec un geste mécanique, paume ouverte, de droite à gauche.

Lundi 19 mars – Paris – Berlin – Bruxelles

Un bruit de pas dans le salon ; le bouton de la porte de notre chambre qui tourne, avec un léger bruit de déclic, et Matthias entre, contourne le lit par la droite pour aller voir Pauline, et lui murmure dans le noir : « J'ai mal à l'oreille, tout à l'heure. » Il doit être 3 heures du matin. Il a une otite. Impossible de me rendormir ensuite, de peur de manquer mon avion pour Berlin. Si bien que, pendant le déjeuner au Bundestag avec des élus CDU, je cherche les mots justes sans les trouver, et comme souvent dans une langue étrangère, quand le cerveau refuse de se placer dans un univers mental différent, les propos deviennent approximatifs, ou caricaturaux. La CDU redoute une élection de François Hollande, qui pourrait donner un coup de pouce au SPD en 2013. Elle veut aider Nicolas Sarkozy, mais elle a parfaitement conscience que, dans les circonstances actuelles, un appui trop marqué d'Angela Merkel pourrait se retourner contre lui. Un député francophone explique : « Nous cherchons la bonne formule, vous comprenez ? Un appui, mais pas trop visible, pour ne pas gêner votre candidat. Nous savons que nous sommes encombrants. » Nous échangeons sur la construction européenne. Peter Altmaier s'inquiète des propos de Nicolas Sarkozy sur Schengen : « Le contrôle des frontières extérieures de l'Union, ce n'est pas notre problème principal, puisque 70 % de notre immigration viennent des pays de l'Est. Mais Schengen est une des plus grandes réalisations franco-allemandes, l'héritage de Kohl et de Mitterrand. Attention à ne pas l'abîmer. » De Berlin, je prends un vol pour Bruxelles, pour participer à une réunion de parlementaires européens qui défendent le maintien des droits de plantations viticoles. Après un bref discours, je file à mon hôtel suivre le 20 Heures : des enfants ont été tués de sang-froid, dans une école juive, à Toulouse.

Mercredi 21 mars – Paris – Washington

Le Conseil des ministres a été exceptionnellement avancé à 9 h 30. Le Président dit quelques mots sur la situation à Toulouse : « Il faut que nous le prenions vivant. Nous devons cela aux victimes. Donc, nous ne pouvons pas employer les moyens que nous pourrions employer sinon. » Il appelle chacun à la responsabilité. Il demande de restreindre les commentaires au strict minimum. À 10 h 15, le Conseil est fini. À 15 heures, je m'envole pour Washington.

Jeudi 22 mars – Washington

En me réveillant à 6 heures, au dernier étage du Sofitel de Washington, dont le balcon donne sur une longue avenue dégagée et un quadrilatère en pierre de taille surmonté du drapeau américain, je mets France 24 : à Toulouse, l'assaut contre Mohamed Merah a commencé. Plan fixe : la ligne de toits des immeubles, des fourgons de police qui barrent la rue, des policiers en civil qui téléphonent, un brassard orange au bras, une escouade de gendarmes mobiles. Par moments, on entend des détonations sourdes, des claquements, une rafale, qui fait trembler le plan fixe ; puis le silence, et toujours rien à voir. Un bandeau défile au bas de l'écran en apportant des informations succinctes. Le jour se lève. Il est temps de sortir. Sur le bord du Potomac, des dizaines de photographes juchés sur des escabeaux prennent des gros plans des cerisiers en fleur. À mon retour, sur France 24, toujours le même plan fixe, mais il y a dans l'attitude des policiers comme un relâchement, ou une baisse de tension, l'escouade de gendarmes mobiles s'est dissoute, un passage a été ménagé entre les fourgons de police. Sur le bandeau qui continue de défiler, je lis : « Mohamed Merah est mort en se jetant par la fenêtre (Guéant). » Premier entretien de la journée à la Banque mondiale avec Bob Zoellick. Il me confirme son engagement à soutenir la mise en place des instruments du G20 agricole. À la Maison-Blanche, le policier dans son cube de béton me fait patienter une bonne vingtaine de minutes : toute la délégation peut passer, sauf moi, qui ne suis pas dans le fichier ; il a beau vérifier trois fois, Bruno Le Maire, « *How do you spell it ?* », n'est pas inscrit dans la liste des visites du sherpa de Barack Obama. Le conseiller agricole de l'ambassade se penche sur la vitre blindée : « *He is the minister. — Maybe he is the minister, but he is not in. — Try minister of Agriculture instead of Bruno Le Maire. — I tried, he is not in. — But maybe you could let him go. — If he would have been in, I would have let him go. But he is not in. I can't let him go.* » À ce moment, comme par enchantement, le soleil printanier jouant dans ses cheveux dénoués, Samantha avance du fond de l'allée de la West Wing et se dirige vers nous : « *Hi ! Do you remember me ? I'm Samantha ! But call me Sam.* » Mike Froman me donne son accord pour faire de la sécurité alimentaire un des thèmes majeurs du prochain G8. À la sortie, il m'interroge sur la campagne présidentielle. « *Who will be elected ? — Nicolas Sarkozy, of course.* » Il a un sourire en coin, qui plisse comme du caoutchouc le haut de son crâne dégarni : « *Are you so sure ?* »

Vendredi 23 mars – New York

Décollage à 18 heures de Kennedy Airport. Le Boeing 737 accélère en bout de piste, se cabre, monte miraculeusement vers le ciel, en dessous de nous le damier des pavillons se rétrécit, on voit une ville miniature, traversée par un réseau de routes fines et compliquées comme des lianes, où circulent des automobiles de la taille d'un ongle. Entretiens ce matin avec le directeur de l'Unicef et le président du Forum économique mondial : ils continueront à veiller à la sécurité alimentaire mondiale. En quittant les États-Unis, sans doute pour la dernière fois en tant que ministre de l'Agriculture, je laisse mes affaires G20 en ordre, comme avant une longue absence. Le Boeing amorce un virage, bascule, un flot de lumière orangée se déverse par les hublots, et son aile droite, ondulant sous la pression du vent, brille comme un morceau de cuivre dans le ciel de New York.

Dimanche 25 mars – Paris

Les polémiques sur l'intervention du Raid et la mort de Mohamed Merah ont mis moins de deux jours avant d'éclater. Pouvait-on éviter sa mort ? Pourquoi a-t-on laissé en liberté un homme aussi dangereux ? Les campagnes électorales agissent sur les événements comme des accélérateurs de particules. Et les familles des victimes, dont la vie a été brisée en quelques gestes d'une violence inouïe, demain seront laissées à leur douleur, sans consolation.

Lundi 26 mars – Paris

Jean-Louis Borloo attend dans le vestibule du premier étage, en tournant en rond comme un animal en cage, le visage fermé, le regard absent. Le Président lui a proposé de rejoindre son conseil stratégique, il est donc là, mais il tient à marquer une distance, comme une approbation conditionnelle. Un huissier nous fait entrer dans le salon vert. Le Président nous rejoint quelques instants plus tard. À sa mine, chacun comprend que la situation politique le laisse insatisfait. La tuerie de Toulouse et la disparition de Mohamed

Merah auraient dû lui donner un net avantage sur son adversaire, or il ne grappille que quelques dixièmes de points dans les sondages. Il nous demande notre appréciation sur la semaine passée. Il écoute les uns et les autres, reste silencieux. Quand je lui parle de mon déplacement à Berlin et de la disponibilité de la CDU à le soutenir, il se contente de répondre : « Je vais garder ça pour le second tour. Au premier, ça sert à rien. Mais au second tour, vous verrez, je ferai une campagne totalement différente, on insistera sur l'Europe. » Il le dit sans grande conviction, visiblement il cherche encore les propositions, les thèmes, la clé qui lui permettra de prendre de la hauteur et de distancer François Hollande.

Mercredi 28 mars – Paris – Le Havre – Montpellier

Le temps passe, les sondages bougent peu, une inertie semble avoir gagné la campagne, qui pèse sur le moral de tous. Au Conseil des ministres, le Président s'en prend à nouveau aux ministres qui ne font pas suffisamment campagne. « Je sais pas si vous avez remarqué, il y a une élection présidentielle dans quelques jours. Et vous savez où elle se gagne, l'élection ? Sur le terrain. » Deux heures de voiture jusqu'au Havre pour assister à l'enterrement du député Jean-Yves Besselat. Puis une heure de vol pour Montpellier, où je clos le congrès de la FNSEA. Dans le journal *La Croix*, Xavier Beulin, intention ou maladresse, déclare ne pas avoir une ligne à retrancher du discours de François Hollande au Salon de l'agriculture, et oublie de saluer les efforts du Président pour le monde agricole.

Jeudi 29 mars – Montpellier – Nîmes – Paris

Un petit point étincelant dans le ciel ; et cinq minutes plus tard, le Falcon 7X roule lentement sur le tarmac de l'aéroport de Nîmes, volets sortis, réacteurs sifflants. Le Président descend, suivi de Nathalie Kosciusko-Morizet et de conseillers ; il me fait signe de monter dans sa voiture. Le cortège démarre ; il entrouvre la fenêtre, passe la main à travers. Il se tait. Son visage reste impassible. Il regarde défiler le paysage ; au premier feu, arrêté à notre hauteur, un vieil homme se penche sur son volant, il essaie de deviner qui circule dans cette voiture aux vitres teintées. Nous redémarrons. « On a créé une sacrée dynamique, tu sais. C'est pas gagné ; mais on a créé une dynamique. Et c'est toujours mieux de faire campagne avec le vent dans le dos. » Il se tait à nouveau, il consulte son dossier, avec en première page une photocopie de l'interview de Xavier Beulin. Il pousse un soupir, et sèchement : « Ils sont tous pareils. Tous. » Le cortège se range devant une entrée de service du Centre des congrès de Montpellier. Il descend. La vice-présidente de la FNSEA vient le saluer. Et lui, si calme un instant plus tôt, à peine franchie la porte coupe-feu qui mène à un couloir étroit, il explose : « Moi, j'attends pas, je vous le dis tout de suite, j'attends pas ! Je suis pas d'humeur à attendre. Déjà vous nous faites défiler comme des vaches de concours ; on est pas des vaches de concours, je vous le dis ! » Christiane Lambert explique : « Mais c'est le principe, monsieur le Président, tous les candidats viennent s'exprimer devant la FNSEA, on a juste pris un peu de retard. » Le Président se retourne ; bousculade des officiers de sécurité, des parlementaires présents, des conseillers, des membres de la FNSEA, dans le couloir étroit et obscur. Il regarde froidement Christiane Lambert : « Je parle tout de suite ou je repars, OK ? Je devais parler à quelle heure ? 12 h 50 ? Je suis là à 12 h 30. Donc j'attends jusqu'à 12 h 50, et ensuite je repars, compris ? » On le pousse dans un petit salon aveugle d'une dizaine de mètres carrés. On referme la porte. Il retire sa veste, la pose sur une chaise. Nathalie Kosciusko-Morizet reste en retrait, appuyée contre une table. Dans le couloir, l'agitation est à son comble. La porte s'entrouvre, Xavier Beulin passe la tête par l'embrasure : « Je peux entrer ? — Entrez, Xavier, entrez. » Le Président se rapproche de lui, il lui tapote la poitrine du plat de la main : « Je vais vous dire, Xavier, l'article, j'ai pas aimé. — Quel article ? — L'article de *La Croix*. Pour votre malheur, je lis *La Croix*. Donc j'ai lu ce que vous avez dit dans *La Croix*, et je vais vous dire, Xavier, c'est pas correct. — Monsieur le Président… — Je vous le dis, c'est pas correct. — Monsieur le Président, je vais vous expliquer. — Il y a rien à expliquer, c'est pas correct. Monsieur Hollande, vous pourriez signer des deux mains ? Eh bien, signez ! Signez ! Et vous verrez. Qui a fait le boulot ? Hein ? Qui ? Votre budget PAC, qui l'a sauvé ? Barroso, je lui ai dit, tu touches pas à un euro du budget de la PAC, ou tu auras un problème avec la France, un sérieux problème. Bruno était là, je lui ai dit à Barroso, hein, Bruno ? Hollande, il a dit ça, lui ? » Il tourne en rond dans la pièce, le torse bombé sous sa chemise blanche, les deux mains enfoncées dans les poches de son pantalon, et régulièrement il revient vers Xavier Beulin pour lui tapoter la poitrine, en hochant la tête : « Et le coût du travail ! Qui a pris le risque pour le coût du travail ? Qui, Xavier ? La TVA sociale, je l'ai faite pour vous ; j'ai pris tous les risques. — Monsieur le Président, je suis navré, toute cette histoire me navre. — Elle vous navre ? Elle vous navre cette histoire ? Moi, elle me dégoûte, votre histoire. — Écoutez, Président, essayez de comprendre. — Non, Xavier, je comprends pas. » Sa voix devient plus grave, ses mots résonnent sous son palais, durcissent, et sortent de sa bouche en frappant comme des balles. « Je comprends pas ; je comprends plus ; je suis en campagne ; et je vais gagner ; et je vous le dis, je vais gagner. » Xavier Beulin ne dit plus rien. Le Président termine, sur un ton plus doux, presque triste, comme un enfant déçu : « Dans le fond, vous êtes comme tous les autres, je croyais que vous étiez différent, vous êtes comme tous les autres. » Xavier Beulin sort. Le Président se tourne vers Nathalie, il sourit. « J'ai pas été trop dur ? Je lui ai dit la vérité, je dis toujours la vérité. Mais j'ai pas été trop brutal ? — C'est une part de ton charme. » On vient le chercher pour monter sur scène. Il a retrouvé son calme. Il s'installe au pupitre. Et pendant une vingtaine de minutes, il emballe son auditoire, alterne les remarques techniques et les considérations politiques, proclame son amour pour le monde agricole, et finit son intervention sous les applaudissements. Artiste de la politique, qui n'a pas un seul visage, mais plusieurs, et autant de numéros à son répertoire. Suivent une visite d'exploitation arboricole à une trentaine de kilomètres, une discussion dans un bar-tabac, des interviews en direct, une réunion publique à Nîmes devant quatre mille militants. Retour en Falcon 7X pour Paris. Le Président garde les deux mains croisées sur son ventre ; il écoute Jean-François Copé, qui nous a rejoints à Nîmes et évoque les législatives. Il le coupe : « Les législatives, c'est pas le moment. Mais je vais te dire, si je gagne, je laisserai personne s'en occuper à ma place, personne. En 2007, j'ai fait une erreur ; je referai pas la même erreur. Si je suis élu, tout de suite, je prends de l'altitude, une grande initiative internationale ; on refait pas l'erreur de la loi TEPA, que personne a défendue. De toute façon, je vous le dis, cette élection présidentielle, c'est ma dernière élection. À un moment, il faut arrêter ; arrêter tout. »

Vendredi 30 mars – Brémontier-Merval

La route descend dans la forêt de Lyons ; une lumière vert acide filtre à travers les feuillages, sur la pente se succèdent les troncs lisses et poudreux, séparés les uns des autres par des arbustes, des souches, un tapis de fougères. Ma jauge à essence abattue sur le flanc gauche indique : 20 kilomètres. La route remonte sur le plateau, tire droit le long des champs, et à la sortie du village du Tronquay, une station Élan présente sa pompe unique derrière un placard publicitaire Castrol. La station est déserte ; un bref coup de klaxon ;

le pompiste sort de sa cahute en béton blanc, tirant la porte en verre derrière lui et ajustant sa casquette sur la tête. « C'est bon, c'est bon ! On y va ! » Il pose ses deux mains sur le montant de la portière, passe sa tête par la fenêtre. « On fait le plein ? — Le plein, oui. » Je sors pour lui ouvrir la trappe à essence. Il arrache le pistolet de la pompe, le plante dans le réservoir et, la main posée sur le toit, il me demande : « Je vous ai déjà vu quelque part, non ? Votre tête me dit quelque chose. — Je suis le ministre de l'Agriculture. — Ah c'est ça ! Maintenant que vous me le dites, ça me revient. » Il plisse les yeux, ses paupières sont piquées de grains de beauté et de verrues grosses comme des haricots, on entend le débit du gasoil dans le tuyau en caoutchouc, le bruit du compteur dont les centimes défilent. « Et pourquoi que vous avez pas de chauffeur, si vous êtes ministre ? — On est en période de réserve, je roule avec mon véhicule personnel. — Ah. » Il secoue le pistolet. « Et vous venez faire quoi par ici ? — Je vais au lycée agricole de Brémontier-Merval, pour le drame, vous savez, l'élève qui a assassiné ses camarades. » Il repose le pistolet dans la pompe, hoche gravement la tête et, croisant les bras sur sa salopette, il se penche vers moi : « L'essence, les gosses, ils l'ont sûrement achetée ici. — L'essence, quelle essence ? — L'essence pour brûler le corps, pardi ! Je suis sûr qu'ils l'ont achetée ici. Il y a pas d'autre pompe à 20 kilomètres à la ronde. » Il retourne vers sa cahute en balançant les bras, il ouvre la porte en verre, se glisse derrière son comptoir où trône un pot à crayons plein de bonbons à la menthe et, me tendant le terminal de carte bleue, il balance la tête : « On sait plus dans quelle époque on vit. Ces gosses, ils avaient quoi dans la tête ? Je vous demande, quoi ? » Il déchire le ticket de carte bleue. « En tout cas, je suis content d'avoir rencontré un ministre, ça me fait ma journée. » Il me serre la main, je reprends la route. Après une dizaine de kilomètres, je tombe sur une vallée, toute bourdonnante de la première chaleur du printemps, mais si précaire, si subtile, que derrière on devine encore la trace du froid.

Par une allée de chênes on arrive à un château en briques. Impossible d'imaginer que dans ce coin de Normandie un adolescent a été tué de sang-froid, son corps brûlé, le tout par des camarades de son âge.

Lundi 2 avril – Paris

La réunion se tient au siège de campagne, et le Président, arrivé parmi les premiers, est assis dos à la fenêtre, contre le mur. Il commence alors que les derniers retardataires essaient de se faufiler parmi les chaises. « Bon, je suis désolé de vous infliger une réunion un lundi matin, mais il se trouve que je suis en campagne, et pas en campagne du mardi au jeudi, mais du lundi au dimanche, d'accord ? » Il fait le point sur la semaine écoulée et répond aux remarques sur le programme. « On sortira un document plus tard. Parce que je sais ce que c'est, on réclame le programme, on exige le programme, et quand le programme sort, on dit : "Ah ? C'est ça le programme ? Mais il y a rien de neuf dans votre programme ! Il vaut rien votre programme !" » À ceux qui le poussent à critiquer davantage Jean-Luc Mélenchon, il rétorque : « Moi, je vais vous dire, je redoute le syndrome Giscard, en 1981. Giscard, il a pas arrêté de cogner contre les communistes, moyennant quoi, il a recentré Mitterrand. Moi, j'ai aucune envie de recentrer Hollande. La cible, votre cible, c'est Hollande. » Jean-Louis Borloo lui fait une remarque sur le centre. Le Président pousse un long soupir, lève les yeux vers le plafond en contreplaqué blanc. « Je vais te dire, Jean-Louis, le centre, ça existe pas. Moi, je crois au centre géographique, pas au centre politique. Tu vois, moi, je suis ni de droite ni de gauche, je suis au peuple ; voilà tout. »

Mardi 3 avril – Paris

Le Président tend son bras droit en direction de Patrick Buisson, comme pour le présenter. « Bon, si ça vous dérange pas, j'ai demandé à Patrick Buisson, qui est un homme aux compétences uniques… » Il s'arrête, sourit : « … en fait, un homme unique — de participer à notre réunion pour faire un point sur les sondages. » Il se tait encore, mordille sa lèvre inférieure. « Avant, donc, jeudi, je vais présenter mon programme, enfin, mon programme, un cadre général ; et puis je voudrais aussi prendre une grande initiative de mobilisation pour le 15 avril ; sur un lieu symbolique ; en plein air. Je sens une mobilisation extrêmement forte de notre électorat. Il y a les vacances de Pâques, OK ; mais sinon on fait rien, hein ? Et il faut continuer à bouger ; bouger, toujours. Il faut qu'on reste entièrement mobilisés sur le premier tour ; et ensuite, on emballe le second tour. » Il passe à un autre sujet, balaie tous les aspects de la campagne, dans une réflexion qui va et vient, pioche un exemple ici, lance une attaque là, une petite mise en jambes verbale, un décrassage. « En fait, il y a deux campagnes qui ont une dynamique : la campagne de Mélenchon et la mienne. Une campagne qui sombre : Bayrou. Une campagne qui hoquette : Hollande. » Un silence. « Mais peut-être que je pourrais demander à Patrick de vous faire un point, avant de vous donner la parole ? » Patrick Buisson présente son analyse du rapport de forces : nous sommes sortis de la logique référendaire pour entrer dans un duel ; les sondages de second tour ne sont pas significatifs ; le Président a les moyens de combler son retard. Il conclut : « Ce sera difficile, mais jouable. »

Jeudi 5 avril – Mont-de-Marsan

Ciel gris ; quelques gouttes de pluie viennent s'écraser sur le pare-brise ; sur les deux côtés de l'autoroute, des pins, plantés dans un sable mouillé, alignent leurs troncs noirs comme des bâtons de fusain. Trois cents militants ont fait le déplacement jusqu'à la salle des fêtes de Mont-de-Marsan. Ils réagissent avec enthousiasme à mon discours, ils veulent y croire, une victoire est encore possible. Mais à mesure que je me déplace en France, je sens que ce discours ne se trouve plus au point d'équilibre de la société française. Nous exprimons des craintes, nous mettons des mots sur des peurs, mais sans y apporter de solution crédible pour les conjurer, et ouvrir un avenir. François Hollande se laisse porter par les sondages. Il ne propose plus rien. Il laisse Jean-Luc Mélenchon rabattre sur son flanc gauche un électorat populaire qui lui échappe.

Vendredi 6 avril – Coulommiers – Caen

À Coulommiers, comme dans toutes les communes rurales à proximité des grandes agglomérations, le ton se durcit, les accusations contre des pouvoirs publics impuissants se font plus nettes. Ici, ce sont les gens du voyage : personne pour les déloger, un État de droit qui ne fait rien, des maires qui se retrouvent au banc des accusés, sans moyen pour résoudre le problème. Le député de la circonscription, et maire de Coulommiers, Frank Riester, essaie de calmer ses élus. Il le fait avec habileté, mais que donnera leur vote ? Après un déjeuner rapide, départ pour Le Bourget avec ma voiture personnelle. Dans le salon équipé de canapés en cuir blanc, je regarde par les baies vitrées le Falcon 900 du candidat qui patiente, réacteurs allumés, son équipage sur la piste. Après une vingtaine de minutes, entre avec un pas hésitant, un sac à main Dior de couleur mauve ballant contre sa cuisse, le regard dissimulé par des lunettes aux verres fumés, Bernadette Chirac, en tailleur de laine bleu marine. Elle me tend froidement la main, retire ses lunettes, fait une moue agacée. Sa permanente blonde se dresse comme un buisson vaporeux et brillant au sommet de son front haut, couleur ivoire. Un serveur de 2 mètres se rapproche timidement et, se penchant vers elle, comme le ferait une girafe écartant les jambes et pliant le cou pour boire, il lui demande : « Vous voulez quelque chose, Madame ? » Elle lève son regard vers lui, et après mûre réflexion : « Un Schweppes. » Nous nous asseyons dans un des canapés de cuir ; je lui demande comment elle voit la campagne ; elle remet ses lunettes fumées. « Moi, vous savez, je suis sarkozyste. Je suis totalement sarkozyste. Alors je fais mon petit fourbi pour qu'il gagne, avec mes moyens, mes petits moyens. » Sa voix légèrement éraillée laisse tomber des mots précis, choisis avec soin, pas un de trop. Elle ajoute : « Je dois reconnaître que François Hollande est très courtois ; c'est un homme très courtois. Par exemple, à la dernière séance du Conseil général en Corrèze, je devais présenter mon projet d'exposition ; car je suis chargée des affaires culturelles, voyez-vous ? Il était presque 13 heures et je n'étais toujours pas passée. Il allait lever la séance, ce qui est normal, puisque la tradition veut que le Président lève la séance à 13 heures pour le déjeuner. Et moi, je ne pouvais pas rester après le déjeuner, car j'avais une obligation, vous comprenez ? Eh bien je me suis levée, je suis allée le voir, je lui ai dit : "Monsieur le Président — parce qu'il est président, après tout, n'est-ce pas ?, est-ce que je pourrais prendre la parole tout de suite ?" Il m'a répondu : "Bien entendu, Madame, il n'y a aucun problème." » Et faisant mine de s'étonner de cette faveur à son endroit, elle répète : « Donc, il est très courtois. » Elle toussote un peu. « Bon, j'ai dit qu'il n'avait pas la carrure. Qu'est-ce que je n'avais pas dit ! Tout le monde m'est tombé dessus, même chez moi ! Mais c'est vrai, tout de même, il faut de la carrure pour être président, je l'ai vu avec Jacques ; ce poids ; cette charge. » Elle part dans une sorte de rêverie, tourne son regard vers la baie vitrée : « C'est cet avion que nous prenons ? Nous sommes très en avance, n'est-ce pas ? — Très. » La double porte s'ouvre sur Nathalie Kosciusko-Morizet, en léger blouson de cuir, pantalon de toile noir, et chaussée de ballerines. Elle embrasse Bernadette Chirac : « Vous êtes en pantalon, Nathalie ? Vous avez raison, on est beaucoup mieux en pantalon. » Nous nous taisons ; je feuillette une des revues de luxe posées sur la table basse en marbre veiné, qui vante les mérites d'un nouveau Falcon, son autonomie, sa modularité. Bernadette Chirac pose ses lunettes : « Ils sont très en retard, ou c'est nous qui sommes en avance ? C'est nous, c'est ça ? Moi, j'ai toujours peur d'arriver en retard, surtout dans ces circonstances. Vous voyez, on part dans l'après-midi, eh bien, moi, j'y pense depuis 8 heures. » Dix minutes plus tard, un officier de sécurité nous invite à rejoindre l'avion. Nous nous dirigeons vers la piste, Bernadette Chirac trottinant devant, Nathalie derrière, qui pianote sur un de ses deux portables. L'échelle de coupée a été dépliée, et un petit tapis rouge déroulé au pied. Le commandant nous salue. « Il arrive, le Président ? — Dans quelques minutes, Madame. » Elle se tourne vers moi : « Parce que je vais vous dire, moi, je suis intimidée. Vous allez trouver cela ridicule, mais je suis intimidée. C'est le président de la République, tout de même ! Vous me direz que j'ai vécu avec le président de la République. C'est vrai ; mais je suis toujours intimidée. L'Élysée, cela ne m'intimide pas du tout, mais le Président, oui. » On entend les jappements des sirènes de police, le ronflement des motos, et la Vel Satis bleu nuit dépose le Président au pied du grillage qui sépare le bâtiment d'accueil de la piste ; il marche rapidement, une écharpe nouée autour du cou, sa veste sur le bras, il serre la main des pompiers, fait un signe aux agents de piste, et s'avance les bras ouverts vers Bernadette Chirac : « Bernadette, vraiment, c'est gentil de venir avec nous ! — C'est vous qui êtes gentil de m'emmener, Nicolas. — Vous savez, Bernadette, vous me faites très plaisir en venant avec moi. — Oh ! Nicolas ! Je vous soutiens autant que je peux ; vous savez, il faut que vous restiez président, parce que président, tout de même, il faut des épaules solides, très solides. » On embarque. On s'installe dans le carré. Le Falcon 900 décolle brutalement, faisant glisser les livres que le Président a posés sur la tablette en bois verni. « Vous savez, Bernadette, j'emporte toujours trop de livres ; c'est la peur de manquer ; quand je pars comme ça, j'ai peur de manquer de lecture, donc j'emporte trois fois trop de livres. — Je vais vous dire, Nicolas, je suis exactement pareille ! » L'avion s'est stabilisé, il file silencieusement vers la Normandie. Une hôtesse s'approche de nous : « Que voulez-vous boire, Madame ? » Enfoncée dans son fauteuil, Bernadette Chirac fixe l'hôtesse, elle prend le temps de la réflexion, puis lâche : « Un Schweppes. » On se tait. On boit chacun son verre. Le Président se penche vers sa voisine : « Bernadette, vous m'avez toujours soutenu, toujours, c'est une longue histoire entre nous. — Très longue ! Vous vous souvenez de nos rendez-vous ? — Ah ! Nos rendez-vous secrets, Bernadette ! On se voyait avant le Conseil des ministres. — Eh oui ! Ensuite nous avons changé d'endroit, parce que l'Élysée, vous comprenez, c'est une maison de verre, tout est transparent, tout se sait. » Elle sirote son Schweppes, le Président avale un café. « Et vous partez un peu, Bernadette, pour Pâques ? — À Taroudannt, nous allons à Taroudannt, une semaine, avec Jacques. Vous aimez le Maroc, Nicolas ? — Si j'aime le Maroc ? J'aime pas le Maroc, j'adore le Maroc, j'adore tout du Maroc. Les odeurs, les couleurs, l'air, la chaleur, j'aime tout. » Il plisse les yeux. « Au Maroc, tout est doux ; j'aime ce qui est doux. » Le vol se poursuit. On parle de tout sauf de politique. Après une trentaine de minutes, l'hôtesse vient nous avertir que l'atterrissage est proche et nous demande d'attacher nos ceintures. Le Président se penche sur Bernadette Chirac : « Laissez, Bernadette, laissez ! Vous ne savez pas faire. Et moi, j'aime bien m'occuper de tout. Je sais pas ne pas m'occuper des choses ; c'est un défaut ; je sais pas. »

Lundi 9 avril – Paris

Malgré les efforts du Président, aucun institut de sondage ne le place à 30 % au premier tour, très peu en tête, aucun ne le donne gagnant au second tour. Il y a quelque chose de désespérant à cette immobilité des chiffres, et pourtant le moins affecté, ou le plus déterminé, reste le Président lui-même.

Mardi 10 avril – Paris – Provins

La réunion publique organisée par Christian Jacob à Provins, avec Jean-François Copé, Luc Chatel, François Baroin et Valérie Pécresse, fait salle comble. Mais pour quelle ambition politique ?

Mercredi 11 avril – Paris

« Bon, je souhaite que le message de la Concorde soit un message de rassemblement. La Concorde, forcément : c'est pas un message de rétrécissement. Villepinte, c'était la famille, là, on élargit. » Il passe sa main rapidement sur son nez, comme pour en chasser une mouche. « Sinon, samedi, je serai dans les Pyrénées-Orientales, vendredi, en Corse, jeudi, dans le Val-d'Oise, voilà. » Il s'arrête, se cale dans son fauteuil. « Un mot sur Bayrou. Je vais vous dire, il est totalement inutile de parler de Bayrou comme Premier ministre. D'abord, ça lui donne la grosse tête ; et ça exaspère les Français. Accessoirement, je vous rappelle, c'est un petit peu le président de la République qui nomme le Premier ministre ; juste un petit peu. Et avant de nommer le Premier ministre, il faut passer le premier tour ; et ensuite, être élu. Bon, je vous laisse la parole : François ? » François Fillon insiste sur la nécessité de ne faire aucune annonce qui pourrait remettre en cause la crédibilité de la majorité : pas de dépenses nouvelles, pas de cadeaux électoraux. Il se méfie des propositions de Jean-Louis Borloo, qui en bout de table, la tête enfoncée dans les épaules, marmonne : « Moi, quand même, je suis surpris de voir à quel point les propositions démagogiques de François Hollande prennent dans l'opinion. Les 25 % d'augmentation de l'allocation de rentrée scolaire, c'est stupide, mais ça marche. » Le Président le regarde : « Et tu proposes quoi, alors, Jean-Louis ? » Jean-Louis Borloo part dans un long dégagement sur de nouvelles politiques sociales, le logement, le soutien aux jeunes ; le Président l'interrompt : « Oui, bon, Jean-Louis, on en est pas encore au discours de politique générale, hein ? Moi, ce dont j'ai besoin, c'est d'une mesure, une seule mesure. » Il se tourne vers moi : « Pour la ruralité, on me dit, c'est important, la ruralité, mais j'ai rien, pas une proposition qui tienne, rien. » Puis vers Claude Guéant : « Et sur la sécurité, Claude ? Vous proposez quoi ? — Je peux travailler dans la journée et vous faire des propositions, monsieur le Président. — Eh bien c'est ça, travaillez. » Il écoute les autres interventions, fait la moue, il cherche les propositions de dernière minute qui pourraient éveiller l'intérêt des Français, il n'entend rien qui puisse le satisfaire autour de la table. Et la réalité est que la pratique du pouvoir, depuis des années, a épuisé notre capacité de proposition, émoussé notre acuité intellectuelle, rompu les liens que nous avions construits avec nos compatriotes.

Samedi 14 avril – Saint-Pée-sur-Nivelle

Pour mon anniversaire, dîner chez Oppoca, un petit restaurant situé à Aïnhoa, au pied de la montagne basque. À la fin du dîner, le chef vient me voir, sanglé dans sa tenue de cuisine immaculée, de drôles de lunettes tarabiscotées sur le nez : « Ah, mais vous avez perdu, c'est sûr ! Ce Hollande, il vaut rien, rien de rien, on est d'accord ! Mais vous avez perdu, qu'est-ce que vous voulez ? Les gens de droite, dans le village, ici, ils le disent tous : "On votera plus pour Nicolas Sarkozy. On l'a fait une fois, on le fera plus." Avec ça, si vous gagnez, c'est vraiment du miracle, mais les miracles, il y en a qu'à Lourdes ! »

Dimanche 15 avril – Paris

Un vent glacial souffle sur Paris. Avec Pauline, nous remontons à pied la rue de Rivoli. Une estrade a été installée devant la grille du jardin des Tuileries. Nous y retrouvons des ministres, des élus, la plupart inquiets, certains résignés à la défaite. Françoise de Panafieu me glisse : « Crois-en une vieille routière, ça sent le sapin. » Debout sur une marche, ses cheveux roux soulevés par le vent, Régine, visage figé, teint de craie, se dresse comme la statue désemparée du quinquennat qui s'achève. Une bourrasque fait trembler le praticable. Nicolas Sarkozy fend la foule. Il monte sur l'estrade. Il hoche longuement la tête comme pour dire, c'est bien, c'est bien que vous soyez là, c'est formidable, merci, vraiment, merci, puis il entame son discours. Il cite Malaparte. Il parle de la BCE. Il juxtapose les thèmes. Toute sa force de conviction, qui est immense, ne parvient pas à dissimuler les incohérences de son propos, les approximations. Après le discours, nous le retrouvons dans une salle aménagée derrière le praticable. On le congratule, on le félicite, mais quand je lui serre la main, je vois passer dans son regard une lueur de tristesse, et comme une interrogation.

Lundi 16 avril – Fort-de-France

Un vent tiède fait frissonner les palmiers. Des gouttes de pluie épaisses font des cercles bruns sur la dalle du balcon. On voit à peine la mer. Je rentre dans ma chambre. La climatisation ronronne. Un papillon de nuit volette autour de ma lampe de chevet. En me posant sur mon lit, je remarque les taches de café qui parsèment le bleu pétrole de la moquette. Ma montre indique 8 heures : il me reste quarante minutes à tuer avant la réunion publique. Un grondement. Le ciel blanchit, vire au noir, et un rideau de pluie barre la fenêtre. On toque à ma porte. « Monsieur le Ministre ? Il faudrait y aller tout de suite. Avec la pluie, la circulation sera mauvaise. » Nous partons. Notre 4 × 4 progresse lentement sur la départementale chargée qui conduit à Fort-de-France. La réunion se tient dans une maison de bois, au toit de tôle ondulée, où commencent à entrer une petite centaine de personnes, le visage trempé. À mon arrivée, le secrétaire départemental me prend à part, sous un auvent éclairé par une lampe-tempête : « Voilà, je voulais juste vous expliquer la situation politique de l'UMP ici. C'est compliqué. C'est compliqué parce qu'on ne nous aide pas. » Il parle lentement, avec cet accent martiniquais plein de douceur, sans pourtant mâcher ses mots, qui sortent avec distinction de sa bouche surlignée par une ombre de moustache : « Quand nous disons quelque chose, les conseillers de l'Élysée ne nous écoutent pas. Et nous sommes discrédités. La réforme territoriale, nous l'avons soutenue, nous avons seulement demandé une mise en place en 2012 ; Serge Letchimy, le député socialiste, une mise en place en 2014. On nous promet 2012 et, un matin, le Président annonce 2014. Un journaliste radio me prévient à 6 heures : "Le président de la République vient d'annoncer que la réforme territoriale entrerait en vigueur en 2014 et pas en 2012, qu'en pensez-vous ?" À 6 heures ! Qu'est-ce que je pouvais répondre ? Et c'est tout comme ça. » Nous rentrons dans la salle. Accueil chaleureux. À la fin de la réunion, un homme d'une cinquantaine d'années, tout en ajustant son panama sur sa tête, me glisse en souriant : « C'était très bien ce petit meeting. Nous avons perdu, mais c'était très bien. »

411

Mardi 17 avril – Fort-de-France – Pointe-à-Pitre

Les maires de la majorité avec lesquels je déjeune à l'hôtel de La Batelière sont encore plus cinglants que le secrétaire départemental de l'UMP : « Nicolas Sarkozy, il nous a fait des belles promesses, et puis rien. Il nous a laissés en rase campagne. Il a tout donné à Letchimy et à son parti. Pour qui on passe, nous ? Quand on parle, maintenant, on nous écoute poliment, mais comme on dit en créole, on ne parle pas avec la voix du pouvoir. » Une lumière aveuglante monte de la mer en contrebas. Un autre maire prend la parole : « Maintenant, Serge Letchimy, il a le pouvoir pour dix ans. » Le soir, près de Pointe-à-Pitre, meeting devant un millier de personnes. Lucette Michaux-Chevry, quatre-vingt-trois ans, assure le spectacle, avec un humour et une férocité qui ravissent la salle.

Jeudi 19 avril – Paris

Dans la salle de réunion du siège de campagne, toute en longueur, une affiche de la *Jeanne d'Arc* de Dreyer a été collée au mur, qui regarde avec sévérité le buffet de viennoiseries. Le Président entre. Il s'assied à sa place habituelle, contre le mur, sous la fenêtre. Il commente l'actualité, critique les déclarations maladroites des uns et des autres. Il grince : « Je vous remercie de vos conseils, ils sont très utiles. Mais à ce stade de la campagne, je vais vous dire, les conseils, je m'en passe très bien. La seule chose que je vous demande, c'est d'attaquer jusqu'au bout et de défendre le candidat, rien d'autre. Vous savez comment ça marche, quand même ? Un mot de travers dans une interview impeccable, il y aura que le mot de travers de repris, c'est comme ça, vous le savez, d'accord ? » Il nous assure ensuite que l'élection est encore jouable. Que nous devons tenir bon. « Moi, je suis inentamable, je vous le dis, inentamable. Cette élection, nous allons la gagner. Je vous dis pas que c'est facile, mais nous allons gagner. » Un de ses voisins lui objecte que les attaques sont rudes. Il pousse un soupir : « Moi, mon litre d'huile de foie de morue, c'est pas tous les jours que je le bois, c'est toutes les heures. »

Samedi 21 avril – Évreux

Sur le marché, partout, une même insatisfaction, le rejet du pouvoir en place et aucun emballement pour François Hollande. La France ne se fait aucune illusion sur cette élection. Tout lui semble terne ou faux.

Dimanche 22 avril – Évreux – Paris

Les principaux responsables de l'UMP se rassemblent autour de la table rectangulaire du petit salon vert, qui déborde de monde. Le Président est calé dans son fauteuil, en chemise blanche, la mâchoire contractée, le regard fixe. Il attend que chacun trouve une chaise, il montre son agacement, agite la main, prend la parole. « Bon, la première chose qu'on peut dire, c'est un désastre des sondages s'agissant de la participation. Ils avaient prévu 30 % d'abstention, nous sommes à 80 % de participation. Ce sont des blaires. Ces sondeurs, ce sont de vrais blaires. Donc il faut saluer le civisme des Français. » Il avance sur le rebord de son fauteuil, sa tête plonge dans sa poitrine, se redresse, il martèle : « Le deuxième point : il y a deux mois et demi, on disait que je ne serais pas présent au second tour, souvenez-vous, hein ? Je vous rappelle ce qu'on disait : quatre à cinq points d'écart avec François Hollande. Là, on nous donne deux points d'écart avec Hollande. » Il écarte le pouce et l'index devant lui : « Deux. » Une pause. « Troisième point : Marine Le Pen double son score ; et François Bayrou, lui, divise ses voix par deux. Donc les conneries sur le candidat du centre qui ramène des voix au second tour, fini ! Rappelez-vous l'interview du *Fig-Mag*, hein ? Les bons thèmes. Qu'est-ce qu'on dirait si j'avais pas sorti ces thèmes avant ? Si je les sortais maintenant ? L'immigration. La sécurité. Ce serait plus une ficelle, ce serait un câble. » Il se concentre, il parle lentement, dans un silence total, certains prennent des notes, les autres le fixent : « Donc, c'est serré. C'est serré, mais je suis le seul chef d'État en Europe à me retrouver dans cette situation. Les autres, balayés ; Gordon Brown, balayé ; Zapatero, balayé ; Sócrates, balayé. Moi, je tiens. Et le total des droites est à 48,5, vous entendez ? 48,5. » Pendant qu'il parle, on lui glisse de nouvelles estimations. Il lit les chiffres. « C'est curieux, ces écarts dans les estimations. Enfin, là, pour trois instituts, on est à deux points, c'est ça ? Deux points ? » Pierre Giacometti et Patrick Buisson confirment en consultant leurs portables. « Et CSA, quatre ? CSA, c'est moins bon. » Il se pince les lèvres. « Bon, pour le second tour, on développe les thèmes du premier tour. Le pays est en crise, il y a un vote de crise. Il y a un vote de protestation. Il faut tenir compte de ce vote de protestation. » Il est près de 20 heures. Alain Juppé se lève : « Je suis désolé, Nicolas, il faut que je rejoigne les plateaux. » Suivent François Baroin et Valérie Pécresse. On apporte de nouveaux résultats. « IPSOS, c'est franchement mauvais. Mais rien de bon ne sort de IPSOS. » Xavier Bertrand quitte la pièce à son tour. En fin de soirée, l'écart tourne bien autour de deux points. Score insuffisant, mais honorable, qui est devenu une promesse de victoire.

III

Campagne du second tour — Débat entre Nicolas Sarkozy et
François Hollande — Défaite de Nicolas Sarkozy

Lundi 23 avril – Paris

Au QG, Nicolas Sarkozy martèle son message de la veille : « Il y a aucune poussée de la gauche. La seule poussée qu'il y ait, c'est le FN, il double ses voix. » Il incline la tête, et sur un ton mesuré, détachant chacun des mots de son discours, il poursuit : « C'est tellement lumineux ; tellement lumineux ce qu'ont dit les Français. Moi, je vous dis : si on fait la bonne campagne, on gagne. Je vous le jure, on a fait la bonne campagne, on va continuer, et on va gagner. » Il poursuit : « Bon, il est pas question de faire de la caricature parce que Marine Le Pen est à 20. Je vous le dis : pas question. Souvenez-vous… » Il laisse un long silence, puis, modulant sa voix, ironique et navré : « … souvenez-vous de Chirac en 1988, Ouvéa, les otages, moi, j'irai pas sur ce terrain ; j'irai au peuple. Par contre, vous, il faut taper Hollande. Faites ce boulot de taper, moi, je ferai l'autre boulot. Mon pari, c'est qu'il va y avoir encore plus de participation au second tour, encore plus. Les Français veulent le match, on va leur donner. » Trois heures plus tard, je le retrouve avec Nathalie Kosciusko-Morizet et Frédéric Nihous dans l'avion qui l'emmène à Tours. Il nous dit sa confiance dans le résultat du scrutin. Les scores du premier tour ont été un soulagement pour lui ; il aurait dû être défait, il résiste. Sur un coteau boueux du Vouvrillon, il avance le dos courbé, les deux mains enfoncées dans les poches de sa gabardine bleu marine, précédé d'une nuée de perches, de micros, d'appareils photo et de caméras. Un journaliste de France Culture se fraie un passage et lui pose une question en lui tendant un dictaphone. Il sort la main droite de sa poche, écarte le dictaphone, et tapote de son index sur la poitrine du journaliste : « Vous direz de ma part à votre président que lorsqu'on est directeur d'une chaîne publique, c'est pas correct de prendre position politiquement. Vous lui direz. C'est pas correct. — Vous comprendrez que je ne peux pas vous répondre, monsieur le Président. — Vous pouvez pas répondre, je sais, vous êtes un bon gars, ça se voit, mais votre président, hein? Votre président? » Et il continue sa marche, sous une pluie fine. Arrivé au sommet, à hauteur des pieds de vigne, il contemple le panorama, coupé par une haie de photographes. « C'est joli, ici, vraiment, c'est joli. » Il sourit. « Dommage que la vue soit un peu bouchée, c'est dommage, c'est toujours comme ça. » Dans l'avion de retour, son écharpe nouée autour du cou, il murmure : « C'est ma dernière campagne ; je donne tout. »

Mercredi 25 avril – Paris – Chartres

Il pleut. Autoroute chargée. Les camions, tous feux allumés, soulèvent dans leur sillage des gerbes d'un mètre de haut, qui retombent en pluie boueuse sur le pare-brise de ma voiture. Mon compteur est bloqué à 110. Deux flèches de pierre pâle, la première en triangle, la seconde plus pointue, griffent le ciel et, grandissant à mesure que la voiture atteint le sommet, elles se plantent au milieu du jaune acide des champs de colza, qui calfeutrent la base de la cathédrale de Chartres. La réunion publique se tient dans la circonscription de Laure de La Raudière : le public croit à la victoire, les militants nous conjurent de ne pas baisser les bras. Avant, nous faisons un arrêt avec Laure à Illiers-Combray. En entrant dans le village, sur le côté opposé de la maison de la tante Léonie, une femme de trente ans environ, au cou de taureau, emmitouflée dans une veste polaire orange, marche sur le trottoir en tirant d'une main un chien bâtard, les oreilles tombantes, de l'autre un enfant qui pleurniche. Elle se retourne : « Tu vas te bouger, toi ? Tu vas te bouger ou je t'en colle une ! »

Jeudi 26 avril – Salon-de-Provence

La campagne se déporte, moins par calcul que par nécessité : comment parler de réformes économiques quand, la plupart de ces réformes, nous les avions promises en 2007, et que la crise, le manque de courage, les défauts de méthode, le refus de la rupture politique fin 2010, nous ont empêchés de les réaliser ? On parle de droitisation. Mais après tout, qui pourrait nous reprocher de parler de thèmes qui inquiètent notre électorat ? Pourquoi refuser une politique migratoire plus stricte ? Pourquoi ne pas dénoncer les injustices liées à des prestations sociales qui découragent le retour au travail ? Non, ce sont nos expressions qui blessent inutilement, la rhétorique du clivage et de la dénonciation qui affaiblissent notre camp. En fait, je crains moins la droitisation que le rétrécissement : grande famille politique qui a peur, qui se recroqueville, et qui ne présente plus à la France un visage de conquête, mais une mine crispée. Nous ne savons plus qui nous sommes et, dans cet immense désarroi, nous refusons de prendre notre part de responsabilité.

Dimanche 29 avril – Rennes

Sur le parvis du multiplexe de Rennes, des bourrasques de vent soulèvent des gobelets en plastique, font filer à ras du bitume papiers gras, pages de journaux, sacs plastique, secouent les branches maigrelettes des arbres plantés dans le béton. Un trio de militants patiente à la porte, en agitant mollement un drapeau tricolore. Le secrétaire départemental me serre la main : « Bon, je vous préviens, c'est pas la foule des grands jours ; on nous a prévenus trop tard. » Dans le hall, les parlementaires négocient leur ordre de passage, en veillant à respecter les équilibres entre le Nouveau Centre, représenté par Thierry Benoît, le Modem, dont le sénateur François Zochetto a rallié le Président, et la fraction centriste des UMP. Après dix minutes, nous entrons dans la salle de cinéma à moitié vide. Un pupitre se dresse au milieu de la scène. Une affiche de campagne posée contre la moquette vert épinard du mur se décolle, le coin droit, le coin gauche, puis tout le portrait qui tombe. Un militant monte la ficher avec des punaises. Il se retourne vers la salle qui rigole : « Ce coup-ci, elle tiendra ! » Chacun fait son intervention. Puis, à 16 heures, nous écoutons le discours de Nicolas Sarkozy retransmis en direct de Toulouse. Ici, parmi les militants de Bretagne, le long développement sur les frontières soulève un enthousiasme modéré, pour ne pas dire une certaine incompréhension.

Lundi 30 avril – Paris – La Teste-de-Buch

Debout sur la dernière marche du grand escalier, le corps tourné vers le vestibule, la tête dans ma direction, un huissier me fait signe de me presser. Il me souffle : « Le Président a déjà commencé. Il vous attend. » Dans le petit salon vert, Pierre Méhaignerie et Christian Jacob sont installés chacun à un bout de la table. Les membres de l'équipe de campagne discutent entre eux. Le Président regarde droit devant lui le fauteuil encore vide du Premier ministre. Il a entendu les doutes des uns et des autres, publics ou non, il mesure les calculs, les éloignements. Il lâche : « Le pire, c'est qu'on va gagner. C'est ce que je crois : on va gagner. » François Fillon entre et murmure une excuse pour son retard. Le Président balaie l'air de sa main, aucune importance, vraiment aucune importance. Suivent

Jean-François Copé et Bernard Accoyer. Le Président attend encore
un peu. Il se redresse : « Je maintiens mon analyse que le premier
tour était un très bon premier tour ; pas un bon, un très bon. Neuf
points et demi de plus que le FN. D'ailleurs, sur le vote FN, il faut
plus parler de vote de crise. C'est un vote d'adhésion. Il faut pas le
dire, mais la vérité, c'est pas un vote de protestation, c'est un vote
d'adhésion. Si j'avais fait la campagne de Chirac en 2002, je vous
le dis, on était derrière le FN. Naturellement, on fera pas d'accords
avec le FN. Sur qui elle tape Marine Le Pen ? Pas sur Hollande,
hein ? Pas sur Bayrou. Sur moi. » Il se redresse tout à fait, pointe son
index sur sa poitrine : « Sur moi ; sur moi elle tape. » Un silence.
« En revanche, les électeurs nous ont envoyé un message : nous ne
sommes pas satisfaits de ce qui se passe depuis trente ans. Nous
voulons autre chose. » Et comme si tous, autour de cette table, nous
pouvions nous exonérer de la moindre responsabilité, il explique
comment refonder la construction européenne, quelles mesures économiques prendre, la rupture nécessaire, le besoin de changement
en France. Avec aplomb, il se tourne vers Pierre Méhaignerie et
Jean-Louis Borloo : « Vous avez vu, Jean-Louis, Pierre, les seules
idées que j'ai rajoutées dans le projet, ce sont des idées contraires au
FN : la faillite civile, l'apprentissage dans la fonction publique.
Non ? Dites-moi si je me trompe ? Toutes ces idées viennent des
centristes. » Il poursuit sa réflexion. « Demain, je tiendrai un discours extrêmement républicain. Je parlerai de la France. Il faut une
très forte mobilisation ; très forte. » Il se tait. « Et ensuite, il y aura
le débat. Ce sera pas la baston, ce sera, quoi ? Décisif ? Je sais pas,
je pense que tout est décisif. Ce sera un moment de vérité. » Vol
pour Bordeaux. Nicolas Florian, le secrétaire départemental de la
Gironde, fait la route avec moi jusqu'à La Teste-de-Buch. Lui qui
ne baisse jamais les bras, et fait preuve en toute circonstance de la
plus grande détermination, il se montre peu optimiste. « Honnêtement, gagner, là, ce serait une surprise. » Il ajoute : « Après, il y a

du monde dans les meetings ; les militants sont mobilisés ; on sait jamais. »

Mardi 1er mai – Paris

Au Trocadéro, au milieu de la marée de drapeaux tricolores, immense discours du Président, qui vient trop tard. Le soir, je vais chercher à la gare Montparnasse Matthias et Adrien, de retour de quinze jours de vacances. À genoux sur son siège, Matthias colle son nez au double vitrage du TGV et, les mains en visière autour de sa tête, il balaie le quai du regard. Quand il me voit, il a cette explosion de joie des enfants, dont la force et la spontanéité disparaissent ensuite, ou se renfoncent en nous.

Mercredi 2 mai – Paris

Dans le débat, son adversaire prend la main. Le Président, si politique en temps normal, se perd dans des considérations techniques. Il se justifie, au lieu de proposer. Il martèle des chiffres, et oublie de placer ses formules. Il semble ailleurs. Le dernier espoir de renverser la tendance s'est envolé.

Jeudi 3 mai – Paris – Beaufort-en-Vallée

Au Conseil des ministres, le Président nous redit sa confiance : les choses sont en train de bouger, des mouvements souterrains sont à prévoir, qui nous surprendront. Deux heures plus tard, Jean-Charles Taugourdeau, député solide, me fait faire le tour de sa circonscription, dans le Maine-et-Loire. Le temps a viré à l'orage. Au bord du fleuve, les ponts de pierre calcaire strient le ciel gris, qui pèse sur les berges sableuses. Des rafales de vent font plier la cime des peupliers. Une petite centaine de militants a fait le déplacement

dans la salle des fêtes de Beaufort-en-Vallée. Les trois quarts sont
des retraités. À la fin, un homme de plus de quatre-vingts ans, sanglé
dans une veste de chasse à boutons de corne, vient me voir et me
pince le bras : « Vous savez, j'ai toujours soutenu Nicolas Sarkozy.
Je suis d'origine hongroise, comme son père, Pal, le père de Nicolas.
Ich kann auch fliessend deutsch sprechen[1]. » Son sourire découvre
une dentition en tessons de bouteille, ébréchée et coupante. Dans le
TGV de retour, je croise Roselyne Bachelot, qui avale des tomates
cerises avec un de ses conseillers, et son officier de sécurité. « Nous
allons perdre, oui. Et il ne faut pas te tromper, ensuite ce sont les
plus méchants et les plus médiocres qui l'emporteront. » Dans les
Mémoires d'outre-tombe, au sujet de Napoléon, Chateaubriand,
cruel et partial, écrit : « Les hommes ne furent à ses yeux qu'un
moyen de puissance ; aucune sympathie ne s'établit entre leur bonheur et le sien ; il avait promis de les délivrer, il les enchaîna ; il
s'isola d'eux, ils s'éloignèrent de lui. » En fin de journée, François
Bayrou annonce son soutien à François Hollande.

Vendredi 4 mai – Les Sables-d'Olonne

Ce sera le dernier déplacement. Emmanuelle Mignon, Sébastien
Proto, Patrick Buisson, Olivier Biancarelli sont présents. Des responsables de l'UMP également : Éric Cesari et Jérôme Lavrilleux.
Un acteur ami du Président, Stéphane Freiss. Christine Boutin.
Exceptionnellement, deux avions ont été loués. Dans le salon d'attente du Bourget, on évalue les chances pour dimanche. On passe à
autre chose. On attend. On boit café sur café au bar. Le cortège du
Président approche, nous nous dirigeons vers la piste. Lui descend
de sa voiture tout sourire, son écharpe bleu nuit autour du cou. Il
monte dans la carlingue. Il installe chacun, écarte un conseiller,

---

1. « Je peux aussi parler couramment allemand. »

demande à Stéphane Freiss de prendre place en face de lui : « Viens
là, Stéphane, viens ! » Nathalie Kosciusko-Morizet se glisse à sa
gauche, contre le hublot. « Viens, Bruno, il reste une place, en face
de Nathalie. » Chacun est assis. Il a posé sur la tablette en bois verni
une longue boîte de macarons Ladurée, qui glisse au décollage. Il
pousse un soupir. « Voilà, la Vendée. Est-ce que vous savez que
c'est la terre de Clemenceau, la Vendée ? Clemenceau, viré du pouvoir en 1919, se retire en Vendée, vous saviez ? » Il pousse en avant
la boîte de macarons : « Servez-vous, allez, une petite douceur, pour
la route. » Il se rencogne dans le fond du fauteuil en cuir marron
glacé. Il sourit : « Et là-bas, il tombe amoureux d'une petite jeu-
nette, il lui écrit des lettres. Je les ai vues à son domicile, à Paris,
près du Trocadéro. » Il prend un macaron, le mâche, fronce les sourcils. « Donc il lui écrit des lettres d'amour, Clemenceau ; il a aussi
écrit des pièces de théâtre, nulles, et ces lettres, très belles. Vous
imaginez ? Il avait un caractère de cochon, il a fait tirer sur les
ouvriers, il est le Père la Victoire, quand même, on le renvoie, il
écrit ces lettres. À une fille de vingt ans. — Et lui est vieux ? — On
est jamais vieux quand on est amoureux, mon Stéphane, jamais. »
Une hôtesse apporte des cafés, un bol de fromage blanc, une assiette
de chouquettes, elle écarte la boîte de macarons : « Laissez, Mademoiselle, laissez ! » Il se tait. Il avale trois cuillères de fromage
blanc. « Moi, j'aime cette période : Clemenceau, Poincaré ; et après,
Mandel. Mandel ! Vous connaissez l'histoire de Mandel ? Mandel
était prisonnier à la Santé. Un soir, il entend des coups contre le mur
de sa cellule : "Mandel ? C'est Bichot ! Bichot, de la CGT ! — Ah !
Bichot ! Il va falloir avoir du courage." » Il hoche la tête, il ajoute :
« Le lendemain, Bichot est emmené et fusillé. Mandel aussi, plus
tard. » Il raconte la visite de la fille de Mandel à la fille de Laval. Il
insiste sur la dignité de la fille de Mandel, la honte de la fille de
Laval. « Je suis allé la voir, la fille de Mandel. Je voulais récupérer
les lettres de son père à Buchenwald. — Et tu les as récupérées ?

— Oui, bien sûr, elle était déjà vieille, elle a dit oui tout de suite. Elle me reçoit avec son chien. Elle me dit : "Vous voyez ce chien ? Je suis grosse, laide et vieille, mais ce chien, il m'aime." Elle me dit ça : formidable, non ? » Et il rit, en découvrant ses dents et en fronçant le nez. Il aime cette histoire à la Céline. Il répète la remarque de la fille de Mandel. Il tourne sa tête vers le hublot de droite, la lumière éclaircit sa pupille, et fait trembler son regard, comme une goutte de peinture bleue posée sur une feuille. « Après, je l'ai adapté au cinéma, mon livre sur Mandel. Enfin, on m'a demandé de l'adapter. Jacques Villeret jouait Mandel ; Jacques Villeret ! Complètement fou ! Pas fou, hein ? Complètement fou ! Mais génial. La fille de Mandel, elle m'appelle un jour, complètement désespérée, elle me dit : "Monsieur le Ministre, j'en peux plus ! — Et vous en pouvez plus de quoi, chère Madame ? — De Jacques Villeret ! Il m'appelle tous les jours, et il me demande : 'Mais il regardait comment, Mandel ? Il regardait comment ?' Alors je lui réponds, monsieur le Ministre : 'Eh bien, il se tenait droit, il faisait ceci, il faisait cela, il parlait doucement. — Mais ce n'est pas ce que je vous demande, Madame ! Ce n'est pas du tout ce que je vous demande ! Ce que je vous demande, c'est : il regardait comment ? Par exemple, vous, il vous regardait comment ?' » Le Président mime la fille de Mandel désemparée. Il reprend son sérieux : « C'est comme ça que nous avons eu l'idée du fondu enchaîné sur le regard de Mandel, à cause de Jacques Villeret, ce fou génial de Jacques Villeret, une tête lunaire, lunaire ! » Il finit dans un sourire qui ouvre en éventail les rides au coin de ses paupières puis, grave, presque sombre, il poursuit : « Tout ça, c'était en 1995. Tout le monde disait : "Il est fini pour la politique." C'était le truc des observateurs : "Il est fini pour la politique." On a vu, hein ? Merci les observateurs ! J'ai aussi fait le feuilleton des *Échos*. Vous vous souvenez ? Il fallait écrire un épisode par semaine. Moi, comme ça m'angoissait, j'écrivais trois épisodes d'un coup ; je me disais : si l'inspiration part, qu'est-ce que

je fais ? Alors j'en écrivais trois. J'ai fait ça ; d'autres choses aussi. »
Il tourne pour la deuxième fois son regard vers le hublot de droite.
L'écharpe nouée autour du cou rehausse son menton, sa mâchoire
se crispe, tandis que la lumière oblique sculpte son nez, dégage son
front, et lui donne dans le ciel de Vendée, à bord de ce Falcon 900
qui le conduit au dernier meeting de sa dernière campagne, dit-il, un
profil de buste romain. Il revient vers nous. Parle de cinéma avec
Stéphane Freiss : « *Une séparation*, franchement, c'est un film
remarquable ; tu as aimé la fin, Stéphane ? — Moyennement ; j'ai
été un peu déçu, frustré. — Oui, il y a des gens, ils aiment pas la fin,
moi, j'aime bien. En fait, on connaît pas la fin ; on connaît pas. »
Son épaule amorce un mouvement de rotation, il insiste : « C'est ça
qui est bien, quand on connaît pas la fin. » Un silence. « Tu sais que
tu pourrais ouvrir un ciné-club, Nicolas ? — Je te remercie, Stéphane, mais pas avant cinq ans, si tu veux bien. D'abord, je fais
encore Président pendant cinq ans, et ensuite on verra pour le ciné-
club. Et puis je vais te dire, j'aime pas trop les ambiances de
ciné-club, trop vieux, trop triste, la première, la dernière séance, c'est
pas pour moi, ça ; moi je veux de la vie, tu comprends ? Tu connais
Isabelle Adjani ? » L'hôtesse vient nous avertir que l'avion amorce
sa descente et nous demande d'attacher nos ceintures. Il clique la
sienne. « Parce que Isabelle Adjani, une immense actrice, elle saurait. *La Journée de la jupe*, tu as vu ? Un grand film ! Meilleur que
Des hommes et des dieux. *Des hommes et des dieux*, c'est beau, un
beau film, mais juste un beau film. Tu sais que j'y suis allé à Tibhi-
rine ? Je voulais voir ; voir l'endroit. Les moines, ils se trompent
jamais : là où ils s'installent, c'est beau, c'est toujours beau. Parce
que la beauté, c'est la transcendance ; tu vois la beauté, tu tombes à
genoux et tu pries ; tu sais pas forcément pour qui tu pries, tu sais
même pas forcément que tu pries, mais tu tombes à genoux. » Des
turbulences secouent la carlingue. Il pose ses deux mains sur la
boîte de macarons Ladurée, la retient de glisser, il se tait. « Et tu lis

en ce moment, Nicolas ? — Je lis toujours ; *La Petite Roque* ; *Pierre et Jean* ; *Bel-Ami* ; tout Maupassant. *La Maison Tellier.* Tu sais que c'est Dieppe, *La Maison Tellier* ? "Fermé pour cause de première communion", génial, non ? — Je croyais que tu étais surtout Céline ? — Céline ? Mais Céline, c'est autre chose, Céline ! J'ai acheté *Le Voyage* dans une librairie à Biarritz. Je l'ai lu en deux jours ; deux jours. Il y a quelque chose qui s'est ouvert en moi. Je saurais pas te dire. » Une secousse brutale, freinage, inversion des réacteurs, un sifflement, le Falcon roule tranquillement sur la piste et nous dépose à une dizaine de mètres d'un grillage derrière lequel se pressent une centaine de militants. À la descente du Président, ils hurlent : « Nicolas ! Nicolas ! » en agitant des mouchoirs et des drapeaux tricolores. Aux Sables, même liesse, un enthousiasme comme jamais dans la campagne, nourri par un espoir fou, par la peur, par un sentiment déraisonné que tout commence sous ce jour laiteux, des dizaines de mains qui se tendent, et lui qui plonge dans les visages, en balbutiant : « Merci ! Merci ! Vraiment, merci ! » Après le meeting, entouré dans sa loge par des élus et quelques militants, il retire sa chemise blanche trempée de sueur, on lui vaporise de l'eau sur le torse, il s'assied dans un fauteuil en cuir, cintré de barres métalliques : « Il y a pas de journaliste, là ? Pas de journaliste ? Bon, je vais vous dire, je le sens, on va gagner. » Il pousse un soupir. « On récupère à fond les voix du Front national, on va gagner. » Il sourit. « On est chez Barbey d'Aurevilly, ici, non ? Barbey d'Aurevilly, vous connaissez ? *L'Ensorcelée.* » Et il raconte *L'Ensorcelée.* Nouveau bain de foule à la sortie. Retour à l'aéroport. Dans l'avion, Stéphane Freiss veut laisser son siège à Christine Boutin : « Non, Stéphane ! Viens là ! Viens là ! » Pendant le roulage, il penche la tête pour capter le regard de Patrick Buisson, installé à l'avant de l'appareil. « Alors, Patrick, c'était bien ? — Formidable, Président ! — Tu vas pouvoir mettre ta chemise noire, ce week-end ? — Ne vous moquez pas, Président, vous aussi vous en mettez des chemises noires. — Peut-être, mais je sais pas pourquoi, sur moi, ça fait pas du tout le même effet. » Et il éclate de rire.

Dimanche 6 mai – Paris

François Hollande est élu président de la République.

Lundi 7 mai – Paris

Nicolas Sarkozy a rassemblé les responsables de la majorité dans un salon du rez-de-chaussée, à l'Élysée. Il est assis sur un fauteuil tendu de soie bleu pâle. François Fillon, Jean-Pierre Raffarin, Bernard Accoyer et Jean-François Copé se sont réparti les chaises sur ses côtés. Au-dessus de lui, posés sur le manteau de la cheminée, une pendule et son Jupiter de bronze lancent des éclairs en zigzag, furieux et métalliques. Il remercie chacun. Il défend sa campagne. Il appelle à l'unité. Fin de la réunion. Quand je le salue sur le seuil de la porte, il plante son regard dans le mien, garde longuement ma main dans la sienne, tout en me ramenant au plus près de lui, et il murmure : « Un point et demi, Bruno ; un point et demi. » Seconde réunion, au siège de l'UMP. Assis au premier rang, sur une chaise en plastique, Édouard Balladur fait mine de s'étonner des hommages que parlementaires, ministres, conseillers viennent lui déposer, pour ainsi dire à ses pieds. Il susurre en souriant : « Vous voyez, cher ami, ce qu'il y a de bien quand on n'est plus rien, c'est qu'on est très gentil avec vous. C'est à se demander pourquoi on veut absolument devenir quelque chose. »

Mercredi 9 mai – Paris

Au Conseil des ministres, Alain Juppé hésite avant de faire sa communication. Immobile et droit, il range ses notes devant lui :

« J'avais pensé, monsieur le Président, pour le dernier Conseil…
— Pourquoi donc, Alain ? Nous t'écoutons. » Et Alain Juppé donne
son avis sur le dernier état du monde avant liquidation du quinquennat. François Fillon prend la parole après lui : « L'histoire
rendra justice au travail de ce gouvernement. » On l'applaudit. Le
Président demande le silence. Il dit sur ce ton qui est le sien depuis
le 6 mai, traduisant une certaine sérénité, presque un soulagement,
et qui lui apporte dans les derniers jours de son mandat toute la hauteur de vue qui lui aura fait défaut aux premiers : « Quarante-huit et
demi ; nous finissons à quarante-huit et demi. Avec tout le monde
contre nous, nous faisons quarante-huit et demi. On vous aurait dit
cela il y a six mois, vous auriez signé des deux mains. Que chacun
autour de la table se souvienne que tout est toujours possible. Tout
est toujours possible. » Il porte un regard circulaire sur la table du
Conseil. Il pose les deux mains à plat devant lui. « La noblesse de la
politique, c'est qu'on doit partir. Le politique, ça accepte les succès ;
et ça accepte les défaites. »

Vendredi 11 mai – Évreux

Ginette a acheté des petits-fours et tient à ce que je me serve.
Dans son appartement du quartier de la Filandière, à Évreux, elle
accumule avec son mari Gilbert les souvenirs de campagnes électorales, les photos de Jean-Louis Debré, de Jacques Chirac, une reproduction d'un tableau du général de Gaulle en uniforme de Saint-Cyr.
La petite dizaine de personnes qu'elle a invitée pour cette réunion
de préparation des législatives se presse dans son salon. Ginette me
les présente en lissant sa jupe. Après, elle me tend à nouveau le
plateau de petits-fours et insiste : « Allez ! Juste un ! Il faut prendre
des forces ! »

Achevé d'imprimer
sur Roto-Page
par l'Imprimerie Floch
à Mayenne, le 15 janvier 2013.
Dépôt légal : janvier 2013.
Numéro d'imprimeur : 83655.

ISBN 978-2-07-013903-3/Imprimé en France.

246298